Georg Dreißig

# Das Gold der Armen

Georg Dreißig

# Das Gold der Armen

## Geschichten für das ganze Jahr

Urachhaus

ISBN 978-3-8251-7944-1

3. Auflage 2021
Erschienen im Verlag Urachhaus
www.urachhaus.com


Umschlagillustration: Sanne Dufft
Gesamtherstellung: CPI books GmbH, Leck

MIX
Papier aus verantwortungsvollen Quellen
FSC® C083411

Klimaneutraler Druck
firstclimate

# Inhalt

Vorwort . . . . . . . . . . . . . . . . . . . . . . . . . . . 9

## Adventsgeschichten

Die ganz besondere Speise . . . . . . . . . . . . . . . . . 11
Was der Nikolaus erzählt . . . . . . . . . . . . . . . . . 18
Die freie Fracht. . . . . . . . . . . . . . . . . . . . . . 21
Eine Blumengeschichte . . . . . . . . . . . . . . . . . . 27

## Weihnachtsgeschichten

Der Gottessohn . . . . . . . . . . . . . . . . . . . . . . 31
Wovon Gabriel singt . . . . . . . . . . . . . . . . . . . 33
Das Meisterstück des Zimmermanns . . . . . . . . . . . . . 41
Brand, der Fischer . . . . . . . . . . . . . . . . . . . . 46
Damit das Christkind kommen kann . . . . . . . . . . . . . 51
Ein neues Kleid für die Gottesmutter . . . . . . . . . . . 56
Wie die Aja zur Bescherung ging . . . . . . . . . . . . . 61
Der Dreikönig und das Gesind . . . . . . . . . . . . . . . 67

## Dreikönigsgeschichten

Könige auf dem Weg . . . . . . . . . . . . . . . . . . . . 73
Der Weg des jungen Königs . . . . . . . . . . . . . . . . . 74
Der heimliche König . . . . . . . . . . . . . . . . . . . 82
Kaspar – du selbst bist die Arznei . . . . . . . . . . . . 90

Melchior – das Gold der Armen . . . . . . . . . . . . . . . . . 98
Balthasar – der den Frieden singt . . . . . . . . . . . . . . . . 107
Wie Onkel Krone sich eine Not verdiente . . . . . . . . . . . . 117
Der Sternkundige . . . . . . . . . . . . . . . . . . . . . . . . 126

## Frühlingsgeschichten

Die Igelflöte . . . . . . . . . . . . . . . . . . . . . . . . . 135
Der Prinz mit der Schuppenhaut . . . . . . . . . . . . . . . . . 142
Die Geschichte von den Samen . . . . . . . . . . . . . . . . . . 148

## Ostergeschichten

Die Geschichte vom Hasen-Ei . . . . . . . . . . . . . . . . . . 153
Der alte Fabian und die Ostereier . . . . . . . . . . . . . . . 158
Vom Ziegenbock und der Werkstatt des Osterhasen
und vom heimlichen Ostern in aller Welt . . . . . . . . . . . . 164
Der Königssohn aus der goldenen Stadt . . . . . . . . . . . . . 175
Wie heißt der Osterhase? . . . . . . . . . . . . . . . . . . . . 183

## Himmelfahrtsgeschichten

Der Flug in den Himmel . . . . . . . . . . . . . . . . . . . . 189
Der Wolkenbauer . . . . . . . . . . . . . . . . . . . . . . . . 194

## Pfingstgeschichten

Warum das Feuer nicht nur leuchtet und wärmt,
sondern auch brennt und verzehrt . . . . . . . . . . . . . . . 201
Der Stille Timm und das Halleluja-Vöglein . . . . . . . . . . . 210
Die Königstochter, die das ganze Land fröhlich machte . . . . . . 216

## Johannigeschichten

Die drei Gaben . . . . . . . . . . . . . . . . . . . . . 223
Das Glöckchen von Sankt Johann . . . . . . . . . . . 226
Der Einsiedler und der Verfolgte . . . . . . . . . . . 233

## Sommergeschichten

Der Fuchs als Gevatter . . . . . . . . . . . . . . . . . 241
Schwups . . . . . . . . . . . . . . . . . . . . . . . . . 244
Tevje und Hans, der Igel . . . . . . . . . . . . . . . 248
Wie das Schnecklein doch noch rechtzeitig zum Fest kam . . . . . 251
Jens und die blinde Lisa . . . . . . . . . . . . . . . 254
Das Prinzessinnen-Lied . . . . . . . . . . . . . . . . 260
Der Bucklige . . . . . . . . . . . . . . . . . . . . . . 266
Der Schweinehirt mit dem eisernen Stab . . . . . . . 277

## Michaeligeschichten

Das Königswiegen . . . . . . . . . . . . . . . . . . . 287
Der junge Schmied . . . . . . . . . . . . . . . . . . . 295
Juri, der Held . . . . . . . . . . . . . . . . . . . . . 304
Der Knecht als Ritter . . . . . . . . . . . . . . . . . 312
Das golden glänzende Flaumfederchen . . . . . . . . 324

## Novembergeschichten

Die Wanderung . . . . . . . . . . . . . . . . . . . . . 329
Großvaters letzte Geschichte . . . . . . . . . . . . . 339
Das Kind, das die Engel weinen hörte . . . . . . . . 344
Maria und der Engel des Todes . . . . . . . . . . . . 352

# Vorwort

Die Griechen wussten, dass die Seele, ehe sie auf Erden geboren wird, den Lethetrunk des Vergessens trinken muss. Nur auf diese Weise kann der Mensch heimisch auf der Erde werden, die sein Wohnplatz sein soll ein ganzes Menschenleben lang.

Um das Vergessen-Können unserer himmlischen Heimat und unserer vorgeburtlichen Entschlüsse brauchen wir uns heute nicht zu sorgen; das klappt ganz trefflich, so gut, dass uns schon fast unglaublich klingt, was in heiligen Schriften, in Sagen und Legenden davon berichtet wird. Das Vergessen droht mehr zu werden, als es eigentlich sein sollte: ein Ersterben für die himmlische Welt unserer Herkunft.

Um diesem Todesprozess, dem jedes Kind heute begegnet, entgegenzusteuern, sind Geschichten sinnvoll und notwendig, die unsere Erdenangelegenheiten durchscheinend werden lassen für hintergründiges Wirken, die Sinn auch im Schweren, selbst im Tod, andeuten, die Wahrnehmung für Helfer aus dem Übersinnlichen schenken. Sie können helfen, manch Totgeglaubtes in der Seele neu zu beleben – oder erst gar nicht so tief in den Erdenvergessen-Todesschlaf sinken zu lassen.

Damit ist die Aufgabe umschrieben, der auch heute ein Geschichten-Erzählen dienen kann und aus der heraus es auch immer wieder neu gewagt werden muss. Weil wir, als wir geboren wurden, nicht gestorben sind für unsere himmlische Heimat, können wir Geschichtenerzähler und -hörer sein und gemeinsam davon profitieren.

Die vorliegenden Geschichten sind zu ganz unterschiedlichen Anlässen und auch für unterschiedliche Altersstufen entstanden. Viele wurden aus Anlass eines Festes vor Jung und Alt erzählt (z. B. alle Dreikönigsgeschichten), andere richteten sich vor allem an Kinder im Vorschulalter (etwa »Schwups« oder »Der Fuchs als Gevatter«), wieder andere wurden zwar einer ganzen Schulklasse erzählt, waren aber speziell für ein einziges Kind in seiner besonderen Lage gemeint (»Maria und der Engel des Todes«, »Der Bucklige«). Deshalb sollte der Erwachsene, der einem kleinen Kind vorlesen möchte, die Geschichte vorher schon kennengelernt haben.

Bei allen Aufzeichnungen handelt es sich um Notizen zu Geschichten, die dann frei erzählt worden sind. Literatur sind sie nur geworden, um sie einem größeren Menschenkreis weitergeben zu können. Sollte die Sammlung wieder zum freien Erzählen anregen, hätte sie ihr schönstes Ziel erreicht.

Georg Dreißig

## Die ganz besondere Speise

Einem edlen Königspaar hatte Gott Zwillinge geschenkt, ein Mädchen und einen Buben mit zarter weißer Haut, goldenen Haaren und mit Augen, die wie Sterne glänzten. Die Kinder wuchsen heran, dass die Eltern ihre helle Freude an ihnen hatten, so liebreich waren sie zueinander im Spiel und im Kummer, und keines mochte ohne das andere sein. Als der Bub das Reiten lernen sollte, gab die Schwester keine Ruhe, bis sie ihn auch dahin begleiten durfte, und als ihr gezeigt wurde, wie man auf weißes Linnen feine Muster stickt, beugte sich der Bub neben ihr über den Stickrahmen. Und niemand fand etwas dabei, denn sie waren gemeinsam auf die Erde gekommen und gemeinsam wollten sie ihren Lebensweg beschreiten.

Das ging so, bis die Kinder 14 Jahre alt wurden. Da war der Bub zu einem kräftigen, wachen Jüngling herangereift, das Mädchen aber zu einer Jungfrau so schön, wie weit und breit keine zu finden war. Da aber legte sich ein Schatten des Kummers und der Sorge über das königliche Schloss. Denn auf einmal verlor das Mädchen den Appetit, mochte auch seine Lieblingsspeisen nicht mehr anrühren, trank nur noch hin und wieder einen Schluck klaren Wassers, ansonsten aber nahm sie nichts mehr zu sich. Da wurde sie von Tag zu Tag zarter, ihre Haut schien ganz durchsichtig, ihre Sternenaugen wurden trübe. Sie war zu schwach, im Palast umherzugehen, zu kraftlos, im Park zu lustwandeln. Der Glanz der Sonne schmerzte ihren Augen, der Gesang der Vögel war ihren Ohren eine Pein. Hinter dunklen Vorhängen wurde ihr Lager aufgestellt, und niemand durfte mehr zu ihr außer der Königin, dem König und ihrem Bruder. Aber auch mit ihnen sprach sie kaum. Fragten sie sie, warum sie nicht esse, zuckte sie nur mit den Schultern, und drangen sie weiter in sie, begann sie so hilflos zu weinen, dass die anderen ihre Fragen geschwind wieder einstellten.

Aber ihr müsst nicht meinen, der König hätte tatenlos zugesehen, wie seine geliebte Tochter schmaler und schmaler wurde. Er rief seine Räte zusammen und beriet sich mit ihnen, was man tun könne, damit die Königstochter wieder Speise zu sich nähme. Und die Räte sagten: »An den Höfen anderer Könige gibt es die vorzüglichsten Köche, die Speisen kochen können wie ein Traum. Deshalb soll man bitten, dass der Königstochter die ausgefallensten Speisen bereitet werden, um ihren Appetit aufs Neue zu erwecken.« Der König fand diesen Rat gut und sandte sogleich Boten in die Nachbarreiche, die mussten die Bitte überbringen.

Ob die anderen Könige bereit waren zu helfen? Gewiss doch. Denn auch zu ihnen hatte sich herumgesprochen, welch eine Schönheit die kranke Prinzessin sei, und manch ein König hoffte im Stillen, sie als Frau für seinen Sohn gewinnen zu können. So wurden denn die besten Köche weit und breit beauftragt, eine Speise zu bereiten, der eine Jungfrau von 14 Jahren nicht würde widerstehen können. Da eilten die Meister der Pfanne und Rührlöffel herbei, um ihre Wunderwerke zuzubereiten. Welch liebliche Düfte verbreiteten sich da bald in den Gängen des Schlosses. Wollt ihr wissen, was da gekocht und gebraten, gebacken und gedünstet wurde? Nun, ein weniges kann ich euch vielleicht verraten. Da gab es Salat aus Veilchenduft mit frischen Tauperlen verziert und auf einem Rosenblatt angerichtet, dazu gebackene Granatäpfel mit buntem Zucker bestreut und goldglänzenden Elfennudeln, die so dünn sind wie ein Hauch und zergehen, kaum dass die Zunge sie berührt. Als Nachtisch gab es Eisblumen, im Blau des Himmels geschwenkt und in einem Glas mit leuchtendem Abendrot schwimmend. Und das war nur einiges von dem, was da zubereitet wurde. Manches freilich misslang auch. So musste ein Koch, der unbedingt schillernde Regentropfen mit Lerchengesang füllen wollte, nach vielen vergeblichen Versuchen aufgeben und reiste missgelaunt ab.

Ob euch wohl das Wasser im Munde zusammengelaufen ist? Der Königstochter erging es leider nicht so. Wenn eine neue Speise zu ihr hereingetragen wurde, schnupperte sie nur kurz, wandte sich dann zur Wand und bat leise, das duftende Gericht zu entfernen, da es ihr Übelkeit bereite. Dennoch probierten die Meister der Küche weiterhin, die Speise zu finden, welche des Mädchens Appetit aufs Neue anregen würde. Denn welche Möglichkeit, ihr zu helfen, gab es sonst?

Wir würden unsere Zeit verschwenden, wollten wir uns weiter in der Küche des Schlosses herumtreiben und in alle Töpfe und Schüsseln gucken, so lecker es von dort auch duften mag. Besser folgen wir dem Bruder der Prinzessin. Der verstand nun wahrlich von der hohen Kunst des Kochens gar nichts, machte sich dennoch Sorgen um die Schwester und überlegte, wie er Hilfe finden könne. Ziellos zog er im Land umher, streifte über Felder und durch Wälder, die er noch nie zuvor gesehen, und so kam er eines Tages auch an einen Fluss, der gemächlich seinen Lauf durchs Land nahm. Weil er müde war von langer Wanderung, setzte sich der Prinz ans Ufer, um ein wenig zu verschnaufen. Da sah er etwas oberhalb des Platzes, an dem er saß, einen Alten hocken, der winkte ihm zu und rief: »Komm doch und setz dich zu mir. Dann können wir einander Gesellschaft leisten.« Der Jüngling aber, Königssohn, der er war, erwiderte: »Wenn du Gesellschaft willst, so komm zu mir. Hier ist ebenfalls Platz für zwei.« Da streckte der Alte eine hölzerne Krücke in die Luft und antwortete: »So komm schon zu mir. Ich bin lahm und kann nur mühsam meinen Platz verlassen.«

Als der Jüngling das hörte, schämte er sich, sprang eilends auf und lief zu dem Lahmen. Sie redeten über dies und das, und da erzählte der Lahme: »Weißt du, dieser Fluss hat es in sich. Er sieht so ruhig und träge aus, wie nur ein Fluss aussehen mag. Und doch trägt er ein Geheimnis. Einmal im Jahr nämlich schwimmen Schifflein vorüber, von Kindern gesteuert, Schifflein, die leuchten wie Sterne in der Nacht. Ganz still muss man sie vorbeifahren lassen, nicht seufzen und nicht rufen. Wenn man aber Glück hat, dann wirft ein Kind einem ein Brot zu, ein kleines würziges Brot; das ist in der Bäckerei des Himmelshauses gebacken und stillt nicht nur jeden Hunger, sondern es heilt auch von jeder Krankheit. Doch darf man nicht darum gebettelt haben, sonst verliert das Brot seine Kraft.« Der Prinz musterte den Alten aufmerksam. »Und würde es dich auch von deiner Lahmheit befreien?«, fragte er neugierig. »Gewiss«, nickte der Alte, »aber bisher hatte ich immer Pech.« Er zögerte, schien sich zu schämen; dann fuhr er fort: »Weiß du, ich konnte nicht ruhig sitzen, wenn die Boote an mir vorüberglitten. Immer musste ich doch betteln, und manch ein Brot ist mir mitleidig zugeworfen worden. Aber wegen meiner Ungeduld hatte es stets seine heilende Kraft verloren. Wenn ich doch nur einen hätte, der mir den Mund verschließen wollte, sobald die Boote wieder auftauchen. Ihm wollte ich mein Leben lang dankbar sein.«

Der Jüngling erwiderte: »Wenn es mehr nicht ist. Ich will warten auf die Schifflein, von denen du mir erzählt hast, denn ich habe zu Hause eine Schwester, die auch auf Heilung wartet. Gebe Gott, dass die Boote noch rechtzeitig kommen. Dann will ich dir gern den Mund zuhalten, damit du geheilt werden kannst.« Fast konnte man den Eindruck haben, die Freude werde den Alten auf der Stelle von seiner Lahmheit befreien, so fröhlich warf er seinen Oberkörper hin und her, so glücklich gebärdete er sich. Dann aber beruhigte er sich wieder und stimmte dem Prinzen zu: »Ja, gebe Gott, dass die Boote bald erscheinen mögen.«

Ob ihre von Herzen kommenden Bitten die Schifflein herbeirufen konnten? Jedenfalls war die Nacht noch kaum hereingesunken, als es plötzlich auf dem Spiegel des Wassers leise zu glimmen begann. Das Leuchten nahm mehr und mehr zu, und jetzt erschienen dort oben, wo der Fluss in seinem Lauf einen Knick machte, kleine Boote, leuchtend wie Sterne in der Nacht, und die beiden Männer im Dunkeln konnten Kinder in den Schiffen erkennen, die einander lustig zuwinkten, während sie sich von der Strömung treiben ließen. »Jetzt«, bettelte da der Lahme heftig, »jetzt leg deine Hand auf meinen Mund und lass nicht locker, bis die Boote vorübergeglitten sind.« Da kniete sich der Prinz hinter ihn und presste seine Hand so fest er nur konnte auf seinen Mund. Er fühlte wohl, wie die Lippen sich bewegten, als die Boote an ihnen vorüberglitten, die Kinder aber nicht zu ihnen herübersahen. Doch er ließ nicht locker, und so drang kein Laut aus dem Mund des Lahmen.

Jetzt nahte auch das letzte Schifflein. Es schien, als wolle auch dieses vorübergleiten, ohne dass das Kind in ihm die beiden am dunklen Ufer bemerkt hätte. Doch da, als es auf gleicher Höhe mit ihnen war, wandte es ihnen sein Gesicht zu, lachte hell auf und warf ein Brot ans Ufer, ein kleines, würziges Himmelsbrot. Sofort sprang der Prinz herzu, hob es auf – und erstarrte. Wem sollte er es geben? Jenem Lahmen dort, der ohne seine Hilfe nie das Betteln hätte lassen können? Gehörte es nicht seiner Schwester, der geliebten, die auf den Tod krank im Schlosse lag und vielleicht durch dieses Brot Heilung finden konnte? Könnt ihr euch denken, was für einen schweren Kampf der Prinz in diesem Augenblick mit sich kämpfte? Doch es siegte sein Edelmut, wenn es ihm auch schwerfiel, so zu entscheiden. Dem Lahmen hatte er seine Hilfe versprochen; daran musste er sich nun halten. Er wandte sich dem Alten zu, der von dem inneren Kampf des Jünglings nichts ahnte und ihm gierig beide Hände entgegenstreckte. Kaum hatte er das Brot ergriffen, als er es auch schon wild in den Mund hineinstopfte und eilig verschlang. Und dann? Ja, dann richtete er sich auf, stellte sich auf seine Füße, trat vorsichtig auf den einen, dann auf den anderen, drehte sich langsam im Kreis, und plötzlich sprang er in die Höhe, klatschte in die Hände, tanzte und sang, wusste sich vor Freude nicht zu halten – und vergaß den Prinzen darüber vollkommen.

Der Jüngling sah dem Treiben des Alten eine Weile zu, und gewiss hätte er herzlich gelacht über die Bocksprünge, die der eben noch Lahme jetzt vollführte, wenn er nicht den Kummer im Herzen gefühlt hätte darüber, dass jenes Brot, welches er hergegeben hatte, auch die Schwester hätte heilen können. Doch der Schmerz übermannte ihn, und er musste sich abwenden von dem fröhlichen Tänzer. Und da bemerkte er, dass das Kind, welches ihnen das Brot zugeworfen hatte, sein Schifflein ans Ufer gelenkt hatte und ausgestiegen war. Jetzt trat es auf den Prinzen zu und sprach ihn freundlich an. »Ich sehe, dass du mein Brot empfangen hast, ich sehe, dass es deinem Freund Heilung gebracht hat, ich sehe aber auch, dass du dennoch Kummer trägst. Sage mir, was dich bedrückt.«

Da erzählte der Jüngling ihm von seiner Schwester, die krank zu Hause läge. Das Kind hörte ihm aufmerksam zu. Endlich erwiderte es: »Wer nicht für sich selbst bittet, dem dürfen wir helfen. Steig ein in das Schifflein, und rudere selbst den Fluss hinauf. Rudere, bis du zum Quell gelangst. Wenn du eilst, wirst du dort das goldene Schiff noch vor Anker finden, das heute die Himmelsbrote heruntergebracht hat. Aber spute dich, denn es ankert nur noch in dieser einen Nacht!«

Da dankte der Prinz dem Kind, sprang in das Schifflein, ergriff die Ruder und trieb das Boot mit kräftigen Schlägen flussaufwärts, immer weiter und weiter hinauf. Wenn er müde wurde, brauchte er nur an seine Schwester zu denken, dann strömte neue Kraft in seine Arme, und er konnte weiterrudern. Dennoch war die Nacht fast vorüber, als er den Ort erreichte, an dem das goldene Schiff lag. Am Horizont zeigte sich ein erstes Dämmerlicht, und er sah, dass man eben dabei war, den Anker zu lichten. Da trieb er mit kräftigen Ruderschlägen das Schifflein vollends hinüber zum goldenen Schiff und rief: »Wenn ihr noch ein Brot habt, so schenkt es mir, dass ich es meiner Schwester bringen und sie von ihrer Krankheit heilen kann.« Da neigte sich eine Gestalt über die Reling des leuchtenden Schiffes, herrlich anzuschauen – wie ein Mensch und doch nicht wie ein Mensch. Und als der Jüngling ihm seine Hände entgegenstreckte, fielen zwei Brote in sie hinein. »Eines für dich und eins zum Verschenken«, rief die Gestalt auf dem goldenen Schiff ihm zu. Dann glitt das leuchtende Boot schnell und immer schneller davon und war bald im Glanz der aufgehenden Sonne verschwunden.

Der Jüngling merkte erst jetzt, wie müde er war. Er zog die Ruder ein und streckte sich in seinem Schifflein aus. »Nur ein wenig ausruhen«, dachte er. Kaum aber hatte er die Augen geschlossen, als er auch schon tief und fest schlief. Die Strömung des Flusses ergriff das Schifflein und trug es fort, weiter und immer weiter flussabwärts, bis es an der Stelle, wo der Prinz dem Kind begegnet war, ans Ufer stieß. Da erst erwachte der Jüngling, schaute sich verwirrt um, wusste nicht, ob das, was er in dieser Nacht erlebt hatte, Wirklichkeit war oder Traum, fand sich aber doch im Schifflein liegen und mit den beiden Broten begabt. Da dankte er Gott, steckte das eine Brot in die Tasche und verspeiste das andere mit gutem Appetit. Dann eilte er, so schnell ihn seine Füße tragen mochten, zurück zum Schloss.

Dort wusste man sich keinen Rat mehr, wie man das fliehende Leben der Königstochter sollte retten können. Da trat der Bruder ein, in der Hand das würzige Himmelsbrot. Zärtlich beugte er sich über die Kranke, sprach sie leise an: »Schwesterlein, verzeih, wenn nun auch ich dir noch eine Speise bringe, und nimm es nicht als weitere Qual. Ob du wohl merkst, wie würzig dieses Brot durftet?« Er hielt es der Prinzessin entgegen. Und sie – sog den würzigen Duft ein, sog ihn tief, tief ein; dann streckte sie ihre schmale Hand aus, ergriff das Brot, dessen Herkunft sie nicht kannte, und führte es zum Mund. Sie aß es mit Appetit, und als sie es gegessen, richtete sie sich auf, umarmte ihren Bruder und rief: »Du hast mir mit dieser Speise die Freude am Leben wiedergeschenkt. O versprich, mir immer wieder solches Brot zu beschaffen.« Was hätte der Jüngling wohl tun können in diesem Augenblick? Er hat es natürlich zugesagt. Als er dann der Schwester erzählte, dass er das Brot vom goldenen Schiff geholt habe und dass es aus dem Himmelshaus käme, und als sie ihn daraufhin aus seinem Versprechen entlassen wollte, da beharrte er selbst darauf. »Was man versprochen, das muss man auch halten«, sagte er fest.

So macht sich der Prinz, wenn immer die Zeit sich naht, wieder auf den Weg zum Fluss und wartet, bis die leuchtenden Schifflein erscheinen. Dann setzt er sich selbst ins Boot und rudert flussaufwärts bis zur Quelle, rudert mit kräftigen Schlägen hin zum goldenen Schiff, um zu empfangen, was man dort nur allzu gern hinschenkt: ein Brot zum Selberessen und eines zum Verschenken. Und so lebt auch seine Schwester noch, der Speise wegen, die ihr die Lebensfreude erhält.

# Was der Nikolaus erzählt

Liebe Kinder! Ich komme aus einem Königreich, in dem die Sonne niemals untergeht. In diesem Reich wohnt ein mächtiger König, der hat in seinem goldenen Schloss eine große Schatzkammer. In dieser Schatzkammer aber bewahrt er nicht etwa seine Goldtaler auf oder Perlen und Edelsteine; nein, er bewahrt dort goldene Saat, kleine Samenkörner in reicher Fülle. Die bewahrt und hütet er in der Schatzkammer in seinem goldenen Schloss.

Nah und fern in dem großen Reich des Königs wohnen seine Untertanen. Jeder kann Untertan des mächtigen Königs sein, der bereit ist, eine Aufgabe getreu zu erfüllen: Was immer er sein mag von Beruf - Tischler oder Bäcker, Schmied oder Kaufmann, Lehrer oder Arzt -, er muss im Schutze seines Hauses ein Feld anlegen, ein Kornfeld des Königs. Kein großer Acker braucht das zu sein, gerade so, dass er es gut versorgen kann. Das Feld muss er umpflügen im Herbst, alle Steine und das Unkraut daraus entfernen, es eggen und gerade Furchen ziehen. Ist dies geschehen, sendet der mächtige König seine Boten aus; die gehen umher im Land, prüfen, ob die Felder gut bereitet sind, und säen in die Furchen goldene Saat aus des mächtigen Königs Schatzkammer. Darauf bedecken sie die Furchen mit Erde, dass die Samen im Dunkel und in der Wärme ruhen können den Winter über.

Wenn der Frühling kommt, beginnt die Saat zu sprießen. Nun müssen die Menschen Obacht geben, dass die jungen Spitzen nicht abgeknabbert werden von neugierigen Tieren. Wenn das Korn kräftiger wird, haben sie auf Wind und Wetter zu achten, damit das junge Grün zwar Wasser und Licht in genügender Fülle finde, nicht aber unter Sturm oder Feuer gar leiden muss.

Ist das Korn so weit herangereift, dass sich zeigt, ob es viele oder nicht gar so viele Körner in den Ähren angesetzt hat, kommt die schwerste Prüfung. Denn keiner darf von diesem Korn ernten, es sei denn, um eines anderen Not zu lindern. Ja, keiner darf auch nur mit abschätzendem Blick auf das reifende Korn schauen und dabei selbstgefällig sagen: »Ei, bei mir hat's aber viel besser angesetzt als nebenan – viel kräftiger die Halme, viel dicker die Körner.« Wer's dennoch tut, der kann gewiss sein, dass über Nacht sein Feld vertrocknet und die ganze schöne Ernte dahin ist. Hingegen ist es erlaubt, einem anderen, der etwas ungeschickt darin ist, das ihm anvertraute Korn zu pflegen, zu helfen, dass es besser gedeihen kann, besseren Schutz findet vor Unwettern, kräftiger besonnt und reichlicher begossen wird. Die Menschen, die sich auskennen in jenem Reich, sagen, man könne gar nichts Besseres tun für das Korn auf dem eigenen Feld als beim Nachbarn nach besten Möglichkeiten helfen. Wie durch Zauberei lässt das auch das Korn hinter dem eigenen Haus kräftiger wachsen.

Wenn der Herbst kommt, sendet der große König seine Schnitter aus. Die wandern mit ihren silbernen Sicheln von Ort zu Ort, von Haus zu Haus. Dann hört man bald überall im Reich die Silbersicheln in den Kornfeldern singen, hört die reifen Garben rauschend fallen, und überall auf den Feldern sieht man es hell glitzern und glänzen, wenn die Schnitter die reifen Goldkörner aus den Ähren hervorschütteln, in helle Seidensäcke füllen und auf ihren Schultern davontragen in die Schatzkammer in des mächtigen Königs goldenem Schloss. So sieht man sie heimkehren überall im Land: gebückt wie unter schwerer Last die Schnitter, die wenig haben ernten können, aufrecht und leichten Fußes aber jene, auf deren Schultern volle, runde Körnersäcke ruhen, als ließe das Gewicht sie leichter schreiten.

Nah und fern in jenem Reich beginnt dann wieder das Pflügen und Eggen und Furchenziehen, auf dass neue Saat aus der Schatzkammer des Königs empfangen werden kann.

Im goldenen Königsschloss aber ist Feiertag. Alle Bewohner des Schlosses eilen zusammen, um sich am Goldglanz und an der Fülle der Ernte zu erfreuen. An jenem Feiertag essen sie frisch bereitetes Brot aus frisch gemahlenem Korn, jeder eine Scheibe – dies ist die einzige Mahlzeit, die man im goldenen Königsschloss kennt.

Wisst ihr, wo das goldene Schloss des mächtigen Königs steht, und wisst ihr auch, wer seine Untertanen sind und wo sie die Kornfelder des Königs bestellen?

Das goldene Schloss ist der Himmel. Der liebe Gott selbst ist der mächtige König. Seine Untertanen sind die Menschen, die auf der Erde wohnen, denn die Erde ist sein Königreich. Die Kornfelder des Königs aber, in welche er alljährlich die goldene Saat aus seiner Schatzkammer streuen lässt, das sind die Herzen der Menschen – dein Herz und deins –; in sie hinein wird die gute Himmelssaat gesät. Was aber ist es für ein Korn, das in den Herzen reift? Gute Gedanken sind es und fromme Gebete, helfende Taten und liebe Worte. Die können im eigenen Herzen noch viel kräftiger werden, wenn ihr ohne Hass und Groll, aber auch ohne Eitelkeit und Stolz dem anderen Menschen helft, gut zu sein und Gutes zu tun. Dann reift reiche Ernte in Menschenherzen heran, den Kornfeldern des Königs, und seine Schnitter können ihre hellen Seidensäcke ordentlich füllen. Dann gibt es im Himmel gutes, kräftiges Brot zu essen, eine Mahlzeit, die die Engel und den lieben Gott bestärken kann in allem, was sie für uns tun.

Einer der Boten Gottes bin auch ich, gesandt, nach euren Herzen zu schauen und goldene Saat aus des mächtigen Königs Schatzkammer in sie hineinzustreuen. Wo ich aber die Kornfelder des Königs gut bereitet finde, da darf ich auch schenken, was man hier auf der Erde gerne isst an diesem Feiertage und was euch in eurer Freude bestärken soll, die Felder in euren Herzen recht zu pflegen.

# Die freie Fracht

Könnt ihr euch vorstellen, wie es sich anfühlt, wenn der Vater ein Kapitän ist und das ganze Jahr über mit seinem großen Schiff auf allen Weltmeeren kreuzt und nur für den Winter kehrt er heim zu Frau und Kindern? Könnt ihr euch ausmalen, wie die Kinder ihn erwarten, wie sie, wenn die Zeit naht, jeden Morgen an den Strand laufen und hinausspähen aufs Meer, ob sich nicht die Masten des Segelschiffes am Horizont zeigen? Und könnt ihr die Freude und den Jubel ermessen, der sie hüpfen und singen lässt, wenn das Schiff dann erscheint und langsam immer größer und größer wird, bis es endlich draußen vor dem kleinen Fischerhafen vor Anker geht, das kleine Boot zu Wasser gelassen wird und der Vater herüberrudert zu der Familie? Könnt ihr euch das wohl vorstellen? Dann könnt ihr auch mitfühlen, wie Kai und Lene sich gefühlt haben in jenem Jahr, von dem ich euch erzählen will. Denn Kai und Lene waren die Kinder von Kapitän Peter Abramson, und Käptn Abramson war wieder das ganze Jahr lang fort gewesen auf seinem stolzen Segelschiff, der »Meereskönigin«. Längst waren die ersten Herbststürme über das Land dahingebraust, ehe er endlich, endlich wieder heimkam und endlich die »Meereskönigin« wieder vor dem Hafen ankerte, wo sie mit ihren hohen Masten die Fischerboote weit überragte.

Was Käptn Abramson diesmal zu erzählen hatte, ist eine Geschichte für sich. Ich will euch hier erzählen, dass, als Kai und Lene ihn wie jedes Jahr fragten, ob sie nicht bitte, bitte nur eine Nacht im großen Kapitänsbett auf der »Meereskönigin« schlafen dürften, der Vater nicht wie früher lächelnd den Kopf schüttelte und sagte: »Wenn ihr mal groß seid, dann.« Nein, diesmal musterte er sie mit seinen wasserblauen Augen von oben bis unten und von unten bis oben, wandte sich dann zur Mutter um und brummte: »Groß sind sie geworden, die Kinder. Was meinst du, Else, sollen sie's wagen?« Gespannt schauten die Kinder auf die Mutter, und als sie sahen, dass sie nickte, umtanzten sie die Eltern in wildem Freudentanz. Von ihrer Nacht auf der »Meereskönigin« will ich euch erzählen.

Sie hatten gut zu Abend gegessen und sogar noch eine kleine Vespertüte für alle Fälle eingepackt. Dann hatte der Kapitän die Kinder gut vermummelt hinüber zu dem großen Schiff gerudert. Es sah schon etwas nackt aus mit seinen kahlen Masten, von denen die Segel abgenommen worden waren. In der leichten Dünung des Meeres wiegte es sich sanft hin und her, hin und her, und manchmal knarrte irgendwo ein Balken, als spräche das große Schiff im Traum. Jetzt in der Dunkelheit war es den Kindern ein wenig unheimlich. Als sie dann aber in die Kapitänskajüte traten und der Vater die Lampe entzündet hatte, wurde ihnen wieder ganz wohl zumute. Ei, war das ein gemütliches Zimmerchen, richtig mit Tisch und Stuhl, mit Bett und Schrank, und sogar Bilder hingen an den niedrigen Wänden. Nein, hier brauchten sie wirklich keine Angst zu haben.

Die beiden Kinder lagen bereits warm aneinandergekuschelt in dem großen Bett, und der Vater hatte ihnen bereits Gute Nacht gewünscht und wollte eben fortgehen, als er sich noch einmal umwandte. »Richtig«, brummte er, als sei ihm eben etwas Wichtiges eingefallen, »das muss ich euch doch noch sagen.« Er trat wieder in die Kajüte und setzte sich auf den Bettrand. »Hört mal, ihr beiden«, sagte er, »wenn ihr heute Nacht die Ankerwinde hört und merkt, dass die ›Meereskönigin‹ auf Fahrt geht, dann fürchtet euch nicht. In der Zeit vor Weihnachten, wenn die Schiffe im Hafen liegen, dann werden sie manchmal für eine Nacht ausgeborgt für eine freie Fracht. Morgens liegen sie wieder vor Anker, als ob nichts geschehen wäre. Nur wer die Zeichen genau zu lesen weiß, merkt etwas davon, was in der Nacht vorgegangen ist. Nie aber ist ein Schiff auf solcher Fahrt verunglückt. Also habt keine Angst, falls just in dieser Nacht die ›Meereskönigin‹ gebraucht wird.«

Ein wenig unheimlich wurde den beiden Kindern schon, wenn sie dachten, dass sie in dieser Nacht vielleicht auf große Fahrt gehen sollten. Sie wollten den Vater noch fragen, ob er das selbst einmal erlebt hätte.

Aber plötzlich schien der Kapitän es eilig zu haben mit dem Nach-Hause-Kommen. Schnell erhob er sich, fuhr den Kindern mit seiner breiten Hand flüchtig über die Köpfe und war schon draußen auf dem Gang. Sie hörten die Tür, die aufs Deck hinausführt, klappen, etwas später die Ruderschläge – dann war es still um sie, und sie waren allein.

Eigentlich meinten Kai und Lene, dass sie in dieser Nacht ganz bestimmt nicht würden schlafen können, denn zu viel ging ihnen durch den Kopf, und ihre Herzen klopften gewaltig. So lagen sie nebeneinander im Dunkeln und flüsterten dies und das miteinander. Aber wisst ihr, die »Meereskönigin« wiegte sich so ruhig auf den Wellen, dass die Kinder endlich doch einschliefen. Ja, sie schliefen so fest, dass sie erst gar nicht hörten, als die Ankerwinde gedreht und die schwere Kette, an der der Anker hing, eingeholt wurde. Die »Meereskönigin« legte sich bedenklich auf die Seite, richtete sich aber, als sich der Anker aus dem Grund löste, mit einem Ruck wieder auf. Von diesem Ruck erwachten die Kinder. Aufrecht saßen sie im großen Kapitänsbett und lauschten hinaus. Aber das einzige Geräusch, das sie vernahmen, war eine leise Musik, welche das ganze Schiff umschwebte. »Die ›Meereskönigin‹ geht auf Fahrt«, flüsterte Kai, und Lene nickte. Dann stand sie flink auf und zog sich an, und Kai folgte ihr. Auf Zehenspitzen schlichen sie hinaus auf den Gang und zu der schmalen Tür, die aufs Deck hinausführte. In der Tür war ein kleines rundes Fenster, durch das sie hinaussehen konnten.

Was sie da wohl gesehen haben? Was das wohl für eine Mannschaft war, die im Winter die ruhenden Schiffe für eine Nacht ausborgte für ihre eigene Fahrt? Die Kinder sahen an den Masten große leuchtende Segel ausgespannt, als wären sie ganz und gar aus Lichtfäden gewebt. Matrosen aber sahen sie nicht. Nur am Steuerrad stand eine Gestalt in einem leuchtend weißen Kleid und mit zwei großen weißen Flügeln an den Schultern. Mit sicherer Hand lenkte dieser Steuermann das große Schiff hinaus auf die offene See. Obwohl kaum ein Wind wehte in jener Nacht, blähten sich die lichten Segel und die »Meereskönigin« flog flink wie eine Möwe über die Wellen.

Schweigend schauten die Kinder eine Weile durch das kleine runde Fenster und wagten fast nicht zu atmen. Plötzlich aber hörten sie ganz deutlich ihre Namen rufen. »Kai, Lene, kommt heraus. Ihr könnt helfen.« Da fassten sich die Kinder ein Herz und traten hinaus. Der Steuermann mit den großen Flügeln winkte sie zu sich her. »Haltet das Steuer für mich«, sagte er, »dann will ich vorn an der Spitze des Schiffes stehen und euch den Kurs weisen.« Gern willigten die Kinder ein, ergriffen, eins rechts, eins links, das große Rad, und siehe da, es ließ sich ganz leicht halten und drehen, wie der Steuermann es ihnen von der Spitze des Schiffes aus wies.

Je länger sie fuhren, umso heller und lauter wurde das Klingen um sie her. Ja, es schien ihnen bald, als führen sie gar nicht mehr in gewöhnlichen Gewässern, sondern in Wogen aus Musik und Gesang. Ob sie merkten, dass sie längst mitsummten in diesen wundersamen Harmonien? Eine ganze Weile fuhren sie so, als sie endlich vor sich ein kleines Licht aufleuchten sahen wie einen Stern im Dunkel der Nacht. Schnell wurde dieses Licht größer und heller, und bald konnten sie erkennen, dass es ein Gebäude war, ein Schloss vielleicht. Oder war es eine ganze Stadt, die ihnen da entgegenleuchtete?

In die Musik mischte sich jetzt noch eine andere Wahrnehmung: Ein ganz wunderbar köstlicher Duft wehte ihnen entgegen und nahm immer mehr zu, je näher sie der goldenen Stadt kamen. Eben noch hatten sie sie nur als kleinen leuchtenden Stern gesehen; jetzt waren sie schon da. Der Steuermann winkte ihnen, das große Rad tüchtig herumzuwerfen, sodass die »Meereskönigin« in einem Bogen auf die Hafenmauer zufuhr. Dann wurden plötzlich von unsichtbarer Hand die lichten Segel aufgerollt, und schon lag das Schiff an Land. Nun trat der Steuermann wieder zu den Kindern und sagte: »Könnt ihr Sorge dafür tragen, dass die ›Meereskönigin‹ hier liegen bleibt, bis wir geladen haben?« Er sah, wie die Kinder nickten und Kai sich gleich nach den dicken Tauen umsah, mit denen sonst das Schiff an der Kaimauer festgezurrt wurde. »Nein, Taue können wir hier nicht gebrauchen«, sagte er da, »was das Schiff hier hält, sind eure Gebete.«

Also beteten Kai und Lene, wie sie es von ihrer Mutter gelernt hatten, und die »Meereskönigin« lag am Ufer und rührte sich nicht. Draußen auf der Kaimauer aber stand eine Gestalt, würdevoll wie ein König, groß und strahlend. Sie winkte andere herbei, die trugen duftende Brote auf das Schiff, immer mehr und immer noch mehr, bis alle Laderäume gefüllt waren. Da winkte die königliche Gestalt dem Steuermann und den Kindern zu. Die leuchtenden Segel spannten sich wieder aus an den Masten, Kai und Lene hielten das Steuer, und der Steuermann mit den großen Flügeln stand an der Spitze des Schiffes und wies ihnen den Kurs.

Wohin sie nun gefahren sind mit ihrer duftenden Fracht in jener klingenden Meeresnacht? Das hätte Peter Abramson, der Kapitän, auch gern gewusst, als die Kinder ihm am nächsten Morgen von ihrer Reise erzählten. Aber das wussten sie nicht zu sagen. Immer wieder legten sie an – in Häfen von Städten und Inseln. Manchmal kamen auch kleine Boote, um Brote aufzunehmen. Und immer unterbrach die »Meereskönigin« dann ihre fliegende Fahrt, und der Steuermann teilte mit beiden Händen von den Broten aus.

Endlich kamen sie wieder im Heimathafen an. Im Osten zeigte sich eben die erste Morgendämmerung. Da trat der Steuermann wieder zu den Kindern und sagte: » Dank euch für eure Hilfe. So können die Menschen vom Himmelsbrot kosten, und das wird in ihren Herzen die Hoffnung auf Weihnachten wecken. Achtet nur darauf: Bald spricht jeder davon, dass es Weihnachten werden wird. Geht nun zurück ins Bett und macht die Augen zu, dass ihr ausgeschlafen seid, wenn Käptn Abramson euch wecken kommt.« Gehorsam gingen die Kinder zurück in die Kapitänskajüte und kletterten in das große Bett. Sie merkten, wie das stolze Schiff plötzlich seine Fahrt verlangsamte. Wie aber die lichten Segel eingeholt wurden und der Anker wieder rasselnd in den Grund fuhr, davon merkten sie schon nichts mehr, denn da schliefen sie bereits wieder ganz fest.

Käptn Abramson schmunzelte ordentlich, als die Kinder endlich die Augen aufschlugen. Hell flutete das Sonnenlicht durch die runden Fenster in die Kajüte. »So, habt ihr ausgeschlafen?«, lachte er. »Ihr müsst aber gut geträumt haben, dass ihr gar nicht aufwachen wolltet.« Verdutzt rieben die Kinder sich die Augen. Ja, allerdings, einen ganz wunderbaren Traum hatten sie gehabt. Kai erinnerte dieses und Lene jenes, und die Kinder wunderten sich nur darüber, dass eins genau dasselbe geträumt hatte wie das andere.

»So, so, habt ihr das geträumt«, brummte der Vater schließlich und schaute sich staunend um, »ein merkwürdiger Traum.« Und als die Kinder seinem Blick folgten, sahen sie, dass auf dem Tisch in der Kapitänskajüte vier Brote lagen, duftende Himmelsbrote. »Das sind doch seltsame Träume«, meinte der Kapitän, »wenn man davon träumt, dass man Brot aus der himmlischen Stadt holt und an alle Menschen verteilt, und wenn man aufwacht, kann man nicht nur den Traum noch erinnern, sondern auch von den Broten ist noch etwas übrig geblieben. Ei, das sind gewiss höchst seltsame Träume.« Das fanden Kai und Lene allerdings auch.

Als sie dann mit dem Vater wieder zurückgerudert waren an Land und noch einmal nach dem großen Schiff schauten, sahen sie, wie es sich ruhig in der Dünung wiegte, hin und her, hin und her. Keine Spur war zu sehen von seiner großen Fahrt in der Nacht. Die Leute aber, denen sie begegneten, die Leute sprachen überall davon, dass es jetzt bald Weihnachten werden würde.

# Eine Blumengeschichte

Marie stand am Fenster und schaute mit einem Auge durch das kleine Guckloch, das sie sich in das Eis auf der Scheibe gehaucht hatte, hinaus in die weiße Schneelandschaft. Sechs Jahre war sie jetzt alt; in diesem Jahr nun hatte sie entdeckt, dass auch der Winter seine Blumen hat. Morgens, wenn sie ans Fenster trat, blühten sie auf den Scheiben mit ganz wundersamen Blattmustern: die Eisblumen. Mit den Blumen des Frühlings und des Sommers kannte sich das Mädchen schon viel besser aus. Ihr Beet im Garten konnte sie ganz allein pflegen. Im Frühling hackte sie den Boden und machte ihn fein locker, ehe sie ihm die jungen Pflänzchen und die Samen anvertraute. Sie war ganz vorsichtig an den Stellen, wo Knollen und Zwiebeln in der Erde steckten, die bald neue Blumen hervorbringen wollten. Nur den Rosenstock, der auch auf ihrem Beet stand, beschnitt sie noch nicht selbst, sondern ließ das den Vater tun. Sonst war es ganz ihr Beet. Unter Maries kleinen Händen schienen sich die Blumen besonders wohl zu fühlen. Das Mädchen goss sie aber nicht nur ausreichend, sondern verweilte auch gern bei ihnen, lobte ihre Schönheit und freute sich mit ihnen über das stille Geheimnis, das sie in ihren Knospen bargen. Hin und wieder, wenn es nichts anderes zu reden gab, erzählte sie ihnen wohl auch, wie es der Großmutter ging, die nur noch an warmen Tagen aus dem Haus kommen durfte und sich auch so an Blumen freute. Und manchmal sang sie ihnen das Blumenlied, das sie selbst gemacht hatte:

»Freuet euch, der Sohn der Sonne
lenkt zur Erde seinen Schritt.
Lilien blühen, Rosen glühen,
Bienen summen, wo er tritt.«

Die Großmutter sagte oft: »Ei, das blüht ja auf deinem Beet so fröhlich, als wäre der Sohn der Sonne dort vorübergegangen.« Als Marie erstaunt gefragt hatte: »Was sagst du da, Großmutter? Wovon sprichst du denn?«, hatten die Augen der alten Frau wie in weite Ferne geschaut und sie hatte geheimnisvoll geraunt: »So ist es prophezeit seit alten Tagen: Einmal wird der Sohn der Sonne auf die Erde getragen werden. Dann werden Rosen und Lilien erblühen, und die Bienen werden fröhlich summen.« Dann hatte sie Marie freundlich angelächelt und gesagt: »Siehst du, daran muss ich denken, wenn ich dein Beet betrachte. So, wie es da blüht und summt, so wird es sein, wenn er zur Erde kommt.« Das sang das Mädchen nun ihren Blumen vor, und die hatten ihre Freude daran.

Jetzt aber war der Winter gekommen, und Marie durfte nicht mehr hinausgehen, denn es war bitterkalt draußen. So stand sie am Fenster und schaute durch das kleine Guckloch zwischen den Eisblumen. Sie sah die weiße Schneefläche vor dem Haus, in der kaum einmal eine Spur zu finden war, den grauen Himmel, der die Sonne aufgeschluckt zu haben schien; aber weder Mensch noch Tier ließen sich blicken. Die Kälte hatte sie vertrieben.

Aber halt! Was war denn dort? Marie presste die Nase an die vereiste Scheibe, um besser sehen zu können. In der weißen Schneelandschaft kamen zwei Wanderer näher: ein Mann mit einem Wanderstab und eine junge Frau, die an seiner Seite ging. Am Strick führte sie einen kleinen Esel, der hatte den Kopf tief zur Erde gesenkt und setzte brav Fuß vor Fuß.

Marie bemerkte die rot gefrorenen Wangen der Wanderer, und sie meinte, die bissige Kälte in ihrem eigenen Gesicht zu spüren. Mitleidig eilte sie zur Tür und rief: »Ihr guten Leute, kommt doch herein und wärmt euch ein wenig in unserer Stube.« Der Mann blickte erstaunt auf, als er die helle Kinderstimme hörte, und auch die junge Frau wandte dem Mädchen das Gesicht zu. Doch wie auf Verabredung schüttelten beide den Kopf, und die Frau sagte: »Wir dürfen nicht verweilen, denn unser Weg ist noch weit.« – »So trinkt wenigstens einen heißen Tee, dass euch die Kälte nicht so zusetzen kann«, lud Marie sie ein, »wartet, ich will euch gleich zwei Becher holen.«

Als das Mädchen wenig später mit dem heißen Tee zurückkam, warteten die Wandersleute unter der Tür. Dankbar nahmen sie das Getränk entgegen. Nachdem sie ein paar Schlucke getrunken hatte, sagte die junge Frau: »Schöne Eisblumen wachsen an euren Scheiben. Da vergisst man den Frühling nicht so leicht.« – »Ja, sie sind schön«, pflichtete das Kind bei, »deshalb hauche ich auch immer nur ganz kleine Löcher, wenn ich hinausschauen möchte. Aber die Blumen auf meinem Beet«, fügte sie eifrig hinzu, »die sind noch viel schöner; nur jetzt im Winter nicht. Doch wenn ihr im Frühling vorüberkommt, müsst ihr sie euch anschauen. Großmutter sagt, sie sähen aus, als sei der Sohn der Sonne durch den Garten gegangen.« – »Der Sohn der Sonne?«, wiederholte die junge Frau überrascht. »Was erzählt dir deine Großmutter denn von ihm?« – »Dass er eines Tages auf die Erde kommen wird«, antwortete das kleine Mädchen, »und dann werden Rosen und Lilien erblühen, und die Bienen werden fröhlich summen.« – »So, sagt sie das?«, nickte die junge Frau und lächelte auf einmal ganz froh. »Wer weiß, vielleicht wird es schon bald geschehen.«

Der Mann hatte still seinen Tee getrunken. Jetzt schaute er prüfend zum Himmel und sagte dann: »Es wird besser sein, wenn wir jetzt weiterziehen, Maria, damit wir die Stadt noch erreichen.« – »Gute Reise!«, wünschte das Mädchen höflich und nahm die Becher wieder in Empfang. Sie trug sie in die Küche; dann lief sie zurück an ihr Guckloch am Fenster, um den Wanderern nachzuschauen.

Es hatte angefangen zu schneien. Immer dichter fielen die Flocken groß und weich zur Erde, fielen auch dahin, wo eben der Mann und die Frau mit dem kleinen Esel gegangen waren. Hell leuchteten sie dort auf, weiß und rot, und dazwischen blitzte es hin und wieder golden auf. Erst allmählich merkte Marie, wie seltsam es war, was sie da vor sich im Schnee sah. Ei, da blühten ja Blumen in der zierlichen Spur, in der die junge Frau gegangen war, da blühten ja Rosen und Lilien, und Bienen summten fröhlich um die Blütenkelche. »Großmutter, ich muss es der Großmutter zeigen«, rief das Kind aufgeregt und eilte, die alte Frau an dem Wunder teilhaben zu lassen.

Es dauerte eine ganze Weile, bis die Großmutter dem Drängen des Mädchens folgen konnte. Eingehüllt in zwei Decken und auf ihren Stock gestützt, trat sie endlich mit vor das Haus. »Hier, hier«, rief Marie. Aber was sie gesehen hatte, war schon wieder verschwunden. Kaum waren die Fußspuren noch in der weißen Schneefläche zu ahnen. »Hier ist es gewesen, Großmutter, Rosen und Lilien, und Bienen haben gesummt, wie du immer erzählt hast«, murmelte das Kind. »Ei ja doch, mein Kleines«, erwiderte die alte Frau gütig, »das glaube ich dir gewiss. Schnupper nur einmal. Der Duft der Rosen und Lilien erfüllt ja noch die Luft. Und höre ich da nicht auch noch eine Biene summen?« So standen die beiden in der Winterkälte, lauschten auf das leise Summen, sogen den Blütenduft ein und fühlten in ihren Herzen eine tiefe Freude. Marie aber sang der Großmutter das Blumenlied vor, das nun keine Verheißung mehr war, sondern das sich eben erfüllte.

# Der Gottessohn

Als die Heilige Nacht herniedersank, wurde es ganz still auf der Erde. Es war, als halte die Welt den Atem an. In den Himmeln aber schauten die Engel hinauf zu den höchsten Sphären, dorthin, wo im Kreis der Cherubim und Seraphim Gottes Thron stand.

Und da geschah das lang Erwartete, sehnlich Erhoffte: Auf einmal öffnete sich der Kreis, und der Thron Gottes wurde sichtbar für die Himmlischen. Aus dem Thron aber ging Einer hervor, so hell und licht, so heiter und rein, dass es selbst mit Engelszungen nicht zu beschreiben ist. Freundlich blickte Er auf den Reigen der Engel, die anbetend immer nur zu ihm aufschauen mochten. Dann trat Er zur Seite, und der ernst-heilige Blick des Vaters drang durch die Sphären der Himmlischen. Vor ihm eröffnete sich ein leuchtender Weg, tiefer und tiefer hinab bis hinunter zur Erde. Dort aber sahen die Himmlischen nun einen ärmlichen Stall, in dem eine Frau und ein Mann bei Ochs und Esel an einer Krippe saßen. Der Mann war schlafbefangen. Die Frau aber wandte ihren Blick zum Himmel, und als sie des leuchtenden Weges inne wurde, erhob sie ihre Arme.

Da betrat das lichte Wesen, der Gottessohn, welcher hervorgegangen war aus Gottes Thron, den leuchtenden Weg und stieg abwärts, immer weiter abwärts, gegrüßt und begleitet von dem nun anhebenden und sich immer gewaltiger steigernden Gesang der Engelschöre, die er durchschritt. Während er von einem Kreis der Himmlischen in den andern trat, wandelte er sich fortwährend, wurde erst wie einer der höchsten Engel, wie ein Seraph, wie ein Cherub, um allmählich eine Form der Herrlichkeit nach der anderen abzustreifen wie ein Gewand. Nun stand er im Kreise der Erzengel; jetzt weilte er im Reigen der Engel, und auch aus diesem trat er hervor. Hell erstrahlte der ärmliche Stall, als der Lichte zu Maria trat und sich, ihr leuchtender Schatten, über sie beugte. Sein Licht aber spiegelte sich wider in den Äuglein des kleinen Kindes, das die Gottesmutter auf dem Schoß hielt. Da erbrausten die Himmel aufs Neue vom Gesang der Engel, und die Erde tönte wider vom Loblied der Himmlischen: »Heute ist euch der Heiland geboren, Christus der Herr.«

Nie hat sich seit dieser Nacht der Kreis der Cherubim und Seraphim wieder geschlossen. Immer noch führt der leuchtende Weg von Gottes Thron hinab zur Erde, und Christus schreitet darauf alljährlich vom Vater hinunter zu den Menschen, um bei ihnen geboren und ihnen ähnlich zu werden – und um sein Licht in ihre Herzen zu pflanzen, dass es aus ihren Augen leuchten möge, wie es aus den Augen des Christkindes einst geleuchtet hat.

# Wovon Gabriel singt

Sechs Tage lang waren die Engel in den Himmeln sehr geschäftig gewesen; sie hatten Gott geholfen, die Welt zu erschaffen: Licht und Finsternis, Wasser, Wind und das Himmelszelt, die Erde mit Bergen und Tälern, mit allen Pflanzen, die darauf wachsen, und mit allen Tieren, die auf dem Land, im Wasser und in der Luft leben. Bei alldem halfen die Engel Gott und waren von morgens bis abends beschäftigt. Und obwohl jetzt die Sonne, der Mond und die Sterne, die Wolken, die Steine und Kristalle noch nicht einmal erwähnt worden sind, könnt ihr euch gewiss vorstellen, dass es viel zu tun gegeben hat.

Am sechsten Tage aber, als die Engel ihr Werk vollendet hatten, versammelten sie sich um Gottes Thron, und auf einmal wurde es ganz still in den Himmeln. Inmitten der himmlischen Heerscharen stand Gott, der Herr, und aus Licht und Finsternis schuf er den Menschen, machte ihn zu seinem eigenen Bilde. Aufrecht stand er neben Gott, seinem Schöpfer, sein Antlitz leuchtete, seine Gestalt war umhüllt von einem Gewand, das aus den Farben des Regenbogens gewebt schien, seine Hände erhob er zu freier Tat.

Es war ganz still in den Himmeln, als der Mensch aus Gottes Schöpferwort erstand. Die Heerscharen der Engel konnten dieses Wesen nur bewundern und bestaunen, denn seine Schönheit übertraf all ihre Vorstellungskraft. Schließlich brach Gott selbst das Schweigen und fragte: »Der Bewohner des Himmels, meine erstgeborenen Kinder, sagt mir doch: Mögt ihr euren neuen Kameraden?«

Da griffen die Engel zu ihren Musikinstrumenten und begannen zu musizieren, spielten eine solch herrliche Musik, wie sie nie zuvor in den Himmelsräumen erklungen war. Die Himmel und die Erde wurden erfüllt von den lieblichsten Harmonien, die zu Gottes Lob erschallten.

Es gab einen Engel, der konnte ganz wunderschön singen. Das war der Engel Gabriel. Sein Lobgesang stieg glockenrein hinauf zu Gottes Thron. So zauberhaft schön war sein Singen, dass die anderen Engel einer nach dem anderen ihre Instrumente wieder sinken ließen, um nur ihm allein zu lauschen, und eine unendliche Seligkeit erfüllte ihre Herzen. Auf Erden aber begannen zur selben Zeit die Kristalle heller zu leuchten, die Blumen läuteten ihre Blüten wie kleine Glocken, die Bienen summten, die Tiere sprangen vor lauter Freude miteinander umher, und das strahlende Antlitz des Menschen verklärte sich zum ersten Mal zu einem Lächeln. Seht ihr: Als der Engel Gabriel sang, wurden die Himmel und die Erde von Freude erfüllt.

Es war wirklich eine fröhliche Zeit, als der Mensch im Paradies, jenem Garten im Osten, leben durfte, den Gott dem ersten Menschen, Adam, und Eva, seinem Weib, zugedacht hatte. Man kann sich keinen lieblicheren Ort vorstellen. Dort war alles gut. Keine Gefahr konnte Gottes Geschöpfe schrecken – so lange jedenfalls nicht, als sie sein einziges Gebot hielten und von den Früchten des Baumes der Erkenntnis von Gut und Böse nicht aßen. Es erschien leicht, dieses Gebot zu achten, denn es gab so viele andere Bäume. – Ja, im Paradies war alles gut, und so gab es auch keinen Grund für Gabriel, sein Lied der Freude zu enden.

Nur ein einziges Wesen gab es, das dieses Lied nicht hören mochte, das ganz bitter und ärgerlich im Innern wurde, wenn es Gabriel lauschen musste. Das war die Schlange. In jenen Tagen ging auch die Schlange aufrecht, und sie trug eine Krone, denn sie war von königlicher Abstammung. In ihrem Herzen verwandelten sich die wunderschönen Harmonien zu Hass und Falschheit. Und sie schwor, sie werde dafür sorgen, dass der Gesang Gabriels verstumme. Wie aber wollte sie das anstellen? Ach, die Schlange ist so gescheit. Sie wusste natürlich, dass Gabriel sang, um die Schönheit jenes neuen göttlichen Geschöpfes zu preisen, die Schönheit des Menschen. So machte sie sich ans Werk, diese Schönheit zu vernichten.

Sie ging zu Adam und flüsterte ihm ein, von den verbotenen Früchten zu kosten. Adam aber erinnerte sich des göttlichen Gebots und hörte nicht auf die Schlange. Die jedoch gab nicht auf. Jetzt ging sie zu Eva und versuchte diese. Eva erinnerte sich des Gebots ebenfalls und sagte: »Wir dürfen von diesen Früchten keine pflücken.« – »Ich pflücke eine für dich«, erwiderte die Schlange, und als Eva ihre Hand wie im Spiel ausstreckte, fiel ihr eine Frucht hinein, die köstlicher aussah als alle anderen im Garten. Da aß sie davon, und wirklich schmeckte diese Frucht ganz vorzüglich. Weil sie aber so gut schmeckte, bemerkte Eva gar nicht, dass, als sie aß, im Paradies etwas anders wurde. Die Schlange aber bemerkte es gar wohl und sie triumphierte in ihrem Herzen. Könnt ihr erraten, was sich veränderte, als Eva von der verbotenen Frucht kostete? Gabriel hörte auf zu singen. Es war gerade so, als hielten die Himmel den Atem an, als Eva Gottes Gebot übertrat. Aber das war nicht alles, was sie tat. Sie ging zu Adam und überredete ihn, auch die Frucht zu kosten; und schließlich aß er davon.

Da veränderte sich wieder etwas im Paradies, diesmal aber bemerkten es auch Adam und Eva. Sie bemerkten, dass ihr Antlitz nicht länger leuchtete und dass sie ihr Gewand aus den Farben des Regenbogens verloren hatten. Und dann hörten sie etwas, das sie nie zuvor gehört hatten. Der Engel sang wieder, doch jetzt war sein Lied erfüllt von Traurigkeit. So betrübt klang es, dass die Sonne sich hinter einer Wolke verbarg, Mond und Sterne ihr Licht verloren und die Tiere nicht mehr freudig miteinander umherspringen mochten, sondern feindlich gegeneinander wurden. Die Pflanzen schüttelten ihre Blätter und Blüten ab, und die Kristalle glänzten nicht mehr. Da weinten Adam und Eva zum ersten Mal, und ihre Tränen netzten den Boden.

Und die Schlange? Sie hatte triumphiert, als der Engel sein Lied der Freude beendet hatte. Sein neues Lied aber war so traurig, dass selbst sie meinte, es müsse ihr das Herz brechen, und sie suchte sich tief in der Erde zu verstecken, um nur nicht diesem Klagegesang lauschen zu müssen. Doch gibt es keinen Ort, an den der Gesang Gabriels nicht dringt; und wenn man seine Ohren mit Wachs verstopfte: er würde noch im Herzen widerklingen.

Da schickte Gott Adam und Eva aus dem Garten hinaus. Sie sollten erst wieder eingelassen werden, wenn ein Mensch das Gewand, das aus den Farben des Regenbogens gewoben war, wiedergefunden haben würde. Gott hüllte sie nun in ein Kleid, das aus den Fellen aller Tiere gefertigt war, und von einem Schutzengel begleitet stiegen Adam und Eva aus dem Paradies hinab. Gott bestrafte auch die Schlange. Er nahm ihr die Krone fort, und weil sie versucht hatte, dem Kummer der Welt dadurch zu entgehen, dass sie sich in der Erde verbarg, ließ er sie in Höhlen leben und auf dem Bauch kriechen. Dann ging Gott zu Gabriel, der das Klagelied sang, und sagte: »Du musst nun dein Lied enden. Denn wenn du weiter singst, muss die ganze Schöpfung in Trauer erstarren, und die Welt wird an ihr Ende kommen.« Natürlich hörte der Engel auf Gottes Wort, doch fragte er bekümmert: »Werde ich denn nie wieder singen dürfen?« Da tröstete Gott Gabriel und versicherte ihm: »Die Zeit wird kommen, da du wieder singen wirst. Wache über die Erdenmenschen! Manch Böses wirst du bemerken, aber auch sein Streben nach dem Guten. In vielen tausend Jahren aber wird ein Kind geboren werden mit einem leuchtenden Antlitz und einem Gewand aus den Farben des Regenbogens. An dem Tag, da du das geschehen siehst, sollst du wieder singen, dass Freude die Himmel und die Erde aufs Neue erfüllt.«

So verstummte Gabriels Klage. Da kam die Sonne wieder hinter der Wolke hervor, Mond und Sterne begannen wieder zu scheinen, aber so schwach, dass man sie seither nur in der Nacht sehen kann. Die Pflanzen trieben neue Blätter und neue Blüten hervor; doch jedes Jahr verlieren sie sie wieder. Und die Kristalle schimmerten mit einem Teil ihres früheren Glanzes. Die Tiere waren etwas weniger feindlich gesonnen gegeneinander, mochten aber auch nicht mehr Freunde sein wie früher.

Jedes Kind, das fortan auf Erden geboren wurde, wurde von Gabriel, dem Engel der Freude und Trauer, sehnlich erwartet. Würde das Nächste dasjenige sein mit dem leuchtenden Antlitz und dem Gewand aus den Farben des Regenbogens? Aber wieder und wieder wurde der Engel enttäuscht, denn obwohl viele Kinder zur Welt kamen, hatte doch keines das Regenbogengewand, auch wenn manchmal ein Antlitz leuchtete. Kinder wie Noah, Abraham und David hatten ein leuchtendes Antlitz, als sie geboren wurden, doch nicht so leuchtend wie Adam im Paradies, und keines von ihnen hatte das Gewand aus den Farben des Regenbogens. Eines aber geschah, als Gabriel über all die Kinder wachte, die zur Welt kamen: Er begann sie zu lieben, jedes Einzelne von ihnen, auch jene ohne leuchtendes Antlitz; denn die Prophetie von dem einen besonderen Kind war mit ihnen allen verbunden. Immer öfter flog Gabriel hinunter zur Erde und flüsterte einem Neugeborenen ein Wort ins Ohr. Welches Wort das war, weiß ich nicht, und auch das Kind vergaß es wieder, als es heranwuchs. Dennoch bewirkte es etwas bei dem Kind: Es bewirkte, dass seine Augen glänzten. So muss dieses Wort des Engels wohl ein geheimes Wort der Freude gewesen sein.

Wieder wurde tausend und tausend Jahre, nachdem Adam und Eva das Paradies verlassen mussten, um das Gewand aus den Farben des Regenbogens wiederzufinden, ein Kind mit leuchtendem Antlitz geboren, ein kleines Mädchen. Wieder stand Gabriel an seiner Seite und flüsterte ihm sein Wort der Freude ins kleine Ohr. Diesmal aber geschah etwas, was nie zuvor geschehen war: Das kleine Mädchen antwortete, und zwar so deutlich, dass der Engel keine Mühe hatte, es zu verstehen: »Ich bin die Magd des Herrn.« Ihr könnt versichert sein, dass Gabriel das kleine Mädchen nicht mehr aus den Augen ließ, das auf sein Wort der Freude geantwortet hatte. Der Engel wünschte Maria - so hieß das Kind - alles erdenklich Gute und trat selbst vor Gott hin, um für sie zu bitten. Gott lauschte dem Engel voller Ruhe, dann antwortete er: »Maria wird eine Königin werden. Was kannst du mehr für sie wünschen?« Aber Gabriel wünschte gar nicht mehr als das. Dieses liebe Kind würde eine Königin werden; das war gut, ja, das war sehr gut.

Merkwürdigerweise jedoch gab es nichts, was auf ihre königliche Zukunft hingedeutet hätte, als Maria heranwuchs. Sie wuchs bei demütigen, armen Eltern und später bei den Priestern des Tempels auf. Aber Geduld, der Prinz für sie würde gewiss noch kommen! Doch dann war es durchaus kein Prinz, dem Maria anvertraut wurde, sondern ein einfacher Zimmermann, der Josef hieß. War auf Erden etwas durcheinandergeraten? Gabriel eilte, von Gott zu erfragen, was dies alles zu bedeuten hätte. Der Herr aber erwiderte nur: »Maria wird eine Königin werden.« - »Aber sie ist mit einem einfachen Zimmermann verheiratet worden«, antwortete der Engel. »Sie ist dem besten Mann anvertraut worden, den ich auf Erden finden konnte, um der Vater meines Sohnes zu werden«, erwiderte Gott. »Fürchte dich nicht. Maria ist meine eigene Braut, die Braut des Königs der Himmel. Eines Tages wird sie hier Königin sein.« Und dann fügte er hinzu: »Gabriel, die Zeit ist nahe, da das Kind mit dem leuchtenden Antlitz und dem Gewand aus den Farben des Regenbogens auf Erden geboren werden soll. Flieg hinab zu Maria und verkündige ihr, dass sie die Mutter dieses Kindes sein wird.« Das Angesicht des Engels strahlte vor Freude. »Aber wird sie mich auch verstehen können?«, fragte er dennoch zweifelnd. »Sie wird dich verstehen«, versicherte Gott ihm, »sie hat jenes erste Wort niemals vergessen, das du ihr ins Ohr geflüstert hast, als sie noch ein kleines Kind war. Im Herzen erwartet dich Maria.« So flog Gabriel zur Erde hinab und verkündete Maria die Geburt des Christkindes.

Gabriel wusste genau, wann das Kind geboren werden würde: an einem Tag mitten im Winter. Das war keine günstige Zeit für ein Kind, auf die Erde zu kommen. Aber der Engel sah auch, wie sorgsam sich Josef um seine junge Frau kümmerte, und da verstand er, dass Gott den richtigen Ehemann für Maria ausgewählt hatte. Alles würde gutgehen.

Aber nein - alles ging ganz und gar nicht gut. Wenige Tage vor der Geburt des Kindes sah Gabriel Maria und Josef ihr kleines Haus in Nazareth verlassen, in dem alles so liebevoll für den Empfang des Neugeborenen vorbereitet war. Er sah Maria auf den Esel steigen, den Josef führte. Was hatten sie vor? Warum reisten sie durch Eis und Schnee? Warum warteten sie nicht wenigstens bis zum Frühling? Marias blauer Mantel war doch nicht warm genug, um die Kälte von ihr abzuhalten. Und sie trug das Kind unter dem Herzen, das Kind, auf welches Gabriel seit Tausenden und Tausenden von Jahren wartete. Der Engel flog hinab und breitete seine Flügel aus um die junge Frau. Ach, er wusste nur zu gut, dass Engelsflügel einen Menschen nicht vor Kälte schützen können. Aber es war alles, was Gabriel jetzt für das Kind tun konnte. Und wirklich fühlte Maria sich wärmer in der Nähe des Engels.

Warum sie im Winter reisten? Weil der Kaiser in Rom befohlen hatte, dass alle Menschen in seinem Reich gezählt werden sollten, und zu diesem Zweck mussten sie an den Ort kommen, wo sie einst geboren worden waren. So musste Josef. dessen Familie aus Bethlehem stammte, mit Maria nach Bethlehem reisen, um dem Gebot des Kaisers Folge zu leisten.

Der Tag, an dem das Kind zur Welt kommen sollte, rückte heran. Es war der Tag, an dem Maria und Josef Bethlehem erreichten. Die Stadt war von Menschenscharen überfüllt, alle Gasthäuser waren voll. Wo immer Josef auch anklopfen mochte, um Herberge für die Nacht zu erbitten, wurde er abgewiesen. Als Gabriel das sah, merkte er, dass das Klagelied wieder in ihm aufstieg. Endlich war die Zeit gekommen, da das Kind mit dem leuchtenden Antlitz und dem Gewand aus den Farben des Regenbogens, das Paradieseskind, auf Erden geboren werden sollte, und nun fand es auf der Erde keinen Platz. Der Engel war so traurig, dass er seine Klage nicht zurückhalten konnte, und ein einziger Ton voller Kummer und Leid drang ihm über die Lippen. Er schnitt tief in Marias Herz, aber er bewegte auch den letzten Wirt, an dessen Tür Josef geklopft hatte. So empfand er Mitleid mit den armen Leuten, und doch hatte er keinen Raum für sie. Was konnte er tun? Da erinnerte er sich an den kleinen alten Stall, in dem er seinen Ochsen unterstellte. Dort würden die armen Leute wenigstens Schutz vor Wind und Wetter finden.

So kam es, dass Maria und Josef diese Nacht in einem Stall verbrachten. Es gab dort eine kleine Bank, und es lag Stroh auf dem Boden und etwas Heu in der Krippe. Der freundliche Ochse war da und ihr eigenes liebes Eselein, und ein paar goldene Sterne guckten durch die Spalten im Dach herein. Obwohl es wirklich ein ärmlicher Ort war, fühlten sich Maria und Josef ganz geborgen und zufrieden. Das aber kam daher, weil noch etwas anderes in diesem Stall war, etwas, das Menschenaugen nicht sehen können: Die himmlischen Heerscharen hatten sich nämlich dort versammelt, um die gesegnete Stunde, in welcher das Kind geboren werden würde, zu erwarten.

Die Nacht sank auf die Erde herab. Josef blies die Kerze aus, die der Wirt ihnen dagelassen hatte, und es wurde dunkel im Stall. Die ganze Stadt Bethlehem lag in Finsternis. Nur ganz oben am Himmel zwinkerten die goldenen Sterne, zwinkerten, als ob sie ein Geheimnis wüssten, das sie aber nicht verraten dürften. Während aber all die Leute in der Stadt im Schlaf lagen und träumten, wurde es auf einmal hell, so hell, als wäre die Sonne aufgegangen. Es war aber jene Art von Licht, das man nur mit den Augen des Traumes wahrnehmen kann.

Und auf einmal war die Luft von Musik erfüllt, von süßesten Weisen, aber in der Art jener Klänge, die nur die Ohren des Herzens erlauschen können. Und sowohl das Licht wie auch die Musik kamen von jenem ärmlichen Stall, in dem inmitten der Nacht das Christkind geboren worden war, das Kind mit dem leuchtenden Antlitz und dem Gewand aus den Farben des Regenbogens. Deshalb sang Gabriel wieder, und sein Lied stieg glockenrein hinauf zu Gottes Thron. So schön war es, dass trotz des Winters die Bienen zu summen begannen, die Blumen ihre Blütenglöckchen läuteten und die Sterne so hell schienen, als wollten sie die Sonne überstrahlen.

Ja, der Engel Gabriel sang, sang sein Lied der Freude, denn endlich war das Kind zur Welt gekommen, das Kind, das sein leuchtendes Antlitz und sein Gewand aus den Farben des Regenbogens niemals verlieren würde. Und weil es mitten in der Nacht geschah und alle Menschen schliefen, sahen sie alle das Licht mit den Augen des Traumes, und sie alle hörten den Gesang des Engels mit den Ohren des Herzens. So wussten sie auch, dass eine neue Zeit angebrochen war, dass das Paradies ihnen wieder nahegekommen war. Gewiss, als die Menschen am Morgen erwachten, konnten sie nicht erzählen, dass sie das Licht gesehen, dass sie das Lied Gabriels gehört hatten. Aber sie fühlten sich erfrischt, und ihre Augen glänzten, und das ist ein sicheres Zeichen dafür, dass sie das Licht und den Gesang erlebt hatten.

Das Geheimnis dieser gesegneten Weihnachtsnacht hat nie geendet. Immer noch leuchtet das Antlitz des Christkindes wie eine Sonne, und immer noch singt Gabriel sein Lied der Freude. Wenn wir schlafen gehen, sehen wir sein Licht mit den Augen des Traumes, und wir hören Gabriels Gesang mit den Ohren des Herzens. Dann erwachen wir erfrischt und fröhlich und mit glänzenden Augen. Schade nur, dass wir morgens immer wieder vergessen, was wir in der Nacht erlebt haben. Aber wartet nur ab! Der Tag wird kommen, an dem wir aufwachen und uns erinnern werden an das Licht, das aus dem Antlitz des Christkindes leuchtet, und an das Lied, das Gabriel singt. Dann werden die Menschen vom Sündenfall Adams erlöst sein, und Freudenklänge werden die Himmel und die Erde erfüllen.

# Das Meisterstück des Zimmermanns

Josef war noch ein junger Mann, als er seine Zimmermannslehre in Nazareth abschloss, und es zog ihn hinaus in die Welt. Andere Orte wollte er kennenlernen, sehen, wie andere Leute lebten und ihre Häuser bauten. Und irgendwo wollte er dann sein Meisterstück zimmern, um als Meister heimzukehren in sein Dorf.

Frohgemut verließ er damals Nazareth, ohne zu wissen, wann er es wiedersehen würde. Er brauchte auf seiner Fahrt nicht zu darben, denn hatte er auch kein Geld, so verfügte er doch über zwei geschickte Hände und Lust zur Arbeit, und damit ließ sich jederzeit verdienen, was er für den Lebensunterhalt brauchte. Hier und da konnte er sich auf längere Zeit als Zimmermannsgeselle verdingen, um beim Bau eines Hauses zu helfen. Und stets lobte ihn der Bauherr für seine flinke und saubere Arbeit und zahlte ihm auf den vereinbarten Lohn als Anerkennung gern noch ein Silberstück drauf.

Der Weg von Nazareth nach Jerusalem ist nicht weit. Wer tüchtig ausschreitet, kann ihn in wenigen Tagen zurücklegen. Doch Josef hatte es nicht eilig damit, in die Tempelstadt zu kommen. Erst nach einem ganzen Jahr trat er durch eines der großen Tore in der dicken Stadtmauer. Oft war er schon hier gewesen. Fast jedes Passahfest hatte ihn unter den Pilgern gesehen. Dann hatte er aber außerhalb der Stadt mit den anderen gezeltet und von der Stadt nur den Tempelvorplatz betreten. In das Häusergewirr, das man liegen sieht, wenn man den Ölberg ein Stück hinaufsteigt und zurückblickt, war er nie hineingegangen.

Jetzt wanderte der Zimmermann aus Nazareth zum ersten Mal durch die engen Gassen, staunte über das geschäftige Treiben der Händler, das Stimmengewirr, das von den eng beieinanderstehenden Hauswänden zurückgeworfen und verstärkt wurde, wunderte sich über die Sorglosigkeit, mit der die Menschen hier ihren Unrat auf die Gassen warfen, wo kleine Kinder sich mit schwarzen Zicklein balgten. War das dieselbe Stadt, in welcher der heilige Tempel stand? Josef fühlte sich manch prüfenden, geringschätzigen Blicken ausgesetzt; sie stachen ihn wie Nadeln. Nein, hier war seines Bleibens nicht. Ehe die Nacht hereinbrach, hatte er Jerusalem schon wieder verlassen. In einem Olivenhain legte er sich zur Ruhe, und als früh am Morgen die Sonne den Himmel im Osten rot färbte, sprang er auf, wusch sich das Gesicht an einem Brunnen und wanderte weiter, um im nahen Bethlehem sein Glück zu versuchen. Bethlehem – die Stadt des Königs David, der auch sein Ahnherr war – zog ihn mit eigenartiger Gewalt an, gerade so, als wüsste er im Voraus, dass ihn hier sein Glück erwartete.

Und tatsächlich! Josef hatte den Ort noch nicht betreten, da war er bereits als Zimmermann angestellt worden. Aber für welch eigentümliche Arbeit! Auf dem Weg war er einem alten Mann begegnet und mit ihm ins Gespräch gekommen. Der Alte gehörte zu den Nachkommen Abrahams und versah in Jerusalem Priesterdienste. Die meiste Zeit des Jahres aber verbrachte er in Bethlehem, wo er ein kleines Häuschen hatte. Josef hatte sich bei ihm erkundigt, wohin er sich wenden könne, um Arbeit zu finden. Da hatte der alte Mann sich ganz ausführlich von ihm erzählen lassen: welches Handwerk er treibe und wo er zu Hause wäre und auch davon, was er auf seiner Reise erlebt hätte. Dann hatte er plötzlich zu ihm gesagt: »Josef ben David, wenn du Zimmermann bist, kannst du doch auch eine Krippe zimmern?« Erstaunt hatte Josef das bestätigt. »Sicherlich kann ich auch eine Krippe zimmern«, hatte er gelacht, »nichts leichter als das. Braucht Ihr denn eine Krippe, Herr?« – »Ich brauche jemanden, der eine Krippe zimmern kann«, hatte der Alte erwidert, »wenn du es tun willst, so werde ich dich für vier Wochen in mein Haus aufnehmen, bis das Werk vollendet ist.« – »Aber Herr«, hatte Josef gerufen, »eine Krippe schlage ich Euch im Handumdrehen zusammen. Warum wollt Ihr vier Wochen Zeit dafür ansetzen?« Da hatte der Priester mit fester, klingender Stimme, die keinen Widerspruch duldete, erwidert: »Weil diese Krippe dein Meisterstück werden soll, Josef ben David.«

Doch es war nicht das einzige Merkwürdige, dass Josef als Meisterstück eine Krippe zimmern sollte, eine Futterraufe für das Vieh. Merkwürdig war auch, dass der alte Priester außer einer Ziege gar keine Tiere hatte. Die Ziege aber war mit einer einfachen, von langem Gebrauch glatt gescheuerten Krippe versorgt ... »Herr, wofür soll ich Euch die Krippe zimmern«, begehrte Josef auf, nachdem er die Verhältnisse kennengelernt hatte; denn das zu vollbringende Werk schien ihm so gänzlich sinnlos. »Wenn ich sie selbst auch nicht brauche«, antwortete der Priester ernst, »so wird sie doch gebraucht. Wer weiß, vielleicht noch mehr von dir als von mir.« Lächelnd zuckte er dann die Schultern, als er den verwirrten Blick des Zimmermanns bemerkte, und bat entschuldigend: »Verzeih, wenn dir mein Auftrag unverständlich bleibt. Wir Alten hängen eben manchmal an unseren Träumen.« Als Josef den Priester so reden hörte, schämte er sich ein wenig und beeilte sich zu versichern: »Ihr sollt die Krippe bekommen, Herr. Es ist Euer Wunsch.« – »Und dein Meisterstück, Josef«, fügte der Alte freundlich hinzu. Und dann erklärte er dem staunenden Zimmermann, wie er sich die Krippe wünschte.

Was Josef in den folgenden Wochen anfertigte, war eigentlich kein Zimmermannswerk, denn die Bretter, die er brauchte, waren schnell zurechtgesägt. Nein, die Hauptsache waren die Schnitzereien, mit denen er die Krippe über und über verzierte: rankendes Weinlaub, in dem die vollen Trauben sich prall rundeten; herrschaftlich aufrecht ragende Getreidehalme, gekrönt von üppigen Ähren; dazwischen allerlei Getier – Vögel und Hasen und manch anderes, was man erst entdeckte, wenn man das Werk ganz genau betrachtete. Innen aber feilte und schmirgelte Josef das Holz so ebenmäßig, dass es sich anfühlte wie Samt.

Nach vier Wochen war die Krippe vollendet. Vom frühen Morgen bis zum letzten Licht des Tages hatte Josef daran gearbeitet und sich kaum eine Pause gegönnt. All die Zeit hatte der Priester keinen einzigen Blick auf die Arbeit geworfen. Nun, als Josef ihn herbeiholte und das Tuch, das er über sein Werk gebreitet hatte, fortzog, strahlten die Augen des alten Mannes in heller Freude. »Recht so, Josef ben David«, nickte er, »ja, genau so habe ich sie gesehen in meinem Traum.« – »Entschuldigt, Herr«, murmelte der Zimmermann verlegen, »aber meint Ihr nicht, dass die Krippe mit all dem Schmuck doch mehr aussieht wie das Bett für einen Prinzen? Vielleicht möchtet Ihr sie dem König Herodes verkaufen. Es heißt, dass er für solch ausgefallene Dinge gut zahlt.« – »Das Bett für einen Prinzen«, wiederholte der Priester schmunzelnd, »nun, warum nicht? Aber warum sollte meine Ziege nicht aus einem Prinzenbett speisen? Weißt du denn, ob sie nicht die Königin der Geißen ist? Doch Spaß beiseite. Ich will das kostbare Stück selbst behalten; aber ich verspreche dir, dass meine Ziege ihr Heu nicht daraus fressen soll.«

Es war Josef damals schwer geworden, dass er die Krippe in Bethlehem zurücklassen musste, denn wenn ihm die Arbeit auch höchst seltsam vorkam, so hatte er doch seine ganze Liebe in dieses Meisterstück gegeben, und er wusste, dass er nie wieder eine solche Arbeit würde anfertigen können. Später hatte er immer wieder daran denken müssen, nie aber davon gesprochen. Er hatte Sorge, man würde über ihn lachen, weil eine Krippe sein Meisterstück gewesen war.

Erst als er viele Jahre später nach Bethlehem wanderte, da der Befehl des römischen Kaisers ihn und seine junge Frau in Winterskälte dorthin rief, erzählte er Maria von dem »Prinzenbett«, wie er die Krippe ein wenig spöttisch nannte. Mit jedem schweren Schritt, den er weiter gen Süden tat, stiegen die Erinnerungen an seine Gesellenfahrt mächtiger in ihm auf, und so begann er von den Erlebnissen zu berichten. Und Maria, die das Kind unter dem Herzen trug und nur mühsam vorankam, hörte ihm aufmerksam zu und sagte nur manchmal: »Wie schön, dass wir den Weg nun gemeinsam gehen können.« Doch dann flammte in Josefs schwermütiger Seele ein heiliger Zorn auf. »Nein, Maria, sprich nicht so!«, rief er. »Wir reisen, weil wir nicht anders können. Oh, wäre ich ein freier Mann, du solltest diesen Weg nicht mit mir gehen müssen.«

Sie kamen endlich in Bethlehem an und mussten an viele Türen klopfen und um Herberge bitten. Als keiner sie aufnehmen wollte, dachte Josef bei sich: »Vielleicht sollten wir unser Glück bei jenem Priester versuchen, der mich damals so freundlich aufgenommen hat. Wer weiß, ob er nicht noch am Leben ist?« Doch der Priester war längst gestorben und sein kleines Haus zum Gasthaus erweitert worden. Der Wirt allerdings, als sein Blick auf Maria fiel, wurde von Mitleid gerührt. »Wo kann ich euch nur unterbringen?«, brummte er und kratzte sich nachsinnend am Kopf. »Mein Haus ist voll. Aber wenn euch ein Stall genügt für diese Nacht, so kann ich euch helfen.« Ehe Josef etwas erwidern konnte, hatte Maria schon gedankt für das Angebot. So folgten die beiden dem Wirt in den ärmlichen Stall.

Wo waren sie nur hingeraten! Da saßen sie auf einer wackligen Bank in einem winzigen dunklen Raum, in welchem auch noch ihr Esel und ein Ochse Platz finden mussten, und jederzeit konnte Marias schwere Stunde nahen. Betrübt vergrub Josef das Gesicht in den Händen. »Ausgestoßen«, murmelte er grimmig, »ausgestoßen und weggeworfen! Vieh beim lieben Vieh! O Maria, wer hat uns solch bitteres Los zugedacht?« Maria aber antwortete nicht. Stattdessen ergriff sie leise seine Hand und sagte: »Fühl doch einmal, Josef. Kennst du das nicht?« Josef ließ vorsichtig seine Finger wandern. Dann sprang er plötzlich auf, kniete nieder und riss das Heu aus der Krippe. Tränen rannen ihm über die Wangen, doch merkte er selbst nichts davon. Hier waren die Weinranken und die vollen Trauben, dort die Ähren, und da drüben, ja dort streckte ein Häschen seine langen Ohren in die Höhe.

»Die Krippe«, flüsterte Josef ein über das andere Mal. »Das Bettlein für den Prinzen«, erwiderte Maria leise, »für unseren Prinzen. Du hast es selbst für ihn geschnitzt.«

Da wich aller Groll aus Josefs Herz. Dafür also hatte er damals die Reise nach Bethlehem unternommen, dafür den seltsamen Auftrag empfangen, damit seinem Kind, seinem lieben Sohn, das Bettlein bereitet wäre. Sorgfältig las Josef das Heu wieder zusammen, breitete es in der Krippe aus und strich es liebevoll glatt. »Komm, mein Prinzlein«, sagte er und sah Maria freundlich an, »komm nur! Die Stätte ist dir schon bereitet.« Da senkte sich in tiefem Frieden die Weihnacht auf das heilige Paar herab.

# Brand, der Fischer

Brand, der Fischer, saß, wo er nun schon seit Wochen und Monaten täglich gesessen hatte: auf den hohen Klippen, die in dieser Gegend den weitesten Ausblick aufs Meer gewährten. Trutzig und steil ragten die schwarzen Felsen, wie von Riesenhand achtlos an den Strand geworfen, aus der Brandung auf. Gischtend schäumten die Wellen an ihnen empor, um doch stets wieder mutlos in sich zurückzulaufen. Hier fand ihr stetiges Spülen und Ziehen scheinbar unnachgiebigen Widerstand. Dieser Ort war wie für Brand geschaffen, der in seinem schwarzen, verschlissenen Mantel kaum auszumachen war, wenn er dort oben - klein in sich zusammengekauert - hockte. Nur sein weißes Haar, das er unbekümmert dem Wind zum Spiel überließ, verriet seine Anwesenheit. Manch einer hatte es im ersten Wahrnehmen für einen jener unzähligen weißen Meeresvögel gehalten, die den Strand bevölkerten, und sich verwundert gefragt, warum dieser Vogel sich nicht aufschwingen könne.

Die Leute im Dorf wussten wohl, wo der Fischer sich aufhielt, ja, sie alle kannten seine Geschichte und seine durch nichts in der Welt zu erschütternde Hoffnung; was hätte in ihrem kleinen Flecken auch geheim bleiben können! Viele von ihnen waren von demselben Schicksal betroffen wie Brand, keiner aber teilte seine Hoffnung - seinen »Trotz«, wie sie es nannten.

Über Nacht hatte die Sehnsucht nach fernen Ländern die jungen Leute im Ort ergriffen wie eine heftige, ansteckende Krankheit. Warum solle man sein Leben an diesem kärglichen Strand, an diesem fischarmen Meer tagtäglich sauer verdienen, hatte es da plötzlich geheißen. Draußen, jenseits des weiten Horizontes warte doch Reichtum in Fülle darauf, von mutigen Menschen ergriffen zu werden. Flüsternd ging es zunächst von

Mund zu Ohr, bis es immer offener auch vor den Alten ausgesprochen wurde. Und je mehr diese dagegen redeten, umso eifriger verkündeten jene, die am heftigsten vom Fernweh ergriffen worden waren, dass die Zukunft der Jugend hier nicht zu finden, sondern einzig hinter dem Horizont zu erwerben sei. Bald mussten die Fischer mit ansehen, wie ein – ach so kleines – Schiff zu großer Fahrt ausgerüstet wurde und die jungen Leute, unter ihnen auch etliche Mädchen, in See stachen. Noch eine Weile hatten die schweigend am Strand Stehenden die weißen Segel über dem schwarz-grünen Meeresspiegel leuchten sehen; dann waren sie ganz plötzlich hinter dem Horizont verschwunden.

Die Zukunft aber schien mit ihnen fortgegangen von dem Dorf. Wohl hatte manch einer am Anfang den Jungen noch hoffnungsvolle Gedanken nachgesandt. Doch immer matter waren diese Gedanken geworden, immer haltloser die Hoffnung. Und als man gar nichts vom Wohlergehen der Wagemutigen hörte, hieß es schließlich, das Schiff müsse wohl in einen Sturm geraten und gekentert sein.

Nur einer weigerte sich starrsinnig, an ein Unglück zu glauben. Das war der alte Fischer Brand. Dabei hatte niemand so sehr Grund zur Hoffnungslosigkeit wie er. Denn nicht nur hatte er mit dem schönsten Mädchen im Ort seine einzige Tochter verloren; er hatte auch in einem wilden Traum das Tosen eines wütenden Seesturms, das Bersten von Masten und das Auseinanderbrechen von Schiffsplanken erlebt, vermischt mit den Schreien der Menschen und dem Gurgeln der gischtenden See. Klar hatte ihm dies alles vor Augen gestanden, als er am nächsten Morgen erwachte, und es war ihm nicht einmal für einen Augenblick der Gedanke gekommen, es als ein Wahngebilde abzutun. Der Alte wusste nur zu gut, dass alles, was er da gesehen und erlebt hatte, wahr war. Doch waren nicht über das schäumende Meer plötzlich kleine Lichtboote gefahren, die die Ertrinkenden aufgenommen und, trotz der Kleinheit und scheinbaren Zerbrechlichkeit der Schifflein, sicher fortgeführt hatten? Sie waren seinem Traumblick schnell entschwunden; nur das Tosen des Sturmes hatte noch eine Weile angedauert. Doch war ihm die eigentliche Beute entrissen, und das Krachen und Bersten des Holzes schien wie das zornige Eingeständnis der Niederlage.

Mit glühenden Augen hatte Brand sein Nachterlebnis im Dorf erzählt. Da hatte manch einer seine bedrückende Sorge bestätigt gefunden, und unter den wetterharten Menschen hatte es viel Wehklagen und lautes Weinen gegeben. Wie sehr Brand aber auch versuchte ihnen klarzumachen, dass seine Geschichte doch noch weiterginge, dass jene kleinen Lichtboote alle Insassen gerettet hätten – er konnte sich kein Gehör dafür verschaffen. Und versuchte er es zu heftig, fassten die Menschen sich an die Stirn. »Brand ist verrückt geworden«, sagten sie mitleidig zueinander, »und kein Wunder, denn seine Ines war ja das schönste Mädchen im Dorf.« Daher kam es, dass Brand schließlich überhaupt nicht mehr mit den Menschen sprach. Stumm saß er tagsüber auf seinen Klippen und starrte unverwandt auf den Horizont in Erwartung eines kleinen leuchtenden Bootes, das ihm seine Tochter wiederbringen würde.

Der Herbst war mit Schauern und kalten Böen über das Land dahingefahren, der November hatte Regen und Nebel gebracht, dass Brand auf seinem Aussichtsposten oft nicht die Hand vor den Augen sehen konnte. Nun war es längst Winter geworden. Aber der alte Fischer mochte seinen Platz auf den Klippen nicht aufgeben. Er wickelte sich nur fester in den verschlissenen Mantel und starrte mit rot entzündeten Augen hinaus, dorthin, von wo das Schifflein kommen musste, und dabei ergriff ihn von Tag zu Tag eine heftigere Unruhe. Oft sprang er auf, um im Stehen vielleicht weiter über den Horizont schauen zu können. Er spürte es im Atem, er spürte es im Pulsen des Blutes, dass nun bald die Zeit des Wartens sich erfüllen müsse, dass das Boot sich immer schneller nahe. Noch einmal brach er da sein Schweigen und lief durchs Dorf, um den Menschen von der Ankunft des Schiffleins zu berichten. Doch die wandten sich von ihm ab. Das Freundlichste, was er zu hören bekam, war: »Sag uns Bescheid, wenn dein Boot angelegt hat!«

Brand wusste weder Tag noch Stunde. Die Zeit war ihm ganz unwesentlich geworden. Für ihn gab es nur Zukunft, die sich erfüllen wollte. Ihr harrte er entgegen. So saß er auf seinen schwarzen Klippen, als im Dorf die Hütten gesäubert und für das Weihnachtsfest hergerichtet wurden. Er erwartete keine Geschenke und hatte nichts zu schenken; er wusste nichts von Weihnachten. Ihm schien nur, dass an diesem Tag die Sonne gar nicht untergehen wolle. Längst war der Abend hereingebrochen. Doch vor seinen Augen lag der Horizont klar sichtbar da. Während er seinen Blick darauf gerichtet hielt, erfüllte ihn plötzlich eine tiefe, innere Freude und Gelassenheit, und er wusste: Jetzt gleich würde das Boot erscheinen, das leuchtende Schifflein, in dem seine Tochter gefahren kam.

Brand hob die rot geränderten Augen auf. Und siehe da: Oben in den Wolken konnte er einen kleinen strahlenden Punkt bemerken, den ein anderer wohl für einen Stern gehalten hätte; er aber wusste es besser. Er verfolgte aufmerksam den Lichtpunkt, der sich schnell näherte, bis bald deutlich die Form des kleinen Schiffleins erkennbar war. Nun berührte es die Meeresoberfläche und kam, von keinem Wind getrieben, auf ihn zu. Das Wasser aber nahm das Leuchten des Bootes auf und begann selbst zu glänzen, als sei es ganz aus Gold. Da sprang der alte Fischer so hurtig er konnte die steilen Klippen hinab an den Strand. Ja, er überlegte sogar für einen Augenblick, ob er dem Schifflein nicht entgegenwaten solle. Aber da war es bereits so dicht am Ufer, dass er das Gesicht eines kleinen Knaben erkennen konnte, der im Schifflein stand und ihm freudig zuwinkte. »Wer ist das Kind?«, fragte sich Brand im Stillen, und dabei war es ihm, als sei ihm der Knabe ganz vertraut.

Der Sand knirschte nicht, als das Lichtboot ans Ufer stieß. Flink sprang das Kind hinaus und lief zu dem Fischer. »Du hast lange auf mein Schifflein gewartet«, rief es heiter, »nun sollst du selbst drin fahren.« Freude schnürte dem alten Mann die Kehle zu, dass er nur mit Mühe sprechen konnte. »Und wird es mich denn tragen?«, fragte er stockend. »Und wird es mich zu Ines bringen? Du kennst Ines doch?« – »Ja, ja«, beantwortete das Kind alle Fragen auf einmal, »ja, ja, es wird dich zu ihr tragen. Sie hat mich doch gesandt. Ich soll dich holen, damit wir zusammen Weihnachten feiern können. Komm nur.« Da stieg Brand vorsichtig in das Schifflein, und siehe da, es war groß genug für die beiden ungleichen Gesellen. Behände wandte es sich wieder der See zu und flog über die Wellen, als wäre es einer jener unzähligen großen weißen Meeresvögel, die den Strand bevölkerten. Dann erhob es sich höher und höher, bis es ganz zwischen den Sternen des Himmels verschwunden war.

Als die Leute des Dorfes zu den Klippen kamen, um Brand ein gesegnetes Fest zu wünschen, fanden sie den Alten nicht. Auch um die Felsen herum fanden sie keine Spur, nur dicht am Wasser bemerkten sie die Eindrücke von schweren Füßen, die die See langsam auswusch. Über dem Meer aber lag ein Glanz, wie ihn die Leute nie gesehen hatten. »Feiert denn auch das Meer Weihnachten?«, fragten sie einander verwundert. Aber es war ja in Wirklichkeit nur der Abglanz jenes Weihnachtsfestes, das Brand, der Fischer, feierte mit Ines, seiner Tochter, und dem Knaben, den sie zu ihm gesandt hatte.

# Damit das Christkind kommen kann

Es war ein trüber Tag. Die Sonne war kaum durch die von Schnee schweren Wolken gekommen und schickte sich früh schon wieder an unterzugehen. Vom Rathausturm konnte man den Posaunenchor blasen hören: »Lobt Gott, ihr Christen.« Auf den Straßen waren nur noch wenige Menschen zu sehen, die jetzt schnell heimwärts eilten, um den Heiligen Abend zu feiern.

Da schloss Jakob Ehrenwert die Ladentür zu, ließ seinen Blick zufrieden über die reichlich leeren Auslagen schweifen und griff dann nach dem großen, dick mit Puderzucker bestreuten Stollen, der ihm sein einsames Weihnachtsfest versüßen sollte. Er schickte sich eben an, mit der Schulter den Lichtschalter auszuknipsen, als er ein leises Klopfen an der Schaufensterscheibe vernahm. Wer wollte denn jetzt noch etwas von ihm? Er kniff die Augen zusammen und versuchte durch die Scheibe zu spähen. Aber das Glas spiegelte zu sehr, man konnte von innen nicht hindurchblicken.

Da legte der Kaufmann den Stollen noch einmal hin, ging zur Ladentür und schloss auf.

»Ach, das Thereschen«, rief er überrascht, während er das kleine Mädchen im dünnen Mäntelchen aufmerksam musterte. »Was willst du denn um diese Stunde noch?«

»Wir brauchen doch noch Kerzen«, sagte das Kind und schaute mit großen blauen Augen vertrauensvoll zu dem dicken Mann auf. »Großmutter sagt, das Christkind kann dieses Jahr nicht zu uns kommen, wo wir nicht einmal Kerzen haben. Und ich möchte doch so gern, dass das Christkind auch zu uns kommt, Herr Ehrenwert.«

Der Kaufmann kratzte sich am Kopf. »Warum bist du denn nicht früher gekommen?«, fragte er, und es klang ein bisschen vorwurfsvoll. »Jetzt sind alle Kerzen ausverkauft.«

»Auch die kleinen roten für den Weihnachtsbaum?«, fragte das Mädchen und schluckte bekümmert.

»Auch die kleinen roten«, nickte der Kaufmann, »die zuallererst. Du hättest halt früher dran denken müssen.«

»Ich konnte aber nicht kommen«, flüsterte das Kind, während es tapfer gegen die aufsteigenden Tränen ankämpfte. »Großmutter sagte, wir haben für so etwas kein Geld, weil wir es alles für ihre Tropfen brauchen.«

Der Kaufmann nickte; er kannte die Umstände ja, wusste, dass Thereschens Großmutter jeden roten Heller zweimal umdrehen musste, bevor sie ihn ausgab.

»Und jetzt hast du plötzlich doch Geld?«, fragte er verwundert.

Das Kind schüttelte den Kopf. »Aber ich habe dies«, antwortete es und öffnete vorsichtig, vorsichtig die kleinen Hände, in denen es etwas verborgen hielt. Der Kaufmann beugte sich zu ihr hinab und betrachtete Thereses Schatz, ein kleines, aus Holz geschnitztes Vögelein.

»Es heißt Friedrich«, erklärte das Mädchen dem dicken Mann und strich dem Holzvögelchen zart mit dem Daumen über die Flügel, »und es ist noch ziemlich klein. Ich hatte gemeint, ich hatte …« Nun ertrank das kleine Stimmchen doch in einer Flut von hoffnungslosen Tränen, die sich nicht mehr zurückhalten ließen.

»Und da hast du gemeint, wenn du dem Herrn Ehrenwert den Friedrich gibst«, setzte der Kaufmann fort, während seine runde, warme Hand sich tröstend auf die magere Kinderschulter legte, »wenn du dem Herrn Ehrenwert den Friedrich gibst, dann würde der dir dafür von den kleinen roten Weihnachtsbaumkerzen geben, nicht wahr?«

Das Kind nickte, wagte aber nicht mehr aufzublicken. Der Kaufmann brauchte nicht lange zu überlegen. Seine Kerzenvorräte waren ausverkauft; das war einfach so. Aber drüben in seiner Wohnstube lagen zwei Päckchen, die seinen eigenen kleinen Weihnachtsbaum schmücken sollten.

»Gib mal den Vogel her«, sagte er zu Thereschen und streckte die Hand aus. Die Tränen glitzerten noch in den Augenwinkeln des Kindes, aber das Gesicht strahlte schon wieder in neu erwachter Hoffnung. Behutsam legte es das Holzvögelein Friedrich in die große Erwachsenenhand, die warm und weich war wie ein Nest. Der Kaufmann lief durch den Laden und verschwand hinter einer Tür auf der anderen Seite. Doch schon bald erschien er wieder. Friedrich war fort; aber in der Hand hielt er dafür ein Päckchen mit kleinen roten Weihnachtsbaumkerzen.

»Hier«, brummte er, »nimm's, damit das Christkind den Weg zu euch findet.«

»Vielen Dank, Herr Ehrenwert«, jubelte Thereschen froh, »vielen, vielen Dank. Ach, jetzt kommt das Christkind gewiss zu uns, nicht wahr?!«

»Natürlich«, nickte der Kaufmann und räusperte sich, »natürlich, Thereschen. Jetzt habt ihr ja kleine rote Weihnachtsbaumkerzen.«

Dann stand er noch in der Ladentür und schaute dem Kind nach, das fröhlich davonsprang, das kleine Päckchen mit beiden Händen festhaltend.

Als er ihm so nachblickte, kam plötzlich eine leise Wehmut über den Mann. Wie wenig braucht es doch für ein Kind, dass es Weihnachten wird, dachte er bei sich. Nur ein paar Kerzlein, und schon ist die Gewissheit da, dass das Christkind kommen wird. Und zu ihm? Würde es auch zu ihm den Weg finden, zu dem einsamen Mann, dem die Kerzen nicht fehlten, wenn er jetzt auch nur noch ein Päckchen hatte, und der sich sogar auf einen großen Christstollen freuen konnte?

Auf einmal schlug Jakob Ehrenwert sich mit der Hand vor die Stirn, dass es nur so klatschte. »Esel«, brummte er; dabei strahlte aber sein Gesicht so vergnügt, dass er sicherlich nicht ernsthaft böse mit sich sein konnte. Eilig schloss er die Ladentür, griff nach dem Stollen, knipste mit der Schulter das Licht aus und verschwand in seiner Wohnung.

Unterdessen war Thereschen daheim angekommen und hatte der Großmutter strahlend das Päckchen mit den Weihnachtsbaumkerzen gezeigt. Dass es seinen Friedrich dafür hatte hergeben müssen, sagte es nicht. Die alte Frau strich dem Kind mit ihrer knöchernen Hand liebevoll über den blonden Kopf. »Hast du's doch noch erreicht, du Naseweis. Ach ja, der Jakob Ehrenwert ist ein guter Kerl, macht seinem Namen Ehre.« Lächelnd und besorgt zugleich beobachtete sie dann, wie das Kind drei

Kerzen herausnahm und vorsichtig auf einen Teller klebte, den es aufs Fenstersims stellte.

»Da kann das Christkind das Licht am besten sehen«, erklärte Thereschen der Großmutter eifrig.

Dann saßen das Kind und die Großmutter vor den brennenden Kerzen und sangen Weihnachtslieder. Die Gedanken der alten Frau wanderten zurück in die Vergangenheit; sie erinnerte sich daran, wie sie selbst als Kind Weihnachten gefeiert hatte. In Thereschens Herz aber läutete die Hoffnung wie ein unermüdliches Glöckchen: »Gleich, gleich, gleich – gleich klopft das Christkind an die Tür.«

Und dann klopfte es, sachte und vorsichtig zunächst, dann noch einmal kräftig wie von großer Männerhand. Jubelnd sprang das Mädchen auf: »Hast du's gehört, Großmutter, hast du's gehört?« Aber es achtete gar nicht mehr auf die erstaunte Antwort der alten Frau, sondern eilte zur Tür. Dann stand es lange wortlos und bestaunte das Wunder. Denn dort auf der Schwelle stand ein kleiner Weihnachtsbaum mit roten Lichtern, die hell in die Nacht hinaus leuchteten. Unter dem Baum, in durchsichtiges Papier eingewickelt, lag ein großer Christstollen, dick mit Puderzucker bestreut. Am obersten Zweig des Baumes aber hing, ein rotes Fädchen um den Hals, Friedrich, das kleine Holzvögelein, und schien bereit, die seligsten Weihnachtsmelodien zu jubilieren.

Die Großmutter musste helfen, den Weihnachtsbaum und den Christstollen vorsichtig hineinzutragen. Ehe es aber die Tür wieder schloss, schaute Thereschen auf zum nachtdunklen Himmel und rief glücklich: »Vielen Dank, Christkind, dass du gekommen bist.« Dann eilte es der Großmutter nach.

Auf der gegenüberliegenden Straßenseite lehnte ein Mann im Schatten einer Hauswand. Er hatte den Hut tief ins Gesicht gezogen und den Mantelkragen hochgeschlagen, um nicht erkannt zu werden. Als das Kind im Haus verschwunden war, schob er den Hut aus der Stirn. Auch er hob die Augen zum Himmel und auch er sagte, wenn auch nicht ganz so laut wie Thereschen: »Ja, vielen Dank, Christkind, dass du gekommen bist und dass ich dir helfen durfte.«

Dann stapfte er nach Hause, klebte drei kleine rote Weihnachtsbaumkerzen auf einen Teller und stellte sie vor sich auf den Tisch. Mehr hatte er nicht. Aber als er sie entzündete, leuchteten die Kerzen so hell, ach so hell, wie er es sein Lebtag noch nicht gesehen hatte. Ob er wohl merkte, dass diese Lichtfülle gar nicht von den kleinen roten Weihnachtsbaumkerzen allein kam? Hell, ganz hell da hinein leuchtete auch das Licht, das das Christkind in seinem Herzen entzündet hatte, im Herzen von Jakob Ehrenwert, dem Kaufmann, der seinem Namen Ehre machte.

# Ein neues Kleid für die Gottesmutter

Mancherlei gibt es an Weihnachtsvorbereitung, das einem überflüssig erscheinen kann. Für die Leute in dem kleinen Dorf am Finsterwald gehörte dazu, was ihr Malermeister Reichert zu tun pflegte. Der Malermeister Reichert packte nämlich in den Tagen vor Weihnachten immer ein paar Farbtöpfchen und verschiedene Pinsel in einen Korb und wanderte damit in den Finsterwald. Eine Stunde musste er gewiss tüchtig ausschreiten, musste sich schließlich vom breiten Wanderweg durch eine enge Schneise hindurcharbeiten, um zu der Lichtung zu gelangen, die Ziel seiner Wanderung war. Dort am Rand der Lichtung stand, von den Menschen fast vergessen, eine kleine Muttergottes-Statue aus Gips. Sie stand, selbst kaum ellengroß, auf einer kleinen Säule und trug auf ihrem Arm, thronend wie ein König, das Christkind. Wind und Wetter war sie schutzlos preisgegeben, und wäre nicht der Malermeister Reichert gewesen, die kleine Gottesmutter hätte längst alle Farben ihres Kleides eingebüßt. In den Tagen vor Weihnachten aber wanderte der Malermeister hinaus zu der Gipsmadonna und malte ihr mit vorsichtigen Strichen ihren Mantel wieder schön blau an, erneuerte auch das Weiß des Kleidchens, welches das Christkind trug, tauchte endlich den feinsten Pinsel in den Topf mit goldener Farbe und frischte damit die Heiligenscheine von Mutter und Kind auf, und wenn noch ein Rest übrig blieb, malte er der Gottesmutter einige goldene Sterne auf ihr Kleid. War ihm das Werk zu seiner Zufriedenheit gelungen, packte er Farben und Pinsel wieder zusammen, verneigte sich vor der kleinen Marienfigur und ihrem Kind, wünschte eine gesegnete Weihnachtsnacht und kehrte ins Dorf zurück.

Gern hätten die Menschen gewusst, warum Malermeister Reichert so handelte. Was für einen Sinn konnte es haben, eine kleine Gipsfigur neu anzumalen, die kein Mensch je zu sehen bekam außer den Kindern, die mitliefen, wenn der Malermeister zur Lichtung hinauswanderte? Aber immer erwiderte er auf ihr neugieriges Fragen: »Ich darf's nicht sagen.« Erst kurz vor seinem Tod hat er sein Geheimnis preisgegeben.

Früher, als der Malermeister Reichert selbst fast noch ein Kind war, lebte in dem kleinen Ort am Finsterwald eine merkwürdige Alte, die alle nur die alte Hedda riefen und von der manche munkelten, dass sie sich auf Hexenkünste verstünde. Sie liebte die Tiere des Waldes mehr als die Leute im Dorf. Wenn sie in den Finsterwald ging, kamen ihr die Eichhörnchen entgegengesprungen, die Hasen hoppelten ein Stück Wegs mit ihr, die Rehe schauten ohne Furcht auf, wenn sie in ihre Nähe kam, und ästen dann ruhig weiter. Die alte Hedda liebte die Tiere, und die Tiere hatten Vertrauen zu ihr.

Damals schon war die Muttergottes auf der Lichtung ganz grau und unansehnlich geworden. Alle Farben waren verblichen in Regen und Kälte; ein trauriger Anblick, nur dass kaum je ein Mensch es wahrnahm, da auch damals der breite Wanderweg die Lichtung nicht mehr berührte. Der alten Hedda aber missfiel es sehr, dass die kleine Muttergottes so ärmlich dastehen sollte jahrein, jahraus. Deshalb hatte sie mit dem Maler verabredet, er solle bei Gelegenheit hinausgehen und die Farben der Statue erneuern. Der Mann hatte es ihr auch versprochen, war aber nie dazu gekommen, dieses Versprechen einzulösen. Dann wurde es Advent, und die alte Hedda erinnerte ihn an sein Wort. Nun hatte der Maler vor dem Fest aber noch viel Arbeit; so vertröstete er die Alte von einem Tag auf den anderen. Endlich am Tag vor Weihnachten brummte er: »Hedda, ich schaff's nicht. Aber wenn du unbedingt willst, dass die Maria auf der Lichtung für Weihnachten ihr neues Kleid hat, dann kann ja der Bub mit dir kommen und sie anstreichen.«

Der Bub, das war ein armes Menschenkind. Früh schon hatte er durch ein Unglück beide Eltern verloren und konnte seitdem auch nicht mehr sprechen. Als eine Waise war er aufgewachsen und jetzt, da er 14 Jahre alt geworden war, zum Maler in die Lehre gekommen. Er ging gern mit der alten Hedda. Fröhlich stapfte er an ihrer Seite durch den winterlichen Wald und hatte sichtlich Vergnügen daran, dass hin und wieder ein

Tierlein zu der alten Frau gelaufen kam, um sie zu grüßen, oder auch um eine Nuss oder ein Stückchen Brot zu erbetteln. Auf der Lichtung angekommen, machte sich der Bub gleich ans Werk, malte Maria einen schönen blauen Mantel, dem Christkind ein makellos weißes Kleid und tauchte dann voll Wohlbehagen den dünnen Pinsel in das Töpfchen mit Goldlack, um die Heiligenscheine von Mutter und Kind zu erneuern.

Als er endlich fertig war und voll seliger Freude sein gelungenes Werk betrachtete, fragte ihn die alte Hedda plötzlich: »Wo wirst du eigentlich Weihnachten feiern in diesem Jahr? Beim Maler?« Der Bub zuckte nur mit den Schultern. »Magst du vielleicht mit mir feiern?«, forschte die Alte weiter. Wieder zuckte der Bub zur Antwort die Schultern. »Magst du denn mit mir und mit dieser schönen Gottesmutter hier feiern?«, fragte die alte Hedda ein drittes Mal. Da strahlten die Augen des Jungen auf, und er nickte glücklich. »So komm, wir wollen den Meister um Erlaubnis bitten.«

Der Maler willigte gern ein, dass der Bub über Weihnachten zur alten Hedda ging, und so waren denn alle drei zufrieden.

Am Nachmittag richtete die Alte zahllose Päckchen mit allerlei Leckereien für die Tiere des Waldes. »Nimm, so viele du tragen kannst«, hieß sie den Jungen, »und komm mit. Wir müssen noch einmal hinaus zur Lichtung.« Willig folgte der ihr. Draußen auf der Lichtung half er der alten Hedda, die vielen Päckchen in einem großen Kreis zu Füßen der Madonnenstatue auszulegen. »Für die Tiere, wenn sie Weihnachten feiern«, erklärte die Alte und lächelte dabei geheimnisvoll.

Schließlich zogen sie an diesem Tag noch ein drittes Mal hinaus auf die Lichtung, und zwar, als die Heilige Nacht endlich hereingesunken war. Da aber geschahen so seltsam wunderbare Dinge, dass der Bub später selbst nicht mehr sicher war, ob er es wirklich erlebt oder ob die alte Hedda es ihn vielleicht nur hatte träumen lassen. Zweifelnd hatte die Alte den Bub betrachtet, endlich aber festgestellt: »Bist ja stumm wie ein Fisch und wirst das Geheimnis nicht weitersagen.« Dann hatten sie sich auf den Weg gemacht in den Finsterwald hinein. Allein hätte sich der Bub gewiss gefürchtet, nicht nur, weil es so dunkel war, sondern weil es um sie her auch immer wieder raschelte und sich regte. Neben der Alten aber schritt er mutig aus.

Auf der Lichtung erwartete sie eine Überraschung: Die Rehe und der Hirsch, der Fuchs und das Wildschwein, die Eichhörnchen und Igel, alle Tiere des Waldes, die ihr euch nur denken könnt, waren dort zusammengekommen. Aus dem Dorf waren sogar ein paar Katzen herbeigeschlichen und saßen nun erwartungsvoll mit im Kreis. Leise traten die alte Hedda und der Bub zu den Tieren, und es wurde still, ganz still. Aller Augen ruhten jetzt auf der ellengroßen Statue, die im Licht des Mondes deutlich zu erkennen war.

Auf einmal schien es dem Bub, als leuchtete der Heiligenschein der Gottesmutter viel heller als zuvor, und als er genauer hinschaute, wurde er gewahr, dass die kleine Maria gar nicht starr und steif dastand wie noch am Nachmittag, sondern dass sie ganz lebendig war. Mit wachen Augen blickte sie sich um im Kreis der Tiere, und auch das Kind auf ihrem Arm war lebendig und winkte denen, die sich da versammelt hatten, freudig zu. Dann sah der Bub, dass die Mutter Gottes von ihrer Säule herunterstieg und das Christkind hintrug zu den Tieren: zu den Rehen und dem Hirsch, zum Fuchs und zum Wildschwein, zu den Eichhörnchen, den Hasen, den Igeln, zu allen, die dort waren. Und einem jeden legte das Kind sacht die kleine Hand auf den Kopf und segnete so die Tiere des Waldes und auch die Katzen, die aus dem Ort herbeigeschlichen waren.

Endlich trat die Gottesmutter auch zu den beiden Menschen, die in der heiligen Stunde zur Lichtung gekommen waren, zeigte auch ihnen ihr himmlisches Kind, und dann winkte sie dem Bub, vor ihr niederzuknien. Staunend folgte der ihrer Weisung. Als er aber auf dem Boden kniete, den Kopf tief geneigt, fühlte er auf einmal die winzige Hand des Christkindes auf seinem Scheitel, und war diese Berührung auch nur so sanft und zart wie ein Hauch, so strömte davon doch solche Wärme und ein solches Vertrauen in sein Herz, dass der Bub tief aufseufzen musste vor Glück. »Oh«, hörte die alte Hedda ihn seufzen, und: »Vielen Dank, du liebes Christkind«, hörte sie ihn flüstern.

Als der Bub sich endlich wieder erhob, stand die kleine Gottesmutter mit ihrem thronenden Kind längst still auf ihrer Säule. Die Tiere des Waldes hatten sich leise zurückgezogen. Hätte die alte Hedda ihm nicht die Hand auf die Schulter gelegt, vielleicht wäre der Junge einfach dort knien geblieben in seliger Selbstvergessenheit. Wie träumend folgte er jetzt der Alten.

Sie waren schon wieder fast am Waldrand angelangt, als die alte Hedda plötzlich stehen blieb und fragte: »Hast du auf der Lichtung gesprochen? Hast du ›vielen Dank, du liebes Christkind‹ gesagt?« – »Ja«, antwortete der Junge leise. Eine Weile war es still zwischen den beiden. Endlich murmelte Hedda: »Aber, gelt, das Geheimnis dieser Nacht verrätst du trotzdem nicht, sonst laufen die törichten Menschen noch hinaus und stören das Wunder.«

»Ich verrat es nicht, sei unbesorgt«, versprach der Bub.

Daran hat er sich auch gehalten. Zwar haben die Menschen schnell bemerkt, dass der Stumme auf einmal sprechen konnte. Aber wie es dazu gekommen war, haben sie lange Zeit nicht erfahren.

Das ist die Geschichte, die der Malermeister Reichert kurz vor seinem Tod seinem Gesellen anvertraute. Dass jener Bub, dem das Christkind in der Heiligen Nacht die Sprache wiedergegeben hatte, niemand anderes gewesen war als der Malermeister selbst, konnte der Geselle sich denken, und da verstand er auch, warum der Malermeister fortan Jahr für Jahr getreulich hinausgewandert war, die Kleider und die Heiligenscheine der kleinen Gipsmadonna und ihres Kindes aufzufrischen. Auf diese Weise wollte er seine Dankbarkeit zeigen für das, was er selbst von ihnen einmal empfangen hatte, und wollte dafür sorgen, dass sie würdig erscheinen konnten, wenn sie mit den Tieren des Waldes zusammen auf ihre ganz besondere Art die heilige Stunde der Weihnachtsnacht feierten.

# Wie die Aja zur Bescherung ging

Die Aja hatte lange, lange Jahre als Kindermädchen in einer großen Familie gearbeitet, bei den »Herrschaften«, wie sie es nannte. Der Vater war viel auf Reisen gewesen, und die Mutter der Kinderschar war oft leidend und schwermütig; da hatte man die Aja gebraucht, und sie war gern gekommen, denn sie liebte Kinder und hatte selbst keine und überhaupt keinen Menschen, zu dem sie gehörte. Dann waren die Kinder groß geworden; aber die Enkel hatten immer wieder Besuch im großen Haus gemacht, und während die Erwachsenen in der guten Stube saßen und den Nachmittag wegredeten, hatten die Kleinen sich bei der Aja im Kämmerlein herumgedrückt, die »Schätze« aus vergangenen Tagen, die sie in einem kleinen Glasschrank aufbewahrte, staunend betrachtet und endlich manch gutes Stück der Sammlung in ihren kleinen Fäusten davongetragen: eine Porzellanpuppe oder eine zierliche Spieluhr; was es halt bei der Aja so alles gab.

Dann wurden auch die Enkel groß und zogen fort, und die Aja kümmerte sich um die alt gewordenen Herrschaften: den Mann, der nun ans Bett gefesselt war und mit dem Schicksal haderte, das ihm nicht mehr erlaubte, in der Welt herumzureisen, und die gebrechliche Frau, die schon beim Aufwachen am Morgen von Angst und Sorgen geplagt wurde wie von schwarzen Nachtgespenstern, nicht allein sein mochte, aber die gutmütige Dienstmagd, die treu an ihrer Seite wachte, nur zu schimpfen und zu schelten wusste für das, was sie bedrückte.

Man hatte die Aja immer gut gehalten, ihr ein Kämmerlein im Haus eingerichtet und sie mit Essen und Kleidung versorgt, besser als manch anderen Dienstboten. Sie hatte auch ein wenig Geld auf die Hand bekommen, um sich für ihre alten Tage etwas zusammensparen zu können.

Aber der Aja waren diese »alten Tage« immer so weit, so weit fort erschienen, dass sie das Geld vertan hatte, wie sie es bekam: einen Taler für die schmerzensreiche Mutter Gottes, die in der kleinen Nische außen vor der Kirche stand und immer so geduldig auf alles lauschte, was die Menschen auf dem Herzen hatten; und einen Taler für das Steckenpferd, das die Herrschaften dem fünfjährigen Heinrich nicht schenken wollten, weil es genug Spielsachen in den Kinderstuben gäbe und man ohnehin nicht wisse, wo das alles hingehen solle; hier einen Taler für Piet, den Trunkenbold, den der Herr schimpfend von der Tür gewiesen hatte als einen, der das sauer erworbene Silber seiner Mitmenschen zum Fenster hinauswerfe, und der mit zerknirschter Miene um die Hausecke gebogen war, um an Ajas kleinem Fenster zu klopfen mit besserem Erfolg; dort einen Taler für das fremde Mädchen, das mit ihrem Balg von irgendwoher aufgetaucht war, schwindsüchtig mager, und das von den Gaben der Menschen nicht leben und nicht sterben konnte. Sie war eben eine gute Seele, die Aja; nur kamen auf diese Weise keine Ersparnisse zusammen.

Und eines Tages waren sie einfach da, die so fern geglaubten »alten Tage«, an denen es keine Arbeit und keine Bleibe mehr für sie gab, weil nach der Frau endlich auch der Mann gestorben war und das große Haus von einem Tag auf den anderen verkauft wurde. Dass die alte Dienstmagd darin ihr Kämmerlein gehabt hatte und sonst auf Erden gar nichts, das hatten die Leute einfach vergessen. Zwar klopfte die Aja beim Bürgermeister und beim Pfarrer und bot ihre Dienste an. Doch die sahen gleich, wie krumm ihr der Rücken geworden war und wie zittrig ihre Hand, und wiesen sie von der Tür. Und als die Aja lange Zeit straßauf, straßab gegangen war, landete sie endlich, von einer mitleidigen Seele geführt, im Armenhaus.

Nun müsst ihr aber nicht meinen, die karge Kost oder der Umgang mit den armen alten Leuten dort hätten ihr das Leben schwer gemacht; so war es nicht. Was Aja schwer wurde, war, dass sie nicht mehr gebraucht wurde und dass sie nichts mehr hatte, was sie verschenken konnte. Mit Piet, dem Trunkenbold, saß sie einmal vor dem Haus im Sonnenschein und klagte ihm dieses Leid, und der Mann hörte ihr freundlich zu und sagte dann neckend: »Aber deine Perlmutterknöpfe am Kleid, die hast du ja noch. Mit denen wirst du doch noch mal ein Kind glücklich machen, Aja, wenn wir nicht auf dich aufpassen.« Da hatte die Aja auf die glänzenden Knöpfe geguckt, als hätte sie sie vorher gar nicht bemerkt, und darüber ihren Kummer für eine Weile vergessen.

Dann war der Heilige Abend gekommen, an dem es früher im großen Haus so besonders umtriebig zugegangen war. Die vielen Kinder wollten beschäftigt sein in ihrer Ungeduld vor der Bescherung, und so vieles musste schnell noch fertiggestellt werden – an Essen und Trinken, an Kleidung und Geschenken. Und immer musste die Aja in letzter Minute noch einen Blick in das kleine Glasschränkchen in ihrer Kammer tun, musste noch einmal die Türen aufmachen und das eine oder andere schnell verpacken. Hatten nicht gerade eben die blauen Augen der kleinen Betty sehnsuchtsvoll auf dem zerbrechlichen Schwan aus bemaltem Glas gelegen? Und schien der Nussknacker Erich, den Aja aus ihrer eigenen Kinderzeit noch besaß, nicht mit seinem grimmigen Kiefer auszudrücken, dass er endlich umziehen wolle in das Dachzimmer, wo Peter und Hans-Hermann hausten? Bis das Glöckchen zur Bescherung rief, war Aja stets emsig beschäftigt gewesen an diesem besonderen Tag des Jahres. Glücklich und ein wenig erschöpft hatte sie dann mit der Familie unter dem Weihnachtsbaum gesessen, die Gaben empfangen, die ihr zugedacht worden waren von Groß und Klein, dann aber mit größtem Vergnügen zugeguckt, wenn die Kinder ihre Päckchen auswickelten; ihre Freudenjuchzer waren Ajas eigentliche Weihnachtsgeschenke gewesen.

Hier im Armenhaus gab es nichts mehr vorzubereiten und nichts zu verschenken. Es wurde zwar ein Weihnachtsbaum aufgestellt, schön geschmückt mit vielen roten Lichtlein darauf, und es gab auch für jeden Bewohner des Hauses ein Geschenk – die Frau des Pastors sammelte jedes Jahr dafür in der Gemeinde –, aber die Freude, die Freude der Kinder, die fehlte hier und ließ sich nicht ersetzen.

An jenem Heiligen Abend nun war die alte Aja in besondere Erregung geraten. Schon morgens eilte sie unablässig von einer Zimmertür zur anderen, wackelte dann mit unsicher gewordenen Schritten über die Straßen, schaute in die Schaufenster der Läden, nickte hier mit dem Kopf, schüttelte ihn dort in offensichtlichem Missbehagen und eilte schon wieder weiter. Mittags saß sie ganz abgehetzt und weiß über ihren Suppenteller gebeugt, dass sich die Schwester Sorge machte und Aja nach ihrem Wohlbefinden fragte. Das alte Weiblein aber murmelte nur: »Keine Sorge, keine Sorge, nur fertig werden«, worauf die Schwester sie in Frieden ließ, aber darauf bestand, dass Aja am Nachmittag im Hause blieb.

Als Piet sie bei Anbruch der Dämmerung in ihrem zerschlissenen Mantel doch wieder hinauslaufen sah, dachte er nicht daran, irgendjemandem deswegen Bescheid zu geben. Erst als bei der Bescherung am Abend die alte Aja fehlte, erinnerte er sich.

Wo war die Aja denn hingegangen? – Immer wieder hatte sie daran denken müssen, was Piet, der Trunkenbold, ihr damals auf der Bank vor dem Haus gesagt hatte: »Mit deinen Perlmutterknöpfen wirst du noch einmal ein Kind glücklich machen.« Ach, wenn das doch möglich wäre! Schließlich hatte die Alte ihr kleines Scherchen genommen und, ritsch, ratsch, die Knöpfe von ihrem Kleid abgeschnitten, und weil sie kein Seidenpapier zum Einwickeln hatte, hatte sie ein weißes Taschentuch aus dem Spind herausgenommen und alles mit einem schwarzen Haarband zusammengebunden. Dann hatte sie mit zittrigen Buchstaben auf einen Zettel geschrieben: »Bin zur Bescherung«, hatte den dünnen Mantel übergeworfen und war hinausgeeilt. Sie schien ganz genau zu wissen, wohin sie wollte, die alte Aja, setzte Fuß vor Fuß, ohne zu zögern, und kam so zu dem Törchen, welches das Anwesen nach hinten vom Wald abtrennte. Als sie das Tor öffnete, spürte sie plötzlich einen leisen Schmerz in der Brust und stöhnte auf.

Aber siehe, dort drüben stand ja ein Kind, ein Knabe in einem weißen Kleid, der ihr entgegenlachte. »Was tust du denn, Aja?«, rief er ihr entgegen, und die Aja ließ den dünnen Mantel fahren – es schien ihr gar nicht mehr kalt zu sein – und eilte dem Knäblein entgegen. »Hier«, rief sie, »hier, das habe ich für dich eingepackt. Schau nur, wie schön!« Dann sah die Alte voll inniger Freude zu, wie der Bub das schwarze Band löste und vorsichtig das Taschentuch auseinanderfaltete, und sie freute sich herzlich über des Kindes Jubel, als es ihm aus dem Tüchlein so hell entgegenblitzte. Es schien der Aja auch gar nicht verwunderlich, dass sich keine abgewetzten Knöpfe in dem Päckchen fanden, sondern glänzende Perlen, eine ganze Kinderhand voll.

»Jetzt will ich aber auch dich beschenken«, sagte dann das Kind, nahm die Alte bei der Hand und zog sie mit sich fort – durch den Wald und über blühende Wiesen, an einem lustig plätschernden Bach entlang hin zu einem goldenen Haus. Weit taten sich die Tore auf, als die beiden dorthin gelangten. Der Aja schien das alles ganz selbstverständlich zu sein, dass sie mit diesem kleinen Prinzen in sein goldenes Haus ging; es schien ihr einfach zum Heiligen Abend hinzuzugehören. Sie schaute weder rechts noch links, als wäre sie bestens vertraut mit der Umgebung, sondern folgte einfach dem Knaben. Der führte sie über Treppen und an zahllosen Türen vorbei, bis er vor einer unscheinbaren Holztür stehen blieb. »Mein Kämmerlein«, nickte die Aja, drückte die Klinke herunter und trat ein.

Dann schaute sie sich lange in dem Zimmer um, denn was sie hier vorfand, hatte sie doch nicht erwartet. Rings an den Wänden waren Borde und kleine Glasschränke, von denen glänzte und glitzerte es ihr entgegen, dass es eine helle Freude war, sich dort umzublicken. Da gab es einen zerbrechlichen gläsernen Schwan, ein Porzellanpüppchen, eine zierliche Spieluhr, auch einen recht grimmig dreinblickenden Nussknacker und vieles, vieles andere, und alles schien wie von innen erleuchtet zu sein oder wie von einem Künstler mit einer feinen Goldschicht überzogen. Es lagen auch Taler dort, blanke Goldtaler, und ohne zu fragen wusste die Aja, was das für welche waren: Jenen hatte sie einmal Piet, dem Trunkenbold, geschenkt, und diesen dort dem fremden Mädchen mit dem vaterlosen Kind. Die Aja ging langsam von einem Schatz zum anderen, erinnerte sich daran, wie sie ihn fortgegeben hatte und an wen, und entsann sich der Freude, die er bereitet hatte. Dann stand sie eine Weile ganz still und sann, sann nach über einen schmerzvollen Gedanken: Wollte das Kind, dass sie all dieses wieder an sich nehme, wo ihr doch das Geben solche Freude gemacht hatte? Aber schon als sie sich umwandte, wusste die Aja, dass sie etwas ganz anderes empfangen sollte. Sie sah ihrem kleinen Führer zu, dessen Antlitz ganz freudig verklärt leuchtete, während er wie eben die Alte seine Augen über die zahllosen Geschenke aus dem Leben der Frau wandern ließ. »Seine Freude will er mir schenken, seine Freude«, lachte die Aja in sich hinein, und es war ihr, als werde nun erst, da sie die Freude dieses Kindes erlebte, richtig Weihnachten für sie.

Dann musste sie aber doch noch etwas fragen, etwas, das sie im Herzen zwar schon irgendwie verstanden hatte, nicht aber im Kopf: »Kindlein, nun sage mir nur, warum du dich so an diesen Dingen freust, die ich doch anderen geschenkt habe: dem Piet und den Kindern der Herrschaften und dem fremden Mädchen mit ihrem Balg. Warum freust du dich denn so sehr darüber?« In dem strahlenden Blick des Knaben glitzerte es ein wenig wie Schalk, als er erwiderte: »Aja, du weißt es ja, weißt es besser, als du denkst. Alles, was Menschen einander von Herzen schenken, das schenken sie doch mir. Wie sollte ich mich da nicht freuen?« Und diese Antwort eben hätte sich die Aja auch selbst geben können.

Seht ihr, so kam es, dass die Aja, als sie im Armenhaus wohnen musste, doch ihr schönstes Weihnachtsfest feierte – zusammen mit dem Kind, dem all unsere Weihnachtsgeschenke gelten und das uns in allen etwas von sich selbst schenkt: seine Freude am Geben und seine Bejahung.

Nur für die Großen geht die Geschichte noch etwas weiter. – Als die Leute vom Armenhaus mit Laternen hinauszogen, die Aja zu suchen, fanden sie sie am geöffneten Törchen im Schnee liegen. Ihren Mantel hatte sie abgeworfen, und ihr Herz schlug nicht mehr. Das alte Kleid, das sie trug, hatte keine Knöpfe mehr. In der Hand aber hielt sie ein Päckchen, das von einem schwarzen Haarband zusammengehalten wurde. Darin fanden die Leute die abgewetzten Perlmutterknöpfe und verstanden, dass die Alte auf dem Weg gewesen war, jemanden zu beschenken. Und weil auf dem Antlitz der Toten eine solche Freude lag, waren sie gewiss, wem ihre letzte Gabe galt an jenem Heiligen Abend.

# Der Dreikönig und das Gesind

Mein Großvater war Schuhmacher, ein Handwerker, der geschickt mit seinen Werkzeugen und dem feinen Leder umzugehen verstand. Von den Leuten im Dorf wurde er für abergläubisch gehalten, weil er Zwerge sah, vor allem aber, weil er einmal eine solch lautstarke Auseinandersetzung mit einem Kobold hatte, den niemand sehen konnte, dass alle Menschen in der Nachbarschaft es mitbekommen mussten.

Das war nämlich so:

»Wenn über die heiligen Tage die Werkstatt zugeschlossen ist und alle Arbeit ruht, wenn die Menschen das frohe Fest der Geburt des Herrn begehen«, so erzählte uns mein Großvater, »dann zieht in den leeren verlassenen Raum gern Gesind ein – als da sind Kobolde, Hämmertrolle, Nägelbeißer, Leimtopfschmierer und anderes Pack. Die sitzen dann dick und breit auf dem Werkschemel, kriechen unter die Werkbank oder legen sich frech mitten in den Raum, als wäre es gerad der ihre. Oft kann der Hauszwerg, der sonst auf Ordnung in der Werkstatt schaut, schier gar nichts gegen dieses Gesind ausrichten, sondern muss sich in sein Loch verkriechen und verlebt dort eine trübsinnige Zeit. Deshalb ist es gut, auch während der heiligen Tage immer wieder einmal kurz in die Werkstatt hereinzuschauen, ein Gebet zu sprechen, ein Weihnachtslied zu singen und das Licht der Kerzen auch dort hineinleuchten zu lassen.« So hat es mein Großvater auch zeitlebens gehalten, und wenn wir in der Weihnachtszeit bei ihm zu Besuch waren, haben wir jeden Tag auch in der Werkstatt gesungen, dort, wo es so seltsam nach Pech und Leder roch.

»Ich hatte meine Werkstatt eben erst eingerichtet; meine Frau war noch jung, das Kind, euer Vater, eben erst geboren. Zu Weihnachten hatte ich ein kleines Fichtenstämmchen im Wald schlagen dürfen. Kerzen hatten wir selbst gezogen, und es war unser höchstes Glück, nun gemeinsam in aller Ruhe und Friedlichkeit zusammen mit dem kleinen Kind die heiligen Tage verleben zu können – selbst eine kleine heilige Familie. An die Werkstatt, die wegen ihrer vielen neuen Werkzeuge mein ganzer Stolz war, dachte ich gar nicht. Das sollte sich gar bald rächen.

Denn als ich am Tag nach Epiphanias wieder zu meinen Leisten zurückkehrte, hatte sich in der Zwischenzeit tatsächlich auch bei mir ein Kobold breitgemacht, und zwar einer von der schlimmen Sorte. Ich hatte, weil ich zum Gutshof gute Beziehung unterhielt, viele Aufträge für neue Schuhe und eine Menge feinstes Leder liegen, und es juckte mich richtig in den Händen, wieder ans Werk zu gehen. Aber o Schreck! Als ich das erste Stück Leder zuschneiden wollte, gehorchte die Schere mir nicht. Als führte ein anderer meine Hand, schnitt sie tiefer und tiefer in das weiche, kostbare Rindsleder, bis ich sie erschrocken fallen ließ – und nur mit Glück sie nicht auch noch in meinen Fuß fuhr. Zornig betrachtete ich das verdorbene Zeug, schleuderte es ebenfalls auf den Boden und fühlte große Lust, darauf herumzutreten. Doch dann nahm ich mich am Riemen. ›Paul‹ , rief ich mir zu , ›führ dich nicht kindisch auf. Das Leder kann am wenigsten für deine Unachtsamkeit.‹

So beruhigte ich mich wieder, hob Schere und Leder auf und schaute, welchen Schaden ich angerichtet hatte. Es war schon schlimm, aber noch war nicht alles verdorben. So setzte ich mich wieder auf den Schemel und machte mich aufs Neue an die Arbeit. Mit Vorsicht und Bedacht tat ich nun die Schnitte, und alles ging aufs Beste. Bald lagen die Stücke, die ich brauchen würde, richtig vor mir. Als ich aber so zufrieden auf sie schaute und die Hand schon nach dem Leisten ausstreckte, war es mir, als puste mich jemand von hinten mit kaltem Atem an. Und da fuhr mit der Erkenntnis zugleich der heiße Zorn wieder in meine Glieder: Ich hatte zwei rechte Schuhe ausgeschnitten! Das war mir mein Lebtag noch nicht passiert.

Jetzt war ich wirklich zornig, denn dieses Malheur war nicht wieder gutzumachen; das Leder war verschnitten, und es waren die kostbarsten Stücke gewesen! Der Schemel fiel polternd zu Boden, als ich aufsprang. Wieder schmiss ich das feine Leder hin, die Schere, den Topf mit den

Nägeln, einen Hammer und noch einen und auch den Leisten, der bereitgelegen hatte. Alles Mögliche musste zum Austoben meines Ärgers herhalten, und es entstand die allergrößte Verwüstung in meiner kleinen, bis dahin immer so sauberen Werkstatt.

Während ich aber noch meinen Veitstanz aufführte, stürzte plötzlich ein Regal zu Boden, in dem die Pechtöpfe standen, die Leisten und einige Hämmer und Zangen. Und in dem Poltern war mir ganz deutlich gewesen, als habe ich jemanden lachen gehört – dumpf und dröhnend und ganz und gar böse. Da fuhr mir der Schreck in die Glieder. Schlagartig verließ mich die Wut; zitternd rannte ich aus der Werkstatt und schlug die Tür zu. Als sie krachend ins Schloss fiel, klang es wie gröhlendes Lachen hinter mir.

Meine Frau bekam ebenfalls einen tüchtigen Schreck, als ich ihr so gegenübertrat und ihr stammelnd meine Geschichte erzählte. Beruhigend strich sie mir ein ums andere Mal über das Haupt, bis ich unter Zähneklappern und Schluchzen endlich alles berichtet hatte. Dann sagte sie: ›Geh zur Ahnfrau und erzähl ihr das Ganze. Wer weiß, ob sie keine Hilfe weiß.‹ Und diesem Rat folgte ich schnurstracks.

Die Herrschaften auf dem Gutshof waren feine Leute, die immer ein Ohr für unsere Anliegen hatten. Dass ich aber so schnell zur Ahnfrau vorgelassen wurde, war denn doch etwas Besonderes und muss wohl mit meiner kümmerlichen Erscheinung zusammengehangen haben. Die ›Ahnfrau‹ war die Mutter des Gutsherrn, die, klein und zierlich und fast durchsichtig, sicherlich an die hundert Jahre alt war. Sie stand im Ruf, alle Heilkräuter zu kennen, aber auch manchen Zauberspruch und Bittgebete. ›Geh zur Ahnfrau‹ war der Rat, den schon mancher im Dorf gehört und mit Nutzen befolgt hatte.

An jenem Tage also berichtete ich ihr, jetzt schon ein wenig gefasster und deshalb auch viel zögernder, was ich in der Werkstatt am Morgen erlebt hatte. Ach, hier in der fremden Umgebung klang alles auf einmal so unglaubwürdig, so krankhaft ausgesonnen. Immer wieder musste die alte Dame mich mit leiser Stimme ermahnen: ›So erzähl er doch weiter! Ich höre ja.‹ Nun, auch dort hatte ich schließlich meine Geschichte beendet und stand verlegen und beschämt mit gesenktem Kopf vor meiner Zuhörerin. Es gab aber gar keinen Grund zum Beschämtsein. Die Ahnfrau sagte plötzlich ganz sicher und klar: ›Das ist der Polterpeter. Treibt der immer noch seinen Schabernack? Höre er! Hat er weißes Linnen im Haus und ein wenig goldenen Faden? Sonst lass er's sich von der Getrud geben. Daraus fertige er ganz feine, kleine Kinderschuhe, wie sie seinem Knaben passen würden. Die stelle er am Abend vor die Tür seiner Werkstatt, bete daneben herzinnig dreimal das Wort:

Dreikönig, guter Helfer klein,
mach mir die Werkstatt wieder rein.

Aber dran glauben muss er wohl, sonst hört der Dreikönig ihn nicht. Und noch eins: Den Pfarrer bitt' er um ein paar Körnchen Weihrauch, die leg' er neben die Schuh'.‹

Ich verbeugte mich dankbar vor der Ahnfrau und ging schön ordentlich und gesittet aus dem Haus. Draußen aber rannte ich wie ein Junge den Hügel hinab. Mir war, als hätte ich den Polterpeter schon verjagt. Der Pfarrer knurrte ein wenig, als ich ihm meine Bitte vortrug, und ich hütete mich, den Polterpeter zu erwähnen, denn dem Gerede von den Zwergen misstraute unser Pfarrer sehr. Er kam aus der Großstadt, wo er es mit dem kleinen Volk offenbar noch nie zu tun bekommen hatte. Aber trotz seines Gebrumms bekam ich mein Löffelchen Weihrauchkörner und zog fröhlich von dannen.

Das Stückchen Leinen war daheim schnell gefunden. Manches Stückchen war abgefallen, als meine Frau die Kindersachen genäht hatte. Auch der Goldfaden fand sich, und so machte ich mich geschwind ans Werk – wobei ich vorzog, nicht in die Werkstatt zu gehen, versteht sich, sondern in der guten Stube zu sitzen. Dabei flüsterte ich ein ums andere Mal das Sprüchlein vor mich hin, um es nicht zu vergessen. Wer das wohl war, der Dreikönig? Ich gab mir ordentlich Mühe, und es wurden die schönsten Kinderschuhe, die ich je gemacht habe.

Am Abend, als die Sonne untergegangen war, ging ich hinüber zur Werkstatt, legte die feinen Schuhe auf die Schwelle und den Weihrauch daneben, faltete die Hände und betete inbrünstig das Sprüchlein:

Dreikönig, guter Helfer klein,
mach mir die Werkstatt wieder rein.

Und dann sang ich zur Vorsicht und um mein Herz zu erleichtern noch ein Dreikönigslied und sprach ein Vaterunser. ›Lieber etwas zu viel als zu wenig‹, dachte ich mir, und ein Vaterunser konnte ja nichts schaden.

Ob ich geschlafen habe in der Nacht? Ich weiß es nicht. Ich erinnere mich aber noch deutlich an den Lärm, den ich plötzlich hörte und der mir eindeutig von der Werkstatt herzukommen schien. Aber ich weiß nicht, ob ich das träumte und dann aufschreckte oder ob ich von dem Lärm wach wurde. Jedenfalls zog ich die Decke über den Kopf und machte mich so klein wie möglich. Dabei flüsterte ich ein ums andere Mal das Sprüchlein, das die Ahnfrau mir gegeben hatte.

Als ich am nächsten Morgen beklommen hinüber zur Werkstatt kam, bot sich mir ein schlimmes Bild. Werkzeuge, Pechtöpfe und Leisten lagen verstreut auf dem Boden, und überall blinkten die kleinen Nägel dazwischen.

Über allem aber hing ein leichter Duft von Weihrauch. Die weißen Schühchen waren fort. Zögernd machte ich mich ans Aufräumen, dann, als ich merkte, dass mir niemand in die Quere kam, wurde ich mutiger, wagte schließlich gar zu pfeifen und manchen Spottvers auf den Polterpeter zu dichten. In einer Stunde hatte ich wieder die alte Ordnung hergestellt. Da ließ ich mich dankbar auf den Schemel fallen und rief so laut, dass es selbst meine Frau im Haus hören konnte:

Dreikönig, kleiner Helfer gut,
sei bedankt für deine Hut.

›Schon gut‹, sagte es irgendwo ganz deutlich. Und seither weiß ich, dass er wirklich da war und geholfen hat. Die Arbeit ging dann das Jahr über so glatt wie üblich, wenn ich nicht unvorsichtig oder achtlos war.

Seither aber vergeht kein Tag in der Weihnachtszeit, an dem ich nicht in die Werkstatt gehe, mit einer Weihnachtskerze jede Ecke des Raumes ausleuchte und dann das Sprüchlein vom Dreikönig spreche, ein Lied singe oder zwei. Und auch ein bisschen Weihrauch lege ich bereit für meinen kleinen Helfer, den er scheinbar gern benutzt; denn nach den Tagen sind die Körner immer verschwunden, aber der Duft liegt in der Luft und vertreibt die bösen Geister.«

# Könige auf dem Weg

Neulich hatte ich wieder einmal Gelegenheit, mit Pater Benedikt zu sprechen. Irgendwie führte uns das Gespräch auf die Heiligen Drei Könige, und ich drückte mein Bedauern aus darüber, dass diese drei Gestalten so ganz im Nebel der Mythologie verborgen seien. Solche Persönlichkeiten sollte man nicht nur aus Legenden kennen, sondern hier und heute im Leben antreffen können.

Pater Benedikt hatte offensichtlich seine eigene Meinung in dieser Angelegenheit. Er ließ mich aber ausreden und eine Pause eintreten. Dann erzählte er mir: »Wissen Sie, ich schaue mir manchmal die Menschen daraufhin an, was sie wohl für Gaben mit sich tragen. Irgendetwas führt ja ein jeder von uns mit sich: Kümmernisse und Sorgen, Freud und Leid, aber auch manch faszinierende Idee, manch beglückende Erinnerung. Man könnte da auf eine ganze Menge kommen bei einiger Aufmerksamkeit. Was aber tragen wir mit uns, das wir dem Kind opfern könnten, wenn wir plötzlich vor ihm stünden? Sehen Sie, da meine ich bemerkt zu haben, dass im Grunde jeder Mensch eine der Königsgaben, wenn vielleicht auch nicht äußerlich, so doch gewiss in irgendeiner Ecke seiner Seele mit sich trägt: entweder Gold oder Weihrauch oder auch die bittere Myrrhe. So schaue ich mir manchmal die Menschen an; und wissen Sie, was geschieht, wenn ich ihnen im Stillen die Frage stelle: ›Was für eine Gabe bringst du dem Kind?‹« Erstaunt über diese Art der Betrachtung, schüttelte ich den Kopf. Pater Benedikt lächelte fröhlich, als er erklärte: »Nun, auf diese Weise bin ich plötzlich umgeben von lauter Königen.«

Ich habe es später selbst ausprobiert. Gewiss, es kostet am Anfang wohl etwas Mühe, aber wenn man es geduldig übt, bewahrheitet es sich schließlich.

# Der Weg des jungen Königs

Der Tag war gekommen, auf den der junge Prinz seit vielen Jahren gewartet hatte, der Tag, sich auf die Fahrt zu begeben zu jenem großen König, von dem er die Krone empfangen sollte. Seit dem Tod des Vaters hatten weise Räte die Herrschaft ausgeübt, bis der Sohn das Alter erreicht haben würde, um selbst den Thron zu besteigen. Dieser Augenblick in seinem Leben nahte nun, und so war es Zeit für ihn, sich auf die Fahrt zu machen. Ehrerbietig und liebevoll verabschiedete sich der Prinz von seinem Haushofmeister, der ihm wie ein zweiter Vater gewesen war, und willig lauschte er seiner Mahnung: »Eile auf deinem Weg, säume nicht. Doch wenn ein König dich einlädt zu bleiben, so weile bei ihm, bis er dich ziehen lässt. Suche keine Abenteuer, aber wenn dir eine Gefahr begegnet, stell dich ihr mutig; lass nicht die Angst einziehen in dein Herz. Was dir beschieden ist, wirst du erlangen, und niemand soll es dir verwehren. So reise nun, und Glück auf die Fahrt.« Der alte Mann beugte sich tiefer, als er es sonst tat, damit der Prinz nicht die Tränen sehe, die ihm in den Augenwinkeln schimmerten. Lange stand er dann auf den Stufen des Palastes und sah dem Davonreitenden nach, bis er nicht mehr zu sehen war. Der Prinz seinerseits hatte sich nur ein einziges Mal noch zurückgewandt, um Lebewohl zu winken; dann wusste er nur noch von dem Ziel, das er erreichen wollte.

Viele Tage war er geritten, als er an das Ufer eines großen Sees gelangte. Weit und breit konnte er keine menschliche Behausung erkennen. Aber am Ufer des Sees lag ein Boot, und ein alter Fischer saß darin und schaute ihm mit klarem Blick entgegen. »Ich habe auf dich gewartet, Königssohn. Das Boot liegt zur Ausfahrt bereit. Binde dein Pferd am Ufer an, und spring herein zu mir. Du sollst mir beim Fischfang helfen«, rief der

Alte. Der Prinz zögerte. Hatte er Zeit, der Aufforderung Folge zu leisten? Doch schnell entschieden, folgte er dem Ruf. Hatte der Haushofmeister nicht gesagt, er solle, wenn ein König ihn einlüde, bei ihm verweilen? Dann sollte er auch Zeit haben, jenem alten Fischer zur Hand zu gehen.

Sie ruderten weit hinaus auf den See, so weit, dass sie das Ufer nicht mehr sehen konnten. Dort warfen sie die Netze aus, wie der Alte den Prinzen anleitete, fingen jedoch nichts. Den alten Fischer schien das nicht zu verwundern. Immer, wenn sie ein Netz leer ans Ufer zogen, nickte er nur, als hätte er nichts anderes erwartet, und warf das Netz aufs Neue aus. Schweigend tat der Prinz es ihm gleich. Endlich aber fragte er: »Herr, warum werft ihr das Netz immer und immer wieder aus, obwohl hier doch nichts zu fangen ist?« – »Es könnte genügend zu fangen sein«, erwiderte der Fischer, »doch ruht drunten in den Tiefen ein Stein auf dem Zufluss, der den See speist. Wenn einer es wagte, hinunterzutauchen und den Stein zur Seite zu wälzen, so würde sich der See bald mit Fischen füllen, dass man sie mit Eimern herausfischen könnte. Aber der See ist tief, und es ist nicht ungefährlich, auf seinen Grund zu tauchen.« – »Ich will mein Glück versuchen«, sagte der junge Prinz und warf schon sein Obergewand ab. »Nur mutig, mein junger Wagehals«, bestärkte der Fischer ihn, »sollte es dir aber gelingen, den Stein beiseite zu rollen, so vergiss nicht, den Ring aufzuheben, der darunter verborgen ist. Nimm auch den Ring zu dir, hörst du?«

Nun sprang der junge Prinz in das Wasser und tauchte, tauchte tiefer und tiefer. Immer dämmeriger wurde es um ihn, immer dunkler, und er fühlte das Blut in seinen Ohren klopfen, aber den Grund hatte er noch nicht erreicht. Da musste er wieder auftauchen, um Atem ringend. Ein zweites Mal versuchte er es, doch wiederum musste er zur Oberfläche zurückkehren, ehe er den Grund erreicht hatte. Da sprach der alte Fischer zu ihm: »Hol dir vom Ufer zwei schwere Steine und binde die an deine Füße; dann wirst du den Grund erreichen. Wenn du dich aber nicht rechtzeitig wieder von ihnen löst, musst du am Grund des Sees bleiben.« Auch diesmal tat der Prinz, wie der Alte ihm geraten hatte. Sie ruderten zum Ufer, und er suchte sich dort zwei schwere Steine. Auf der Höhe des Sees angekommen, band er die Steine an seine Füße und ließ sich ein drittes Mal ins Wasser gleiten. In sausendem Fall glitt er nun zum Grund hinab. Wieder wurde es dunkler und dunkler um ihn her, auf einmal aber begann sich das Dunkel aufzuhellen, und unten auf dem Grund des Sees herrschte ein eigenartig golden-grünes Licht, in dem alles deutlich zu erkennen war. Dort lag der große Stein, von dem der Alte ihm gesprochen hatte. Über dem Stein aber schwebten die schönsten Seejungfrauen, wiegten sich in zauberischem Tanz und sangen betörende Weisen. Wie gern wäre der Jüngling zu ihnen geeilt. Als er ihnen aber folgen wollte, hielten die schweren Steine ihn zurück. Da erinnerte er sich daran, weshalb er hinabgetaucht war. Er hob den Stein, der den Zufluss zum See versperrte, dachte auch daran, nach dem Ring zu schauen. Wie ärmlich war das, was er da fand: ein dünner Reif, von Algen und Muscheln völlig überzogen. Hätte der Fischer ihn nicht so ausdrücklich geheißen, ihn mitzunehmen, dem Prinzen, der glänzenderen Reichtum gewohnt war, wäre es nicht eingefallen. Nun aber steckte er den Ring an den Finger, und in dem Augenblick verstummte der Gesang der Nixen und die Seejungfrauen waren verschwunden.

Jetzt aber waren die Kräfte des mutigen Tauchers aufgebraucht. Er konnte wohl noch die Steine von seinen Füßen lösen, dann aber schwanden ihm die Sinne.

Er erwachte erst wieder, als frische Luft über sein Antlitz strich. Da schlug er die Augen auf und bemerkte, dass er auf dem Rücken eines Delfins lag, der ihn zur Oberfläche zurückgebracht hatte. Der alte Fischer half ihm ins Boot, dankte ihm für seinen Mut und beglückwünschte ihn zu dem Ring aus den Tiefen des Sees. Der Jüngling warf einen Blick auf den merkwürdigen Schatz, und da bemerkte er, dass die Algen und Muscheln abgefallen waren und ein goldener Ring an seinem Finger steckte, kunstvoll geschmiedet wie ein kleiner Fisch, der sich in den eigenen Schwanz biss. »Hüte ihn gut«, sprach der Alte, »er verbindet dich mit deiner Tat.« Dann ruderten sie zurück.

Am Ufer fand der Prinz sein Pferd angebunden. Es begrüßte ihn freudig. Da schwang der Jüngling sich in den Sattel und ritt weiter.

Wieder ritt er lange, lange, bis er endlich an den Rand eines weiten Feldes kam, das sich bis zum Horizont ausdehnte. In der Ferne erkannte der Jüngling die Gestalt eines Hirten, der sich auf einen langen Stab stützte. Um ihn im weiten Kreis waren seine Tiere gelagert. Der Prinz ritt, den Hirten zu begrüßen. Als er an die Herde herankam, bemerkte er voller Erstaunen, dass nicht nur Schafe um ihn her ruhten, sondern zwischen ihren wolligen Pelzen erkannte er auch andere Tiere: Bären, Wölfe und sogar Löwen. Friedlich lagen sie beieinander. Was sie aber befriedete, musste das Lied sein, das der Hirte mit heller, klarer Stimme ruhig und getragen sang.

Als der Jüngling vor ihm aus dem Sattel sprang, grüßte der Hirte ihn mit dem Neigen seines Hauptes. Hoch hob er die Linke, als wolle er seine Tiere segnen; dann sprach er: »Sei gegrüßt, Jüngling, der kommt, um mir beim Hütehandwerk zu helfen. Sei willkommen.«

Diesmal überlegte der Jüngling gar nicht erst, ob er bleiben oder weitereilen sollte. Es war aber nicht ein schnell gefasster Entschluss, der ihn bleiben hieß, als vielmehr der außerordentliche Friede, der über allem lag und der auch die Seele des jungen Prinzen ergriff und heimatlich umfing. Schweigend stand er lange neben dem singenden Hirten und suchte, in dessen Gesang einzustimmen. Was ihm jedoch am Anfang wie eine monotone Weise in immer wiederholten Wendungen erschienen war, entpuppte sich bei genauerem Hinhören als ein fortwährend wechselnder Gesang mit immer neuer, unerwarteter Melodie. Als er lange lauschend gestanden, flüsterte der Jüngling: »Wenn Ihr mögt, so macht eine Pause. Ich will versuchen, Euer Hütelied fortzusetzen.« Der Hirte nickte zum Einverständnis, und der Jüngling bemühte sich, im Sinne des Erlauschten fortzusingen. Aber da erhoben auf einmal die Löwen ihre Stimmen, grollend fuhren sie in das Hirtenlied des Prinzen hinein. Da brummten die Bären, die Wölfe heulten, und die Schafe fuhren erschrocken auf und wollten fliehen. Nur das scharfe Bellen und Schnappen der Hütehunde hinderte sie daran. Wieder hob der alte Hirte seine Linke, und das Durcheinander der Tierstimmen befriedete sich. Die Löwen wurden still, die Bären, Wölfe und Hunde schwiegen, und die Schafe lagerten sich auf der Weide.

»Nicht auf mich musst du lauschen«, belehrte der Hirte nun den Prinzen, »sondern auf jene Töne, die von den Tieren kommen, aus ihren Seelen. Was sie in Harmonie bringt, musst du singen, wenn du ein rechter Hirte sein willst.« Was der Alte da gesagt hatte, blieb dem Jüngling zunächst rätselhaft. Töne, die von den Tieren kamen, hatte er noch gar nicht gehört, und dass der Gesang darauf erwiderte, folglich nicht vermutet. So wartete seiner nun ein schweres Geschäft: Lauschen zu lernen, wie es aus den Seelen der Tiere klang. Nach Tagen gelang es ihm schließlich zuerst mit den Löwen. Bald konnte er auch den Ton der Bären, schließlich den der Wölfe erlauschen. Die Schafe blieben ihm am längsten stumm. Wiederum fiel es dem Prinzen danach viele Male leichter, in den Löwenton, den Bären- und den Wolfston einzustimmen, als ihn mit eigenem Gesang zu befrieden. In dieser Hütekunst machte er nur geringe Fortschritte, und es war gut, dass ihm der alte Hirte stets zur Seite blieb, sonst wäre schließlich doch Kampf und Streit unter der ungleichen Herde ausgebrochen. Ohne es zu merken, hatte der Jüngling aber eine weitere Kunst erlernt; das erkannte er erst beim Abschied: Er konnte sich mit dem alten Hirten verständigen ohne Worte. Was in der Seele des alten Mannes klang an Wünschen und Sorgen, tönte ihm plötzlich wie Musik entgegen, und er antwortete mit der Musik seiner eigenen Seele.

Noch einmal ritt er viele Tage, bis er endlich an ein Gebirge kam, dessen Gipfel bis an den Himmel reichten. Da musste er sein Pferd zurücklassen und aus eigener Kraft versuchen, weiterzukommen. Ei, war das ein mühsames Unterfangen. Es gab hier keine Wege, und immer wieder rollten die Felsen, an denen der Jüngling sich halten wollte, unter seinen Fingern in die Tiefe und drohten ihn mitzureißen.

Der Prinz konnte keine Lebewesen sehen, nur hoch droben im blauen Firmament kreisten, winzig wie schwarze Punkte, die Felsenadler. So erschrak er nicht wenig, als er plötzlich eine Stimme hörte. »Herüber zu mir, Jüngling«, rief eine alte, aber noch kräftige Männerstimme. Als der Prinz sich umwandte, sah er in einer Felsennische einen Bettler hocken, in ein zerschlissenes Gewand gehüllt, die Bettlerschale vor sich auf dem Boden.

»Komm zu mir, Jüngling«, rief er jetzt noch einmal, »bleib bei mir, und üb mein Handwerk eine Zeit lang mit mir gemeinsam aus.« Vorsichtig kletterte der Prinz zu dem Armen. Der erwartete ihn lachend. »Man sieht es deiner Nasenspitze an, dass du dich fragst, wieso hier in diesem unwegsamen Gebirge ein Bettler sitzt. Aber siehst du, es ist das Vernünftigste, was man hier tun kann. Denn in die Höhe kommt unsereins doch nur unter Lebensgefahr. Und die kreisenden Adler sind gnädig. Hin und wieder lassen sie sich zu Boden nieder und teilen mit uns, was sie zu geben haben. Komm neben mich, und du wirst dich wundern, was diese Boten des Himmels alles wegzuschenken verstehen.«

Der Jüngling zögerte. Hatte er nicht beim Fischer und beim Hirten auch eingewilligt zu bleiben? Sich aber hier tatenlos neben den Bettler zu hocken, das widerstrebte ihm außerordentlich, obwohl der Alte ihm im Grunde sympathisch war. So schüttelte er endlich den Kopf und sagte entschuldigend: »Ich darf nicht hier sitzen bleiben. Ich muss mich hinaufkämpfen auf die Höhen, denn ich hoffe, dort das Schloss des großen Königs zu finden, der mich krönen soll.« War es Spott oder Mitleid, das sich auf dem Antlitz des Bettlers zeigte? »Du weißt ja nicht, was dich erwartet«, sagte er endlich, »aber ich will es dir zeigen.« Damit hob er den Arm und wies mit ausgestrecktem Finger hinauf ins blaue Firmament. »Schau dorthin!«, forderte er den Jüngling auf. »Siehst du etwas?« – »Ich sehe das Schloss«, erwiderte jener zögernd. »Das Schloss, richtig«, nickte der Bettler, »und du siehst es nicht auf den Bergeshöhen, sondern höher noch, schwebend im Himmel selbst.« Und nun war es blanker Hohn, der in seiner Stimme mitklang, als er fortfuhr:

»Wie willst du da hinaufkommen, du Eitler? Meine nicht, dass die Adler dir helfen werden, wie sie dem helfen, der seine Nichtigkeit bekennt als Bettler in den Niederungen. Sobald du dein Haupt über die Gipfel zu erheben wagst, werden sie sich auf dich stürzen und dich hinabwerfen.«

Wie recht der Alte hatte. So fern jeder Möglichkeit, es zu erreichen, schien das Schloss des großen Königs zu schweben. Und doch! Hatten seine Räte ihn nicht dorthin gesandt, war es nicht Ziel seines Lebens gewesen all die Jahre, seitdem er denken konnte? Wieder schüttelte der Jüngling den Kopf.

»Ihr mögt recht haben, Herr«, murmelte er, »und doch muss ich es wagen, koste es auch mein Leben.« – »So folgt Eurer Eitelkeit in den Tod, Herr Nimmersatt«, antwortete der Bettler spöttisch, »manch einer hat von großen Zielen geredet und doch nur sich selbst gesucht. Wer hoch steigt, fällt umso tiefer.«

Wortlos wandte der Prinz sich ab. Hatte der Bettler recht? Waren es Eitelkeit, Stolz, Hochmut, die ihn trieben? »Der nächste Fels soll auf mich stürzen und mich in die Tiefe reißen, wenn ich nicht steige, um deinem Ruf zu folgen, o König«, betete der Prinz. Aus den Tiefen tönte das spottende Gelächter des alten Bettlers herauf. Doch die Felsen fielen nicht auf ihn, und er strauchelte kein einziges Mal. Der Jüngling bemerkte aber, dass die Adler sich immer tiefer herabsenkten, je höher er emporstieg. Schon konnte er ihre klauenbewehrten Fänge und ihre scharfen Schnäbel erkennen. Fühlte er Angst? Ach gewiss, das, was da so heftig in seinem Herzen klopfte, war Angst; und dennoch stieg er, konnte er doch nicht anders, wollte er seinen Weg so weit gehen, wie es ihm aus eigenen Kräften möglich war.

Er hatte den Gipfel noch nicht erreicht, als die Adler niederstießen vor ihm. Als sie aber den Boden berührten, verwandelten sie sich in helle Engelsgestalten. »Was erfrechst du dich, hier heraufzudringen, Erdenmensch?«, fragten sie ihn mit Stimmen, die in seinen Ohren wie Posaunen dröhnten. »Ich bin gesandt, vor den König zu treten, um von ihm geprüft und würdig befunden zu werden, selbst eine Krone zu tragen«, antwortete der Jüngling fest. Die Blicke der Engel schienen ihn zu durchdringen. Endlich riefen sie: »So wende dich um.« Als der Prinz ihrer Aufforderung folgte, sah er, dass auch das Schloss sich auf die Gipfel herabgesenkt hatte. Das Tor stand offen, ihn zu empfangen. Gesenkten Hauptes trat er ein.

Wie soll einer erzählen, was dem Jüngling dort begegnete! Genug, dass er endlich vor den großen König trat und um Prüfung seines Wesens bat. Da empfing er die Antwort: »Neige dein Haupt, und empfange die Krone. Meine Könige haben dich bereits geprüft und würdig gefunden.« So wurde der Prinz gekrönt.

Die Frage, welche Könige ihn denn und auf welche Weise sie ihn geprüft hätten, begleitete ihn auf seinem Weg zurück in sein eigenes Königreich. Sie sollte sich ihm bald augenfällig beantworten. Dort, wo er auf dem Hinweg den Bettler hatte sitzen sehen, fand er nun ein Schloss erbaut mit hohen Türmen und mächtigen Mauern, um das die großen Adler kreisten, die Botschaft und Nahrung aus dem Himmelsschloss brachten. In den Thronsaal geführt, erkannte er in dem König, der dort regierte, unschwer den Bettler wieder. »Ich grüße dich als meinesgleichen«, sprach der ihn an, »und ich bitte dich, wolle verstehen, dass mein Spott die Lauterkeit deines Willens prüfen musste, dass nichts Eitles mehr darin waltete. Heil dir auf deinem Wege!«

Wo er dem Hirten geholfen, fand der Jüngling wiederum ein Schloss und den Hirten darin als König thronen. Auch dieser redete ihn an: »Ich grüße dich als meinesgleichen, und ich rate dir, die Kunst, die wir gemeinsam übten, nicht gering zu achten. Nur wo das Herz lauschen kann, kann es heilvoll sprechen. Segen dir auf deinem Wege!«

Am Ufer des großen Sees endlich fand der junge König im Schloss den Fischer thronen. Auch der grüßte ihn als seinesgleichen. »Verliere den Mut zur Tiefe nie«, wünschte er ihm, »man lebt hier heute noch von dem Reichtum, den du erschlossen hast. Lass auch dein eigenes Volk dadurch Leben haben. Licht dir auf deinem Wege!«

So kehrte der Jüngling, von drei Königen geprüft und gekrönt, zurück in sein Land.

# Der heimliche König

Bei uns zu Hause tauchte alle paar Monate – meist unangemeldet, aber von uns Kindern immer freudig begrüßt – Onkel Krone auf. Wir mochten ihn gern – zum einen, weil er uns stets ein paar Tüten voll Bonbons mitbrachte, zum anderen, weil er eine Unmenge Geschichten zu erzählen wusste. Das meiste, was er da erzählte, hatte er selbst erlebt. Mutter meinte zwar, Onkel Krone sei nie bei den Piraten gewesen noch sei er je am Nordpol Eisbären begegnet, und die Indianertänze, die er als junger Mann in Amerika von den Rothäuten selbst gelernt haben wollte, könne er nicht etwa deshalb nicht vortanzen, weil die Gicht ihn zu sehr plage, sondern weil er nie bei den Indianern gewesen sei. Komisch, wenn Mutter das so sagte, dann glaubten wir auch, dass Onkel Krone ein bisschen aufschnitt bei seinen Geschichten und es mit der Wahrheit nicht allzu genau nahm. Aber wenn er dann wieder vor uns saß und begann: »Ja, das war damals, als ich noch Reiterkurier beim russischen Zaren war …«, dann konnten wir gar nicht daran zweifeln, dass er alles so erlebt hatte, wie er es berichtete.

Viele seiner Geschichten habe ich längst vergessen. Eine aber ist mir tief in Erinnerung geblieben, vielleicht deshalb, weil Onkel Krone sie erst nach langem Bitten und Betteln erzählte, und vielleicht, weil ich vieles davon als Kind noch gar nicht verstand und erst heute immer mehr begreife. Onkel Krone, unser Pirat und Reiterkurier, war im normalen Leben Lebensmittelverkäufer. Aber jeder, der ihn nach seinem Beruf fragte, bekam unfehlbar zur Antwort: »Grossist und heimlicher König.« Uns Kindern imponierte bereits der »Grossist« ungeheuer, bis wir erfuhren, dass das einfach »Großhändler« bedeutete. Was uns aber natürlich ganz besonders neugierig machte und zu immer neuen Fragen anstachelte, das war der zweite Beruf: »Heimlicher König.« Und es ist die Geschichte vom heimlichen König, an die ich stets denken muss, wenn Onkel Krone mir in den Sinn kommt. So sehr hat mich beeindruckt, was er uns damals nach langem Zögern schließlich doch erzählte.

Er hatte eine etwas raue, dunkle Stimme, unser Onkel, und er sprach immer etwas lauter, als es in unserem Kinderzimmer nötig war, »weil man auf Deck in den Segeln ganz schön schreien musste, wenn man verstanden sein wollte«, wie er uns erklärte; Mutter sagte, weil er etwas schwerhörig wäre. Die Geschichte vom heimlichen König aber erzählte er uns ganz leise, fast, als spräche er nur zu sich selbst oder als wäre ihm das, was er da berichtete, eigentlich zu schade, gehört zu werden.

»Ja, das war damals«, begann er wie immer seine Erzählung, »damals, als ich nach der Lehre in München wieder heimkam nach Oberndorf. Wie klein, wie winzig klein und erbärmlich kam mir damals mein Heimatdorf vor, die paar Hütten, die unter ihren großen überhängenden Dächern ängstlich Schutz zu suchen schienen vor den ringsumher hoch aufragenden Bergen. Das Leben dort, das seit Urgroßvaters Zeiten in denselben Bahnen verlief, schien mir öde und langweilig. Wie anders waren da das Getriebe in der Großstadt, die Abwechslungen, die Aufregungen und Gefahren! Ich war allerdings nicht vollkommen überrascht über den Eindruck; anderes hatte ich gar nicht erwartet. Es war auch nicht Heimweh, das mich zurückgetrieben hatte in die Berge, sondern - Maria.«

Onkel Krone zögerte eine ganze Weile, ehe er den Namen aussprach, und als er nun schwieg, da war sein Blick, der weit in die Vergangenheit zurückzuwandern schien, so beredt, dass wir den von uns so geliebten Mann still beobachteten und nicht drängten, bis er selbst den Faden der Erzählung wieder aufnahm.

»Maria war so alt wie ich selbst. Sie stammte aus demselben Dorf, wir waren in dieselbe Schule gegangen, hatten dieselben Ziegen gehütet und gemeinsam gemolken. Ja, wir waren aufgewachsen wie Geschwister, und es war erst in der Zeit, als ich die Lehrstelle in München zugesagt bekommen hatte, dass ich merkte, dass Maria mir mehr war als eine Schwester, dass ich sie liebte. Alles in mir hatte fortgedrängt aus der Enge und der Einfalt jenes kleinen Bergdorfes, und nun, da sicher war, dass ich es verlassen würde, merkte ich erst, wie schwer mir das wurde - des Mädchens wegen. Die Tage bis zu meiner Abreise waren gezählt, und alles, was zwischen uns vorging, was wir füreinander empfanden, musste schnell gesagt sein, sollte der andere es überhaupt noch hören. Doch wir, die wir niemals Geheimnisse voreinander gekannt hatten, erlebten plötzlich Scheu. Die ungewohnten Worte blieben uns in der Kehle stecken, und was heimliche Liebe hätte eingestehen sollen, wurde ein heiseres ›Na ja‹ oder ›Wird schon recht werden‹ oder etwas Ähnliches.

Warum ich bis heute überzeugt davon bin, dass Maria damals meine Liebe erwiderte, weiß ich nicht zu sagen. Sie hat sich mir gegenüber nie darüber ausgesprochen. Aber es gibt ja so manches, was ungesagt bleiben darf, weil das Herz es gehört hat. – Jedenfalls reiste ich damals mit einem dicken Kloß im Hals ab, wenn ich auch äußerlich ganz forsch tat, zu forsch vielleicht, und mich nicht einmal mehr umzuwenden getraute, weil ich spürte, dass sie mir nachschaute, bis ich über den Sattel war.

Ob ich geschrieben habe? Ihr natürlich nicht. Doch in den Briefen meiner Eltern suchte ich eifrig nach Mitteilungen über Maria. Deren Berichte aber beschränkten sich auf Segenswünsche und das Wetter, Geborenwerden und Sterben im Dorf. Von dem Mädchen kein Wort – was Gutes oder Böses bedeuten mochte.

Drei lange Jahre sah ich mein Heimatdorf nicht wieder. Urlaub gab es damals kaum, und dazu war das Geld so knapp, dass ein kurzer Besuch einfach nicht zu bewerkstelligen war. Es waren drei Jahre, in denen ich mich meinem Dorf auch immer mehr entfremdete, tanzen ging, manchmal zu viel trank und in nicht allzu guter Gesellschaft verkehrte. Ich wollte halt sein wie die anderen, ein Stadtmensch, nicht einer, der nach Kuhstall riecht.

›Gehst Du auch in die Kirche?‹, hatte die Mutter in einem ihrer Briefe ahnungsvoll gefragt, und ich hatte ihr daraufhin dies und das vom Pfarrer der Heiligen-Kreuz-Kirche, in deren Nähe ich hauste, geschrieben – einem Mann, den ich kaum vom Sehen kannte und nie in einem Gottesdienst erlebt hatte. – Meine Mutter hat mir diese Lügen später schneller verziehen als ich selbst.

In dem Maß, in dem ich das Leben in Oberndorf vergaß, in demselben Maß vergaß ich auch Maria; niemals völlig, aber anderes war mir damals näher; ob wichtiger, weiß ich nicht zu sagen. Als ich aber endlich auf dem Heimweg war, da fiel wie ein schwerer Vorhang das Stadtleben von mir ab, und das Mädchen stand wieder vor mir, und zwar genau so, wie ich sie beim Abschied gesehen und geliebt hatte. Ich konnte plötzlich schier nicht erwarten, heimzukommen, obwohl ich mir, wie gesagt, über das Dorf keine Illusionen machte. Als ich es schließlich hinter dem Sattel auftauchen sah, musste ich mich ordentlich zügeln, um nicht zu laufen. Natürlich ging ich erst einmal nach Hause, freute mich auch ehrlich über das Wiedersehen mit den Eltern, die sich in den Jahren, wie mir schien, gar nicht verändert hatten, so, als wäre die Zeit hier einfach stehen geblieben.

Aber es war schon eine rechte Qual, dann dort in der Küche am geputzten Eichentisch zu sitzen, der Mutter beim Bereiten des Abendessens zuzusehen und die Fragen der Eltern nach meinem Wohlergehen in München beantworten zu sollen, während in mir doch nur eine einzige Frage brannte: wie es Maria gehe. Meine Geduld wurde an jenem Abend auf eine harte Probe gestellt. Ich wusste bald Bescheid über die Bewohner unseres Ziegenstalles, hörte, dass man ein paar neue Kühe angeschafft hätte, dass beim Nachbarn eine goldene Hochzeit ins Haus stehe. – Schließlich wagte ich selbst die Frage: ›Und die Jungen? Was machen die jungen Leute?‹ Zwei hatten das Dorf ebenfalls verlassen, die anderen waren noch da. ›Es geht halt, wie es gehen muss.‹ Und plötzlich schwiegen die beiden Alten, und etwas Düsteres legte sich auf ihre Züge, das mir Furcht einflößte.

›Und Maria?‹ – Jetzt war die Frage gestellt. Langes Schweigen, dann antwortete der Vater kurz: ›Die ist ihrem Geologen nach.‹ Alles Weitere musste man schier aus ihm herauspressen, was ich auch tat, ungeachtet der fragenden Blicke, der unwirschen Art zu erwidern. Ich wollte, ich musste Bescheid wissen. Nun, was ich damals erfuhr, war für mich wenig erfreulich. Ein Studierter, ein Geologe, war ins Dorf gekommen und hatte sich bei Marias Eltern einquartiert und dem Mädchen bald den Kopf verdreht. So weit, so gut. Als er aber nach ein paar Monaten wieder fortreiste, ließ er ein höchst unglückliches Frauenzimmer in Oberndorf zurück. Die sah blass und elend aus, härmte sich und sehnte sich nur ihm nach, der vielleicht gar nicht daran interessiert war, dass sie ihm folgte. Es war das reine

Trauerspiel. Man bemühte sich um sie, versuchte sie aufzuheitern; aber es war alles fruchtlos. Und eines Tages fand man des Morgens auf ihrem Bett einen Zettel, auf dem stand: ›Ich musste ihm nach. Sucht nicht nach mir! Maria.‹

Was dann geschehen war, konnte ich mir vorstellen: Die Leute hatten die Zähne zusammengebissen und versucht, das Mädchen, das ihnen Schande bereitet hatte, zu vergessen. Man sprach nicht mehr von ihr.

Als ich dann wieder in meiner kleinen Kammer unter dem großen Dach lag, fühlte ich mich fremd und konnte keinen Schlaf finden. ›Ich musste ihm nach‹, hatte Maria geschrieben, meine Maria, und: ›Sucht nicht nach mir!‹ Das ging mir im Kopf herum wie ein Mühlstein. Schließlich erhob ich mich leise, kleidete mich im Dunkel an und schlich mich nach draußen. Ein wenig oberhalb des Dorfes setzte ich mich ins Gras und blickte hinauf zu den Sternen. ›Sucht nicht nach mir!‹ Es war eine klare Nacht. Droben glänzte es am Himmel wie lauter Golddukaten. Drüben aber über dem Doppelhorn stand ein Planet – es muss der Jupiter gewesen sein –, strahlend wie eine kleine Sonne. In seinem Licht vermeinte ich sogar, die Almhütte erkennen zu können, in der wir manchmal übernachtet hatten, wenn wir am nächsten Morgen früh das Doppelhorn besteigen wollten. Es war eine alte Hütte, längst nicht mehr benutzt, mehr ein Schuppen als ein Haus, aber für uns Kinder ungeheuer gemütlich und abenteuerlich zugleich. ›Sucht nicht nach mir!‹

Und plötzlich fuhr es mir mit vollkommener Sicherheit in den Sinn: Sie ist da oben. Mein auf einmal wild klopfendes Herz aber sagte noch mehr: Sie braucht dich!

Schlafen hatte ich ja ohnehin nicht können in dieser Nacht, nun aber war ich hellwach. Solange der Jupiter am Himmel stand, würde ich den Weg hinauf erkennen können, dachte ich. Eile war geboten. So still wie möglich und wie meine Hast es erlaubte, schlich ich zurück ins Haus und suchte im Dunkel zusammen, was ich mitnehmen wollte: dies und das, Brot und Käse, ein Messer, das Tischtuch – ja, auch das Tischtuch; was wusste ich denn, warum! Und wenig später war ich auf dem Weg hinauf. Bei genauem Hinsehen erkannte ich, dass es auf dem Weg durchaus nicht so hell war, wie ich erst gemeint hatte. Die Almhütte war gar nicht zu erkennen. Doch mein Entschluss stand fest, und da ohnehin in dieser Nacht nichts überlegt geschah, sondern alles aus einem höheren Wissen heraus, konnte mich nun selbst die Dunkelheit nicht mehr zurückhalten.

Wie lange war ich nicht mehr zur Almhütte aufgestiegen! Doch meine Füße schienen den Pfad noch zu kennen, ertasteten ganz von selbst den sicheren Halt, und weiter ging es aufwärts, immer weiter. Meine Aufmerksamkeit war nun so sehr vom Weg in Anspruch genommen, dass ich keinen Blick mehr hinauftun konnte zum Sternenhimmel. Es schien mir auch nicht nötig, denn deutlich fühlte ich mich überleuchtet vom Jupiter, und sein Licht schenkte mir ein unerschütterliches Vertrauen. Stunden muss ich gewiss so gestiegen sein; ich selbst aber hatte den Eindruck, den Weg in ganz kurzer Zeit hinter mich gebracht zu haben.

Erst als ich die Almwiesen erreichte, durchzuckte mich die Frage: Und wenn sie nun gar nicht da ist? Ein Blick hinauf zeigte, dass der Jupiter längst hinter dem Doppelhorn verschwunden war – und doch hatte ich seinen Glanz all die Zeit gespürt –, ein Wimmern aus der Hütte verriet aber auch, dass ich nicht vergebens hierhergekommen war. Schnell lief ich hinüber und trat in die dunkle Türöffnung. ›Maria?‹, rief ich zögernd. Ganz aus der Nähe antwortete sie mit ruhiger, wenn auch matter Stimme: ›So bist du gekommen, Ernst.‹ Das leise Wimmern bedeutete mir unverkennbar, dass sie nicht allein war. Sicher tastete ich mich durch den Raum, fand die Feuerstelle, die vorbereitet war, und bald schlugen die Flammen empor und gaben Licht und Wärme.

Dann sah ich Maria. Ich brauche ihren Anblick nicht zu beschreiben. Sie war tagelang allein hier oben gewesen, und es stand schlecht um sie. Aber ihr Gesicht, das ganz blass und durchsichtig geworden war, leuchtete geheimnisvoll. In ihrem Schoß hielt sie das Kind, erst wenige Stunden alt, das mir durch sein Wimmern angezeigt hatte, dass sie da waren. Ich kniete an ihrer Seite nieder, um das kleine Geschöpf näher anzuschauen. ›Es ist ein Junge‹, flüsterte Maria mir zu. ›Hat er einen Namen?‹, fragte ich zurück, ohne den Blick zu erheben. ›Ernst‹, sagte Maria ohne Zögern. Da musste ich doch aufschauen. Versuchte sie einen Scherz zu machen? Sie schien ein wenig zu lächeln, als sie meinen Blick ruhig erwiderte und erklärend hinzufügte: ›Nach dem König, der den Weg zu ihm gefunden hat.‹ – ›König ist gut‹, brummte ich, während ich mich zugleich erinnerte, dass ich tatsächlich alle möglichen Gaben in meinem Beutel mitgebracht hatte, sogar das Tischtuch. ›Ja, du bist eben ein heimlicher König, Ernst‹, sagte Maria bestimmt.

Dabei ist sie geblieben, schon gar, als ich später erzählte, wie ich die Almhütte im Licht des Jupiters zu sehen vermeinte und mir dabei der Gedanke gekommen wäre, sie könne dort oben sein. Sie behauptet bis heute steif und fest, ich hätte den beiden das Leben gerettet. Nun ja, allein wären sie tatsächlich den Berg nicht mehr herabgekommen. Sie war ja hinaufgestiegen, um ein Ende zu machen. Aber das Kind – das Kind hatte ihre Lebensgeister wieder erweckt. Um des Kindes willen kam sie dann schließlich mit; sollten die Leute ruhig scheel auf sie schauen. – Ja, so war das also.«

Onkel Krone war der Meinung, dass er genug erzählt hätte. Wir aber wollten auch das Ende der Geschichte noch hören. Und so drangen wir mit Fragen in ihn. Was weiter mit Maria und dem Kind geschehen sei. Ob er sie wohl geheiratet hätte. Und ob er noch andere heimliche Könige kenne, oder ob er der einzige sei.

Onkel Krone mochte offenbar nicht gern antworten; er tat es aber trotzdem. Nein, er habe Maria nicht geheiratet; wir wüssten doch, dass er unverheiratet sei. Nein, nein, die beiden, Maria und der kleine Ernst, hätten den Weg zu des Kindes rechtem Vater gefunden und lebten nun bei München, und der kleine Ernst sei inzwischen selbst ein Geologe und gäbe die Bonbons, die Onkel Krone ihm bei seinen seltenen Besuchen mitbringe, an seine Kinder weiter. – Aber heimliche Könige, da kenne er eine ganze Menge. »Wie viele?«, wollten wir wissen, denn wir dachten, es wären vielleicht wieder drei wie in der Geschichte von den Heiligen Drei Königen. Da aber erwiderte Onkel Krone – und die Antwort machte ihm selbst sichtlich Vergnügen: »Ja, eine Zahl kann ich euch da nicht sagen; aber reicht es, wenn es ganz genau ist?« Und über unsere staunenden Gesichter schmunzelnd, sagte er: »So viele, wie ich Menschen kenne!«

Das war uns zu hoch. Wir mussten uns ordentlich anstrengen, um zu verstehen, was er gesagt hatte. Schließlich hatte mein älterer Bruder das Rätsel gelöst. »Du meinst, Onkel Krone«, fragte er zögernd, »dass jeder

Mensch, den du kennst, ein heimlicher König ist?« – »Ich meine es nicht nur«, kam prompt die Antwort, »ich bin davon überzeugt.« Und in unser Nachsinnen hinein fuhr er fort: »Wisst ihr, ich habe selbst lange nachdenken müssen darüber, wieso ich ein heimlicher König sein solle, und erst dachte ich, ich wäre es, weil doch der Jupiter mich geführt hat. Aber der hätte doch gar nichts ausrichten können, wenn nicht mein Herz dazu so gepocht und behauptet hätte: ›Sie braucht dich!‹ Seht ihr, ein rechtes Herz in der Brust, das ist das eine, was uns zu heimlichen Königen macht. Und das andere, was damit zusammenhängt, das ist, dass wir tatsächlich jeder einen Schatz mit uns tragen – er braucht uns selbst gar nicht kostbar zu erscheinen –, einen Schatz, den wir hingeben können, wenn jemand in Not ist, wie ich damals das Tischtuch für die Windeln. Unser Herz muss nur offen sein für das, was gebraucht wird, sonst merken wir auch nicht, dass wir den Schatz besitzen.«

Grossist und heimlicher König Ernst Krone, unser Überraschungsonkel. Du hast uns viel bedeutet in unseren Kindertagen mit deinen Besuchen, deinen Geschichten, deinen Bonbons. Je älter wir werden, umso deutlicher merken wir, was du uns vor allem aber erschlossen hast: unseren eigenen Reichtum, unseren eigenen Schatz, dass du uns das Geheimnis gelüftet hast vom heimlichen Königtum aller Menschen. Ja, das wollen wir sein: von Beruf was auch immer und – heimlicher König.

# Kaspar – du selbst bist die Arznei

»In Oberndorf, jenem winzigen Flecken in den Alpen, in dem ich aufgewachsen bin, gab es, von irgendeinem unerforschlichen Schicksal dorthin verschlagen, einen alten Mann, den nicht nur wir Kinder den ›russischen Grafen‹ nannten. Welches sein wahres Heimatland war, kann ich nicht erinnern. Wahrscheinlich haben wir ihn nie danach gefragt. Wir wussten nur – oder meinten doch zu wissen –, dass er einst sehr reich gewesen wäre, aber über Nacht all sein Hab und Gut – sei es durch die Unruhen, die Europa heimsuchten, sei es durch eigene Schuld – verlor und kaum mehr als das nackte Leben retten konnte. Im Nachhinein will mir allerdings scheinen, dass es gar so schlimm vielleicht doch nicht gewesen ist; denn in Oberndorf lebte der russische Graf in einem, wenn auch kleinen, so doch schmucken und komfortabel eingerichteten Häuschen, hatte seine stumme Grusche, die ihm den Haushalt führte, und brauchte für seinen Lebensunterhalt nicht zu arbeiten.«

Onkel Krone, der uns diese Begebenheit bei einem seiner Dreikönigsbesuche erzählte, schien den russischen Grafen leibhaftig vor sich zu sehen, als er fortfuhr: »Der Graf war groß und hager gewachsen und hielt sich äußerst aufrecht. Sein weißes Haar trug er für unsere Verhältnisse ungewöhnlich lang, aber sorgfältig gepflegt, und auch sein Bart, der ihm bis auf die Brust reichte, war stets säuberlich gestutzt und gekämmt. An der Kleidung waren nur die hohen schwarzen Stiefel auffällig, die er sommers wie winters trug. Sonst kleidete er sich meist in einen dunkelfarbenen Anzug altmodischen Schnitts, dessen Jacke bis zum Hals hin zugeknöpft war. Aber kaum einer, der ihm zum ersten Mal begegnete, hätte einen Blick für diese unauffällige Kleidung gehabt. Er wäre vielmehr gefesselt gewesen von dem unglaublich widersprüchlichen Gesichtsausdruck des alten Mannes. Zu der hohen Stirn, der scharf geschnittenen Nase und den mächtigen, ineinander verwachsenen Augenbrauen gesellten sich zwei braune Augen von solcher Sanftheit und Milde, dass man hätte meinen können, der kühne Schnitt des Antlitzes und jenes Augenpaar müssten zwei verschiedenen Menschen gehören.«

Nie wieder hat Onkel Krone später von diesem Mann gesprochen, aber bis heute ist mir, als hätte ich ihn damals vor mir stehen sehen, so tief hat sich das Bild dieses vom Schicksal Verschlagenen in meine Seele eingeschrieben. Der russische Graf hieß übrigens mit bürgerlichem Namen Herr Kaspar, ein Name, den er sich selbst zugelegt hatte, als er in Oberndorf für ein paar Jahre eine Heimat fand. Er hatte ihn mit Bedacht gewählt nach dem König, der dem Christkind die Myrrhe opfern ging. Von ihm und den anderen Königen wusste er seltsame Geschichten zu erzählen, die Geschichten davon, was ihnen auf ihrem Heimweg zugestoßen war. Ich will sie hier so wiedergeben, wie Onkel Krone sie einst gehört und uns später weitererzählt hat.

*

Für König Kaspar war es keine Frage gewesen, was zu tun wäre, als der Stern erschien. In dem Land, aus welchem er kam, waren es die Menschen gewohnt, auf die himmlischen Zeichen zu achten, wie sie auch darauf schauten, was das Wasser oder das Feuer ihnen verkündete. Sie konnten die Botschaft verstehen, die der Wind in den Blättern der Bäume flüsterte, konnten lesen im Vogelflug und auch in den Sternen. Als das leuchtende Himmelszeichen erschien, da war es ganz klar, dass der Würdigste im Lande ihm zu folgen hätte. So nahm der schwarze König Abschied von seinem Volk und wanderte, dem Stern vertrauend, durch viele Länder, die Segen spendende Myrrhe als königliche Gabe mit sich führend. War es weit, war es nah? König Kaspar achtete nicht darauf. Wie träumend ging er im Licht des Sternes dahin. Staunend gesellte er sich dem Zug der anderen beiden Könige zu, die dem Ruf des Sternes ebenfalls folgten, und reiste mit ihnen gemeinsam, bis sie zu der Stätte gelangten, da das Kindlein war, und dort ihre Gaben darbrachten. Fast wäre Kaspar vor der Hoheit der anderen Herren ängstlich zurückgetreten; doch winkte ihn Maria mit lieber Hand herbei, dass er alle Scheu vergaß. So kniete auch Kaspar vor dem Kind mit überfließendem Herzen, dass er der Worte kaum achtete, die er sprach, nur fortwährend auf das Kindlein blickte, das so lieblich auf dem Schoß der Mutter saß. Wie wenig erschien ihm da auf einmal seine Gabe wert, das bisschen Myrrhe, das er mit sich geführt hatte! Fast beschämt legte er sie zu Füßen der Gottesmutter nieder. Da fühlte er plötzlich eine Berührung, ganz sanft, ganz zart, fast nur wie eine Ahnung. Für einen Augenblick hatte das kleine Knäblein sein Händchen auf den Kopf des Königs gelegt. Vielleicht hatte es nur nach den kleinen schwarzen Löckchen gegriffen, die so lustig aussahen. Dem König aber war diese linde Berührung mehr als kindliches Spiel. Er fühlte sich gesegnet, er fühlte sich von jenem kleinen König der Welt eingesetzt, für ihn zu regieren als sein Vasall.

König Kaspar war es, als erwache er aus einem wunderbaren Traum, als er endlich mit den anderen großen und weisen Königen das Haus verließ, in welchem sie das Kind gefunden hatten. Nach der Nacht, in welcher sie vom Engel die Weisung erhalten hatten, nicht zu Herodes zurückzukehren, trennten sich die Herren. Der mächtige, reiche Melchior wandte sich mit seinem Gefolge nach Osten. Der ehrwürdige Balthasar zog mit der Schar seiner Getreuen gen Westen, um auf dem Meerwege seine Heimat zu erreichen. König Kaspar blickte ihnen beiden nach, bis sie in der Ferne verschwunden waren. Dann wandte er sich nach Süden, denn von dort war er gekommen, um heimzuwandern und seinem Volk die Botschaft zu bringen von dem neugeborenen Herrscher der Welt. Doch ehe er sich auf den Weg machte, hob er wie selbstverständlich eine unscheinbare graue Flaumfeder vom Boden auf, die sein scharfes Auge erspäht hatte. Sie sollte ihm nach der Sitte seines Volkes bestätigen, dass er die rechte Richtung gewählt hatte. So legte er die Flaumfeder auf die geöffnete Handfläche und sprach leise zu ihr:

»Graue Feder in meiner Hand,
zeig mir den Weg ins Heimatland!«

Kaum aber hatte er diese Worte gesprochen, als sich auch schon ein sanfter Wind erhob. Der ergriff die Feder und wehte sie aus der Hand des schwarzen Königs. Doch trug er sie nicht nach Süden, sondern nach Norden.

Staunend bedachte König Kaspar dieses Omen. Der Norden war ihm gänzlich unbekannt. Das Land seiner Herkunft lag im Süden. Dorthin auch rief ihn sein Herz, dort wartete sein Volk auf ihn. Konnte die Feder sich geirrt haben? Unschlüssig hob er die graue Feder noch einmal empor. War es denn erlaubt, das Omen ein zweites Mal zu erbitten? Als er so dastand, war es ihm auf einmal, als käme die zarte Berührung seiner Handfläche nicht mehr von der leichten Flaumfeder, sondern von jenem göttlichen Kind, dessen Vasall er geworden war. Da neigte der schwarze König demütig sein Haupt und sprach: «Dein Gefolgsmann bin ich. Führe mich in dein Reich.«

Und er wurde geführt. Die Blätter an den Bäumen flüsterten es, im Ziehen der Vögel zeigte sich ihm die Richtung, und schließlich bedeutete ihm auch die Stimme seines Herzens: «Nach Norden, nach Norden!« So zog König Kaspar also nach Norden. Je fremder ihm aber das Land wurde, umso fremder wurde auch er den Leuten, die er traf. Manch einer wich vor seinem nachtschwarzen Angesicht erschrocken zurück, manche Tür wurde hastig zugeschlagen, an die er bittend geklopft hatte, manches alte Weib machte eilig das Zeichen zum Schutz gegen böse Geister, wenn der König ihr freundlich zunickte. Wie fremd war er hier, wie fremd! Die Sprache, die er hörte, war ihm unbekannt; nur die Angst verstand er und den Unmut, mit dem man ihm begegnete; denn die schrien laut und verletzend auch aus den fremden Worten.

Dann erreichte er eines Abends eine Stadt mit mächtigen Mauern und trutziger Wehr. Da sagte ihm sein Herz, dass er am Ziel seiner Reise angekommen sei. Doch die Torwächter, als sie ihn herankommen sahen, traten ihm mit ihren Hellebarden drohend in den Weg und wollten ihn nicht hereinlassen. Was sie riefen, verstand er nicht, doch der Abscheu, gepaart mit Angst, die sie erfüllte, ließ ihn erschauern. Dann vernahm er noch einen anderen Laut, ein hölzernes Ratschen, das näher kam und das unangenehm in die Ohren schnitt. Als er sich umwandte, bemerkte er, dass sich, in Lumpen gehüllt, eine junge Frau genähert hatte, in der Rechten jenes Holzinstrument, mit dem sie den Lärm vollführte, in der Linken eine Tonschale. Vor die Brust gebunden aber hatte sie ein Bündel, dessen Inhalt dem schwarzen König zunächst verborgen blieb, bis er auf einmal erkannte, dass es ein Kind war, welches an der Schulter der Frau schlief. Die Frau setzte die Schale behutsam auf einen großen flachen Stein am Straßenrand und trat mit niedergeschlagenen Augen zurück, entfernte sich weiter und weiter, bis sie, immer noch ihre Holzratsche drehend, am Wegrand stehen blieb und wartete.

Kaspar hatte wohl bemerkt, dass die Torwächter die Frau mit denselben angstvollen Augen angestarrt hatten wie ihn. Meinten sie denn, dass er ihnen dieselbe Krankheit bringen könne wie jene, deren Geschick er sogleich erkannt hatte? Er wandte sich ab von der Stadt und der jungen Frau mit dem Kind zu, die bei seinem Näherkommen nur eifriger und warnender ihre Holzratsche kreisen ließ. Als Kaspar aber gar keine Notiz davon zu nehmen schien, wich sie vor ihm zurück, und dabei traf ihn ein Blick aus ihren Augen, der war zwar nicht ängstlich, aber voller Traurigkeit. Kaspar nahm wahr, wie jemand aus dem Torbogen trat, zu der abgestellten Schüssel eilte und sie füllte, um eilig wieder in der Stadt zu verschwinden. Er schaute der jungen Frau zu, die die Schüssel aufnahm und sich dann an ihm vorbeistahl ins Land hinein.

Die junge Frau hatte die Holzratsche in den Gürtel ihres Lumpengewandes gesteckt. Mit beiden Händen trug sie die Tonschale vor sich her. Das Kind, als das monotone Geräusch der Holzratsche auf einmal verstummt war, schlug die Augen auf und hob das Köpfchen. Sein traumbefangener Blick traf den des Königs, und da war es diesem, als husche ein Lächeln über das kleine Gesicht. Davon wurde es Kaspar so warm im Herzen, dass er, ohne weiter zu überlegen, der jungen Frau folgte. Es wurde bereits dunkel, als die Frau plötzlich vom Weg abwich und hinter Büschen verschwand. Für einen Augenblick zögerte Kaspar, doch dann schritt er ruhig weiter, folgte dem Pfad durch das Gesträuch, bis er vor dem niederen Eingang einer Höhle stand. Ein übler Geruch, der ihm aus dem Innern der Höhle entgegenschlug, ließ ihn noch einmal verharren. Und wieder fühlte er auf seinem Haupt die flüchtige, leichte Berührung, als sei ein Blatt auf ihn herabgeschwebt; es war aber mehr als ein Blatt. »Dein Gefolgsmann bin ich«, murmelte der König, »führe mich in dein Reich.«

Es war finster in der Höhle, sodass er die Gegenwart der anderen Menschen nur ahnen konnte. Er sprach ein leises Wort der Begrüßung, das verhaltene Erwiderung in fremder Sprache fand. Doch bemerkte er, dass in dieser Erwiderung nichts war von Angst, wohl aber von jener Traurigkeit, die aus den Augen der Frau zu ihm gesprochen hatte. Kaspar hockte sich nieder zu den in Lumpen gehüllten Gestalten, die seine Augen, je mehr sie sich an die Finsternis gewöhnten, nun unterscheiden konnten. Man bot ihm still die Schüssel, das Mahl zu teilen, und Kaspar aß von der Kost der Ausgestoßenen. Später schlief er an ihrer Seite, und zum ersten Mal seit langer Zeit fühlte er sich nicht mehr fremd in diesem fremden Land.

Die Sonne des kommenden Tages enthüllte unerbittlich, in was für eine Gesellschaft Kaspar da geraten war. Sie alle, Männer, Frauen und das Kind, litten an derselben Krankheit, an der auch die Frau litt, welche seine Führerin gewesen war, an der Krankheit, um deretwillen sie die Stadt meiden mussten und keine Gesellschaft mit den anderen Menschen pflegen durften. Kaspar sah es mit dem Blick des Heilkundigen. Er kannte ein Mittel, das in seinem Heimatland angewandt wurde, um die Krankheit zu heilen. Ja, er hatte dieses Mittel auf seiner Reise sogar mit sich geführt, aber dann fortgegeben: Die Myrrhe, zu einer Tinktur verarbeitet, brannte die Wunden aus und regte die Heilkraft an. Warum hatte sein Herr, warum hatte der König der Welt ihn hilflos in dieses Elend gesandt?

Die Kranken musterten ihn verwundert, erstaunt über seine dunkle Haut, überrascht aber vor allem, dass er zu ihnen gestoßen war, obwohl er keinerlei Anzeichen der Krankheit zeigte. Sie meinten, sich fernhalten zu müssen von ihm. Doch als sie merkten, dass er keine Furcht vor ihnen hatte, als wäre er gegen jede Ansteckung gefeit, setzten sie sich zu ihm und sprachen zu ihm. Was sie sagten, verstand er nicht und hörte es doch deutlich aus dem Klang ihrer Worte. Da war die düstere Melodie des Kummers, da war die helle Wende der Frage und manchmal, nach einem langen, forschenden Blick auf ihn, hörte er auch verhalten, zögernd, doch unverkennbar den leisen Jubellaut der Hoffnung. Und der vor allem ging ihm zu Herzen. Denn was hatten diese Menschen noch zu hoffen, zu hoffen von einem Heilkundigen, der zu ihnen gesandt war - ohne Arznei! Ihm selbst verschlug das Lauschen auf die Melodie ihrer Worte die Sprache. Aber sanft antworteten seine Hände ihrer Rede, legten sich diesem und jenem verstehend auf den Arm oder aufs Haupt, und als der Abend hereinsank, meinte Kaspar, sie alle zu kennen, zwar nicht in ihrem persönlichen Geschick, aber doch in ihrem Leiden, in der Tiefe ihrer Traurigkeit, im schwanken Grund ihrer Hoffnung.

Er blieb bei denen, die ihn aufgenommen hatten; denn konnte er ihnen schon nicht Heilung bringen, so mochte er sie doch auch in ihrer Krankheit nicht allein lassen. Er pflegte sie, so gut er es vermochte, erneuerte die Verbände, säuberte die Höhle, trug Wasser herbei, und vor allem lauschte er ihren Worten, die er allmählich erst zu verstehen, dann selbst zu bilden lernte. Tiefer aber als alle Worte sprachen seine Hände, die liebevoll auf den Kranken ruhten oder sanft über ihre Glieder strichen.

Eines Tages hatte Kaspar das Kind auf den Schoß gehoben, um es zu herzen und spielend nach seinen Wunden zu schauen. Wie erstaunte er aber, als er die Verbände löste und keine Spur der Krankheit darunter fand! Verwundert musterte er das Kind, dann rief er: »Du bist ja gesund. Wie ist das nur gekommen!« Und das Kleine legte sein Köpfchen an seine Schulter und erwiderte: »Du wunderst dich wirklich? Du selbst bist ja unsere Arznei, Kaspar.« Der schwarze König wusste nichts darauf zu antworten. Da strich ihm das Kind ganz zart über die Wange und sprang fort. Und plötzlich meinte Kaspar zu fühlen, wie ihm die Schuppen von den Augen fielen. »Bist du hier, mein Herr«, rief er dem Kind nach, das ihm lachend zuwinkte, »habe ich dich in deinem Reich gefunden?«

Was er an dem Kind bemerkt hatte, stellte sich bald auch bei den anderen Kranken heraus: Die Wunden der schrecklichen Krankheit verheilten allmählich. Da wollten die Menschen Kaspar mit Dankbarkeit überschütten. Er aber wies nur auf das Kind, welches zuerst gesund geworden war, und sagte: »Eines solchen Kindes Gefolgsmann bin ich. Es ist mein Herr; ihm dankt für eure Heilung.« Und er erzählte ihnen seine Geschichte von dem Weg, der ihn von seinem eigenen Volk fortgeführt hatte in den Norden als Vasall des Jesuskindes.

Die Geschichte ist damit zwar noch nicht zu Ende, denn sie ist nie zu Ende gegangen; aber das Weitere ist in Kürze erzählt. Die Kranken, die geheilt worden waren, kehrten zurück in die Stadt, in die sie nach eingehender Prüfung wieder aufgenommen wurden. Kaspar aber und einige wenige wanderten weiter in die Welt, um die Ausgestoßenen zu suchen und ihnen eine neue Heimat zu bringen, die Heimat im Reich des Königs der Welt. So tauchten sie auf, einzelne Gestalten mit geschwärzten Gesichtern, in den Höhlen und Verschlägen, in denen die Kranken hausten, brachten Mitleid und Licht, brachten Hoffnung und Heilung. Dann zogen sie weiter. Niemand hat sie je gezählt, niemand kennt ihre Namen, niemand weiß, wo sie selbst ihre letzte Ruhestätte fanden. Einzig der Name des Königs, der all dies in der Gefolgschaft des Herrn der Welt begründete, der als die Arznei der neu begonnenen Zeit die Hoffnung in die Behausung der Kranken trug, einzig sein Name ist uns erhalten. Und wer weiß, ob nicht die Legende recht hat, die sagt, er lebe heute noch, der schwarze König Kaspar, der selbst durch sein Mitleid mit den Kranken zur Arznei wurde für sie.

# Melchior – das Gold der Armen

Wo immer er mit seiner prächtigen Karawane vorüberzog, warfen sich die Menschen in den Staub vor ihm, so herrlich war seine Erscheinung, so glänzend sein Reichtum, so grimmig die Gesichter der Diener, die ihn begleiteten und beschützten. Ehrfürchtig wurde sein Name gemurmelt – »Melchior« –, als wäre schon das ein Teilhaben an seiner Pracht, welches eigentlich nicht ganz statthaft war. Staunend wurde die Nachricht von dem Stern weitergeraunt, dem Stern, welchem der König folgte und den doch außer ihm niemand sehen konnte. Melchior – König des Goldes – wurde er zu Recht genannt, denn niemand in der bewohnten Welt war reicher als er. Die Fürsten der Nachbarreiche fanden nichts Demütigendes dabei, wenn sie ihn aufsuchten, um ihm als dem Größten unter den Edelgeborenen zu huldigen und ihm ihre Abgaben zu bringen. Denn wer die Freundschaft Melchiors errungen hatte, der bedurfte keines weiteren Schutzes auf Erden.

Was aber im Volk mit Verwunderung aufgenommen wurde, sorgte unter den Dienern des Königs für Verwirrung, ja für Besorgnis. Verständnislos hatten die Gefolgsleute des mächtigen Königs den Befehl zu Aufbruch und Reise entgegengenommen. Mit wachsendem Unwillen hatten sie ihren Herrn auf der langen und mühseligen Reise begleitet, die sie zu einem Kind führen sollte, das nicht einmal in seinem eigenen Land bekannt war und das Melchior dennoch als den höchsten König aller Zeiten und Zonen anzubeten gedachte. Am Ziel der Reise angekommen, hatte ihr mächtiger Herr all seinen Schmuck abgelegt und war eingetreten in das Haus, wo das Kindlein war. Dort hatte er sich wie ein niedriger Knecht vor dem Knaben und dessen einfältigen Eltern geneigt und ihnen aus seinem Reichtum geschenkt, wie er noch nie geschenkt hatte. Höchst verwirrend war das für den Tross des Königs, verwirrend und beängstigend. Hatte Melchiors Verstand gelitten? Und würde der König auf der Heimreise wieder zu seinem nüchternen Urteil und seiner Entscheidungsklarheit zurückfinden?

Aber Melchior schien wie behext. Als die Karawane wieder gen Osten zog, ließ er bei jedem Bettler am Straßenrand, dessen Existenz er früher gar nicht wahrgenommen hätte, anhalten, stieg selbst von seinem weißen Kamel, neigte sich vor dem Armen und drückte ihm ein Goldstück in die Hand. Nichts, gar nichts gab er um die Ermahnungen seines Wesirs Omar, der die gebührende Zurückhaltung dem König gegenüber in den Wind schlug und ihn mit deutlichen Worten der Verschwendung zieh. Der Goldbeutel schien ihm zu einem sprudelnden Quell geworden zu sein, der sich verströmen wollte. Als seine Mahnungen nichts fruchteten, versuchte der Wesir der königlichen Freigebigkeit dadurch einen Riegel vorzuschieben, dass er vorgab, alle Goldstücke, die sie mitgeführt hätten, seien nun verteilt. Doch als er sah, wie Melchior daraufhin begann, die kostbaren Edelsteine von seinem Gewand zu lösen und fortzuschenken, besann er sich schnell eines Besseren und förderte neues Gold zutage, was der König mit Gleichmut quittierte. Je großzügiger Melchior aber sein Gold verteilte, umso engherziger wurden seine Gefolgsleute, und der Wesir tat sein Möglichstes, diesen Ärger zu schüren. So streute er unter den Dienern das Gerücht, der König treibe eine solche Verschwendung, dass er sie bald für ihre Dienste nicht mehr würde entlohnen können, ja dass sie auf dem langen Weg würden Hunger und Entbehrung leiden müssen. Und je öfter diese Lüge von Mund zu Ohr geflüstert wurde, umso tiefer verwurzelte sie sich, und selbst die, welche anfangs nicht daran hatten glauben können, verfielen ihr endlich.

So rückte die Nacht heran, in der das Schicksal des großen Königs eine entscheidende Wende nehmen sollte. Man hatte das Nachtlager wie gewöhnlich fern jeder menschlichen Behausung aufgeschlagen, und wie immer hatte Melchior sich in seinem prächtigen Königszelt zur Ruhe gelegt. Ehe er einschlief, hatte er noch einmal in Gedanken all die Menschen an sich vorüberziehen lassen, denen er an diesem Tag etwas hatte schenken dürfen. Immer wieder war dabei aber auch das verschlossene

Gesicht seines Wesirs aufgetaucht, von dem Melchior ja wusste, wie er seine Mildtätigkeit beurteilte: aber das hatte ihn nicht bewegen können, sein Verhalten zu ändern.

»Omar hat das Kind nicht gesehen«, erklärte sich der König die Engherzigkeit seines Gefolgsmanns, »sonst würde er mich besser verstehen. Auch er wird lernen.«

Der König hatte wohl bemerkt, dass der Wein, den er wie gewöhnlich vor dem Schlafengehen aus goldenem Kelch trank, einen bitteren Beigeschmack hatte, hatte dem aber keine Bedeutung beigemessen. Erst später fiel es ihm wieder ein – als alles bereits entschieden war. Früh am Morgen, noch ehe die Sonne über den Horizont gestiegen war, erwachte Melchior fröstelnd. Er griff nach der Pelzdecke, bekam sie aber nicht zu fassen. Seine schlaftrunkenen Augen nahmen das flimmernde Licht der Sterne wahr. Wie die leuchteten! Da erst fuhr die Wachheit in ihn wie ein kalter, ernüchternder Schauer. Wieso konnte er denn in seinem Zelt die Sterne sehen? Melchior richtete sich auf und blickte um sich. Da war kein Zelt, da war auch keine Pelzdecke, die ihn hätte wärmen können. Er lag auf einem einfachen braunen Umhang im nackten Wüstensand – allein. Da erinnerte er sich des bitteren Geschmacks, den der Wein am Abend gehabt hatte … »Hast du gewagt, dich an deinem König zu vergreifen, mein Wesir Omar? Es soll dich das Leben kosten«, sprach er zu sich selbst. Er ahnte nicht, dass seine im Zorn hervorgestoßenen Worte ohne sein Zutun so bald in Erfüllung gehen sollten. Frierend erhob er sich, zog den braunen Umhang um sich und folgte zu Fuß den gut sichtbaren Spuren der Karawane.

Müde und hungrig erreichte er um die Mittagszeit einen kleinen Ort und stellte verwundert fest, dass die Männer dicke Stöcke bei sich trugen, gerade so, als hätten sie sich gegen Raubtiere zu verteidigen. »Erwartet ihr einen Überfall?«, erkundigte er sich und bekam zur Antwort: »Ein mächtiger König, der heute früh hier hindurchzog, warnte uns vor Räubern, die seiner Karawane folgen könnten, und gab uns Gold, dass wir sie aufhielten. Insbesondere wies er uns an, ihren Worten nicht zu trauen. Falls Ihr also einer jener Diebe sein solltet, gebt Euch keine Mühe. Was Ihr auch sagen wollt, wir wissen, dass es Lüge ist, und müssten es Euch als

Diener jenes Herrn auf unangenehme Weise heimzahlen.« Und Melchior sah, wie sich bei dieser Rede ihre Hände fester um die Stöcke spannten. »So willst du mich jagen lassen wie eine Hyäne, mein Wesir«, murmelte Melchior betroffen, und als ihm die Schlechtigkeit seines einst Vertrauten plötzlich aufging, begann er zu wanken. Ohnehin geschwächt von dem ihm ungewohnten Laufen und Fasten, wurde er von einer Ohnmacht niedergeworfen.

In seiner Bewusstlosigkeit aber sah er sich wieder bei jenem Kind in Bethlehem knien, hörte noch einmal seine eigenen Worte: »Nie will ich aufhören, in deinem Namen meinen Reichtum zu verschenken bis ans Ende meines Lebens«, und jetzt vernahm er auch die Antwort des Kindes, das ihn, als er vor ihm kniete, nur so holdselig angelächelt hatte: »Sei unbesorgt, König Melchior, um den Reichtum, den man dir raubt. Was du mir gegeben und was du in meinem Namen hingibst, macht dich reicher als alles, was du verlieren konntest.«

Melchior fühlte eine Kühle auf seiner Stirn und schlug die Augen auf. Verwundert schaute er in das besorgte Gesicht einer jungen Frau, die sich über ihn beugte. War das nicht die Mutter, deren Kind er angebetet hatte?

»Maria?«, flüsterte er fragend. Die Frau schüttelte lächelnd den Kopf. »Ich heiße Ruth«, erwiderte sie freundlich, »und wie heißt Ihr, Fremdling?« – »Ich heiße Melchior.« Es war das erste Mal in seinem Leben, dass ihm diese Frage gestellt wurde und er selbst darauf Antwort gab; und schon während er diese Worte sprach, fragte er sich, ob sie eigentlich der Wahrheit entsprächen. Die junge Frau musterte ihn erstaunt. »Melchior – so hieß auch jener mächtige Herrscher, der heute Vormittag bei uns vorüberzog«, erzählte sie, »ein großer Name für einen, der in einem solch ärmlichen Gewand daherkommt.« Sie nahm ihm den Umschlag von der Stirn, tauchte ihn in eine Schüssel und legte ihn wieder auf seinen Kopf. »Wo kommt Ihr her in dieser Einsamkeit, und was ist Euer Ziel?« – »Ich selbst bin der König«, wollte Melchior schon erwidern. Doch dann dachte er an die Männer draußen und an die Weisung, die Omar ausgegeben hatte, einem Fremden nicht zu trauen. Und dann dachte er an das kleine Kind in Bethlehem, von dessen Königtum auch niemand wusste. Bei diesem Gedanken zog Ruhe in seine erschütterte Seele ein, und er erwiderte:

»Wer ich bin und wohin ich gehe, weiß Gott allein; ich weiß es nicht. Aber woher ich komme, das will ich dir erzählen.« Er streifte den Umschlag ab, und während sein Blick in weite Fernen zu wandern schien, berichtete er der jungen Frau, was er in den zurückliegenden Wochen erlebt hatte: von dem leuchtenden Stern, der erschienen war, und von der Botschaft, die er brachte, von der Reise nach Bethlehem und dem unscheinbaren Haus, in welchem doch der größte König der Welt geboren worden war.

Die Frau lauschte ihm andächtig; dann musterte sie ihn lange, schließlich nickte sie still. Melchior fragte sich, was das wohl zu bedeuten habe. Aber die Frau sagte von selbst: »Ich hatte Euch für einen Märchenerzähler gehalten; denn wie sollte jemand Eures Aussehens Einlass finden bei einem solch hochgeborenen Kind. Doch ich sehe in Euren Augen noch das Licht des Sternes leuchten, von dem Ihr zu mir gesprochen habt, und –« Die junge Frau zögerte. Endlich aber fasste sie sich ein Herz und fuhr achselzuckend fort: »Nun, als Ihr von jenem Kind spracht, zu dem Ihr eingegangen seid, war es mir, als hätte ich selbst bei ihm gekniet und erlebt, was Ihr mir erzählt habt.« Und nach einer Weile fragte sie: «Wie war der Name des Kindes?« – »Jesus ist sein Name«, antwortete der König, und die junge Frau sagte: »Ich will ihn mir merken, diesen Namen Jesus.«

Trotz der dicken Stöcke, welche die Männer bei sich getragen hatten, als er in ihr Dorf kam, wurde Melchior freundlich aufgenommen, solange er bei ihnen war. Sie ließen ihm das Geheimnis, das mit seiner Person verbunden war, baten aber immer wieder darum, die Geschichte von dem Kind hören zu dürfen, das in Bethlehem geboren worden war, und lauschten mit kindlich staunenden Augen jedes Mal, als hörten sie alles ganz neu. Als Melchior schließlich weiterzog, verabschiedeten sie ihn wie einen Bruder.

Bald schon sollte Melchior bereuen, so lange in jenem ersten Ort verweilt zu haben. Denn in den nächsten Ortschaften, durch die er kam, hörte er immer wieder, dass seine Gefolgsleute alle Waffen, deren sie habhaft werden konnten, aufgekauft hätten: Messer und Säbel, ja selbst die kräftigen Hirtenstöcke. Wollte Omar Krieg in sein Reich tragen und seinen eigenen Sohn, der in der Zeit seiner Abwesenheit regierte, mit Gewalt um den Thron bringen? Diese Fragen belasteten Melchior umso mehr, als er einsah, dass er nichts unternehmen konnte, um die drohende Gefahr abzuwenden.

Wie lange Melchior gewandert sein mag, weiß ich nicht zu sagen; er selbst zählte die Tage und Wochen nicht. Immer wieder fand er Aufnahme bei einfachen Menschen und vor allem offene Ohren für die Geschichte, die er zu erzählen wusste. Oft erlebte er dann, dass die Leute, nachdem sie ihm gelauscht hatten, ihn mit großen Augen musterten und flüsterten: »Ihr seid ein Zauberer, Herr, denn jeden Schritt, den der König in Eurer Erzählung tat, meinten auch wir zu tun, bis auch wir endlich vor dem Kindlein knieten.«

Nach langer Fahrt gelangte Melchior wieder in sein Land. Aber wie verändert sah er aus und wie ganz anders fühlte er sich als bei seiner Abreise. Der braune Umhang, den ihm seine Diener gelassen hatten, als sie ihn mitten in der Nacht heimlich verließen, war dünn geworden und an vielen Stellen geflickt; seine Schuhe hatte er schon in den ersten Tagen seiner Wanderung abgestreift, weil sie auseinanderfielen. Sein Haupthaar und sein Bart waren lang gewachsen und vom Licht der sengenden Sonne fast weiß gebleicht; seine Haut aber war wettergegerbt. So erkannte ihn niemand, auch nicht, als er schließlich die Hauptstadt erreichte, und Melchior war es ganz recht so. Ehe er sich zu erkennen gab, wollte er hören, was in seinem Land geschehen war während seiner Abwesenheit. Zunächst war, was er in Erfahrung gebracht hatte, beruhigend gewesen; denn nicht der Wesir saß auf dem Thron, sondern immer noch regierte sein Sohn, jetzt aber als rechtmäßiger König eingesetzt.

Melchior suchte einen der vielen Basare auf, wo gehandelt wurde und wo die Männer herumsaßen, Kaffee tranken und Neuigkeiten austauschten und wo Bettler und Taschendiebe sich um das Geld ihrer Nächsten bemühten. Er setzte sich zu einer Gruppe von Männern, die willig zusammenrückten, um dem Fremdling Platz zu machen. »Wo kommt Ihr her?«, fragten sie ihn neugierig, und Melchior hatte kaum gebeten: »Wollt ihr mir einen Kaffee bezahlen, so will ich euch Rede und Antwort stehen«, als das schwarze Getränk auch bereits vor ihm dampfte. Da begann der König seine Geschichte zu erzählen, wie er es jetzt schon so oft getan hatte. Und die erwachsenen Männer saßen, das Kinn in die Hände gestützt, schauten wie träumend auf den Erzähler und sahen zugleich, was er gesehen, sahen es und ließen sich von dem Kind bezaubern, wie der König es einst getan hatte.

»Sie waren ganz überwältigt von diesem Kind, jene Herren«, erzählte Melchior, »sie hätten ihm alles zu Füßen gelegt, was ihres war, nicht nur ihren Reichtum, ihre Weisheit und Ehre, auch ihre Herrschaft, ihr Königtum traten sie ihm ab und fanden höchste Genüge darin, fortan seine Vasallen zu sein.«

Melchior schwieg, während die Männer ihn weiterhin betrachteten, als wäre seine Geschichte noch nicht zu Ende. Wie überrascht aber war der König, als die Männer sich endlich zunickten und einer von ihnen jetzt das Wort ergriff und sagte: »Das Ende Eurer Geschichte scheint Ihr nicht zu kennen, Fremdling. Wir aber kennen es. Auch unser König gehörte zu jenen, die das Kind suchen gingen, und auch er hat ihm mehr zum Opfer gebracht als Reichtum und Herrschaft. Lange Zeit blieb er fort, während sein Sohn treulich für ihn regierte. Niemand wusste ja, wohin ihn die Reise führen würde, und so konnte auch niemand abschätzen, wann der Herr zurückerwartet werden konnte. Als aber ein Jahr verging, ohne dass Neuigkeiten den Hof erreichten, sandte der junge Regent eine Schar von Kundschaftern aus, die sollten König Melchior entweder finden oder herausbekommen, wo sein Grab wäre. Diese Männer blieben nicht lange fort. Als sie zurückkehrten, brachten sie traurige Nachricht. Offenbar hat sich unser König mit seinem Gefolge in der Wüste verirrt und muss dort elend verschmachtet sein. Er hatte sich in den Orten, durch die er gekommen war, Waffen gekauft, ganz so, als habe er die Gefahr, in die er hineinritt, gespürt, doch falsch gedeutet. Denn was konnte ihm ein Säbel helfen im Kampf gegen einen Sandsturm. Man hat die Gegend abgesucht, wo sich die Spuren der großen Karawane verloren, doch nichts gefunden. Was die Wüste sich nimmt, gibt sie ungern wieder heraus. So wurde vierzig Tage lang um den verstorbenen Herrscher und seine edlen Gefolgsleute getrauert; dann wurde der junge Herrscher von den Räten zum König gekrönt.«

Melchior saß noch lauschend, als der Mann längst geendet hatte, und auch die anderen Männer schienen den eben gesprochenen Worten nachzulauschen. »Eigenartig«, dachte der König, »da sitze ich und lasse mir von meinem eigenen Tod erzählen, den ich nicht miterlebt habe und den ich doch mitgestorben bin.« Und während er dieses überlegte, merkte er, dass ihm am Königtum gar nicht gelegen war, dass er es längst hingegeben hatte, noch ehe es ihm genommen wurde. Sein Sohn, dessen war er gewiss, würde ein guter Herrscher sein. So konnte er tun, was kein anderer vermochte: den Menschen von jenem Kind erzählen, das in Bethlehem geboren worden war als König der Welt. Auf einmal sah er wieder das Gesicht seines Wesirs Omar vor sich, grämlich, verbissen, und er flüsterte: »Recht hattest du, Omar, mein Wesir, dass du mich mahntest, nicht Gold und Edelsteine zu verschleudern an die Armen. Denn das ist ein Reichtum, der ihnen in den Fingern zerrinnt. Die Botschaft von dem Kind aber wird sich ihren Herzen einprägen und nicht von ihnen zu nehmen sein. Sie wird wachsen, wenn sie alles andere einst zurücklassen müssen, und sie begleiten – hin zu dem, in dessen Reich sie dann eintreten. Lausche auch du, mein Freund, wenn du es vermagst.«

Die Kunde, dass ein neuer Erzähler in die Stadt gekommen sei, einer, der die Geschichte ihres alten Königs erzählen konnte, verbreitete sich rasch durch die Basare und Kaffeehäuser der Stadt, und die Männer strömten herbei, um Melchior zu lauschen. So hörte auch der junge König davon, und auch er hatte das Verlangen, die Erzählung zu vernehmen. Als Melchior in den Palast gerufen wurde, krampfte sich sein Herz zusammen. Er konnte ja nicht den Ruf des Herrschers missachten. Wie aber würde sein Sohn ihn aufnehmen? Doch alles schien gut zu verlaufen. Wie üblich war der König gar nicht zu sehen, sondern lauschte, hinter einem Vorhang verborgen, der Erzählung. Nur die Diener drängten sich zu Füßen des Erzählers. Darüber war Melchior froh, und so erzählte er die Geschichte, der schon so viele Menschen gelauscht hatten, und schließlich auch das Ende, das ihm berichtet worden war: »Auf dem Heimweg leuchtete Herrn und Tross kein Stern, der sie vor allen Gefahren bewahrt und sicher geführt hätte. So konnte es geschehen, dass sie in einem Sandsturm die Richtung verloren und auch das noch zum Opfer bringen mussten, was ihnen als Letztes geblieben war: ihr eigenes Leben.«

Als Melchior aber zu Ende gesprochen hatte, erklang plötzlich die klare Stimme des jungen Königs, der rief: »Warum bleibst du nicht bei der Wahrheit, Märchenerzähler? Ist nicht der Herrscher, von dem du uns erzählt hast, auch der König der Wahrheit und der Gerechtigkeit?« Tief beugte sich Melchior da zur Erde, fragte bebend: »Mein hoher Herr, enträtselt mir doch die Worte, die Ihr gesprochen habt. Was denn ist nicht wahr an meiner Erzählung?« Ohne Zögern erwiderte der junge König – und es klang ein heimliches Lachen mit in seiner Stimme: »Wahr ist, dass der Tross des Königs vom Weg abirrte und die Heimat nie mehr erreichte. Doch König Melchior war da nicht mehr unter ihnen. Ihn allein hat sein Stern zurückgeführt in sein Reich. Doch scheint er es vorzuziehen, unerkannt bei uns zu weilen, um nur die Erinnerung an jenes göttliche Kind wachzuhalten.« Melchiors Stimme zitterte ein wenig, als er fragte: »Und könnt Ihr es dulden, Herr, dass er auf diese Weise in Eurem Lande weilt, oder fürchtet Ihr, dass er Euch eines Tages den Thron streitig machen wird?« – »Ich habe König Melchior nichts zu befehlen«, erwiderte der junge Herrscher, »und ich brauche ihn auch nicht zu fürchten.« Mit diesen Worten trat er hinter dem Vorhang hervor. Große Blässe lag auf seinem jugendlichen Gesicht, doch seine Augen strahlten in inniger Freude. »Ich brauche ihn nicht zu fürchten«, wiederholte er, »denn sein Thron wird ihm jederzeit zur Verfügung stehen, wenn er danach verlangt. Ich bin nur sein Stellvertreter, wie er selbst der Stellvertreter seines Königs ist, jenes Kindes in Bethlehem, dem er seine Herrschaft zu Füßen gelegt hat.« Dann sahen die Diener, die sich beim Erscheinen ihres Herrn tief verneigt hatten, voll Staunen, wie sich der junge König zu dem alten Mann hinabbeugte und wie der ihm die Stirn küsste.

Und doch dachte damals noch keiner der Anwesenden weiter über das Gesehene nach. Erst viel später entstand das Gerücht, jener Märchenerzähler könne der verschollene König sein. Seither hat es sich hartnäckig gehalten durch die Jahrhunderte hindurch. Auch heute noch, so wird berichtet, wandere König Melchior über die Märkte jenes Landes, dessen Grenzen heute aber niemand mehr kennt, und erzählt von dem neugeborenen König der Welt – eine Geschichte, die nicht alt wird, wird dieses Kind doch jedes Jahr aufs Neue geboren – und die so auch den jung erhält, der sie erzählt.

# Balthasar - der den Frieden singt

Pfeilschnell flog das Schiff dahin. Von einem kräftigen Wind getrieben, schnitt sein Kiel eine glitzernde Straße weißen Schaumes in die Wellen. Prall blähten sich die großen Segel, während die Ruderer die Riemen längst eingeholt hatten und froh waren, dass der Wind ihre Arbeit tat.

Längst war die Küste hinter dem Horizont versunken, breitete sich rings für das Auge nur Wasser, wogendes Wasser rundum. Dennoch stand Balthasar, der König, unverwandt im Heck seines Schiffes, blickte zurück in die Richtung, aus der sie gekommen, dorthin, wo jenes unbekannte kleine Land Judäa lag, in das ein Stern ihn geführt und wo er in einem einfachen Haus das Kind gefunden hatte, von dessen Königsherrschaft niemand wusste, nicht einmal Herodes, der Landesherr. Des Königs Blick schien den versunkenen Küstenstreifen zu bewahren, die Hügel, die sich nur wenig über den Meeresspiegel erhoben, in der Ferne überglänzt von Schneebergen, die Menschen, die ihr Staunen so offen auf ihren Gesichtern getragen hatten, als er gemeinsam mit den anderen Weisen gen Bethlehem gereist war durch wüstes, unbebautes Land … Ach, alles schien noch vor seinem Blick zu stehen, als er dort an der Reling stand, obwohl er das Gegenwärtige nicht mehr erfassen konnte. Was er gesehen, schien ihm ewige Gegenwart geworden zu sein: jenes Kind, das, als sie sich von ihm wandten, von seiner Mutter in Schlummer gewiegt wurde, ein Bild des Friedens.

Was wohl hätte Balthasar gesagt, hätte er schauen können, was weiter geschehen war: dass Josef seine junge Frau heimlich des Nachts weckte, dass sie das kleine Kind in die Arme nahm, den Esel, mit wenigen Habseligkeiten beladen, bestieg und sich davonführen ließ, fort aus der noch schlafenden Stadt gen Süden, das aber heißt: hinein in die arabische

Wüste? Was hätte Balthasar gesagt, hätte er das Klirren der Waffen und der Beinschienen der Krieger des Herodes beim Morgendämmern im Hof der Burg vernommen und dem Befehl gelauscht, alle Jungen unter drei Jahren umzubringen? Gewiss, der eine, der Besondere, war gerettet, war auf dem Weg in die Sicherheit Ägyptens. Aber die anderen? Jene, die ihn auf seinem Weg zur Erde begleitet hatten, waren sie allein zum Sterben geboren, damit er leben konnte?

Nein, Balthasar sah von alledem nichts. Der Horizont hielt das, was in Bethlehem geschah, gnädig vor seinem Blick verborgen. Nicht aber vor seinem Herzen. Dort lastete eine tiefe, unverstandene Schwermut, eine Trauer, die den König ganz plötzlich heimgesucht hatte, ihn, der, nachdem sie das Kind gefunden hatten, meinte, fortan nur noch singen und jubilieren zu können. Kaum vermochte er die Tränen zurückzuhalten, als er so Ausschau hielt nach dem entschwundenen Land und dessen heimlichem König. Schwermütig schüttelte er den Kopf und murmelte: »Es naht ein Unglück, ja, ganz gewiss naht ein Unglück. Doch welcher Art es sein wird, weiß ich nicht.«

Leise trat da sein Diener an ihn heran, er, der den König wie ein Schatten von morgens bis abends begleitete und zu seinen Füßen schlief, der jede Geste der Hand, jede Bewegung des Kopfes zu deuten wusste, als wären sie klar gesprochene Befehle; er trat leise herzu und flüsterte: »Balthasar, mein edler Herr, soll ich Daniel rufen, dass er Euch aufheitere?« Der König schüttelte das Haupt. Nein, keine Musik, nicht jetzt. Gewiss war Daniel ein Zauberer auf seinem Instrument, spielte die Harfe, wie Balthasar keinen Zweiten je hatte spielen hören. Oft hatte er seine Kunst in Anspruch genommen, wenn sein Sinn sich beschwerte, der Kummer seine Seele heimsuchte und sich, einem dunklen Vogel gleich, dort einnistete. Dann konnte der Harfenspieler mit wenigen Griffen seine Seele befreien von dem ungebetenen Gast und mit fröhlich-klingenden Läufen und Harmonien die Freude herbeilocken, die so fern geglaubte.

Jetzt aber fühlte Balthasar, dass er diesen Kummer tragen müsse, dass er ihn nicht verjagen dürfe nur, weil er eine Last war, nein, dass er zu ihm gehöre in dieser Stunde, dass, wenn er ihm genommen würde, ihm zugleich sein Augenlicht genommen würde. Wortlos ergeben, beugte sich der Diener dem stummen Wink seines Herrn, trat zurück an den Mast und verharrte dort; nur sein wacher Blick lag auf der Gestalt Balthasars.

Pfeilschnell schnitt das Schiff durch die Wellen, eine weiß-leuchtende Straße aus Gischt hinter sich lassend, die sich allmählich rötlich färbte im Glanz der untergehenden Sonne. Dort aber, hinter ihnen, im Osten dunkelte sich der Himmel jetzt rascher ein. Schwarzer Rauch, undurchdringbar dem Auge, schien emporzusteigen über dem kleinen Land, das sie beim Morgengrauen verlassen hatten. Er ballte sich in dichten Schwaden zusammen, griff immer gieriger nach dem Abendhimmel, schluckte jeden aufblitzenden Sternenglanz und eilte, eilte, schneller, als der stürmischer werdende Wind das Gefährt treiben konnte, dem Schiffe nach. Ob der König die Gefahr ahnte, in die sie nun gerieten, ohne dass weit und breit rettendes Land zu sehen wäre? Die Schiffsleute erkannten sie wohl, und auf einmal war der König von Hast umgeben. Die Segel wurden eingezogen, was lose auf Deck lag, wurde entweder in den Schiffsbauch hinabgetragen oder mit Stricken festgezurrt. Zwei Männer gesellten sich dem zu, der das Ruder hielt, um das sich aufbäumende Schiff auf Kurs zu halten. Jetzt stand nur noch ein einziges Sturmsegel im Wind, rot erleuchtet von der Abendsonne, die eben im Meer versank, Ziel heftiger Böen, die das Schiff in der gischtenden See auf und niedertanzen ließen wie ein mutwilliges Fohlen.

»Geht nun hinunter in Eure Gemächer, edler Herr«, bat da der Diener den König, »die Gischt der Wellen hat schon Euer Gewand durchnässt, und bald, so meldet der Kapitän, werden die Brecher auch über das Schiffsdeck schlagen und Euch selbst in Gefahr bringen.« Balthasar wandte sich um. Sein Blick fiel auf die drei Männer am Ruder. Mit dicken Seilen waren sie dagegen gesichert, dass sie von Deck gespült wurden. Alle Kraft ihrer Arme wandten sie auf, das Ruder zu halten. »Bindet mich wie jene dort an den Mast«, befahl er, und der Diener sorgte dafür, dass der Wunsch des Königs sogleich erfüllt wurde. »Geh du nun hinab«, hieß Balthasar seinen Diener, als die dicken Stricke um seinen Leib geschlungen worden waren, »geh und sieh, dass du Ruhe findest in diesem Tanz der Elemente. Es ist nicht notwendig, dass zwei sich durchnässen lassen, weil einer sich nicht trennen kann von dem Blick auf jenen schwarz-drohenden Horizont.«

Diesem Befehl zu folgen, fiel dem Diener schwer. Wie konnte er seinen König allein lassen, wie konnte er hinaustreten aus der Nähe Balthasars? Aber er folgte, des Gehorchens allein gewohnt, und der gebundene König blieb zurück, den Blick unverwandt auf den Horizont geheftet, der nicht mehr auszumachen war im Toben des Sturmes. Nur der König schien anderes wahrzunehmen in jener Nacht, anderes als Sturm und gischtende Wellen. Wie ein durchsichtiger Vorhang war ihm das wilde Wetter, ein Vorhang vor jenem Bild, dessen Spiegel er tief in seiner Seele trug: die thronende junge Mutter mit dem kleinen königlichen Kind auf dem Schoß, das, so klein es war, doch die Hand ausgestreckt, sie zu segnen, die da vor ihm knieten, und sie zu seinen Vasallen gemacht hatte. Er hatte ihm Weihrauch geopfert, weil der in seinem Land als die edelste Gabe an einen hohen, göttlich hohen Herrn galt. »Was gäbe ich darum, ihn jetzt für dich entzünden zu können, kleiner göttlicher Herr«, rief Balthasar in den tobenden Wind, »gewiss sollte er ruhiger, friedevoller emporsteigen zum Thron deines Vaters als jener schwarze Rauch, der die Sterne verdunkelt und nach unserem nackten Leben greift.« – »Wenn nur du in Sicherheit bist«, fügte er nach einem Atemholen hinzu.

Als hätten die Worte des Königs die Elemente zu noch größerer Wut gereizt, fielen Wind und Wasser da über das stolze Segelschiff her, dass es ächzte und stöhnte in seinen Spanten. Einmal und noch einmal bäumte es sich den Angriffen entgegen, nahm den Kampf auf – und musste doch bald erliegen. Unter dem Hohnlachen des Sturmes brachen die Masten und rissen ein tiefes Loch in den Rumpf des Seglers, als sie stürzten, ein Loch, in welches das Wasser gurgelnd hineinschoss.

Balthasar aber hörte kein Krachen, hörte kein Bersten; nur eine ruhige Stimme, die leise summte, manchmal auch zarte Wörter flüsterte, ein Wiegenlied. Was äußerlich mit ihm geschah, merkte er nicht, nicht, dass die starken Seile ihn an dem kräftigen Mast hielten, als er ins Meer stürzte, nicht, dass es die wilden Wellen waren, die ihn im Schlaf der Ohnmacht wiegten. Er hörte nur jenes ferne Lied, das den kleinen Himmelskönig in Schlummer sang, ihn, dessen Bild er im Herzen bewahrte und das ihn wunderbarerweise ebenfalls aufnahm in den Frieden der Engel, von dem das Lied kündete:

Als Balthasar die Augen wieder aufschlug, lag er am Ufer des Meeres. Ferner hörte er das Rauschen der Wellen; der Sturm war vorüber, und allmählich beruhigte sich auch die See wieder. Mit größter Anstrengung löste er die Knoten der Seile, die ihn an den gebrochenen Mast banden, und erhob sich. Da lag das Meer im Silberglanz eines neuen Tages, dort dehnte sich schier endlos ein leuchtend weißer Strand. In seiner Seele aber klang es immer noch fort, jenes Wiegenlied für das Kind, das ihn selbst so wundersam geborgen hatte: »… schlummer, Friedebringer, du.« Dass ihm dieses Lied geblieben war nach dem Sturm der Nacht, befriedete Balthasar so vollkommen, dass er nach Schiff und Mannschaft zunächst gar nicht fragte.

Balthasar erhob sich. Mühsam kletterte er die Dünen hinauf, um ins Land zu blicken, und da bemerkte er eine kurze Wegstrecke entfernt die Mauern einer Stadt. Als er aber die ersten Schritte tat, um die Stadt zu erreichen, mochten ihn seine Beine kaum tragen. Mühsam nur kam er voran, immer wieder musste er sich niedersetzen, und der Weg wäre ihm vielleicht dennoch zu lang geworden, wären jetzt nicht Männer aus der Stadt gekommen, die ihn bemerkten und ihm entgegeneilten. Neugierig beugten sie sich über ihn, redeten auf ihn ein in einer Sprache, die Balthasar nicht kannte und deren Worte er auch, wäre sie ihm vertraut gewesen, kaum hätte aufnehmen können; denn sie alle sprachen auf einmal. Wie kleine Bächlein sprudelte die Rede über ihre Lippen. Dabei betasteten sie seine feuchten und arg zerrissenen Kleider, strichen sacht über Verletzungen, die er im Gesicht und an den Armen hatte, schlugen verwundert in die Hände, um sich aufs Neue mit fragenden Worten an ihn zu wenden, der nichts und niemanden verstand.

Bald schon war Balthasar dieses neugierige Palaver leid. Er streckte die Arme aus und rief: »So helft mir doch, und hebt mich auf.« Beim Schall seiner Stimme verdunkelten sich die Mienen der Männer. Sie sprangen von ihm fort, standen geduckt im Kreis und musterten ihn feindselig. Zischend fuhren jetzt die Laute über ihre Lippen. Was mochte sie so verschreckt haben? Mutlos ließ der König seine Arme wieder sinken, kraftlos glitt er in den Sand. Da sprangen die Männer herzu, umfingen ihn mit ihren starken Armen und trugen ihn in die Stadt hinein. Vor einem stattlichen Haus legten sie ihn nieder. Scharen von Menschen umringten ihn dort, redeten auf ihn ein - es war ein großes Durcheinander, ein unglaubliches Stimmengewirr -, griffen nach seinen Kleidern. Plötzlich aber ertönte ein Ruf, eher dem Brüllen eines Löwen vergleichbar als dem Klang einer menschlichen Stimme. Wieder bemerkte Balthasar, wie sich die Menschen da niederduckten, wie ihre Augen sich ängstlich abwandten. In der Tür des stattlichen Hauses war ein Mann erschienen, in ein herrliches rotes Samtgewand gehüllt, mit einer Krone aus Löwenhaar. Wild funkelnd glitt sein Blick über die zusammengekauerte Menge. Dann trat er, während die Nahestehenden zurückwichen, an den Schiffbrüchigen heran, schaute hochmütig auf ihn hinab, bückte sich dann ganz plötzlich, wie von innerer Bewegung überwältigt, ergriff die Hand Balthasars, die zerkratzt und blutig war, führte sie an die Lippen und - weinte. Dem mächtigen Leib entrangen sich dabei Töne von einer Zartheit, wie Balthasar sie nie für möglich gehalten hätte: wie die besänftigende Stimme einer Mutter, die ein kleines Kind tröstet.

Tief atmete die mächtige Gestalt auf, dann hörte Balthasar Worte in einer Sprache, die er verstand, wenn es auch nicht seine eigene war. »Schiffbruch«, konnte er verstehen, »alles verloren«, »suchen«, nickte der Rotgekleidete ihm heftig zu. Dann fuhr ganz unvermittelt wieder das Gebrüll des Löwen aus seinem mächtigen Brustkorb und ließ die Menschen, die allmählich wieder näher gekommen waren, aufs Neue erschauern und sich zusammenkauern. Wilde Worte fuhren jetzt aus dem Mund des mächtigen Mannes. Dann sah Balthasar, dass einige Männer davonliefen wie gejagt. »Suchen«, murmelte der Löwenmähnige wieder ganz freundlich. Eine Weile ruhte sein Blick nachdenklich auf der geschundenen Gestalt des Königs. Dann neigte er sich unvermittelt über ihn und nahm ihn auf seine starken Arme. Mit kurzen Befehlen sandte er Diener und Boten hierhin und dorthin, in die Stadt und in sein Haus, und Balthasar fand sich bald in ein großes Bett gelegt. Die feuchten Kleider wurden ihm ausgezogen, sein Körper und seine Glieder mit warmem, duftendem Öl bestrichen. Dann hüllte man ihn in ein weiches, weites Tuch. Schon stand dampfend heißer Tee bereit, knusprige Fladen frisch gebackenen Brotes wurden ihm gereicht. Der König stärkte sich, sank dann in die Kissen zurück und schlief ein. Das Letzte, was er spürte, war die große Hand des Mächtigen, die sich zart und weich auf seine Stirn legte.

Wieder war da der ruhige Gesang in seiner Seele, begleitete ihn in seinem Traum. Sanft wiegte die junge Mutter ihr göttliches Kind, das selig in ihren Armen schlummerte. Doch dieser Friede wurde jäh gestört, zerrissen von jenem tierischen Brüllen, das Balthasar schon vorher gehört hatte und das ihm das Blut in den Adern erstarren ließ. Heftig flogen die Vorhänge des Gemaches beiseite, in dem man ihn zur Ruhe gebettet hatte, und mit glänzenden Augen trat der Rotgekleidete an sein Lager, begleitet von einem Mann, der eine nicht allzu schwere Last trug.

»Da«, rief der Mächtige, und Triumph klang in seiner Stimme. Er schob den Mann an das Bett, in welchem Balthasar lag, und nun konnte der König erkennen, was er in Händen trug: das Instrument Daniels, die Harfe, auf der jener Musikant so zauberhaft zu spielen verstanden hatte. Aber wie arg mitgenommen sah sie aus! Die Saiten hatten sich gelöst, das Holz triefte vor Nässe, der Klangkörper war von Sand verstopft. Der Löwenmähnige aber schien über den Fund recht froh zu sein. Mit ausgebreiteten Armen lächelte er: »Alles«, aber dieses »Alles« schien ihm ein großer Reichtum zu dünken, als wäre, weil das Instrument gefunden war, im Grunde nichts verloren. Dann sah Balthasar, wie der Mächtige sich setzte, den Kopf zur Seite neigte und ihn erwartungsvoll musterte. »Spiel«, rief er dem Genesenden zu. War das derselbe Mann, der sich vor wenigen Stunden so sorgsam um sein Wohlergehen gekümmert, ihn auf seinen eigenen Armen zu diesem Bett getragen hatte? Konnte es denn sein, dass er ihm jetzt bereits keine Ruhe mehr gönnen mochte?

Balthasar schüttelte leise den Kopf. Wie sollte er dem Ansinnen seines Gastgebers nachkommen? Er hatte nie in seinem Leben die Harfe gespielt, und diesem Instrument würde auch Daniel keinen Ton mehr entlocken können. Dazu schmerzten ihn nach der Ruhe die Arme und Hände mehr als zuvor. Er versuchte, seine Lage durch ein Schulterzucken zu erklären. Doch da verfinsterte sich das Gesicht des Löwenmähnigen. Zorn glimmte in seinen Augen. Wieder stieg das Grollen aus seinem Brustkorb empor. Wild sprang er auf, dass der Stuhl krachend zu Boden stürzte und der Mann, der die Harfe gefunden hatte, ängstlich davonhuschte. Seine mächtigen Hände griffen nach der Harfe und zerbrachen sie in der Luft. Jeden Augenblick konnte der Wütende sich auf den Kranken stürzen. Balthasar sah es erstaunt. Er empfand keinerlei Angst, wie er damals, als er an den Mast seines auf den Wellen tanzenden Schiffes gebunden war, keine Angst empfunden hatte. Doch fühlte er einen Schmerz in seiner Seele, Mitleid mit jener unbezwingbaren Wildheit in der Seele jenes guten Menschen. Wie von ungefähr begann er zu singen, so leise, wie er es im Traum vernommen hatte, und die Worte eher flüsternd: »Schlaf, mein Prinzlein, ruh' in Frieden …«

Konnte der Löwenmähnige bei all dem Lärm, den er selbst vollführte, das Singen hören? Von der Wirkung her, die das Summen auslöste, hätte man meinen können, dass es ihn traf wie Trompetenklang. Wie von mächtigerer Hand gefällt, fiel er plötzlich auf die Knie, barg seine Stirn in den Kissen des Bettes und lauschte, lauschte. Balthasar sang das Lied, das die Mutter für ihr göttliches Kind sang, sang es ein um das andere Mal, bis der Atem des Löwenmähnigen ganz ruhig ging, als ob er schliefe. Da ließ der König die einfache Melodie leise verklingen.

Es war ganz still in dem Zimmer. Balthasar bewegte sich nicht, und schweigend kniete der Löwenmähnige an seiner Seite, beide dem Liede nachlauschend, das verklungen war und doch in ihren Seelen forttönte. Endlich erhob der Mächtige sich, musterte Balthasar mit liebevollem Blick.

Oft geschah es in den folgenden Tagen, dass der Löwenmähnige in das Gemach des Königs stürmte, ihn mit wildem Blick maß, die Fäuste geballt, dass die Knöchel weiß hervorstanden. Dann sang Balthasar das Lied, sang es für die Seele jenes Mächtigen und sang es zugleich für das Kind, dessen Bild er in der eigenen Seele trug: »Schlaf, mein Prinzlein, ruh' in Frieden.« Dann besänftigte sich die Wut des Löwenmähnigen, und Friede zog in seine Seele ein.

An dem Tag, an dem Balthasar sich endlich wieder mit neuer Kraft frei im Haus bewegen konnte, geschah das Wunderbare. Wieder sah er den Löwenmähnigen vom Zorn überwältigt herbeistürzen, um Erlösung zu finden. Doch als der mächtige Mann vor ihm kniete, hörte er plötzlich aus dessen eigener Brust die Melodie hervordringen, noch gestört durch das heftige Atmen des Wütigen, aber unverkennbar. Balthasar lauschte voller Freude. Er sah, wie der Löwenmähnige sich allmählich beruhigte, wie sein Atem friedevoller und friedevoller ging. Dann schaute der Mächtige zu ihm auf. Tränen des Glücks in den Augen. »Danke«, rief er, »danke.« – »Dank dem Kind, das in deiner Seele den Frieden sucht«, erwiderte Balthasar. Rätselnd musterte ihn der Löwenmähnige, der die Worte nicht verstand. Dann nickte er ergeben.

Was sollte Balthasar nun tun? Seine Gesundheit war wiederhergestellt, und die Seele seines Gastgebers war befriedet. Allmählich würden auch die Bewohner der Stadt nun ihre Angst vor ihm abschütteln lernen. Sollte er nicht heimkehren in sein Reich? Balthasar sann. Wo mochte es wohl liegen, sein Königreich? Wie sollte er den Weg dahin finden? Wer würde ihn geleiten? Und – war das denn seine Aufgabe? War das der Vasallendienst, den er dem göttlichen Kind zugeschworen hatte? Hatte das Kind ihm nicht eine neue Pflicht zuerteilt? Seinen Friede in die Seelen der Menschen zu tragen, damit es selbst in ihnen Wohnung finden könnte?

Balthasar ist nicht in sein altes Königreich zurückgekehrt. Eines Tages hat er den Löwenmähnigen und seine Stadt verlassen und ist fortgezogen. Er ist gewandert durch ihm ganz unbekannte Länder, ist eingekehrt bei ihm ganz fremden Menschen. Und doch konnten ihm Orte und Menschen niemals mehr gänzlich fremd sein; in ihren Tiefen meinte er sie zu kennen, dort nämlich, wo sie Heimat des Kindes waren, das zur Erde gekommen war, um bei ihnen zu wohnen. »Schlaf, mein Prinzlein, ruh' in Frieden«, sang er ihm, wohin er kam, und die Menschen wurden berührt von dem Zauber seines Liedes, das nicht sein eigenes war, und in ihren ruhig werdenden Seelen ahnten sie das Kind, das ihren Schutz suchte und ihnen gerade dadurch den Frieden schenken konnte.

Niemand verwunderte es, dass auch nach Jahren und Jahren noch davon berichtet wurde, dass einer durch die Welt zog, der den Frieden sang. Ganz selbstverständlich schien es, dass dieser Sänger überall und immer erscheinen müsse, denn war nicht auch das Kind, sein Kind, dem er sang, überall, in alle Herzen eingekehrt?

So singt Balthasar auch heute noch für das göttliche Kind, um den Seelen Frieden zu bringen. Selig, wer seinen Gesang hört und in ihn einstimmen lernt zum Heil der eigenen Seele und zum Heil des göttlichen Kindes, das der Herr unserer Seelen ist.

# Wie Onkel Krone sich eine Not verdiente

Ich kann mich noch gut daran erinnern, wie wir uns schämten, als Onkel Krone uns am Dreikönigstag besuchte und uns Kinder mit verheulten Gesichtern vorfand. Auch war uns unser Zorn aufeinander wohl noch an den Nasenspitzen abzulesen. Onkel Krone musterte uns jedenfalls erstaunt, wobei seine linke Augenbraue fragend in die Höhe wanderte. »Kann es denn sein, dass es an einem Feiertag wie heute Streit unter den Herrschaften gegeben hat?«, erkundigte er sich. Wir mochten mit der Sprache nicht herausrücken. Dem von uns so geliebten Onkel gegenüber war es uns höchst peinlich, dass wir uns in die Wolle gekommen waren. Wir hatten halt alle drei, als Könige verkleidet, unbedingt die kleine, golden glänzende Messingvase als unsere Gabe zum Christkind tragen wollen und uns einfach nicht gütlich einigen können, wer zuerst damit an die Reihe kommen sollte. Als Onkel Krone die ganze dumme Geschichte endlich aus uns herausgefragt hatte, nickte er sinnend mit dem Kopf. Doch anstatt uns nun eine Ermahnung zu erteilen, wie wir es erwartet hatten, sagte er nur: »Dann muss ich euch heute wohl die Geschichte erzählen, wie ich mir selbst am Dreikönigstag einmal eine Not verdient habe.« Wir grinsten. Eine Not verdienen, das gab es ja gar nicht; die konnte man doch nur erleiden oder so etwas. Und unser Zorn war schon fast wieder verraucht. Aber Onkel Krone nickte noch einmal und bekräftigte: »Ihr habt schon recht gehört; jene Not habe ich mir wirklich verdient – na, und heute bin ich sogar froh darum. Was nicht heißen soll, dass ich mein damaliges Verhalten zur Nachahmung empfehlen will«, fügte er schnell warnend hinzu. »Dass alles schließlich noch gut endete, verdanken wir vielleicht nur dem Umstand, dass an jenem Tag die Heiligen Drei Könige auf uns schauten, unter deren weisem Blick selbst das Böse gut werden muss.«

Und dann begann er seine Geschichte.

»Ihr wisst ja, dass wir in Oberndorf, jenem Flecken in den Bergen, aus dem ich stamme, als Kinder die Angewohnheit hatten, am Epiphaniastag als Könige verkleidet von Haus zu Haus zu ziehen, das Königslied zu singen und um Leckereien zu betteln. Wir, das waren ich, der Jakob vom Wirt und der gescheckte Frieder. Frieder ging gewöhnlich als Mohr, damit man seine Narben nicht so sah, Jakob trug den Stern und ich als der Größte und Stärkste von uns dreien den Sack für die milden Gaben. Solange wir noch kleiner waren, blieben wir in unserem Dorf; als wir aber zwölf Jahre alt waren, zog es uns weiter hinaus, und wir versuchten unser Glück in dem nächsten größeren Ort, wo auch die Kirche stand und wo unsere Schule war; Zarten hieß der. Das war deshalb besonders spannend, weil wir nicht wussten, ob vielleicht noch andere drei Könige dort unterwegs sein würden, mit denen wir uns messen oder nach Jungenmanier einen Streit vom Zaun brechen konnten.

Im ersten Jahr ging alles gut. Wir waren die Einzigen, die singend durch die Straßen zogen, und kehrten reich beschenkt heim. Das spornte uns natürlich an, das Unternehmen im nächsten Jahr zu wiederholen. Da aber sollte alles ganz anders gehen. Als wir zu singen begannen, öffnete sich kein einziges Fenster, und als wir an eine Tür klopften, hieß es nur: ›Seid ihr schon wieder da? Macht nur, dass ihr davonkommt!‹ Verdutzt schauten wir einander an. Was sollte das heißen? Schließlich hatten wir seit unserem letzten Besuch immerhin ein ganzes Jahr verstreichen lassen. Als es uns beim Nachbarn ganz ähnlich erging, hielten wir Rat. Und langsam dämmerte uns, dass diesmal eben noch andere Könige unterwegs sein mussten, die uns um unsere Leckereien brachten.

Jakob schulterte den Stern, und eilig machten wir uns auf die Suche nach den unerwünschten Rivalen. Bald schon hörten wir sie singen, und als wir um die nächste Hausecke spitzten, konnten wir sie auch sehen. Es waren ebenfalls drei Könige mit einem Stern, aber sie sahen viel kleiner aus als wir, und so konnten wir es auf einen Streit wohl ankommen lassen. Was uns überraschte, war, dass sie sich alle drei die Gesichter geschwärzt hatten, was zur Folge hatte, dass wir die Kinder, die wir ja von der Schule her kennen mussten, nicht gleich erkannten. Wahrscheinlich hatte jeder von ihnen der Mohr sein wollen, und um nicht zanken zu müssen, durfte eben einfach jeder der Mohr sein. Unter dem freundlichen Blick einer runden Kaufmannsfrau stopften sie gerade etwas Gutes in ihren Sack. Wir warteten, bis die Frau die Tür wieder geschlossen hatte und die drei Könige weitergezogen waren. Dann winkte ich meinen Kameraden, und schnell liefen wir hinter den anderen her.

›He, ihr da, wartet mal‹, riefen wir. Erschrocken fuhren die kleinen Dreikönige herum, und trotz ihrer schwarzen Gesichter konnten wir sehen, dass sie Angst hatten. ›Was bildet ihr euch denn ein, hier Dreikönig zu singen?‹, fragten wir großspurig, ›das ist unser Revier. Macht schnell, dass ihr fortkommt!‹ Die Kleinen wären wohl willig abgeschoben; doch da stach mich der Hafer. ›Und den Sack da‹, befahl ich, ›den lasst ihr uns.‹ Das war zu viel verlangt. Trotzig begehrte eines der Kinder auf, schimpfte: ›Was da drin ist, haben wir uns ersungen. Wenn ihr auch was wollt, singt gefälligst alleine.‹ Die Stimme kam mir bekannt vor, aber aus irgendeinem Grund wollte mir das Gesicht des Buben, der dazugehören musste, nicht in den Sinn kommen.

›Halt die Gosch‹, brummte ich unfreundlich, ›entweder du gibst ihn her, oder wir holen ihn uns.‹ – ›Dann hol ihn dir doch‹, fauchte der kleine Mohr und ballte die winzigen Fäuste. Die anderen beiden zogen es unter den Umständen vor, schnell das Weite zu suchen, und wir ließen sie laufen. Den Dritten aber nahm ich mir selbst vor. Es gab eine wüste Keilerei, denn der Bub war viel stärker, als ich seiner Statur nach vermutet hatte, und außerdem war er wütend. Bald rollten wir zwei Könige im Schneematsch der Straße. Obwohl meine Kameraden sich den Sack längst geschnappt hatten, wollte der kleine Mohr nicht von mir lassen. Bis es plötzlich leise knackte – und das Kind verbissen zu schluchzen begann. Kein lautes Wort hätte so viel Wirkung erzielen können wie dieses fast lautlose Weinen. Erschrocken ließ ich von dem Buben ab. ›Was ist denn?‹, fragte ich, wobei ich versuchte, meiner Stimme einen möglichst barschen Klang zu geben. ›Ich glaube, der Arm ist kaputt‹, kam es zwischen zusammengebissenen Zähnen hervor. Und das war leider nur allzu wahr.

Der kurze Austausch der Worte schien plötzlich die Feindschaft fortgeräumt zu haben, damit aber zugleich die Notwendigkeit, tapfer zu erscheinen. Jetzt begann der kleine Mohr laut zu schluchzen, dass ihm die Tränen in zwei Bächen die Wangen herunterliefen. Und als der kleine König so jämmerlich vor uns stand, erkannten wir ihn endlich. ›Johanna, du bist es?‹

Johanna war ein Jahr jünger als ich und kam aus Hinterlaß, einem kleinen Ort wie unser Oberndorf, der von Zarten etwa so weit gen Süden entfernt lag wie unser Flecken gen Osten. Sie ging in die fünfte Klasse, während ich damals schon in der sechsten war. Aber in Zarten saßen wir alle, von der ersten bis zur achten Klasse, in einem Zimmer, und ein Lehrer gab uns unsere verschiedenen Aufgaben. Wir schauten betreten von einem zum anderen. Mit einem Mädchen hatte ich mich geschlagen! Auf einmal fiel es Jakob ein, dass er heute früher zu Hause erwartet würde, und da mochte auch der gescheckte Frieder nicht mehr länger bleiben. Von schlechtem Gewissen geplagt, traten sie unschlüssig von einem Fuß auf den anderen, dann verschwanden sie, so schnell sie konnten, und ich war mit dem weinenden, gestreiften Mohrenkönig aus Hinterlaß allein. ›Komm‹, sagte ich endlich und nahm das Mädchen bei der Schulter, ›wir müssen zu Dr. Seglmaier.‹ Der alte Arzt würde uns einiges zu sagen haben, aber das ließ sich nicht ändern. Leise schniefend folgte mir Johanna.

Der Arzt polterte wirklich ganz gehörig, als wir in unserem schimpflichen Aufzug bei ihm erschienen: ohne Kronen, mit zerrissenen Gewändern, über und über mit schmutzigem Schnee verklebt und obendrein noch mit dem gebrochenen Arm. ›Einsperren sollte man so was‹, grollte er, nahm sich dann aber des Armes mit großer Sorgfalt an und schiente ihn fachmännisch. Ob es sehr schmerzhaft war, weiß ich nicht. Johanna weinte jedenfalls nicht mehr, verzog allerdings ab und zu das Gesicht zu einer Grimasse. ›So, fertig‹, verkündete der Arzt schließlich. ›Und jetzt lässt du dich von deinem stürmischen Kavalier fein brav nach Hause bringen. Und dass es unterwegs nicht wieder Streit gibt. Der Ludwig wird nun wohl wieder für drei Wochen ran müssen. Sag der Mutter einen schönen Gruß, und so schlimm sei es nicht, aber der Arm braucht noch eine Weile Ruhe.‹ – ›Danke‹, sagte Johanna leise, und ›Vielen Dank, Herr Dr. Seglmaier‹, pflichtete ich ihr bei und versprach: ›Natürlich bringe ich sie nach

Hinterlaß. Wir werden uns schon vertragen.‹ Der alte Doktor drohte uns noch einmal mit dem Finger, dann ließ er uns ziehen.

Kaum aber hatten wir das Haus verlassen, als Johanna wieder zu weinen begann. ›Was ist denn?‹, versuchte ich sie zu trösten, ›tut es immer noch so weh?‹ – ›Die Schmerzen sind es gar nicht‹, schluchzte das Mädchen, ›aber wie soll es denn jetzt bei uns gehen? Ludwig ist doch in München auf der höheren Schule, und die Mutter war so froh, dass er den Platz bekommen hat.‹

Seht ihr, und da endlich ging mir auf, welche Not ich mir verdient hatte mit meiner dummen Schlägerei am Dreikönigstag. Bei den Hubers in Hinterlaß war das Leben ohnehin schon schwierig genug, seit der Vater gestorben war. Die Mutter war herzkrank und konnte die Stallarbeit nicht machen. Also mussten die Kinder melken, füttern und ausmisten, morgens, ehe sie zur Schule gingen, und nachmittags, wenn sie wieder daheim waren. Die Kinder, das waren Ludwig, der Älteste, Johanna und der kleine Arnold, der gerade erst in die Schule gekommen war. Als Ludwig mit der achten Klasse fertig war, hatte es ganz so ausgesehen, als wäre damit für ihn die Schule überhaupt abgeschlossen, obwohl der Lehrer meinte, der Junge hätte das Zeug, um auch die höhere Schule zu schaffen. Da hatten sie bei Hubers Familienrat gehalten, und Johanna hatte versprochen, noch etwas früher aufzustehen, damit der große Bruder entbehrlich würde und nach München gehen könnte. Jetzt aber – jetzt müsste er wohl zurückkommen. Und er hatte doch so glücklich von dort geschrieben! ›Liebe Johanna, Du Tapfere‹, so hatte er sie auf seiner Karte genannt, ›Du weißt gar nicht, was Du mir schenkst mit Deinem Fleiß. Ich bin so froh, eine so liebe, treue kleine Schwester zu haben. Ja, ich bin richtig stolz auf Dich. Wenn Du dann so weit bist, will ich Dir auch ermöglichen, nach München zu gehen.‹

Das meiste von dem, was Johanna mir da schluchzend erzählte, war mir natürlich bekannt. Alle in der Gegend wussten, dass die Hubers es nicht leicht hatten. Ihr könnt euch denken, wie elend ich mich fühlte, als mir all das klar wurde. Wie konnte ich meine Dummheit bloß wieder gutmachen? Ich fasste das weinende Mädchen vorsichtig an ihrem gesunden Arm und ging schweigend neben ihr. Dabei rechnete ich aus, wie früh ich wohl aufstehen müsste, wenn ich morgens, ehe die Schule begann, nach Hinterlaß wanderte, um die Arbeit zu tun, die Johanna sonst täglich verrichtete. Halb vier würde es schon sein müssen; so war das eben. Und als ich es eine Weile hin und her überlegt hatte, da sagte ich: ›Du, lass den Ludwig man in München. Ich komme halt morgens vorbei und helfe aus, bis du wieder kannst.‹ Ein anderer hätte nun vielleicht abgewinkt und gemeint: ›Das kann ich doch nicht annehmen‹ oder etwas Ähnliches. Das Mädchen aber blieb stehen, hörte ganz plötzlich zu weinen auf und fragte nur, wie um sich zu vergewissern, dass sie auch richtig gehört hatte: ›Willst du das wirklich tun, Ernst?‹ Und als ich brummte: ›Ja, natürlich, die Not hab ich mir wohl verdient‹, da erwiderte sie gar nichts mehr, sondern stellte sich einfach auf die Zehenspitzen und gab mir einen flüchtigen Kuss auf die Wange. Damit war zwischen uns das Geschäft abgemacht – und, das wusste ich aber natürlich erst viel später, eine Freundschaft geschlossen, die lange hielt.

Natürlich hatte Frau Huber sich Sorgen gemacht. Die beiden Hinterlasser Buben hatten ihr nur berichtet, dass wir uns gerauft hätten, aber mehr wussten sie ja auch nicht. Zum Glück hatte sie so viel Vertrauen in Dr. Seglmaier, dass sein Gruß sie einigermaßen beruhigte. Doch auch sie stellte sogleich fest: ›Jetzt muss eben der Ludwig wieder her.‹ Daraufhin erklärten wir Kinder ihr, was für einen Plan wir ausgeheckt hatten. Doch Frau Huber war nicht so schnell zu überzeugen, wie Johanna es gewesen war. ›Kennst du dich denn aus im Stall?‹, fragte sie mich zweifelnd, ›und sind deine Eltern einverstanden?‹ Ihre Bedenken waren nicht ganz unbegründet. Wir hatten zwar daheim auch ein paar Ziegen, aber die versorgte mein Vater, sodass ich wenig Übung im Melken hatte. Und meine Eltern hatte ich ja noch gar nicht fragen können. ›Dann frag also erst einmal‹, befahl Frau Huber schroff, ›ehe du solche Angebote machst. Aber spute dich mit der Antwort. Die Ziegen warten nicht, und bis zum Ferienende muss ich Klarheit haben.‹ Die Ferien waren unser Glück. Solange die Schule noch nicht wieder begonnen hatte, würden meine Eltern es sicher in Ordnung finden, dass ich täglich nach Hinterlaß wanderte. Danach aber?

Auf dem langen Heimweg hatte ich viel Zeit, die ganze Geschichte noch einmal zu überdenken. Am Mittag war ich ausgezogen, als der reiche König Melchior verkleidet, mit der Hoffnung, viele gute Sachen nach Hause zu bringen. Doch anstatt Gold zu opfern, hatte ich Schläge ausgeteilt – noch dazu an ein kleines Mädchen. Nun kehrte ich heim – als echter Stallknecht. Ob ich das wohl schaffen würde? – Am Himmel blinkten schon die ersten Sterne: da einer und da und dort. Die drei schienen einander zuzuzwinkern. Ob sie über mich lachten?

In Zarten war alles still, als ich durch die Straßen schlich, und ich war froh, dass mich niemand sah, denn nicht nur schämte ich mich wegen meines zerrissenen Kleides; ich vermutete auch, dass sich mein schlimmer Ruhm inzwischen längst in dem kleinen Ort herumgesprochen hatte. Dort an jener Ecke hatten wir uns geschlagen. – Plötzlich bemerkte ich im Rinnstein etwas golden Blinkendes, das meine Aufmerksamkeit anzog. Tatsächlich, dort im Schneematsch glänzte ein Stern! Schnell lief ich hin, um ihn mir genauer anzuschauen. Es war ein Stern aus Goldpappe, der da so fleißig leuchtete, als wolle er es seinen königlichen Brüdern am Himmel gleichtun. Erst als ich ihn aufhob, stellte ich fest, dass er einen Goldreif geziert hatte, der vor Dreck ganz unansehnlich geworden war. Richtig, das war ja Johannas Krone gewesen. Behutsam strich ich mit den Fingern über die Pappe. Da löste sich der Schnee ganz leicht; die kleine Krone war fast unbeschädigt geblieben. Jetzt hielt ich auch Ausschau nach meiner eigenen und fand sie unweit der ersten. Sie sah sehr viel mitgenommener aus, war über und über mit Dreck bespritzt, und einige Zacken waren umgeknickt. Betreten hob ich sie auf und wischte vorsichtig mit dem Ärmel darüber. Und siehe da: Auch hier löste sich der Dreck ohne Schwierigkeiten, und das glänzende Papier kam wieder zum Vorschein. Als ich dann noch die Zacken zurechtgebogen hatte, sah die Krone wieder ganz passabel aus. Ich fühlte mich richtig erleichtert. Noch einmal schaute ich zu den drei Sternen hinauf. Doch inzwischen hatte sich eine ganze Fülle anderer zu ihnen gesellt, und ich konnte meine drei Königssterne nicht mehr unterscheiden. Aber jetzt erschien mir das Zwinkern da oben gar nicht mehr belustigt; nein, die Sterne winkten mir zu. Fröhlich winkte ich zurück und setzte die Krone vorsichtig wieder auf den Kopf. Kehrte ich auch als Stallknecht heim, so doch wenigstens als Stallknecht mit Krone.

Mein Vater schalt mich nicht schlecht, als ich ihm am Abend meine Sünden beichtete. Doch hörte ich es mit Erleichterung, als er schließlich feststellte: ›Also wirst du jetzt eben täglich zu den Hubers rüber müssen, um da zu helfen. Kannst ja nicht gut den Ludwig deine Suppe auslöffeln lassen.‹ – ›Das habe ich schon versprochen‹, erwiderte ich schnell, ›wenn ihr es nur erlaubt.‹ Da lachte er mich doch wieder an, fuhr mir mit seiner rauen Hand über den Schopf und stellte fest: ›Bist halt doch ein guter Kerl, wenn auch ein grober‹, was mein Gewissen ungemein erleichterte.

Früh am nächsten Morgen wanderte ich also auf Skiern von Oberndorf nach Zarten und von da weiter nach Hinterlaß zu den Hubers. Die Sterne winkten freundlich, und ich fühlte mich ihnen verwandt, denn ich trug, um es nicht zu verknicken, Johannas Sternenkrönlein auf dem Kopf. Ob das Mädchen sich wohl freuen würde über meinen Fund?

Ja, Johanna freute sich und ließ sich ganz genau erzählen, wo und in welchem Zustand ich die Krone gefunden hatte. Als ich sie ihr aber wiedergeben wollte, wehrte sie ab. ›Nein, Ernst‹, sagte sie bittend, ›behalte sie doch.‹ Und fast entschuldigend fügte sie hinzu: ›Damit dir nicht nur meine Not gehört.‹ Selten hat mich ein Geschenk so glücklich gemacht und ist so sorgsam verwahrt worden wie diese Papierkrone.

Bei der Arbeit kam ich ganz schön ins Schwitzen und lernte die kleine Johanna bewundern für all das, was sie täglich leistete und was mir gar nicht leicht von der Hand gehen wollte. Da waren Ziegen, Kühe und Kälber, Hühner und Schweine, Hunde und Katzen zu versorgen. Der Stall musste ausgemistet und frisches Heu herbeigeschafft werden. Aber es machte mich froh, dass Ludwig nun in München bleiben konnte trotz meiner Dummheit. Angst hatte ich lediglich vor der Zeit, wenn die Schule wieder beginnen würde und ich noch viel früher aufbrechen müsste …

In Wirklichkeit ging dann alles leichter, als ich hatte erhoffen können. Nur ein einziges Mal ließ mich mein Vater um vier Uhr morgens losziehen durch die schweigende Schneelandschaft. Als ich gegen halb sechs in Hinterlaß ankam, erwartete Johanna mich schon. Strahlend führte sie mich in die kleine Kammer ihres älteren Bruders. ›Dein Vater hat erlaubt, dass du so lange jetzt bei uns wohnst‹, erklärte sie froh. – Zwei Monate etwa blieb ich dann bei der Familie und lernte mich nützlich machen –

auch noch, als Johannas Arm wieder gut verheilt war; bis sie eines Tages fast zornig feststellte, dass sie nun die Arbeit schon wieder selber schaffen könne. ›Aber besuchen darfst du uns mal wieder‹, tröstete Frau Huber, als ich ein wenig enttäuscht meine Sachen zusammenpackte, ›damit die Freundschaft, die ihr am Dreikönigstag auf so merkwürdige Weise geschlossen habt, nicht wieder zu Bruch geht.‹ Da mussten wir Kinder doch lachen. Ja, es war bestimmt eine etwas ungewöhnliche Art gewesen, Freundschaft zu schließen. Zum Glück hatten die Heiligen Drei Könige wohl besonders freundlich auf uns geschaut, sodass unsere Dummheit uns wenigstens zum Guten ausschlug.«

Und dann kam doch noch die Ermahnung, die wir erwartet hatten, als Onkel Krone über unsere verheulten Gesichter Bescheid haben wollte.

»Raufen«, sagte er, »darf man sich nur, wenn das die Freundschaft vertieft. Aber ich habe den Eindruck, dass das in den allermeisten Fällen zum Freundschaftschließen gar nicht nötig ist.«

# Der Sternkundige

Als wir am Dreikönigstag vom Spaziergang nach Hause kamen, stand Onkel Krone vor der Tür und wartete auf uns. »Überfall!«, rief er fröhlich, wobei er es tunlichst vermied, meine Mutter anzuschauen, welche seine Überraschungsbesuche tatsächlich manchmal als »Überfälle« bezeichnete. Als wir dann allesamt im Warmen hockten, die Kerze in unserer »Dreikönigsecke« angezündet war und die Anbetung der Heiligen Drei Könige milde erleuchtete, fragte Onkel Krone plötzlich: »Habe ich euch eigentlich jemals vom Sternkundigen erzählt?«

Wir mussten gleich an Kapitän Koje denken. Von ihm hatte Onkel Krone uns allerdings schon oft die abenteuerlichsten Begebenheiten berichtet. Kapitän Koje war einmal mit seinem Dreimaster und einer Besatzung verwegener Männer - einer davon war unser Onkel Krone - durch Sturm und gischtende See am Höllentor vorbeigesegelt, immer weiter und weiter, bis sie schließlich so nah am Paradies ankamen, dass das Wasser schon nach Milch und Honig duftete. Dieser Weltumsegler wusste, wenn er am Himmel zwischen den jagenden Wolken auch nur einen einzigen Stern ausmachen konnte, sofort, welcher es war, und bedurfte keiner weiteren Orientierungshilfe.

Kapitän Koje war der Held meiner Kindertage, und zwar nicht nur wegen seiner verwegenen Taten, sondern mehr noch wegen seines genauen Empfindens dafür, was erlaubt war und was nicht. So hatten er und seine Mannschaft am Höllentor viel Lärm geschlagen und allen nur erdenklichen Unfug getrieben, bis die Teufel aus ihrer rußigen Haut fahren wollten vor lauter Ärger. Als sie dann aber vor dem Paradies kreuzten und die milden und lieblichen Düfte des himmlischen Gartens sie umfächelten wie lauter Engelsflügel, da hatte Kapitän Koje den Steuermann – das war unser Onkel Krone – leise geheißen, abzudrehen und wieder Kurs aufs offene Meer zu nehmen. »Denn«, so sagte er, »es ist eine Sache, dem Teufel einzuheizen und ihm unseren Knoblauchatem ins Gesicht zu pusten, und es ist eine andere Sache, als sündige Menschen die himmlische Harmonie zu stören.«

Doch wir hatten uns diesmal getäuscht. Onkel Krone hatte durchaus keine Seefahrergeschichte im Sinn. Als wir Kapitän Koje erwähnten, winkte er ab. »Ja, Kapitän Koje war wohl ein großer Sternkundiger«, meinte er, »jedenfalls was die Namen der Sterne und ihre Ordnung betrifft. Aber dass ein einzelner Stern eine besondere Botschaft haben kann, davon wusste Koje wenig.« Eine Weile verfiel Onkel Krone ins Sinnen, dann fuhr er fort:

»Nein, der Sternkundige, den ich meine, verstand die ganz besondere Botschaft seines ganz besonderen Sternes – wie damals die Heiligen Drei Könige sie verstanden hatten.« Und kopfschüttelnd setzte er hinzu: »Aber es war ein anderer Stern, weiß Gott, ein ganz anderer Stern.« Als könne er seinen eigenen Worten selbst kaum Glauben schenken, erklärte er nach einer kleinen Pause: »Ja, der Stern war nämlich – aus Papier.«

Und dann erzählte er uns die Geschichte von Melchior, dem Sternkundigen, und von dem Kind Julian, das schon auf ihn gewartet hatte.

Onkel Krone hatte Melchior kennengelernt, als dieser in seinen kleinen Laden trat und 20 Nikoläuse verlangte, wenn möglich mit Rabatt. Er hätte sie ihm aber selbst um den doppelten Preis nicht geben können. 20 Nikoläuse – so viele hatte er in seinem Leben noch nicht verkauft. Die kleinen Schokoladenmänner waren damals noch eine Seltenheit und nicht ganz billig. Onkel Krone hatte seinen ersten Laden an einer Berliner Straßenecke eröffnet. »Feinkost« stand in leuchtend roten Buchstaben über dem Eingang. Dort gab es alles, was man gewöhnlich braucht: Margarine und Kartoffeln, Kaffee und Schuhwichse, Tulpenzwiebeln, Schreibhefte und eingelegte Heringe. Aber 20 Nikoläuse? »Wofür brauchen Sie die denn?«, fragte mein Onkel den jungen Mann, während er ihn betrübt einen Blick in die Schachtel tun ließ, in welcher drei schokoladene Männer geduldig ihres Käufers harrten. »Fürs Heimchen«, erwiderte Melchior, als wäre es das Selbstverständlichste von der Welt.

Das »Heimchen« war alles andere als die gemütliche Unterkunft, welche man vielleicht hinter dem Namen vermuten würde, nämlich ein großer grauer Kasten mit vergitterten Fenstern und Türen, im Volk lieblos die »Irrenanstalt« genannt. Sie beherbergte seinerzeit vor allem Kinder mit schweren Behinderungen, die man außerhalb der Anstalt nie zu sehen bekam – Grund genug, sich die eigenartigsten Vorstellungen über sie zu machen. Onkel Krone war bisher nie auf die Idee gekommen, dass jemand sich menschlich um diese armen Geschöpfe kümmern könnte, und fragte erstaunt: »Fürs Heimchen? Was sollen denn die Nikoläuse da?« – »Freude machen – wie überall«, antwortete Melchior, und fast anklagend setzte er hinzu: »Die dort sind auch Menschen – wie du und ich.« Meines Onkels beleidigte Miene bewusst mitdeutend, berichtigte er sich trotzig: »Nun, vielleicht sind sie auch besser als wir.«

Als Melchior wenig später den Laden verließ, trug er, sorglich verpackt in einer rosa Papiertüte, die drei Nikoläuse bei sich. Onkel Krone hatte sie ihm ohne Bezahlung überlassen, ihm aber das Versprechen abgenommen, dass er ihn bei nächster Gelegenheit besuchen und ihm mehr von sich und von den »Irren« erzählen würde.

Melchior klingelte schon am nächsten Abend bei ihm. Die schwarzen Ränder unter seinen Augen sprachen deutlich von der anstrengenden Arbeit, die hinter ihm lag. Doch als er mit einer dampfenden Tasse Tee in Onkel Krones einzigem Sessel saß und zu erzählen begann, merkte man ihm die Müdigkeit nicht an. Im Gegenteil, er geriet richtig in Fahrt, und mein Onkel war so ergriffen, dass er ihn nicht bremste, nur ab und zu seine Tasse auffüllte.

»Wissen Sie, Herr Krone«, begann Melchior, »vor einem guten Jahr habe auch ich noch mit keinem Gedanken an jene Menschen im Heimchen gedacht. Und ich täte es heute nicht, hätte ich nicht Julians Stern gefunden. Der hat mir geholfen. – Ich bin nämlich leider sehr reich. Meine Eltern, beide früh verstorben, haben mir ein Vermögen hinterlassen, das mich in die Lage versetzte, ohne Arbeit und, wie man sagt, sorglos leben zu können. Aber was tut denn einer mit sich selbst, wenn alles für ihn getan wird? Ich war ein gelangweilter, langweiliger Bursche. Zum letzten Weihnachtsfest bekam ich wie stets einen Brief aus Amerika. Ein Bruder meines Vaters, den ich nie gesehen habe, sandte mir wie alljährlich einen Scheck über eine runde Summe, und auf der Weihnachtskarte stand auch diesmal: ›Kauf Dir was Besonderes bei Guthzeit. Herzlich, Onkel Heiner.‹ Ich mag diese Art von Geschenken nicht. Lieber hätte ich es gehabt, wenn Onkel Heiner mich einmal nach Amerika eingeladen hätte. Aber er hatte Angst vor Kindern, und dass ich inzwischen erwachsen bin, hat er wohl nicht ganz begriffen.«

Guthzeit war das bekannte Uhren- und Juweliergeschäft am Kurfürstendamm. »Keine Hochzeit ohne Guthzeit«, konnte man damals an allen Litfaßsäulen der Stadt lesen, als ob die Eheringe bei Guthzeit goldener wären als anderswo.

Melchior schlenderte zu dem Geschäft, um sich die Auslagen zu betrachten, fest entschlossen, wirklich nur etwas Besonderes zu kaufen, was es auch sein mochte, nicht irgendeine Uhr, die man in anderen Geschäften ebenfalls, höchstens etwas billiger, erstehen konnte. Er betrachtete die Ketten und Ringe, die Broschen und Anhänger, die Armbanduhren und Wecker, ging selbst hinüber zu dem Fenster mit den Silberbestecken. Aber er fand nichts, was seinem Anspruch genügt hätte. Schon überlegte er, ob er den Scheck einfach zerreißen sollte, als sein Blick angezogen wurde von etwas, das er bisher übersehen hatte. Die Auslage war, wie vor Weihnachten üblich, mit allerhand Sternen und Goldlametta geschmückt. Und zwischen all dieser Dekoration lag ein goldener Papierstern, der sich von allen anderen unterschied. Die anderen waren mit viel Fleiß und großem Geschick zierlich gefaltet und geschnitten, jener aber war offensichtlich mit groben Fingern plump zurechtgeknickt worden, wobei es dem Künstler nicht gelungen war, ein auch nur einigermaßen harmonisches Gebilde herzustellen. Die vier Strahlen waren ganz unterschiedlich lang und breit ausgefallen und wiesen zu allem Überfluss auch noch deutliche Klebespuren auf, obwohl an jenem Stern gar nichts zu kleben war.

»Als ich diesen Stern sah«, erzählte Melchior, »wusste ich, dass das Onkel Heiners Weihnachtsgeschenk für mich wäre: das einzig Besondere im ganzen Laden.« Entschlossen trat er ein. »Ich möchte den Stern kaufen«, erklärte er Herrn Guthzeit, der auf das Klingeln der Ladentür hin hinter der Theke hervorgeeilt kam, um seinem Kunden dienstbereit zu sein. Es brauchte eine Weile, bis der Juwelier verstand, was Melchior wollte. Zwar verlor er für keinen Augenblick sein höfliches Wesen, doch sprach Guthzeit merklich kühler, als er seinem Kunden zu verstehen gab, dass er selbst für die Dekorationen nicht zuständig sei, sondern Melchior sich in dieser Angelegenheit an die Dekorateurin, Frau Meiser, wenden müsse. Er gab ihm die Adresse und hielt die Tür für ihn auf …

Frau Meiser wohnte in Charlottenburg in einem hohen Mietshaus unter dem Dach. Sie hatte kein Telefon. Melchior kam sich etwas seltsam vor, als er die ausgetretenen Stufen in dem dunklen, nach Essensdüften riechenden Treppenhaus hinaufstieg. Was erwartete ihn? Wie würde Frau Meiser sein Ansinnen aufnehmen? War sie vielleicht gar nicht zu Hause? – Schrill gellte die Klingel. Kaum aber war sie verhallt, da hörte Melchior ein helles Stimmchen rufen: »Sofort, ich mache gleich auf. Gehen Sie nicht weg!« Erstaunt wartete er, und nach einer geraumen Weile öffnete sich die Tür langsam wie gegen einen Widerstand. Dann sah er Julian.

Diese erste Begegnung sollte er nie vergessen. Der Junge saß im Rollstuhl. Sein Kopf war übermäßig groß und fand auf den schmächtigen Schultern kaum Platz. Der restliche Körper war unter einer Decke verborgen und nur zu ahnen; er musste winzig sein. So grotesk dieses Menschenwesen aussah – tatsächlich erschrak Melchior im allerersten Augenblick –, so gewinnend war das Lächeln auf dem breiten Gesicht und die Freude, die förmlich aus den leuchtenden Augen sprang.

Julian musterte den Besucher aufmerksam, wobei er hörbar ein- und ausatmete, was, wie Melchior später lernte, bei ihm ein Zeichen größter Erregung war, dann jubelte er: »Ich bin Julian, Julian Meiser. Meine Mutter kommt erst gegen Mittag nach Hause. Und Sie –« Aber das war nicht etwa die Aufforderung an den Gast, nun seinerseits einen Namen zu nennen. Vielmehr rief der Junge: »– und Sie, und Sie, Sie sind wegen des Sternes gekommen in der Auslage bei Guthzeit. Nicht wahr, er ist schön.« Melchior war völlig verwirrt. Woher wusste das Kind den Grund seines Besuches? Als er mit der Antwort zögerte, erstarb das Lächeln auf dem Gesicht des Jungen. »Nicht wahr, er ist schön.« Julian bat Melchior förmlich, es ihm zu bestätigen. »Es ist doch der Weihnachtsstern«, fügte er erklärend hinzu. »Er ist ganz besonders«, erwiderte Melchior schnell, froh, eine den Jungen befriedigende Antwort gegeben und doch nicht die Unwahrheit gesagt zu haben. Heute erst, so bekannte er meinem Onkel, wisse er, dass jener ungeschickt gefaltete Weihnachtsstern wirklich schön war; aber dazu musste er Julian erst besser kennenlernen.

»Den Stern habe ich selbst gemacht«, erklärte Julian eifrig, »meine Mutter hat nur das Papier ausgeschnitten.« Dann fiel ihm ein, dass sie immer noch in dem düsteren Treppenhaus standen, und er bat seinen Besucher, ihm zu folgen. Er ließ es sich nicht nehmen, selbst die Tür zu schließen, und rollte dann voraus in die Küche, wo auf einem Tisch ein Haufen Bilderbücher lag. Später hat Melchior sie oft gemeinsam mit Julian angeschaut, und sie haben immer wieder neue Geschichten in den längst vertrauten Bildern entdeckt. Wie sich die Welt unter Julians Blick verwandeln konnte, war für Melchior jedes Mal ein neues Wunder.

»Herr Guthzeit durfte nicht erfahren, dass mein Stern in der Auslage liegt«, verriet Julian strahlend. »Er mag nur Mutters Sterne. Aber sie hat ihn doch hineingeschmuggelt. Nicht wahr, der Weihnachtsstern kann doch nicht einfach hier in der Küche bleiben. Der will doch wandern.« Melchior nickte zu dieser Erklärung und wollte endlich die geschäftliche Seite angehen – er war ja gekommen, den Stern zu kaufen –, als Julian ihn mit leuchtenden Augen fragte: »Sieht er schön aus, der Stern, zwischen all den Juwelen?« – »Hast du ihn denn gar nicht dort gesehen?«, fragte Melchior erstaunt zurück. »Nein.« Julian lachte hell über diese Frage, die ihm offensichtlich recht dumm erschien. »Wie soll ich denn dahin kommen? Mutter kann doch nicht mich und den Rollstuhl die Treppe hinuntertragen, und dann habe ich auch keine warme Jacke, und der Weg ist weit.«

Und plötzlich durchzuckte Melchior eine große Freude, wie er sie vorher nie gekannt hatte. Denn in diesem Moment fühlte er zum ersten Mal in seinem Leben, dass er gebraucht würde. »Hör, Julian«, redete er hastig, weil er fürchtete, dass der Junge ihn wieder unterbrechen würde, »ich bin ein Mann. Ich kann den Stuhl und dich ohne Weiteres die Treppe hinuntertragen. Und draußen steht mein Auto, da ist es warm drin. Willst du mitkommen und deinen Stern anschauen?« Wieder war das heftige Ein- und Ausatmen zu hören. Der Bub konnte vor lauter Freude kein Wort sagen.

Es war ein Glück, dass gerade in dem Augenblick Frau Meiser nach Hause kam und Melchior alles auch mit ihr bereden konnte. Sonst hätte er den Jungen glatt entführt, ohne sich darüber im Klaren zu sein. Frau Meiser war eine schmale, blasse Frau, die abgehärmt wirkte. Sie ließ sich von der Freude ihres Sohnes nicht anstecken. Als aber auch Melchior auf sie einredete, den Ausflug doch zu gestatten, rief sie erregt: »Ja, aber erst heute Nachmittag, wenn Julian ausgeruht ist. Und Sie fahren noch einmal zu Guthzeit und entscheiden, ob sich die Mühe lohnt, ehe Sie uns abholen.«

Es war etwas Drängendes in ihrer Stimme. Melchior verstand zwar nicht, was sie eigentlich wollte, sagte ihr aber zu, das Geschäft noch einmal aufzusuchen. Er verabschiedete sich von Julian mit dem Versprechen, pünktlich zurück zu sein.

Als Melchior dann wieder vor der Auslage bei Guthzeit stand, verstand er mit einem Mal Frau Meisers Erregung. Der Stern war verschwunden. Er riss die Ladentür auf, dass die Türglocken schepperten. »Wo ist der Stern?«, rief er lauter als notwendig. »Im Papierkorb«, erwiderte Herr Guthzeit reserviert. »Ich habe mit der Dekorateurin gesprochen und ihr deutlich meine Meinung gesagt.«

Es blieb gar nichts anderes übrig, als Herrn Guthzeit in die ganze Geschichte einzuweihen. Dabei stellte sich heraus, dass dieser von Julians Existenz nicht das Geringste wusste. Schämte sich Frau Meiser seiner Behinderung so sehr?

Auf einmal aber war der Juwelier ganz willig zu helfen. Er fischte selbst den zerknüllten Stern aus dem Abfalleimer und glättete ihn mit dem Fingernagel, so gut es eben gehen mochte. Dann musste das Ladenmädchen das zerknitterte Kunstwerk aufs Neue in der Auslage platzieren, während Herr Guthzeit draußen stand und selbst darauf achtete, dass der Stern auch ordentlich zur Geltung käme. Er tat es mit der festen Zusicherung, dass spätestens am Nachmittag Melchiors Geschäft mit dem Jungen abgewickelt sein und der Stern dann endgültig zwischen den Wertsachen verschwinden würde.

Der Besuch mit Julian beim Juweliergeschäft am Nachmittag war ein rechtes Fest. Julian saß in seinem Rollstuhl vor dem Schaufenster, seine

Augen leuchteten, und immer wieder wies er den jungen Mann und seine Mutter auf den Stern hin: »Seht doch nur, wie er strahlt. Oh, er ist schön.«

Dabei hatte seine Freude nichts Selbstgefälliges. Es war der Weihnachtsstern, den Julian glänzen sah und der ihn beglückte.

Als Melchior den Jungen wieder sicher zu Hause abgeliefert hatte, fragte Frau Meiser auf einmal: »Warum sind Sie eigentlich wirklich heute zu uns gekommen?« Sie hatten tatsächlich über sein eigentliches Anliegen noch gar nicht gesprochen, und jetzt hätte Melchior es selbst fast vergessen. »Ich wollte den Stern kaufen«, sagte er trocken. Frau Meiser musterte ihn zweifelnd. Julian aber rief: »Siehst du, Mutter, er will den Stern kaufen. Er findet ihn auch schön. Aber«, fuhr er zu Melchior gewandt fort, »Sie sollen ihn umsonst haben. Ich schenke ihn Ihnen. Das darf ich doch, Mutter?«

Wie schwer es ist, armen Menschen etwas abzukaufen! Und der Scheck von Melchiors Onkel Heiner war Frau Meiser schon gar viel zu hoch. Doch der junge Mann war nicht gewillt, nachzugeben. »Frau Meiser«, drängte er, »verstehen Sie doch, was dieser Stern mir bedeutet. Er hat zum ersten Mal meinem Leben einen Sinn gegeben. Er hat mich ja nicht nur zu Julian geführt, sondern auch zu mir selbst. Ist denn das überhaupt zu bezahlen?«

Dann machte er ihr deutlich, dass sie um Julians willen in eine andere Wohnung ziehen und ihm auch warme Sachen kaufen müsse, die schließlich nicht ohne Geld zu haben sein würden. Und endlich willigte sie doch ein und nahm den Scheck. Melchior aber begab sich eilends zu Guthzeit und holte sich seinen Stern.

Zu dem Umzug der Meisers ist es dann nicht mehr gekommen, weil Julian im Frühjahr plötzlich so schwer erkrankte, dass sein kleiner Körper nur noch künstlich am Leben erhalten werden konnte. Er starb kurz vor Ostern. Melchior betrauerte den Hingang dieses behinderten Kindes, wie er noch nie den Tod eines Menschen betrauert hatte. Vielleicht ist er aber auch niemandem so viel Dank schuldig wie ihm, dessen Stern ihn geführt hat – erst in Julians Wohnung und dann eben ins »Heimchen«, um dort die Hilfe und Freude zu bringen, deren Julian nun nicht mehr bedurfte.

»Ja, das war die Geschichte von Melchior, dem Sternkundigen«, nickte Onkel Krone ernst. »Leider habe ich nur noch wenig Verbindung mit ihm, seitdem ich von Berlin fort bin. Aber«, fügte er listig hinzu, »zu Weihnachten schicke ich ihm noch jedes Mal ein Päckchen. Wisst ihr, was er da bekommt?« Und ohne uns erst lange raten zu lassen, bekannte er mit fröhlichem Lächeln: »20 Schokoladennikoläuse.«

# Die Igelflöte

Die ganze Geschichte begann einfach damit, dass in jenem Jahr, als Felix geboren wurde, die Sonne zu Ostern schon so warm schien. Deshalb stellte man den kleinen Buben in seinem Wägelchen gern in den Garten. Dort sah er zu, wie der Wind die Blätter tanzen ließ, und freute sich an dem Spiel; meist aber schlief er. Keiner merkte es, als eines Tages eine Feenraute - jene kleine Dolde goldener Blüten, die hin und wieder vom Frühlingswind herangetragen wird, keiner weiß so recht, woher - in das Wägelchen des Kindes fiel, just auf das linke Ohr des kleinen Schläfers. Und vorerst merkte auch niemand, dass Felix fortan so manches hören konnte, was andere nicht hörten. Erst als Felix schon sechs Jahre alt war, geschah etwas, das ihn und seine Großeltern darauf aufmerksam machte - und da wäre beinahe ein Unglück geschehen.

Die Großeltern wohnten draußen auf dem Land. Ihr Häuschen stand zwischen Wiesen und Feldern nahe bei einem dunklen Tannenwald. Früher hatten sie selbst den Bauernhof versorgt; jetzt aber auf ihre alten Tage hatten sie sich auf ihr Altenteil zurückgezogen. Sie waren aber noch rüstig und freuten sich immer, wenn ihr Enkel sie besuchen kam. Auch Felix war gern bei den Großeltern, denn dort konnte man Sachen spielen und erleben, die es in der Stadt nicht gab. Am liebsten spielte der Junge bei einem großen Stein, der am Rand des Waldes lag. In dessen Schutz baute er seinen eigenen Bauernhof mit gemütlichen Plätzchen auch für die Zwerge, falls sie Lust haben sollten, dort einmal einzukehren. Dort konnte er die Zeit ganz vergessen.

Die Osterzeit war nahe, und Felix war zu Besuch aufs Land gefahren. Noch lag der Schnee auf den Feldern, doch die Tage wurden jetzt milder, und der Junge konnte schon hinausgehen zu seinem Stein. Dort schabte und räumte er, bis der Schnee den Waldboden freigab, und begann dann zu bauen. Es war am Nachmittag und ganz ruhig um ihn her. Als auf einmal ein Flötenlied ertönte, bemerkte Felix es zunächst gar nicht. Erst als es immer weiter und weiter dudelte, als würde es nie an ein Ende kommen, hob der Junge lauschend den Kopf. Die seltsame Weise klang ihm noch nach, als er heimgerufen wurde. Der Großvater machte ganz erstaunte Augen, als Felix ihm von der Flötenmusik erzählte. »So«, brummte er, »hast du das gehört? Na, dann ist der Winter bald vorbei.« Und richtig: Am nächsten Tag war die Schneedecke auf den Feldern ganz dünn geworden.

Am Nachmittag beim Spielen hörte Felix wieder die Flöten dudeln. Er merkte es daran, dass er, ohne es zu wollen, die immer wiederkehrende Melodie mitsummte. Wieder musterte ihn der Großvater erstaunt, als er ihm davon erzählte, und wieder war am anderen Morgen die Schneedecke weiter zurückgegangen. Nur am Waldrand, wo es schattiger war, gab es noch ein paar weiße Flecken.

Als Felix am dritten Tag wieder das Gedudel hörte, zwackte ihn plötzlich die Neugier. Woher nur kam das Flötenlied? Der Bub lauschte aufmerksam, und da schien es ihm, dass der heimliche Musikant am Waldrand sitzen müsse. Vorsichtig wandte er den Kopf. Dann musste er vor Staunen laut in die Hände klatschen. Denn tatsächlich: Dort auf dem Zweig einer jungen Tanne saß der Flötenbläser. Aber was für ein merkwürdiger Gesell war das! Felix hatte noch nie ein ähnliches Wesen gesehen. Er war vielleicht zwei Spannen hoch, unter einem dunklen Schlapphut zeigte sich ein helles Gesichtlein mit zwei flinken schwarzen Äuglein, der Leib steckte in einem rauen Fellchen, von dem der Bub nicht zu sagen wusste, ob es ein Gewand oder des Spielmanns eigener Pelz war. Die kleinen Hände und Füße aber waren fein und zierlich gebildet, gerade wie kleine Menschenhände und -füße. Das Kerlchen blies auf seiner schmalen Flöte die zartesten Töne, einfach und meisterhaft zugleich und gerade so, als brauche er nie Atem zu schöpfen. Als Felix aber in die Hände klatschte, fuhr der Wicht erschrocken zusammen und unterbrach sein Spiel. Aufmerksam blickten die kleinen Äuglein auf das Kind.

Da sprang der Bub auf und lief zu dem Kerlchen hinüber. »Lass mich auch einmal blasen«, bettelte er, »dein Lied kenne ich schon auswendig.« Doch der Kleine auf dem Baum schüttelte nur heftig den Kopf, und so viel Felix auch bitten und betteln mochte, er blieb bei seinem Nein. Da wurde das Menschenkind zornig. »Pass auf, du«, schimpfte der Junge, »wenn du den Spaß nicht mit mir teilen willst, dann bist du ein Spielverderber, und dann nehme ich dir die Flöte einfach weg.« Kaum hatte er das gesagt, als er auch schon begann, das Tännchen heftig zu schütteln. Der kleine Musikant, um nicht herabzupurzeln, griff unwillkürlich mit beiden Händen nach dem Ast, auf dem er kauerte – und ließ das Flötchen fahren. Mit einem Freudenjuchzer hatte Felix es ergriffen. Ei, wie fein das Instrument geschnitzt war! Woraus mochte es nur gemacht sein? Felix achtete nicht auf den angstvollen Blick, auf die sorgenvoll gerunzelte Stirn des Wichtes. Mit einem beruhigenden »Du kriegst sie ja wieder« setzte er die Flöte an die Lippen und blies kräftig hinein. Die Flöte gab einen einzigen schrillen Ton von sich, dann war sie stumm; das Kind mochte blasen, so viel es wollte. Jetzt war Felix doch erschrocken. Kaputt machen wollte er das zierliche Instrument natürlich nicht. Schuldbewusst hielt er die Flöte dem Kleinen auf dem Zweig hin, aber – der seltsame Flötenbläser war verschwunden.

Ihr könnte euch vielleicht vorstellen, wie Felix sich fühlte, als er heimschlich zu seinen Großeltern, um ihnen das ganze Unglück zu erzählen. Und es war ja noch viel schlimmer, als der Bub ahnen konnte. Der Großvater jedenfalls blickte sehr ernst drein, als Felix alles berichtet hatte. »Dann wird der Winter nun wohl wiederkommen«, murmelte er sorgenvoll, »denn der, dem du das Flötchen weggenommen hast, kann niemand anders sein als einer der Frühlingspfeifer.« Da war die Not natürlich groß.

Es sollte sich auch bald schon bestätigen, was der Großvater vermutet hatte. Als Felix am nächsten Morgen aus dem Fenster schaute, lagen die Wiesen und Felder wieder unter einer dicken weißen Schneedecke, und es schneite, schneite, als wollte es gar nicht mehr aufhören. »Nimm deinen Schlitten und geh rodeln«, ermunterten die Großeltern den Jungen, aber Felix mochte nicht; er konnte sich über diesen Schnee nicht freuen. Stattdessen saß er in seinem kleinen Stübchen, kauerte auf der Bettkante und dachte nach. Und als er so eine ganze Weile nachgedacht hatte, fiel ihm plötzlich etwas ein, das auf einen Schlag allen Kummer aus seinem Herzen vertrieb. Wenig später sahen die Großeltern ihren Enkel aus dem Haus stapfen, dem dicken Stein am Waldrand zu.

Was Felix vorhatte? Ei, er hatte doch auch eine Flöte, auf der er schon ein paar Lieder blasen konnte. Wer weiß, vielleicht würde der Frühling auch auf ihn hören? Der Bub meinte sogar, er könne die Weise des Frühlingspfeifers spielen; aber als er es versuchte, kamen lauter falsche Töne aus seiner Flöte, und als er es immer wieder aufs Neue probierte, hatte er plötzlich die ganze dudelnde Melodie vergessen. Das bekümmerte Felix aber nicht. Er kannte ja genügend andere Frühlingslieder, und so spielte er mit klammen Fingern im Schneegestöber »Singt ein Vogel« und »Es tönen die Lieder« und sogar »Es geht eine helle Flöte«. Dann besann er sich darauf, dass der Frühlingspfeifer immer nur ein einziges Lied gespielt hatte, immer und immer dasselbe, und so tat er's ihm gleich und flötete fortan nur noch »Es tönen die Lieder«, aber so, dass es im Wald widerhallte.

Ob er den Winter damit vertreiben konnte? Wer könnte das mit Sicherheit sagen! Jedenfalls hörte der Schneefall nach einer Weile auf; aber manche Leute werden vielleicht sagen, dass er das ohnehin vorgehabt hatte. Wer weiß. Als Felix aber eine Pause machte, weil er vom vielen Blasen ein wenig schwindlig geworden war und die Flöte auch schon heiser klang, hörte er auf einmal einen leisen Pfiff, und als er aufblickte, saß dort auf dem Zweig der jungen Tanne, gerade da, wo er ihn schon einmal gesehen hatte, der kleine Spielmann von gestern. Der winkte ihm ganz freundlich zu, sprang dann mit einem gewagten Satz auf die Erde hinunter und huschte, schnell wie ein Wiesel, am Waldrand entlang, dass der Bub, der wohl verstanden hatte, was der Kleine von ihm wollte, ihm kaum folgen konnte. Doch der Frühlingspfeifer blickte sich hin und wieder nach Felix um und wartete ein wenig, dass der ihn nicht aus den Augen verlor. Ehe der Junge ihn aber ganz einholen konnte, huschte der Kleine schon weiter.

Bald kamen sie zu einem Abhang, wo dicke Felsen wie von großer Hand mutwillig verstreut herumlagen. Felix kannte den Ort gut. Die Leute nannten ihn das »Igelloch«, obwohl weit und breit weder ein Igel noch ein Loch zu sehen waren. Da verschwand der Frühlingspfeifer plötzlich zwischen den Felsen, sodass der hinter ihm her keuchende Bub ihn nicht mehr sehen konnte. Schon wollten ihm vor Enttäuschung die Tränen kommen, als sein kleiner Führer wieder auftauchte. Dort drüben auf dem Felsen saß er und pfiff eine ganz bestimmte Tonfolge. Da wichen zwei Felsen auseinander, ein Tor öffnete sich, und ein Gang wurde sichtbar. »Das Igelloch «, flüsterte der Knabe und beeilte sich, dorthin zu gelangen. Er musste den Kopf einziehen, um in den Gang eintreten zu können; die hier ein- und ausgingen, waren offenbar viel kleiner als er selbst.

Immer tiefer in die Erde führte der Frühlingspfeifer ihn. Hier und da öffnete sich der Gang zu kleineren oder größeren Kammern, und da konnte Felix im Vorübereilen Blumen erkennen, die ihre Köpfe hängen ließen wie im Schlaf. In anderen ruhten die Käfer und Insekten, da die Schnecken, dort die Regenwürmer; alle hatten ihren besonderen Platz. Schließlich aber musste Felix doch stehen bleiben. Denn dort war ein Raum, der aussah wie Großvaters Stall, nur dass darin alles viel, viel kleiner war; und in den Boxen standen keine Kühe oder Schweine, sondern – Igel, Igel mit langen, glänzenden Stacheln. Ein Zwerg warf ihnen gerade Futter in die Raufe. Er musterte den Frühlingspfeifer, der ebenfalls stehen geblieben war und mit leuchtenden Augen auf die Igel schaute, mit grimmigem Blick. Da zuckte der Kleine mit den Schultern, winkte dem Knaben, und der folgte ihm weiter in die Erde hinein.

Ich kann nicht alle Kammern und Räume aufzählen, an denen sie vorüberkamen. Auch die Wichtel und Wesen, denen sie begegneten, kann ich nicht beschreiben. Wollt ihr es genauer wissen, wie alles dort aussieht, müsst ihr schon selbst einmal hinuntersteigen. Ich weiß aber, dass die beiden schließlich in eine weite Halle kamen, die ganz hell und licht war und erfüllt von lauter knospenden Bäumen und Blumen. Das rankte an den Wänden, das sprosste aus dem Boden, und selbst von der Decke hingen Dolden von Blüten herab, goldene Blütendolden der Feenraute. – Hatte der Kleine es ihm gesagt? Felix wusste jedenfalls ganz gewiss, dass sie hier im Reich des Frühlings angekommen waren. Da sah er ihn auch bereits sitzen auf seinem Thron, der aus lauter bunten Primeln zu bestehen schien. Ihr wundert euch, dass ein Thron aus Primeln den Frühling tragen kann? Ach, der Frühling ist ja so leicht und licht, so luftig und doch ein Wesen von eigener Gestalt, dass selbst das Veilchen sich nicht beugen müsste, sollte er es sich zum Sitz erkiesen.

Felix sah, dass der Frühlingspfeifer sich vor dem Frühling tief verneigte, und er tat es ihm gleich. Dann hörte er den Kleinen mit hellem Stimmchen sagen: »Das ist Felix, der mir mein Flötchen kaputt gemacht hat.« Beschämt ließ der Junge da den Kopf hängen, und so gewahrte er nicht den freundlichen Blick, mit dem der Herrscher dieses Reiches ihn musterte. Aber er hörte auf einmal die Stimme, die klang wie das Säuseln der ersten milden Lüfte im März, und sie sprach: »Dann ist das auch der Junge, der dir beim Frühlingspfeifen geholfen hat.« Da schämte sich Felix nicht mehr, aber er wurde über und über rot vor Verlegenheit und Stolz. »So hat er durch seine Hilfe deine Unvorsichtigkeit wettgemacht«, fuhr der Frühling freundlich fort. »Geh also zum Igelstall und lass dir einen neuen Stachel geben. Daraus magst du dir eine neue Flöte schnitzen. Und vielleicht wird Felix, solange du damit beschäftigt bist, Frühlingspfeifer sein und für dich blasen, damit der Winter nicht noch länger regieren kann.« Wieder sah Felix den Kleinen sich neigen und tat es ihm nach. Dann folgte er dem fröhlich hüpfenden Gesellen zu dem Stall mit den Igeln.

Der Zwerg blickte zwar auch diesmal grimmig drein, als die beiden zu ihm hereingeflitzt kamen, doch als er hörte, der Frühling selbst habe erlaubt, dass der Frühlingspfeifer sich eine neue Flöte schnitzen dürfe, ging er brummelnd in eine Ecke, kruschtelte dort eine Weile und zog schließlich einen Igelstachel hervor, lang und glänzend. Felix betrachtete sich das feine Gebilde aufmerksam, aber obwohl es ihm in den Fingern zuckte, griff er nicht danach. Der kleine Spielmann aber drückte das spitze Gebilde überglücklich an sein Herz.

Und dann saßen die beiden den ganzen Nachmittag lang zusammen bei dem großen Stein am Waldrand: der Junge auf dem Boden, der Frühlingspfeifer auf seinem Lieblingsplatz im Tannenbaum. Während Felix spielte »Es tönen die Lieder« – immer und immer wieder –, schnitzte der Kleine sorgsam an seiner Flöte, wobei sein winziger Fuß im Takt der Melodie wippte. Am Abend war das schwierige Werk vollbracht, und Kind und Wicht trennten sich mit strahlenden Gesichtern.

Am nächsten Morgen war Felix früh aus den Federn. Auf den Feldern war der Schnee fast weggetaut; die Macht des Winters war gebrochen. Aber ein ganz dicker Stein fiel ihm vom Herzen, als er vor die Haustür trat und von ferne das Lied hörte, das Gedudel jener seltsamen Weise, die er nun schon so oft gehört und dann wieder vergessen hatte. Da sprang er glücklich zu seinen Großeltern und rief: »Kommt nur, kommt und hört!« An den Händen zog er die alten Leute hinter sich her ins Freie. Die betrachteten das lauschende und strahlende Kind voller Liebe. Dann legte ihm der Großvater die Hand auf den Blondschopf und sagte: »Ich sehe wohl, dass er spielen muss, der Frühlingspfeifer, denn der Schnee schmilzt wieder. Aber hören können wir Alten ihn nicht. Sei du froh, dass du ihn hören kannst, und froher noch, dass du ihm helfen darfst.« Da lief Felix eilig ins Haus, holte seine Flöte und ließ sein »Es tönen die Lieder« erschallen. Als er nach einer Weile absetzte, um zu verschnaufen, hörte er – ja, war das denn möglich? Dort drüben vom Walde klang sein Lied zurück, wie ein Echo so zart und doch kein Echo, nein, ein Frühlingspfeiferlied, auf einer Igelflöte geblasen.

Könnt ihr euch vorstellen, wie glücklich das den kleinen Felix gemacht hat? Wen würde es denn wohl nicht glücklich machen, einen Frühlingspfeifer zum Freund zu haben, zum Freund, dem man ab und zu sogar helfen darf! Ei was, wir dummen Menschen! Einen Frühlingspfeifer gewinnen wir schnell zum Freund. Wenn wir nur tüchtig singen, wenn wir unsere Flöten blasen, dann kommt er gern zu uns und lässt sich helfen, den Frühling herbeizurufen. Ist es so schlimm, dass wir ihn nicht hören, nicht sehen können? Er kann uns ja sehen, und hören kann er uns auch – und das soll er jetzt, dass es ihm in den kleinen Ohren klingt. Denn Frühling, Frühling muss es nun werden.

# Der Prinz mit der Schuppenhaut

Es waren einmal ein König und eine Königin, die herrschten über ein reiches Land und lebten in großem Überfluss. Das machte sie stolz, sodass sie voller Verachtung auf die Menschen schauten, die nichts besaßen und sich den Lebensunterhalt mit ihrer Hände Arbeit verdienen mussten. Eines Tages gebar die Königin ein Kind, einen Sohn. Weil er aber eine harte Schuppenhaut hatte und mehr aussah wie ein Tierlein als ein Mensch, wurde er im hintersten Raum des Palastes in eine goldene Wiege gelegt, und niemand durfte diesen Raum betreten als allein das Königspaar. Denn König und Königin schämten sich ihres Sohnes und wollten nicht, dass irgendjemand von ihm erführe.

Dennoch verbreitete sich die Kunde im Reich, dass ein Prinz geboren sei, und die Menschen wunderten sich, dass niemand das Kind sehen durfte, und fragten sich, was es wohl für eine Bewandtnis damit hätte. Nachdem sie aber eine Weile darüber gestaunt und keine Antwort hatten finden können, wandten sie sich wieder ihren alltäglichen Sorgen zu und vergaßen den Prinzen. – Der Prinz mit der Schuppenhaut aber lag tagaus, tagein in seiner goldenen Wiege und konnte nicht wachsen: Die Haut war zu hart. Was tat er denn wohl den ganzen Tag? Er aß und trank, wenn er gefüttert wurde, sonst war er allein, ganz allein.

Nun geschah es aber eines Tages, dass ein Mädchen an die Tür des Schlosses klopfte. Es hatte Vater und Mutter verloren und war gekommen, um Arbeit zu finden und sich das tägliche Brot zu verdienen. »Ich will auch jede Arbeit tun, wie hart und schmutzig sie gleich sein mag«, sagte sie. Da wurde ihr zugeteilt, die Flure im Palast zu fegen und zu wischen. Das tat das Mädchen willig und gut, sodass nie ein einziges Stäubchen zu sehen war.

Wie sie aber so putzte, kam sie auch an einer Tür vorbei, hinter der sie ein leises Weinen vernahm. »Wer mag nur so traurig sein in diesem Zimmer?«, fragte sich das Mädchen voller Mitleid, und weil gerade die Königin in der Nähe war, ging sie mit der Frage zu ihr. Die Königin aber wurde ganz böse und antwortete ihr barsch: »Was kümmert es dich, neugierige Gans. Sieh, dass du die Flure sauber hältst, und kümmere dich nicht um anderer Leute Angelegenheiten.« Da war das Mädchen natürlich still, und doch brannte ihm die Frage im Herzen, denn nicht Neugier hatte sie dazu getrieben, sondern Mitleid.

Wann immer sie nun an diesem Zimmer vorbeikam, konnte sie das Weinen hören. Nun, ihr könnt euch denken, dass das liebe Mädchen das nicht lange aushalten mochte. Und eines Tages, als sie wieder vor der Türe stand und ganz allein war, drückte sie vorsichtig die Klinke herunter, öffnete und trat ein.

Was aber sah sie nun? Einen Raum, angefüllt mit den herrlichsten Spielsachen, die man sich nur denken kann. In der Mitte des Raumes aber stand eine goldene Wiege, und aus der kam das Weinen. Das Mädchen lief zu der Wiege und beugte sich darüber. Da sah sie ein kleines Wesen darin liegen mit einer harten Schuppenhaut. Nur die Augen schauten wie die eines Menschen, und die waren voller Tränen.

Der Anblick tat dem Mädchen in der Seele weh. Sie nahm das kleine Wesen behutsam auf den Arm, wiegte es sacht und sprach leise, ganz leise zu ihm, bis die Tränen aufhörten zu fließen und die Augen ganz froh und zufrieden dreinschauten. Dann legte sie den kleinen Prinzen vorsichtig zurück in die Wiege.

Jeden Tag kam das Mädchen nun, um nach dem Prinzen mit der Schuppenhaut zu schauen. Sie tat es aber so klüglich, dass niemand sie sah, wenn sie in sein Zimmer trat.

Doch die Königin merkte wohl, dass etwas mit ihrem Sohn geschehen war. Er war gar nicht mehr traurig, sondern seine Augen strahlten wie die eines Menschen, der etwas Wunderschönes gesehen hat. Nun hätte die stolze Königin ja eigentlich zufrieden sein können. Das war sie aber nicht. Nein, sie wollte wissen, was den Gemütswandel verursacht hatte. Darum versteckte sie sich eines Tages in dem Zimmer.

Als das Mädchen ahnungslos hereintrat, den Prinzen mit der Schuppenhaut aus der Wiege hob, ihn auf ihren Armen wiegte und leise zu ihm sprach, trat die Königin hervor und rief: »Wie kannst du es wagen, hier einzutreten und den Prinzen zu berühren? Schamloses Ding! Diese Stunde noch verlässt du das Schloss.«

Das Mädchen war sehr erschrocken, als die Königin plötzlich vor ihr stand. Doch achtsam legte sie den kleinen Prinzen zurück in seine goldene Wiege, bevor sie sich wortlos abwandte und ging. – Ja, wohin ging sie denn? Sie ging einfach der Sonne nach, und die Sonne führte sie an einen geheimen Ort. Wir müssen sie jetzt gehen lassen. Später werden wir sie schon wieder finden.

Der Prinz mit der Schuppenhaut aber wurde von Tag zu Tag trauriger, dass er seine Gefährtin verloren hatte, und sein Weinen schnitt selbst der Königin ins stolze Herz. »Wir müssen etwas unternehmen, damit der Prinz zu weinen aufhört«, sagte sie zum König. »Recht so«, erwiderte der König, »unser Sohn ist im heiratsfähigen Alter, wenn er auch wegen seiner harten Schuppenhaut nicht gewachsen ist. Wir wollen eine Braut für ihn finden, die ihn glücklich machen soll.« Die Königin bezweifelte zwar, dass es eine Königstochter gäbe, die den Prinzen mit der Schuppenhaut zum Mann nehmen würde. Aber der König wischte alle Zweifel fort. »Für ein Königreich, so groß und reich wie dieses«, sprach er, »wird wohl manch Fräulein das Schuppentierchen heiraten.«

Boten wurden ausgesandt an die Höfe der Nachbarreiche, die mussten sagen: »Der Königssohn ist im heiratsfähigen Alter und sucht eine Frau, die mit ihm dereinst das Reich erben soll. Es besteht aber eine Bedingung. Der Prinz ist sehr traurig. Die Königstochter, die ihn zum Manne haben will, muss fähig sein, ihn fröhlich zu stimmen.« Da gab es viele Prinzessinnen, die gerne Königin in einem so großen und reichen Land geworden wären und es auf einen Versuch ankommen lassen wollten. Die eine meinte, ein Beutel bis oben hin gefüllt mit Goldstücken wäre das Rechte, um einen traurigen Königssohn glücklich zu machen. Eine andere dachte an ein Schwert in wunderbar bestickter Scheide. Wieder eine andere brachte eine wollene Nachtmütze. »Denn«, sagte sie, »es ist sicherlich der kalte Kopf, der dem Prinzen Beschwerden macht.«

Wenn sie doch den Prinzen mit der Schuppenhaut nur halb so viel hätten lieben können wie das Königreich, vielleicht hätten sie ihn wirklich glücklich gemacht. Besonders die Prinzessin mit der Nachtmütze hätte wohl etwas erreicht. Doch als sie an seine goldene Wiege traten, rief eine wie die andere: »Das ist ja gar kein Prinz, sondern ein Schuppentierchen. Pfui, wie hässlich er ist. Es beleidigt meine Augen, ihn anschauen zu müssen.« Keine hatte Mitleid mit dem Prinzen mit der Schuppenhaut, und keine hob ihn auf und sprach leise, ganz leise zu ihm. Sie legten einfach ihre Geschenke nieder und gingen wieder und fühlten sich tief gekränkt in ihrem Stolz. Der Prinz mit der Schuppenhaut jedoch war unglücklicher als je zuvor.

Schließlich war auch die letzte Prinzessin fortgegangen, und nach ihr kam keine mehr. Da sagte der König: »Eine Frau müssen wir finden für unseren Sohn. Ist die Rechte nicht zum Schloss gekommen, so will ich mich nun selbst aufmachen, um sie zu finden.« Daraufhin nahm er Abschied von der Königin und machte sich auf den Weg. Wohin aber ging er, der stolze König? Denkt euch, auch er folgte der Sonne. Ja, wieso folgte denn der König der Sonne? Ach, er wusste gar nicht, dass er das tat, meinte vielmehr, ziellos in die Welt zu wandern. Doch sein Herz war klüger als sein Kopf und lauschte dem heimlichen Ruf. Wie er so wanderte, kam er in einen Wald und in dem Wald zu einer Lichtung.

Als der König aber auf die Lichtung hinaustrat, schien ihm etwas so leuchtend hell entgegen, dass er die Augen senken musste, so geblendet war er. Als er endlich den Blick wieder erhob, erkannte er vor sich ein Haus, das war nicht aus Steinen gebaut, auch nicht aus Holz gezimmert und nicht aus Gras geflochten, sondern ganz und gar aus Sonnenstrahlen gewoben.

Der König dachte bei sich: »Ja, hier bin ich richtig. In einem solch wunderbaren Haus kann nur eine edle Prinzessin wohnen. Ich will sie fragen, ob sie nicht bereit ist, dem Prinzen mit der Schuppenhaut zu helfen.« Er ging zu dem Häuschen und klopfte an die Tür. Da rief es von drinnen: »Was wollt Ihr von mir, Herr König?« Der König erwiderte: »Ich wollte um eine Hilfe bitten. Mein Sohn ist so unendlich traurig. Viele Prinzessinnen haben schon versucht, ihn aufzuheitern, aber keine hat es vermocht. Wenn es dir gelingt, so sollst du mit ihm vermählt werden. Wirst du kommen, Prinzessin?« Da lachte es hell im Häuschen. »Zwar bin ich keine Prinzessin, und ob der Prinz mit der Schuppenhaut mich heiraten möchte, soll er ganz allein entscheiden. Aber ich komme gern mit Euch, Herr König, um Euren Sohn glücklich zu machen.«

Da öffnete sich die Tür, und wer trat heraus? Niemand anders als das arme Mädchen, das früher im Schloss die Flure geputzt hatte. Der König jedoch erkannte sie nicht. Er bemerkte nur, dass das Mädchen mit leeren Händen kam und fragte: »Bringst du gar kein Geschenk? Wie willst du ihn denn glücklich machen?« Das Mädchen aber erwiderte zuversichtlich: »Wartet nur ab. Die besten Geschenke trägt man nicht in den Händen herum.«

Die Königin erkannte sogleich, wen der König ins Schloss gebracht hatte, aber sie wagte nicht, etwas einzuwenden. Das Mädchen wurde in das Zimmer des Prinzen geführt und beugte sich ohne Zögern über die goldene Wiege. Da lag der kleine Prinz mit der Schuppenhaut, und seine Augen waren so traurig, so traurig, wie sie das Mädchen niemals zuvor gesehen hatte. Behutsam nahm sie ihn in die Arme, wiegte ihn sacht und sprach leise, ganz leise zu ihm. Und dann, bevor der König und die Königin es sich versahen, küsste sie ihn leicht zwischen die Augen, die nicht anders als andere Menschenaugen waren. Da fiel plötzlich die Schuppenhaut ab, und das Mädchen hielt einen schönen Knaben im Arm. Achtsam legte sie ihn zurück in die Wiege. Dann wandte sie sich an den König und die Königin und bat leise: »Lasst mich nun mit ihm allein für sieben Tage. Aber schaut, dass in dieser Zeit reichlich Honig und Milch vor der Türe stehen.« Der Königin war das gar nicht recht. Aber der König willigte ein, und so musste die Königin ihm wohl folgen.

Was in den sieben Tagen im Zimmer des Prinzen, der nun keine Schuppenhaut mehr hatte, geschah? Ja, das ist schwer zu sagen, denn die Tür war verschlossen, und nur selten und nur, wenn niemand in der Nähe war, öffnete das Mädchen sie einen Spalt breit, um Honig und Milch hereinzunehmen. Als aber nach sieben Tagen der König und die Königin ins Zimmer treten durften, fanden sie dort bei dem Mädchen kein Kind in der Wiege, sondern einen schönen, jungen Mann mit klaren, frohen Augen. »Dies ist euer Sohn«, sagte das Mädchen fröhlich zu dem staunenden Königspaar, »habe ich meine Aufgabe erfüllt?« Doch der König und die Königin schauten nur den schönen Prinzen an und hörten gar nicht, was das Mädchen sagte. Da schlich sie sich unbemerkt aus dem Zimmer, und als der König endlich aus dem Staunen erwachte, war sie fort, und keiner wusste, wohin sie gegangen war.

Die Kunde von dem schönen Prinzen verbreitete sich rasch im ganzen Land. Da kamen auch bald die Prinzessinnen wieder zum Schloss, um ihr Glück aufs Neue zu versuchen und den nun doch noch zu heiraten, den sie einmal verschmäht hatten. Zu jeder aber sagte der Prinz: »Nein, du bist nicht die richtige Braut für mich.« Als schließlich keine mehr kam, nahm der schöne Prinz Abschied von seinen Eltern und sagte: »Ich will in die Welt hinausziehen, um meine Braut zu suchen, und will nicht eher zurückkommen, als bis ich sie gefunden habe.«

So machte er sich auf den Weg, und der heimliche Ruf der Sonne führte auch ihn in den Wald und zu der Lichtung, auf der das strahlende Häuschen stand. Der Prinz trat herzu und klopfte an. Da öffnete sich die Tür, und das arme Mädchen trat heraus. Der Prinz sprach zu ihr: »Ich bin hinausgezogen in die Welt, um die richtige Braut zu finden. Willst du mit mir kommen und meine Frau sein, mit mir im Palast leben, und wollen wir einander gut sein?« – »Wenn du es so willst, mein Prinz«, erwiderte das Mädchen, »will ich dir gerne folgen. Denn ich habe dich lieber als alles andere auf der Welt.« So kehrten sie beide zurück ins Schloss, wo die Hochzeit mit großer Pracht gefeiert wurde. Auch die Prinzessinnen waren zur Feier geladen. Die Sonne aber hatte dem armen Mädchen ein besonderes Geschenk gemacht: Sie hatte ihm aus lauter Sonnenstrahlen das Brautkleid gewoben, das leuchtete so herrlich und so hell, dass die eitlen Prinzessinnen die ganze Zeit den Blick zu Boden richten mussten. Hätten sie es nicht getan, sie wären vor der Schönheit der jungen Braut vergangen. Danach aber, dessen dürft ihr sicher sein, lebten der Prinz und das Mädchen glücklich und zufrieden bis an ihr Lebensende.

# Die Geschichte von den Samen

Gott, der Herr, hatte ganz wunderbare Dinge geschaffen. Erst hatte er das Licht entstehen lassen und die Finsternis, und aus Licht und Finsternis hatte er den Himmel geschaffen, das Wasser und den Wind. Dann hatte er dem Wasser befohlen, sich zu sammeln, und trockenes Land war erschienen. Die Engel, die all dies beobachteten, standen regungslos und bewunderten alles, was geschah, und in ihren Augen leuchtete ehrfurchtsvolles Staunen. Da wandte sich Gott seinen schweigenden Heerscharen zu und sprach: »Nun sollt auch ihr mir helfen. Lasst uns die Erde bedecken mit Pflanzen jeder Art, auf dass sie ein Garten werde, in dem es angenehm zu wohnen ist.«

Ihr hättet die Freude sehen sollen, die sich auf den Angesichtern der Engel zeigte, als sie diese Aufforderung vernahmen. Sogleich folgten sie dem göttlichen Gebot, und als sie so fleißig an die Arbeit gingen, entstanden aus ihren Händen zahllose Blumen, kleine und große, prächtige und bescheidene, eine unzählbare Fülle. Die farbigen Blüten aber schwebten sanft in der Luft, dass es aussah, als wäre der Regenbogen in viele Stücke zerbrochen und über die Erde verstreut worden. Schön, sagt ihr? Ach, es war noch weit schöner als schön: Was da frisch und leuchtend aus den Händen der Engel hervorging, war so unvorstellbar wundervoll, dass kein Menschenauge den Anblick auch nur für ganz kurze Zeit hätte ertragen können.

Auch die Engel meinten, dass sie etwas ganz Wunderschönes geschaffen hätten, und Gott selbst war dieser Meinung. Allerdings – ganz zufrieden war er wohl doch nicht. Er betrachtete die Schönheit der schwebenden Blüten für eine lange Zeit, ohne ein Wort zu sagen, aber die Engel merkten wohl, dass ihm etwas fehlte. Und als sie daraufhin selbst noch einmal auf ihre Blüten schauten, erkannten auch sie plötzlich, dass ihr Werk nicht ganz vollkommen war. Ihre Blüten waren zwar über alle Maßen schön, aber sie waren zu leicht, um fest im Erdengrund wurzeln zu können.

Was ließ sich da tun? Sie wandten sich an Gott um Hilfe, und Gott, der Herr, senkte seine Hand – nicht ins Licht, aus dem allein die Engel ihre Blüten geformt hatten, sondern in die Finsternis, was die Engel sehr überraschte. Aus der Finsternis aber formte er kleine unscheinbare Körner, und diese legte er in die leeren Blütenkelche hinein. Als die dunklen Körner die Blüten berührten, verloren diese einen Teil ihrer Leuchtkraft. Aber noch etwas anderes geschah: Aus den Blüten wuchsen Stängel und Stämme hervor, Blätter und Wurzeln, und die Wurzeln senkten sich in den Erdboden hinein. Jetzt also schwebten die Blüten nicht mehr in der Luft, sondern sie saßen fest auf Büschen und Kräutern, auf Bäumen und Hecken. Wie eigenartig, wie außerordentlich seltsam. Doch nun erschienen die Pflanzen auch den Engeln vollkommen.

Allerdings sollten die Engel bald herausfinden, dass die Samenkörner noch ein weiteres Geheimnis bargen.

Sie erkannten es, als der Teufel bemerkte, was sich auf der Erde getan hatte. Ihr müsst wissen, dass der Teufel ein finsterer Geselle ist, der mit Vorliebe in den Tiefen der Erde herumschnüffelt und am Reichtum der Erze besonderen Gefallen findet. Seine Augen leuchten, wenn er die Goldadern sieht, die seine feine Nase schon aus weiter Ferne ausmachen kann, oder die Silberminen oder das Kupfer. Einst war er selbst einer der höchsten Engelfürsten gewesen, doch war er aus den Himmeln hinabgeworfen worden, da er alles Licht für sich selbst behalten wollte. Wonach er in den Himmeln gestrebt hatte, das suchte er auch auf der Erde: Er wollte der König über alle Schätze sein.

Er hatte in seiner üblichen Art einer reichen Goldader nachgeschnüffelt, die sich scheinbar endlos im Erdengrund dahinzog, und dabei hatte er ohne Unterlass zu sich selbst gesagt: »Dies ist mein, alles mein.« Währenddessen hatten die Engel die Blumen geschaffen. Meint ihr, für den Teufel war es eine freudige Überraschung, all diese himmlische Schönheit zu gewahren, als er wieder aus den Erdentiefen auftauchte? Nein, gewiss nicht. Ganz und gar nicht. Der Duft der Blüten ließ ihn niesen und wieder niesen. Wie böse er da geworden ist! Er fluchte auf die Engel in der allerteuflischsten Art und Weise und warf ihnen vor. seinen Wohnort mit ihrem Unkraut verschandelt zu haben. »Behaltet euer Gemüse für euch, ihr frommen großen Motten«, schrie er, denkt einmal, und das waren sogar noch die freundlicheren Dinge, die er zu sagen wusste.

Nun braucht ihr aber nicht zu meinen, die Engel hätten auf sein Geschrei hin sogleich alle Blumen wieder ausgerissen. Sie hörten natürlich sehr gut, was der Teufel ihnen in die Ohren schrie, und es bereitete ihnen durchaus keine Freude, ihm zuzuhören. Aber sie empfanden nur Mitleid mit dem finsteren Gesellen, dem all die Schönheit keine Freude machen konnte.

Der Teufel selbst aber wurde nur immer ärgerlicher, als er feststellte, dass sich niemand um seine Klagen kümmerte, und schließlich begann er selbst damit, die Blumen auszureißen, die Stämme abzubrechen, die Blätter herunterzureißen und die Samen allüberall zu verstreuen. Ein riesengroßes Gebiet räumte er von allen Pflanzen, indem er Wind und Wetter zu seiner Hilfe herbeibefahl. Es genügte ihm jedoch nicht, die armen Pflanzen so zerrissen und abgebrochen herumliegen zu sehen. Er wollte nichts mehr von ihnen sehen, gar nichts mehr. So verursachte der Teufel ein Erdbeben, und die Erde verschluckte alles, was von dem wunderbaren Schöpferwerk der Engel übrig geblieben war.

Da war der Teufel sehr zufrieden mit sich selbst, und seine Zufriedenheit nahm sogar noch zu, als er gewahrte, wie enttäuscht die Engel waren. »Ich habe ihnen ein für alle Mal gezeigt, wer der Herr der Erde ist«, lachte er. Dann wandte er sich an die himmlischen Heerscharen und schwor in übersteigertem Stolz: »Merkt es euch, ihr Dummköpfe, und glaubt es mir, dass alles, was ihr aus den Himmeln herabsenden werdet in meinen Herrschaftsbereich auf Erden, sterben wird.«

Als der Teufel diesen schrecklichen Schwur getan hatte, war es ganz still unter den Himmeln. Der Teufel stand und wartete, was die Engel ihm wohl erwidern würden, die aber waren so erschrocken, dass sie nichts zu sagen wussten.

Und dann wurde die Stille plötzlich doch unterbrochen, aber nicht von den Engeln und auch nicht vom Teufel, sondern von einem feinen Geläut.

»Tingelingeling«, läutete es, »tingelingelingeling.« Woher kam dieser Ton? Der Teufel schaute sich gepeinigt um. »Tingelingeling«, läutete es noch einmal, so sanft und freundlich, dass es dem Teufel heftige Kopfschmerzen bereitete, weil er Sanftes und Freundliches durchaus nicht ertragen kann. Er konnte sich aber nicht dagegen schützen, denn, den Engeln gleich, kann er seine Ohren nicht verschließen – er muss hören, selbst wenn er seine Fäuste auf die Ohren presst. Endlich fand der Teufel heraus, woher das Läuten kam: von einer kleinen gelben Blume, deren Blüte einer winzigen Glocke glich.

»Tingelingeling«, läutete dieses Blumenglöckchen, »tingelingeling.«

Der Teufel starrte es an wie gelähmt. Hatte er nicht alle Blumen ausgerissen? Wo also kam diese her? Während er so stand und auf die kleine Blume starrte, erhob sich ein mildes Lüftchen, und es ließ den Teufel niesen und noch einmal niesen. Als er sich umschaute, bemerkte er, dass all die Blumen, die er eigenhändig ausgerissen hatte, wieder hervorgekommen waren, und es waren jetzt sogar noch viel mehr als zuvor. »Tingelingeling«, läuteten sie alle, »tingelingelingeling.« Das war aber nicht nur ein lieblicher Ton, wie ihr vielleicht meint, sondern es war eine Botschaft, die der Teufel nicht verstehen wollte und doch verstehen musste. In unsere Menschensprache übersetzt läuteten die Blumen: »Was stirbt, wird leben, was stirbt, wird leben.« Da floh der Teufel. Er kroch in die Erde hinein, um sich zu verstecken. Dort sah er, woher all die neuen Blumen gekommen waren. Sie waren aus den Samenkörnern hervorgesprosst, die Gott in die Blütenkelche gelegt hatte. Die Samen waren ja in die Erde hineingestreut worden und waren gestorben, wie der Teufel geschworen hatte. Jetzt aber konnte der Teufel sehen, dass um sie herum so etwas wie kleine Lichtflammen waren, die ihnen neues Leben schenkten. »Was stirbt, wird leben, was stirbt, wird leben«, wiederholte der Teufel ärgerlich, »soll ich denn niemals gewinnen?«

Der Teufel hat den Kampf nicht aufgegeben. Immer noch schickt er gelegentlich Wind und Wetter aus, um die Blumen zu zerstören, und dann meint er für einen Augenblick, dass er sie wirklich ausrotten kann. Aber immer und immer wieder muss er im Frühling das »Tingelingeling« der Blumen vernehmen. – »Was stirbt, wird leben, was stirbt, wird leben« –, weil Gott, der Herr, selbst die Samen in die Blütenkelche gelegt hat, damit der Tod überwunden werden kann.

# Die Geschichte vom Hasen-Ei

Wir waren in der Osterzeit hinausgegangen, um Hasen zu beobachten. »Sie tanzen jetzt wieder«, hatte Onkel Kurt uns erklärt, »die Osterfreude fährt ihnen in die Glieder und jagt sie aus ihren Sassen hervor, und dann kann man sie vor Freude tanzen sehen, wenn man aufmerksam ist und sie nicht zu früh verschreckt.« Also folgten wir drei Kinder ihm, um dem Tanz der Hasen zuzuschauen. Plötzlich bekam ich einen furchtbaren Schreck; fast vor meinen Füßen war eins von den Langohren, die wir suchten, aufgesprungen, jagte nun in schnellem Lauf hakenschlagend über die Felder davon und war verschwunden. Onkel Kurt nahm mich fest in den Arm, streichelte meinen Schrecken fort und lachte: »Na, da habt ihr aber beide tüchtig Angst gehabt.« – »Warum hat er denn da gelauert?«, fragte ich anklagend und alle Schuld dem Hasen zuschiebend. »Er hat gar nicht gelauert«, erwiderte Onkel Kurt freundlich, »er hat gebrütet.« – »Gebrütet?«, riefen wir erstaunt, »Hasen legen doch keine Eier.« – »Aber sie brüten«, erklärte Onkel Kurt ernst, »seht nur nach! Ihr müsstet das Hasen-Ei eigentlich finden; es ist gar nicht schwer versteckt.«

Da war aller Schrecken vergessen. Eifrig machten wir uns daran, das Hasen-Ei zu suchen. In der Mulde, wo der Hase gelegen hatte, war es jedoch nicht zu finden; dort lagen nur ein wenig Gras und ein bisschen Wolle von des Häschens Brustpelz. Aber mitgenommen habe der Hase das Ei auch nicht, belehrte uns Onkel Kurt, nein, dazu sei es denn doch zu schwer. Wir suchten lange und gründlich, und wir entdeckten mancherlei dabei: Zwergenhöhlen, Blaubeerbüsche, eine Eidechse, einige Tannenzapfen am Waldrand – nur das Hasen-Ei konnten wir nicht finden. Hätte Onkel Kurt nicht immer wieder ernsthaft behauptet: »Was, immer noch nicht? Ich kann es ja von diesem Baumstamm aus sehen, auf dem ich sitze«, wir hätten gemeint, an der Nase herumgeführt zu werden. Schließlich aber gaben wir missmutig die Suche auf und setzten uns enttäuscht zu unserem Onkel auf den Stamm. Die Sonne schien schon warm, und der nahe Wald schützte uns vor dem Wind, sodass wir dort ein feines Plätzchen hatten. Als wir so gemütlich beisammensaßen, zeigte uns Onkel Kurt das Hasen-Ei. Siehe da: Es war wirklich leicht zu finden. Dann erzählte er uns:

»Als die Jünger nach der Auferstehung des Herrn Jesus Christus hinauszogen in alle Welt, um die Frohe Botschaft zu verkünden, da machte sich auch der Jünger Johannes auf den Weg. Das war jener, der beim Abendmahl an der Brust des Herrn gelegen hatte. Er wanderte hinaus aufs freie Feld und breitete dort weit die Arme aus. Da kamen aus allen Himmelsrichtungen die Tauben herbeigeflogen und versammelten sich um den Heiligen, manche setzten sich ihm auch ganz zutraulich auf die Arme und Schultern. Da begann Johannes zu ihnen zu sprechen: ›Nehmt eine jede einen Ölbaumzweig in den Schnabel, und ruft die Tiere der Welt zusammen. Friedlich sollen sie kommen, keines dem anderen ein Leid antun. Und sie sollen eilen, denn ich habe ihnen etwas Wichtiges zu sagen.‹ Die Tauben taten, wie Johannes sie geheißen hatte, nahmen einen Ölbaumzweig in den Schnabel und flogen in alle Himmelsrichtungen davon: nach Süden und nach Norden, nach Osten und nach Westen. Wo sie aber ein Tier sahen, riefen sie ihm ihre Botschaft zu. Da machten sich die Tiere auf den Weg zu Johannes, und keines tat dem anderen etwas zuleide. Es versammelten sich die Hunde und die Katzen, die Schafe und die Wölfe, die Kühe und die Bären, die Pferde, die Füchse und die Rehe, die Hühner und die Hasen, die Vögel und die Fische; aus dem Süden kamen sie und aus dem Norden, aus dem Osten und aus dem Westen.

Als schließlich alle versammelt waren, sprach Johannes zu ihnen. Er erzählte von Jesus Christus, von seinem Tod und seiner Auferstehung und dass alle Kreatur dadurch von ihrem Leid erlöst sei. ›Ja, alles Leid wird enden‹, rief der Heilige froh, ›wenn ihr das größte Osterei, das es gibt, gefunden und ausgebrütet habt.‹ Da erhob der Vogel Strauß stolz den Kopf und krähte: ›Das größte Ei, das es gibt, ist mein Straußenei, und ich bin der Einzige, der es ausbrüten kann.‹ Aber Johannes erwiderte: ›Das Ei, welches ich meine, ist nicht von einem Vogel gelegt worden, und es hat nicht Mutter noch Vater, die darauf brüten könnten. Nein, so leicht ist es nicht.‹ Als der Strauß das hörte, schämte er sich seiner eitlen Rede so sehr, dass er verstummte. Keinen Ton hat er seither wieder von sich gegeben. Johannes aber rief den Tieren zu: ›Lauft hinaus in die Welt und sucht das Ei! Wer es gefunden hat, der komme zu mir zurück, um es mich wissen zu lassen. Eilt nun, damit das Ei bald ausgebrütet werden kann!‹ Da kehrten die Tiere wieder zurück in ihre Heimat. Als sie aber fortzogen, war auch ihre Friedfertigkeit wieder dahin. Sie begannen aufs Neue, einander zu verfolgen und voreinander zu fliehen, und darüber vergaßen die meisten von ihnen den Auftrag, den Johannes ihnen gegeben hatte.

Die Hasen aber vergaßen den Auftrag nicht. – Hasen gibt es auf der ganzen Welt, und so kennen sie jeden Winkel und jedes Versteck. Mit ihren weichen Näschen schnupperten sie unter jeden Busch und in jedes Erdloch, machten Männchen, um in jeden Blütenkelch hineinzuschauen, und wendeten jedes Blatt am Boden um in der Hoffnung, das Ei darunter zu finden. Doch vergebens. Sie fanden zwar mancherlei – Vogeleier und Ameiseneier –, aber nicht das Ei, von dem Johannes gesprochen hatte.

Da kam ihnen ausgerechnet die Angst zu Hilfe. Dass die Hasen ängstlich sind, ist ja bekannt, und sie haben guten Grund dazu, denn sie haben viele Feinde. Und was tun sie, wenn sie einen Feind bemerken? Sie laufen nicht davon, sondern sie kauern sich in eine Mulde und bleiben ganz still liegen, bis die Gefahr vorüber ist, und nur wenn jemand der Mulde zu nahe kommt, springen sie auf und laufen um ihr Leben. So geschah es immer wieder, dass irgendwo auf der Erde ein Häschen sich in seine Mulde kauerte und das wild klopfende Herzchen fest an den Boden presste. ›Bum, bum, bum‹, hörte es sein Herzchen schlagen, ›bum, bum, bum, bum‹, bis es, wenn die Gefahr vorüber war, allmählich wieder langsamer klopfte – ›bum, bum, bum‹ – und das Häschen weiterhoppelte. Doch etwas war seltsam; das bemerkte erst ein Hase, dann ein anderer; schließlich sprachen sie miteinander, und endlich dämmerte ihnen, was sie eigentlich herausgefunden hatten. Es war ihnen nämlich, wenn sie so in ihren Mulden lagen und ihre Herzlein pochen hörten, als schlüge da noch ein anderes Herz, und wenn ihres ›bum, bum, bum, bum‹ machte, so ging das andere ganz ruhig ›poch, poch, poch‹. Es war der ruhige Schlag dieses anderen Herzens, der ihnen schließlich die Angst wieder nahm. ›Hast du es auch gehört?‹, fragten sie einander. Ja, jeder hatte es gehört. Da legten sie die langen Ohren nach hinten und überlegten, was das wohl zu bedeuten hätte, und endlich fiel ihnen ein: ›Das Ei, nach dem wir suchen sollten, das größte Osterei, es muss die Erde sein, denn in ihr schlägt jenes Herz, das uns die Angst nimmt.‹

Als sie das herausgefunden hatten, hoppelten die Hasen zu Johannes zurück und berichteten ihm von ihrem Fund. Der nickte erfreut und sagte: ›Ja ihr Hasen, ihr habt das richtige Ei gefunden. Die Erde selbst ist das größte Osterei. Aber sagt mir nun: Wer könnte es denn ausbrüten für uns alle?‹ Da schlugen die Hasen die Hühner vor und die Enten, die Nachtigall und den Vogel Strauß, alle Vögel, die ihnen in den Sinn kamen. Auf einmal aber sprang ein weißes Häschen hoch in die Luft vor Freude und rief: ›Wir können es doch selbst ausbrüten, denn wir sind viele. Heiliger Johannes, dürfen wir Hasen das Osterei ausbrüten?‹ Da leuchtete das Gesicht des Jüngers auf, und er nickte zustimmend. ›Aber ihr werdet lange brüten müssen, viele, viele Jahre lang, und ihr dürft nicht aufgeben.‹ – ›Das wollen wir, das wollen wir‹, riefen die Hasen, erfreut über die wichtige Aufgabe, die sie erhalten hatten. ›Wir wollen uns ganz fest an die Erde drücken, dass das Ei schön warm wird, bis es aufbricht und den entlässt, dessen Herz wir haben schlagen hören.‹ – ›Und dessen Herz ihr immer werdet schlagen hören, wenn ihr an eurer Arbeit seid‹, fügte Johannes hinzu.

Seither brüten die Hasen an der Erde. Sie bauen keine Höhlen, ja sie vernachlässigen selbst ihre Kinder, um nur ihrer Aufgabe nachzukommen, mit der Wärme ihrer kleinen Herzen das größte Osterei auszubrüten, das es gibt. Und wenn sie so in ihren Mulden liegen und brüten, dann hören sie in der Erde das andere Herz klopfen. ›Poch, poch, poch‹ geht es, ganz ruhig und stetig, und nimmt ihnen ihre Angst.«

»Was wird denn aus dem Ei herauskommen?«, war unsere erste Frage, als Onkel Kurt uns die Geschichte vom Hasen-Ei so weit erzählt hatte. »Ja, was meint ihr denn?«, fragte er uns zurück. »Ein goldener Vogel mit weiten Schwingen, der uns alle in den Himmel hinaufträgt«, rief Maria, meine kleine Schwester, als hätte sie es immer gewusst. »Vielleicht ein Mann«, versuchte ich schon etwas zögernder mein Glück, »der liebe Gott vielleicht.« – »Und was meinst du, Peter?«, fragte Onkel Kurt unseren Jüngsten. »'ne Erde, die fliegen kann«, erwiderte der, »weil sie doch aus'm Ei kommt«, fügte er erklärend hinzu. Onkel Kurt nickte nachdenklich. »Ein Vogel, ein Mann, eine Erde, die fliegen kann«, brummte er, »so, so, ihr wisst ja gut Bescheid.« Plötzlich warf sich Peter auf die Erde und rief: »Ich helfe den Hasen.« Da legten wir uns alle auf den Boden und brüteten, während Onkel Kurt uns von seinem Baumstamm aus lachend betrachtete. Schließlich aber rief er: »Lasst es für heute genug sein und kommt mit heim! Aber habt nur die Erde recht lieb, dann helft ihr mit der Wärme eurer Herzen auf eure Weise den Hasen beim Brüten. Ihr werdet im Lauf der Zeit schon herausbekommen, wie ihr's am besten macht.«

Das also ist die Geschichte vom Hasen-Ei, oder wenigstens ihr Anfang. Denn sie ist noch lange nicht zu Ende, weil noch viel gebrütet werden muss, bis die Erde das Geheimnis preisgibt von dem, dessen Herz in ihrem Innern schlägt.

# Der alte Fabian und die Ostereier

Der alte Fabian war ein Sonderling. Bei ihm zu Hause sah es ganz anders aus als in den Häusern der gewöhnlichen Menschen. Alle Wände und Borde, alle Fenstersimse und Lampenhalter waren mit kleinen Bildchen, gefalteten Papierengeln und Ähnlichem verziert, und wenn man bei ihm eingeladen war zum Nachmittagstee, dann trug selbst die Teekanne eine kleine goldene Krone, die Fabian beim Einschenken immer sorgfältig festhielt, damit sie nicht herunterfiel. »Was wäre ein Nachmittagstee ohne Teekanne«, pflegte er zu erwidern, wenn sich ein Besucher über den seltsamen Schmuck der Kanne wunderte, »Ehre, wem Ehre gebührt.«

Was jemandem, der zum ersten Mal in das Häuschen des alten Malers eintrat, wie ein großes Durcheinander erscheinen mochte, war in Wirklichkeit nach einer inneren Ordnung angelegt. So hingen die Bilder an den Wänden gerade so, dass die Sonnenstrahlen, wenn sie durch die kleinen Fenster hereintanzten, sie gewiss treffen mussten; das hatte zur Folge, dass manch eines dieser Sonnenstrahlenbilder ziemlich dicht über dem Fußboden angebracht war oder aber mit der Oberkante an die Zimmerdecke stieß. Für die Sonnenstrahlen hatte Fabian seine Kunst immer am liebsten gepflegt. Es wird wohl daher kommen, dass es trotz der kleinen Fenster im Inneren seines Hüttchens erstaunlich licht war, weil hier die Sonnenstrahlen mit Silberengeln, gefalteten Booten und Schäfchen-Mobiles so gern um die Wette tanzten.

Es war in der Frühlingszeit kurz vor dem Ostersonntag, und der alte Maler schaute in seinem Stübchen eben dem Tanz des Sonnenlichtes zu, als plötzlich zum nicht geringen Staunen des alten Mannes ein Häschen aus einem der Sonnenstrahlen heraussprang, allerdings kein ganz gewöhnliches Feldhäschen, sondern eines mit einem goldenen Fell und ganz wunderbar langen goldenen Ohren, die selbst fast aussahen wie Sonnenstrahlen. Da saß es vor dem Maler, machte Männchen ganz nach Hasenart und hatte offensichtlich etwas auf dem Herzen. Fabian schaute den unerwarteten Besucher mit großen Augen an, bis er seiner Verwunderung Herr war. Dann flüsterte er – denn er hatte Sorge, ein lautes Wort könnte den goldenen Gast vertreiben: »Willkommen, du liebes Häschen. Was führt dich her zu mir? Womit kann ich dienen?«

Bei diesen Worten atmete das Häschen sichtlich erleichtert auf, wackelte froh mit seinem winzigen Schwanz und erwiderte mit einem ganz hellen, klingenden Stimmchen: »So kannst du mich sehen, Fabian. Dann ist alles gut. Wir brauchen deine Hilfe.« Und ohne weitere Vorrede erklärte der goldene Sonnengast, was er von dem alten Maler erhoffte.

»In jedem Frühling am Ostersonntag zieht ja der Osterengel mit seinem Gefolge über die Erde hin, segnet die Felder und Wiesen, die Wälder und die Gärten der Menschen …« – »… und verteilt überall im weiten Land, unter den Büschen und auf den Zweigen, winzig kleine, leuchtende Sonnen, dass einen Sonntag lang die Erde strahlt, als wären lauter Sterne auf sie herabgefallen«, fiel der Maler freudig erregt ein. »So ist es, so ist es«, nickte das goldene Häschen eifrig, »und die Blumen und Bäume, die Büsche und Gräser laben sich an diesen kleinen Sonnen, nehmen sie ganz tief in sich hinein und machen daraus die schönsten Blüten und die besten Früchte, die sie nur schaffen können.«

»Die Menschen aber«, fuhr der alte Maler fort, »bemerken von alldem gar nichts, gehen durch die Gärten, fühlen zwar ihre Herzen höher schlagen, lassen die kleinen Sonnen, die ihnen hingelegt worden sind, aber dennoch liegen – weil sie sie nämlich gar nicht sehen.«

»Sie sehen die Sonnen nicht«, stimmte ihm das goldene Häschen traurig zu, »und weil sie sie nicht sehen, können sie sie nicht finden, und ihre Herzen sehnen sich vergebens nach dem Sonnenlicht. Wie sollen sie aber blühen und fruchten, wenn sie die Sonnen nicht aufnehmen dürfen?«

Trotz des traurigen Tons in der hellen Stimme des Häschens musste der Maler schmunzeln. Er stellte sich für einen Augenblick vor, wie Menschen blühten und Frucht trugen – mit Augen wie Margeriten oder wie Veilchen … Aber dann nickte er, denn er wusste natürlich, dass die Menschen auf ganz andere Weise erblühen als die Pflanzen.

»Es wird ihnen dann schwer, gut zueinander zu sein«, sagte er, »wo die Herzen nicht selbst kleine Sonnen werden können, hat die Liebe es schwer. Ja, so ist das.« Und plötzlich wurde er ganz betrübt und nachdenklich, weil er nicht sehen konnte, wie Abhilfe zu schaffen wäre gegen die Blindheit der Menschen.

Aber als Fabian wieder auf seinen Besucher blickte, sah er an dem eifrigen Glanz in dessen Augen, dass der Hase durchaus einen Ausweg wusste. »Wir können etwas tun, damit die Menschen die kleinen Sonnen finden, obwohl sie sie gar nicht sehen«, rief es mit fröhlichem Jubel in der hellen Stimme, »und du sollst uns dabei helfen.«

»Ei, was habt ihr denn vor?«, fragte der alte Maler, von der Freude des Häschens schon angesteckt, »was in meiner Macht steht, tue ich gern.«

Tatsächlich war das, was das Goldhäschen nun dem Maler erklärte, im Grunde ganz einfach, so einfach, dass er vielleicht auch selbst hätte darauf kommen können. »Zu den kleinen Sonnen, die vom Osterengel und seinem Gefolge verteilt werden«, sagte das Häschen, »wollen wir etwas hinzulegen, das den Sonnen möglichst ähnlich sieht, aber auch von den Menschen gesehen werden kann mit ihren Erdenaugen.«

»Und was wäre das, was so ähnlich aussieht wie die kleinen Sonnen des Osterengels?«, fragte Fabian neugierig.

»Hühnereier«, erwiderte das Sonnenhäschen schlicht.

Verdutzt zwinkerte der alte Maler mit den Augen. Hühnereier? Aber beim Überlegen bemerkte er erstaunt, dass das Häschen recht hatte. Ja, in Größe und Form waren die Eier den Sonnen tatsächlich recht ähnlich.

»Deshalb«, fuhr der kleine Besucher fort, »haben wir die Hühner gefragt, ob sie nicht zu den kleinen Sonnen jeweils eines ihrer Eier legen können. Dann wissen die Menschen wenigstens, dass sie suchen müssen. Beim Suchen aber geht ihnen das Herz auf, und ist das Herz erst offen, dann schlüpfen die kleinen Sonnen unvermerkt in diese suchend-offenen Herzen hinein.«

»Und was haben die Hühner gesagt?«, fragte der Maler schnell.

»Sie hatten kaum Zeit zuzuhören«, berichtete das Häschen, »nur der

Hahn auf dem Mist krähte, dass sie diese Aufgabe nicht übernehmen könnten, weil sie so viel picken müssten. Sie hätten keine Zeit für irgendetwas anderes.«

»Daraus wird also nichts«, stellte Fabian fest und meinte, jetzt sollte wohl er eine bessere Idee aushecken. Aber das Goldhäschen rief: »Es geht schon. Eier wollen sie uns legen, so viele wir brauchen können, haben die Hühner gegackert. Nur verstecken müssen wir sie selbst.«

»Und wer ist das: wir?«, wollte Fabian wissen, »du und ich etwa?«

Das Häschen schüttelte den Kopf. »Nein, nein, meine Verwandten, die Feldhasen, werden helfen, so viel sie können. Vielleicht ist es auch besser so. Die Hühner erheben immer gleich ein solches Geschrei, wenn sie irgendwo ein Ei hinlegen, dass die Menschen es schon gefunden hätten, noch ehe sie suchen könnten. Da sind Hasen doch verschwiegener.«

»Und was für eine Aufgabe habt ihr mir zugedacht?«, erkundigte sich der Maler nun, »gewiss meint ihr doch nicht, dass ich zusammen mit euch in die Hecken und Gräben krabbeln soll.«

»Du sollst uns die Eier bemalen«, erwiderte der Goldhase flink, »damit sie nicht aussehen wie gewöhnliche Frühstückseier. Dann merken die Menschen, dass sie wirklich etwas Besonderes gefunden haben. Willst du das tun?«

»Ich will's versuchen«, nickte der alte Maler.

Die Sonne war all die Zeit natürlich nicht stehen geblieben, sondern langsam auf ihrer Bahn am Himmel weitergewandert. Erst hatten ihre Strahlen in die linke Zimmerecke geleuchtet, sich dann allmählich aber zur rechten hinüberbewegt. Dort hörte die Reihe der kleinen Bildchen auf, denn Fabian wusste: Dort war der Weg für die Sonnenstrahlen zu Ende. Kaum hatte das Licht der wandernden Sonne diese Zimmerecke erreicht, da war es plötzlich verschwunden; nur grauer Schatten lag auf der Wand. Mit dem Licht war aber auch das goldene Häschen fortgegangen.

Der alte Maler wischte sich über die Augen. Hatte er geträumt? Dass am Ostermorgen der Osterengel mit seinem Gefolge über die Erde zog, wusste er natürlich, denn er hatte es oft und oft gesehen, wenn er sich vor Sonnenaufgang schweigend am Quell die Augen ausgewaschen hatte.

Aber das mit den farbigen Eiern? Er sollte jedoch nicht lange im Ungewissen bleiben. Auf einmal hörte er es im Hof seines Häuschens nämlich hin- und herhuschen. So flink er konnte, eilte er hinaus – und fand dort die schönsten weißen Hühnereier, Körbe voll. »Genug, genug«, rief er lachend, »wer soll die denn alle bemalen?« – »Du«, rief es ihm aus dem Licht der sinkenden Sonne hell und fröhlich entgegen.

Ohne zu zögern, machte sich da der alte Maler ans Werk, malte und malte Farben und Muster, Formen und Flecken, ein Ei immer schöner als das andere. Und ich kann euch ja ruhig verraten, dass er bei seiner Arbeit nicht lange allein blieb. Da waren nämlich die Kinder, die, wenn es ihnen langweilig wurde, gern bei Fabian hineinschauten, einfach, um seine Bilder und Papierengel anzusehen oder sich von ihm erzählen zu lassen. Die, das könnt ihr euch vorstellen, standen nicht nur da und schauten dem Maler bei seiner Arbeit zu, sondern sie bettelten und baten, bis er ihnen Pinsel und Farben gab und erlaubte, dass sie ihm halfen. Ohne ihre Hilfe hätte er die Arbeit wohl kaum fertig bekommen.

Als sich an jenem Ostermorgen Fabian, der Maler, schweigend an der Osterquelle die Augen auswusch und bei Sonnenaufgang den Zug des Osterengels kommen sah, bemerkte er sogleich den Unterschied. Jetzt war es nicht allein der hell strahlende Engel mit den zahllosen kleinen Helferengeln, den weißen Rehen und den goldenen Hasen, der da durch das Land ging, sondern zwischen dieser himmlischen Gesellschaft hoppelten, gerade so, als hätten sie schon immer dazugehört, zahllose Feldhasen in ihren grauen und braunen Fellchen. Wo aber die Himmlischen die kleinen Ostersonnen in den Gärten der Menschen niederlegten, da fanden sich diesmal zugleich die Eier, die Fabian und die Kinder angemalt hatten.

Was einmal in jenem kleinen Dorf, wo Fabian wohnte, angefangen hat, hat sich seither durch die Länder verbreitet. In vielen Gärten findet ihr heute am Ostermorgen nicht nur die kleinen Sonnen, die der Osterengel mit seinem Gefolge zur Erde bringt, sondern auch die farbigen Eier seiner Erdenhelfer.

An jenem Ostermorgen, als zum ersten Mal die Ostereier versteckt wurden, musste der alte Maler noch einmal herzlich lachen. Es wohnte nämlich im Ort ein Bub, der war in vielen Dingen gescheiter als die anderen Kinder, im Rechnen und Lesen zum Beispiel, und er wusste auch auswendig, wann Kolumbus Amerika entdeckt hatte. Nur malen konnte er nicht so gut – aber zugucken umso besser. Als der in seinem Garten ein Osterei fand, rot und gelb bemalt, lief er zu Fabian und rief schon von Weitem: »Der Osterhase, das bist du, denn ich habe mit eigenen Augen gesehen, wie du dieses Ei angemalt hast.« Da musste der Maler denn doch herzlich lachen, denn zugleich sah er im Herzen des gescheiten Kindes die kleine Sonne leuchten, die der Osterengel ihm in den Garten gelegt hatte, und erkannte, dass der Plan, den das goldene Sonnenstrahlenhäschen mit ihm ausgeheckt hatte, wirklich aufgegangen war.

So strich Fabian jenem Kind freundlich über den Kopf und rief: »Ei, wenn du wüsstest, wenn du nur wüsstest.« Und hat dem Osterengel und seinem Goldhäschen weiterhin jedes Jahr mit seinen Malkünsten geholfen, obwohl er nicht selbst der Osterhase war.

# Vom Ziegenbock und der Werkstatt des Osterhasen und vom heimlichen Ostern in aller Welt

Es war der Abend vor dem Ostersonntag. Die beiden Buben waren schon zu Bett gegangen, mochten aber nicht einschlafen. Dazu waren sie viel zu aufgeregt. Sie flüsterten noch dies und das miteinander, und der Große sagte: »Ich bleib heute Nacht wach, und wenn der Osterhase kommt, dann gucke ich aus dem Fenster und schaue ihm zu.« Und der Kleine erwiderte: »Ich bleib auch wach und gucke auch.« Es gab ein komisch kribbliges Gefühl im Bauch, das zu sagen, denn die beiden wussten natürlich, dass man nicht gucken darf, wenn der Osterhase kommt. Deshalb war es sehr aufregend, doch gucken zu wollen, auch wenn die Buben gar nicht wussten, ob sie sich trauen würden …

Aber ihr kennt das ja: Manchmal möchte man etwas, und dann kommt es ganz anders. Mutter Nacht hörte dem Geflüster der beiden Kinder noch eine Weile still lächelnd zu. Dann hob sie die Rechte; da mussten die Buben plötzlich gähnen und konnten die Augen kaum noch offen halten. »Ich schlaf noch nicht«, sagte der Große tapfer. »Ich auch nicht«, wollte der Kleine antworten; aber da hatte Mutter Nacht ihnen leise, leise über die Stirn gestrichen, und die Kinder waren eingeschlafen, tief, ganz tief. Da lagen sie in traumlosem Schlummer, während der volle Mond am Himmel höher und höher stieg und die Welt in sein silbernes Zauberlicht tauchte. Als er aber ganz oben am Himmel stand, trat Mutter Nacht wieder an das Bett der schlafenden Buben, und jetzt zog sie mit ihren Händen ganz seltsame Figuren, als wolle sie in die Luft schreiben. Da öffneten die Kinder – nun, nicht ihre richtigen Augen, aber ihre Traumaugen, und sahen – ja, was denn wohl?

## *Was der kleine Bub träumte*

Der kleine Bub träumte, es klopfe an die Tür seines Häuschens: »Poch, poch, poch«, aber der Bub drinnen hörte es gar nicht. Er wohnte in dem Häuschen nämlich nicht allein, sondern mit einem Ziegenbock, einem schwarz-weiß gefleckten Ziegenbock mit zwei kräftigen Hörnern. Stellt euch das einmal vor. Ja, und dieser Ziegenbock lag nicht brav auf seiner Streu neben dem Ofen, nein, er sprang über Tisch und Bänke. »Klirr«, sagte der Teller, den er mit seinen Hufen auf den Boden warf, und zersprang in viele Stücke, und »Klirr« sagte auch das Glas, das dem Teller folgen musste, weil 's Böckchen gar so ungebärdig war. »Poch, poch, poch«, machte es leise an der Haustür, immer wieder »poch, poch, poch«. Aber erst als die Scherben auf dem Boden lagen und der Ziegenbock einen Augenblick verschnaufen musste, hörte das Kind das Klopfen. Da griff es schnell nach dem Seil, das dem Böckchen um den Hals gebunden war, und siehe da: Der Ziegenbock war ganz willig und ließ sich brav auf seinen Platz am Ofen führen. »Poch, poch, poch«, machte es wieder an der Haustür, und das Kind rief: »Herein!«

Da öffnete sich die Tür gerade einen Spalt breit, und ein Häschen streckte seinen Kopf herein, schaute sich vorsichtig um und fragte: »Ist keine Gefahr mehr? Kann man eintreten?« – »Komm nur herein«, rief das Kind, neugierig, was der Besucher wollte. Das Häschen schlüpfte herein und schloss geschwind die Tür hinter sich. Vorsichtig setzte es seine Pfoten, um nicht in die Scherben auf dem Fußboden zu treten, und der Bub, der es sah, schämte sich. »Ich kann dir nicht einmal etwas zu essen oder zu trinken anbieten«, sagte er beklommen, »denn mein Teller und mein Glas hat der Ziegenbock zerbrochen.« – »Ist auch nicht nötig«, erklärte das Häschen flink, »ich bin nicht gekommen, um bei dir zu essen oder zu trinken, sondern um dich abzuholen.« – »Ei, wohin willst du mich denn holen?«, fragte das Kind freudig erregt. »Hast du's denn ganz vergessen?«, fragte das Häschen erstaunt zurück, »es ist doch die Osternacht. Da ruft der Osterhase ja immer seine Helfer zusammen.« Richtig, jetzt fiel es dem Kind auch wieder ein. »So lass uns nur schnell machen«, drängte es jetzt, »damit der Osterhase nicht allzu lange warten muss.« – »Aber dein

Böckchen bind' fest«, sagte das Häschen ernst, »sonst geschieht noch ein Unglück.« Da wies der Bub lachend auf den Ziegenbock, der ganz still auf seiner Streu lag, und erwiderte: »Ei, der ist ganz brav, der stellt nichts mehr an.« Weil aber das Häschen gar so zweifelnd dreinblickte, nahm das Kind das Seil am Hals des Böckchens und schlang das Ende einmal, zweimal um das Ofenrohr. Aber einen Knoten machte es nicht, das erschien ihm gar zu unnötig. »Ist's auch fest?«, fragte das Häschen, und das Kind antwortete schnell: »Ganz fest. Es wird nichts geschehen.« So machten sich die beiden auf den Weg. Der Ziegenbock aber blickte ihnen nach, und der Schalk blitzte in seinen Augen.

Ach Kindlein, Kindlein, hättest du nicht besser auf das Wort des Häschens gehört?

Das Kind, als es dem Häschen folgte, hatte das Böckchen ganz vergessen. Eilig lief es dem hoppelnden Boten nach und gelangte bald mit ihm zum Haus des Osterhasen. Drinnen herrschte emsige Geschäftigkeit. An einer langen Tafel saßen lauter Häschen und bemalten Eier in den schönsten Farben. Schnell setzte sich unser Bub dazu, griff sich ein weißes Ei, das in einer Schale auf dem Tisch stand, und steckte den Pinsel in einen Topf mit roter Farbe. Dann überlegte er. Was sollte er malen? Neben sich sah er ein Häschen sitzen, das malte eine bunte Blumenwiese auf sein Ei, das Häschen ihm gegenüber ließ einen ganzen Sternenhimmel entstehen, und ein anderes malte einen wunderschönen Regenbogen. »Ich mach mir auch einen Regenbogen«, entschied der Bub und begann sein Werk.

Der Bogen mit der roten Farbe gelang ihm sehr gut, dass er ordentlich stolz war. Aber als er dann dicht daneben mit Gelb weitermalen wollte, flossen die Farben plötzlich ineinander. Da überwältigte unseren Bub der Zorn. Er nahm das misslungene Ei und wollte es schon auf den Fußboden werfen, als auf einmal die Tür aufsprang und – der schwarz-weiß gefleckte Ziegenbock hereingestürmt kam. Ohne zu zögern sprang er auf den Tisch und hätte gewiss die Schalen mit den Eiern hinuntergeworfen, wenn nicht die Häschen noch flinker gewesen wären und sie auf ihren Schößen in Sicherheit gebracht hätten. Der Bub sah es mit Schrecken. »Ich hab' ihn nicht angebunden«, flüsterte er und schämte sich, »und jetzt macht er hier beim Osterhasen alles kaputt.«

Aber so weit kam das Böckchen nicht. Denn plötzlich wurde es an seinem Seil festgehalten, und eine liebe Stimme sprach: »Halt ein, mein Kerlchen. Bist gar zu wild für diese Werkstatt. Wollen sehen, ob nicht was Freundlicheres in dir steckt.«

Der Ziegenbock stand still, ganz still, und aller Schalk war aus seinen Augen verschwunden. Der Osterhase aber – denn der war es, der das Böckchen hielt – strich ihm mit sanfter Pfote über die Hörner: Da waren die auf einmal verschwunden. Zurück blieben nur zwei ganz kleine Spitzchen. Er streichelte ihm über das Gesicht: Da verschwand das kecke Ziegenbärtchen, und das Tierlein zeigte ein ganz liebes und frommes Gesicht. Nun strich der Osterhase ihm über sein schwarz-weiß geflecktes Fellchen: Da wurde das ganz weiß, und statt Zotteln hatte es kleine Löckchen.

»Wen haben wir denn da?«, fragte der Osterhase nun freundlich. »Ein Osterlamm«, rief das Kind laut, legte das Ei auf den Tisch und klatschte vor Überraschung und Freude in die Hände. »Ein Osterlamm«, nickte der Osterhase, »dein Osterlamm.« Und damit reichte er dem Bub das Seil, das zu einem goldenen Kettchen geworden war. Durch Schaden klug geworden, blickte das Kind sich um, wo es das Lämmlein anbinden könnte. Aber der Osterhase sagte: »Das brauchst du nicht anzubinden. Nimm es nur auf deinen Schoß und zeig ihm, was du geschafft hast.«

Gern legte der Bub das Lämmlein in seinen Schoß. Aber das Ei mochte er ihm eigentlich nicht zeigen. Als er jedoch sah, wie freundlich das Lämmlein dreinblickte, tat er es dennoch. Und jetzt wundert euch nur gehörig mit dem Kind. Denn zwar sagte das Osterlamm gar nichts, sondern schaute einfach ganz fromm und freundlich. Aber nun sah das Ei auf einmal gar nicht mehr verdorben aus. Gewiss, das Rot und das Gelb waren ineinandergelaufen. Ein Regenbogen war es nicht, doch schaut nur: Es war ja ein Weg. An das eine Ende konnte man ein Kind malen und ans andere ein Nest mit Ostereiern, darüber den Himmel und drumherum lauter grünes Gras. Wenn er das dann der Anna schenkte – die würde sich gewiss freuen.

Eifrig machte sich das Kind wieder ans Werk und hatte das Bild bald zu seiner und des Lämmleins Zufriedenheit fertiggestellt, und schon hatte es eine neue Idee: Ein Ei, das aussah wie ein Marienkäfer, würde Dominik bestimmt Freude machen. Da fand der Pinsel keine Ruhe; fleißig malte das Kind mit dem Häschen um die Wette. Wenn aber einmal etwas nicht gar so gut gelang, brauchte es nur mit dem Lämmlein gemeinsam zu schauen, was denn daraus werden wollte; dann fiel ihm immer etwas ein.

Endlich waren alle Eier angemalt, und alle Farbtöpfchen waren leer. Wie sollten die Ostereier aber nun in die vielen, vielen Osternester der Kinder kommen? »Da müsst ihr jetzt aber tüchtig rennen, um die alle bis zum Morgen noch zu verteilen«, sagte der Bub zu dem Häschen, das neben ihm saß. Das aber erwiderte: »Gar nicht nötig. Da lässt sich der Osterhase vom Mond helfen. Schau nur!« Und wirklich: Als der Bub aufschaute, sah er den Osterhasen im Mond sitzen. Was er da tat, wollt ihr wissen? Er legte ein Osterei nach dem anderen auf die silberhellen Mondstrahlen, und, hui, kullerten sie darauf zur Erde herab. Aber so geschickt waren die beiden, der Osterhase und der Mond, dass jedes Ei in sein richtiges Nest fiel und kein einziges zerbrach. (Wenn ihr ein angeknacktes findet, dann haben die Häschen oder der Bub beim Malen ein wenig zu fest gedrückt.)

»So kommen die Eier ins Nest, ohne dass man den Osterhasen sieht«, dachte das Kind bei sich und beschloss, es sich gut zu merken, um es seinem Bruder erzählen zu können. Fröhlich verabschiedete sich der Bub dann von den Häschen und machte sich, das Lämmlein fest im Arm, auf den Heimweg.

»Aufwachen! Aufwachen!«, hörte er es rufen und öffnete blinzelnd die Augen. Hell flutete das Sonnenlicht ins Kinderzimmer, und da stand der große Bub und rüttelte den Kleinen an der Schulter: »Wach auf, Langschläfer, es ist Ostern!« Fest drückte das Kind sein Lämmlein an sich. Irgendetwas hatte er doch erzählen wollen. Was war es nur? Aber Mutter Nacht hatte im Hinausgehen ihr heimliches Zeichen gemacht, und da hatte der kleine Bub den Traum vergessen. Nur an den Ziegenbock erinnerte er sich noch, der ein Lämmlein geworden war. »Ich hab' ein Osterlämmlein bekommen«, erzählte er schnell dem Bruder, bemerkte dann aber voller Staunen, dass das, was er so fest in den Armen hielt, sein Kopfkissen war. »Ich hab's aber gewiss bekommen«, murmelte er, »aber man kann's jetzt nicht sehen.« Aber merken konnte man es, dass das Böckchen vom kleinen Bub ein Lämmlein geworden war. Da haben sich alle gefreut.

Wenn ihr aber meint, der große Bub habe ganz denselben Traum gehabt wie der kleine Bruder, so irrt ihr euch. Nein, er hat in der Osternacht etwas ganz anderes geträumt. Das will ich euch nun auch noch schnell erzählen.

## *Was der große Bub träumte*

»Guten Abend«, sagte der Rabe und nickte mit dem Kopf. Erstaunt blinzelte der Bub den seltsamen Besucher an, der da auf der Rausfallstange an seinem Bett saß. Wo war denn der hergekommen? »Guten Abend«, nickte der Rabe noch einmal, legte dann den Kopf zur Seite und musterte den Bub mit einem glänzenden schwarzen Auge. »Kannst nicht sprechen, armes Kind«, stellte er plötzlich bedauernd fest. »Doch, doch«, beeilte sich der Bub zu versichern, »doch, doch. Guten Abend. Nur - wo kommst du denn her?« - »Vom Osterhasen natürlich«, erwiderte der Rabe und neigte den Kopf zur anderen Seite. »Stehst du jetzt endlich auf?« Verwirrt schüttelte das Kind den Kopf: »Ich darf doch nicht … mitten in der Nacht … wenn der Osterhase …« - »Eben«, nickte der Rabe, »wenn der Osterhase dich braucht, dann darfst du mitten in der Nacht aufstehen, ja, du musst es sogar. Oder magst du nicht helfen?« Wieder musterte der Rabe den Buben prüfend mit einem Auge. »Aber doch gewiss, natürlich«, antwortete der Bub schnell und warf die Bettdecke von sich, so heftig, dass der Rabe mit den Flügeln schlagen musste, um nicht von seiner Stange geworfen zu werden. »Ist denn der Osterhase - krank?«, fragte er in plötzlichem Erschrecken. Sie hatten ja so schöne Osternester im Garten gebaut, und wenn jetzt der Osterhase gar nicht kommen konnte … »Ach was«, erwiderte der Rabe barsch, »Osterhasen werden nicht krank. Machst du dich jetzt fertig?« Ei, was brauchte man denn, wenn man dem Osterhasen helfen sollte? Der Bub blickte an sich hinab. Das schöne weiße Nachthemd, das er anhatte, schien ihm gerade richtig. Aber vielleicht sollte er ein paar Eier mitnehmen? Sie hatten ja schon eine ganze Menge ausgeblasen und bemalt. Dort neben dem Bett standen sie in einem Körbchen. Schnell wollte der Bub die schönsten beiseitelegen, als er sich unter dem aufmerksamen Blick des Raben eines Besseren besann. Waren nicht die schönsten Eier die rechten für den Osterhasen? »Wie viele werde ich denn brauchen?«, fragte das Kind ein wenig zögernd. »Drei«, antwortete der Rabe, ohne überlegen zu müssen. »Gut«, nickte das Kind, leerte vorsichtig sein Körbchen aus und legte dann die schönsten drei Eier hinein: das goldene Sonnenei, das mit dem Osterhasen und den Blumen und das mit dem gelben Traktor unter einem strahlend blauen Himmel. Ob das dem Osterhasen auch so gut gefallen würde? Der Vater hatte ja etwas zweifelnd geguckt … »Wird ihm schon gefallen«, krächzte der Rabe, »komm!« Damit breitete er seine Flügel aus und flog durch das offene Fenster hinaus. Der Bub aber packte schnell noch drei kleine Schokoladeneier, die er vom Kaufmann geschenkt bekommen hatte, zu den anderen dreien ins Körbchen und – flog dem Raben nach. Ja, konnte er denn fliegen? Ei, gewiss doch. Er hatte ja an den Schultern ganz wunderbar große Schwingen und wunderte sich darüber kein bisschen.

Sie flogen über Land und Meer. Unter ihnen lag die Welt in tiefem Schlaf, und das sanfte Silberlicht des Mondes streichelte Bäume und Blumen, Gräser und Steine sanft im Traum. Sie flogen am Mond vorbei in den Sternenhimmel hinein, bis sie endlich zum Haus des Osterhasen kamen. Da unten lag die Erde und sah jetzt selbst aus wie ein großes Osterei.

»Komm herein«, rief der Rabe und öffnete die Tür. Der Bub trat ein. Er fühlte, wie ihm das Herz dabei klopfte vor Aufregung und vor Freude. Ja, da saß der Osterhase inmitten einer Schar von Kindern, die alle ein Körbchen mit Eiern auf dem Schoß hielten. Flink setzte sich der Bub in den Kreis.

Der Osterhase schien nur auf ihn noch gewartet zu haben. Kaum hatte sich das Kind gesetzt, begann er zu sprechen. »Liebe Helfer«, sagte er, »ich danke euch, dass ihr gekommen seid und dass ihr eure schönsten Ostereier mitgebracht habt. Jetzt müssen wir uns sputen, denn in dieser Nacht liegt noch ein weiter Weg vor euch.« Und dann erzählte der Osterhase den Kindern, welche Aufgabe sie erfüllen sollten. »Denkt euch«, sagte er, »es gibt viele Kinder auf der Erde, die gar nicht wissen, dass morgen

Ostern ist, und die deshalb auch keine Osternester gerichtet haben. Sollen die denn ganz leer ausgehen?« Die versammelten Kinder schüttelten heftig die Köpfe. »Seht ihr«, nickte der Osterhase zufrieden, »sie sollen auch Ostereier bekommen. Was ihr ihnen gönnt, das sollen sie heute Nacht empfangen, damit sie an Ostern auch fröhlich sind.«

Da freuten sich die Kinder und wollten schon loseilen, um den Kindern eine Osterfreude zu bereiten, die gar nichts davon wussten. Aber der Osterhase hielt sie zurück. »Nicht so schnell«, rief er, »eure Eier, eure schönen Ostereier, die ihr verschenken wollt, sind ja noch leer.« Da setzten sich die Kinder betreten wieder hin. Richtig, es waren ja alles ausgeblasene Eier, die sie mitgebracht hatten, denn die vollen Ostereier warteten auf sie erst im Osternest. Doch ehe sie so richtig bekümmert werden konnten, sagte der Osterhase: »Es ist gut so, dass in den Eiern viel Platz ist, denn die Kinder, die von Ostern nichts wissen, sollten darin eine richtige kleine Sonne empfangen.« Vor den staunenden Kindern nahm der Osterhase ein Tuch von einer großen Schale, die neben ihm stand, und plötzlich leuchtete und glänzte es daraus hervor, dass die kleinen Helfer ordentlich die Augen zusammenkneifen mussten, um nicht geblendet zu werden. »Tut euer Werk«, sagte der Osterhase nun ernst, »seid ohne Furcht.«

So traten die Kinder an die Schale, und weil der Osterhase gesagt hatte, dass sie sich nicht zu fürchten brauchten, griffen sie behutsam in das strahlende Licht, und unser Bub tat es ihnen gleich. Als er die Hand wieder zurückzog, hielt er in ihr eine kleine Kugel, die wirklich so aussah wie eine kleine Sonne. Während er sie staunend betrachtete, dachte er plötzlich an ein Kind, das Li hieß. Komisch, er kannte doch gar niemanden, der diesen Namen trug. »Diese kleine Ostersonne soll Li bekommen«, flüsterte das Kind und nahm das Ei mit dem Osterhasen und den vielen Blumen aus dem Körbchen. Sogleich war die kleine Sonne dort hineingeschlüpft und machte, dass das Osterei von innen sanft leuchtete. Wieder fasste der Bub in die Lichtschale, und als er nun wieder eine kleine Sonne in der Hand hielt, musste er auf einmal an ein Kind denken, das Nkusi hieß. Wer war denn das? Vorsichtig nahm der Bub das Ei mit dem gelben Traktor aus seinem Körbchen, und sogleich war auch diese Sonne ins Ei geschlüpft. Bei der dritten kleinen Ostersonne, die der Bub aus der Lichtschale des Osterhasen nahm, dachte er plötzlich an Papik, für den das goldene Ei sein würde. Er nahm es aus dem Korb, und schon leuchtete die kleine Sonne daraus hervor.

»Viel Glück auf euren Wegen«, rief der Osterhase den Kindern zu, die jetzt mit ihren leuchtenden Eiern das Haus verließen.

»Erst zu Li«, krächzte der Rabe und breitete die Flügel aus, und der Bub folgte ihm. Wieder flogen sie durch den Sternenhimmel hinunter zur Erde, flogen über Land und Meer im milden Silberlicht des Mondes, flogen über Berge und Täler, bis sie zu einem kleinen Dorf kamen. Die Felder schimmerten feucht. Der Nachtwind strich leise über das Wasser, das sie bedeckte, und ließ die zarten Wellen silbern aufglänzen. Die Hütten waren aus einfachen Lehmziegeln erbaut und mit Stroh gedeckt. Vor den Hütten lagerten Kühe mit großen Hörnern und mit einem eigenartigen Buckel auf dem Rücken.

»Hier«, rief der Rabe und ließ sich vor einer besonders ärmlichen Hütte nieder. Der Bub trat ein. Es gab nur einen Raum. An den Wänden hingen ein paar Geräte, in der Mitte stand ein Tisch mit drei Schemeln, und unter dem Fenster stand ein Bett, darin schliefen ein Mann und eine Frau und ihnen zu Füßen ein kleines Kind mit langem schwarzen Zopf und einem kreisrunden Gesicht. Die Augen waren zu zwei Strichen zusammengekniffen. Das also war das Kind Li, ein chinesisches Bauernmädel. Unser Kind schaute sich um. Wo sollte er das Ei verstecken? »Aufs Herz«, krächzte der Rabe, »leg es ihm aufs Herz.« Ei, das war allerdings ein feines Osternest. Behutsam nahm der Bub das Ei mit dem Osterhasen und den vielen Blumen und legte es der kleinen Li aufs Herz. Da öffnete sie für einen Moment die Augen, blinzelte ihn freudig an – und war schon wieder eingeschlafen. Schon wollte der Bub die Hütte verlassen, als er plötzlich zögerte. »Ich komme gleich«, flüsterte er dem Raben zu. Dann nahm er aus seinem Körbchen flink noch eines der kleinen Schokoladeneier und legte es mitten auf den Tisch. »Wunder dich ruhig«, lachte er der kleinen schlafenden Li leise zu und folgte dem Raben.

Das Kind Nkusi fanden sie in einer Strohhütte in Afrika. Ein paar solcher Hütten standen dort im Kreis um einen Platz aus festgestampfter roter Erde. Hinter den Hütten gab es, umzäunt von Dornenranken, einen Platz für unzählige Ziegen. Nkusi lag auf dem nackten Boden. Seine Haut war ganz braun, und sein Haar war in viele, viele winzige Löckchen gekräuselt. Er schlief fest. Der Bub nahm das Ei mit dem gelben Traktor unter dem blauen, blauen Himmel und legte es Nkusi vorsichtig aufs Herz. Für einen Augenblick öffneten sich zwei kugelrunde schwarze Augen, blickten traumbefangen auf den kleinen Helfer vom Osterhasen und fielen schon wieder zu. Nkusi steckte den Daumen in den Mund, und gleich schlief er tief weiter. Der Bub aber legte, ehe er dem Raben folgte, heimlich ein Schokoladenei in die runde Türöffnung der Hütte. »Das ist gerade so braun wie du«, flüsterte er dem schlafenden Nkusi zu, breitete die Flügel aus und flog dem Raben nach.

Ob Papik ein Bub oder ein Mädchen war, konnte das Kind beim besten Willen nicht erkennen. Der kleine Eskimo schlief in einem runden Häuschen ganz aus Schnee, in das man durch einen engen Gang hineinkrabbeln musste. Das Eskimokind sah Li ähnlich, hatte aber die schwarzen Haare nicht zu einem Zopf geflochten, sondern über den Schultern ganz gerade abgeschnitten. Es schlief unter vielen Fellen auf einer Matte. Der kleine Osterhasenhelfer legte dem Eskimokind das goldene Ei aufs Herz und das Schokoladenei in die Fellmütze, die neben ihm lag. Er lachte fröhlich, als die Augen des kleinen Schläfers ihn für ein Weilchen musterten, ohne dass das Kind aufgewacht wäre. »Gesegnete Osterzeit!« flüsterte der Bub. Dann krabbelte er wieder aus dem Iglu hinaus.

»Fertig«, sagte der Bub. »Fertig«, nickte der Rabe, »der Osterhase wird sich freuen.« – »Und die Kinder auch«, lachte das Kind, »weil sie doch jetzt mit der kleinen Ostersonne im Herzen aufwachen.« Von den Schokoladeneiern aber sagte es nichts; das war sein Geheimnis.

Ja, und dann hätte es beinahe noch ein Unglück gegeben in dieser schönen Osternacht. Auf einmal war nämlich der Rabe fort und hatte sich nicht einmal verabschiedet. Der Bub spannte seine Flügel aus, um heimzufliegen. Aber wohin sollte er sich nun wenden? Unter sich sah er einen großen Wald, der nirgendwo zu enden schien. So flog er eine Weile aufs Geratewohl, als er auf einmal merkte, dass ihn seine Flügel nicht mehr tragen mochten. Immer tiefer und tiefer sank er hinab, ja, er fiel immer schneller und schneller. Schon berührte er fast die Baumkronen – da schlug er die Augen auf.

Verwundert blinzelte der große Bub in das Licht, das hell ins Kinderzimmer flutete. Wo war er? Dann fiel ihm ein, dass ja Ostersonntag war. Dort im Körbchen neben dem Bett standen die Eier, die er selbst angemalt hatte. Was war damit nur gewesen? Da war doch etwas mit ihnen geschehen? Der Bub konnte lange überlegen. Mutter Nacht hatte, ehe sie die Kinder verließ, ihr heimliches Zeichen gemacht und den Traum verborgen.

Der große weckte den kleinen Bruder, welcher sein Kissen fest an sich drückte, gerade so, als wäre es ein echtes Osterlämmlein. Als sie sich aber schnell anzogen, um mit Vater und Mutter in den Garten zu laufen, musterte der große Bub den kleinen plötzlich mit tief gerunzelter Stirn und fragte: »Weißt du, wer Li ist und wer Nkusi und wer Papik?« Der Bruder schüttelte den Kopf: »Kenne ich nicht.« – »Ich auch nicht«, murmelte der große Bub zögernd, »oder doch?«

Wie freuten sich die Kinder, als sie überall im Gras die Ostereier entdeckten! Und die Sonne am strahlendblauen Himmel lachte dazu. Aber nicht nur die Sonne lachte. In seinem Haus lachte auch der Osterhase über die Freude der vielen Kinder. Gut war es gegangen in diesem Jahr. Der Mond hatte hell überall hingeleuchtet und seine Helfer hatten die schönsten Ostereier angemalt. Und lachen tat auch die kleine Li, als sie morgens erwachte, und Nkusi und Papik lachten ebenfalls – einfach so vor lauter Lebensfreude und weil über Nacht ihre kleinen Herzen Osternester geworden waren, in denen eine richtige Sonne leuchtete, wie ein Osterei so groß.

# Der Königssohn aus der goldenen Stadt

Eine merkwürdige Geschichte erzählten die Alten ihren Kindern in jenem Land hinter dem Meere. Da sei vor vielen, vielen Jahren ein Königssohn zu ihnen an den Strand gestiegen. Fischer hätten ihn auf dem Meer gefunden, wo er, ganz ermattet von langer Wanderung, auf den Wellen schritt, und ihn in ihr Boot genommen. Der edle Fremdling habe segensvoll unter den Menschen gewirkt; wo er erschien, seien Krankheit und Elend gewichen, und Alten und Jungen hätte das Herz vor Freude höher geschlagen. Gern habe man ihn als Gast bei sich gesehen und die Türen weit geöffnet, wenn er unvermutet anklopfte. Doch dann habe er Abschied genommen von ihnen und sei in die Drachenberge aufgebrochen, die sich hinter dem schmalen Land am Meer drohend erhoben. Niemand hatte gewagt, ihn zurückzuhalten, aber als er ging, hatten sie um ihn getrauert wie um einen Toten. Denn jedermann wusste, dass aus den Drachenbergen kein Zurückkommen war.

Seit jenem Tag war der Königssohn verschwunden geblieben. Nur ein kleines weißes Vöglein hatte zwitschernd Bescheid gebracht über sein Geschick. In der Linde auf dem Marktplatz hatte es im frischen Grün gesessen und gesungen: »Der Königssohn, der Königssohn aus der goldenen Stadt, tirilirili, er hat sich in die Höhle des Drachen gelegt, tirilirili, er ruht dort, bis du ihn weckest.« Einmal, zweimal, dreimal hatte das weiße Vöglein seine Botschaft gezwitschert; dann war es singend von dannen geflogen. Die Leute aber hatten sich so sehr über die Botschaft gewundert, dass ihnen erst viel später klar geworden war, welch merkwürdig Ding es gewesen, dass ein Vogel mit Menschenwort hatte zu ihnen sprechen können.

Das war die Geschichte, welche die Alten den Kindern erzählten. Immer stellten die Kinder danach dieselbe Frage: »Und ist noch niemand aufgebrochen, um den Königssohn aus der goldenen Stadt aufzuwecken?« Jedes Mal mussten die Alten dann den Kopf schütteln. Meistens brummten sie: »Dummes Zeug. Wie sollte sich einer in die Drachenberge wagen!« Je kleiner und unerfahrener die Kinder waren, umso öfter gaben sie darauf die verwegene Antwort: »Wenn ich groß bin, dann will ich hingehen und ihn wecken.« Und die Alten lachten und riefen: »Das wirst du dir noch zweimal überlegen, ob du zum Drachenschmaus werden willst.« Immer hatten sie recht behalten. Je älter die Kinder wurden, umso deutlicher erkannten auch sie die Gefahr, in die sich derjenige begab, der sich in die Drachenberge vorwagte, und sie verloren den Mut.

Lange, lange Zeit verstrich, in welcher die Geschichte der Alten in dem Land hinter dem Meere ein solch trauriges Ende nahm und keiner es wagte, einen glücklicheren Ausgang zu erstreiten. Aber dann fiel ein seltsamer Nebel über das Land, der trübte den Menschen die Sicht und schwächte das Licht der Sonne, und es wurde immer dunkler dort. Es war diese Dunkelheit, die Simon den Mut fassen ließ, zu wagen, was seit Jahren und Jahren keiner gewagt hatte. Wenn einer helfen konnte, die Dunkelheit zu vertreiben, so war es der schlafende Königssohn.

Simon hatte seinen Vater nie gekannt, und seine Mutter war zu Grabe getragen worden, als er noch ein kleiner Junge war. Er war als ein »Kind der Stadt« aufgewachsen, was soviel besagte, dass er aller Leute Kind war, und was zur Folge hatte, dass sich kaum jemand wirklich um ihn kümmerte. So fiel dem Jüngling der Entschluss, die Stadt zu verlassen, in der er wenig Liebe erfahren hatte, nicht gar so schwer.

Als die Menschen merkten, dass Simon sich ein Ziel gesetzt hatte, wurden sie neugierig. Der Schneider, der mit untergeschlagenen Beinen auf seinem Tisch am Fenster saß und an einer roten Jacke stichelte, rief dem Jüngling nach: »Wohin so eilig, Kind der Stadt?« Simon antwortete: »In die Drachenberge, den Königssohn aus der goldenen Stadt wecken.« Da schimpfte der Schneider ihm hinterdrein: »Willst du wohl achtgeben, du Naseweis! Keiner ist je aus den Drachenbergen zurückgekommen. Du wirst dir die Kleider zerreißen.« – »Werden sehen«, lachte Simon zurück, »werden sehen.« Da packte den Schneider der Zorn. Er griff die Zwirnrolle mit dem roten Garn, die neben ihm auf dem Tisch lag, und schleuderte sie dem Burschen hinterdrein. Der bückte sich flink danach, steckte sie in die Tasche und neigte sich höflich vor dem Schneider, als habe dieser ihm ein Geschenk gemacht. Dann zog er weiter.

Der Barbier stand vor seinem Laden und sah Simon zielstrebig daherkommen. Er rief ihn an: »Wohin so eilig, Kind der Stadt?« – »In die Drachenberge, den Königssohn aus der goldenen Stadt wecken«, erwiderte Simon im Vorübergehen. »He, he«, meckerte da der Barbier, »ist der Schelm in dich gefahren? Oder meinst du gar ernst, was du sagst?« – »Ganz ernst«, bestätigte der Bursche. Da packte den Barbier die Wut. »Willst du wohl achtgeben, du Naseweis!«, schimpfte er. »Keiner ist je aus den Drachenbergen zurückgekommen. Du wirst dir alle Knochen brechen.« – »Werden sehen«, lachte Simon, »werden sehen.« Da ergriff der Barbier das Rasiermesser, das neben ihm lag, und schleuderte es dem Jüngling nach. Als der es scheppernd auf das Straßenpflaster fallen hörte, wandte er sich um, hob es auf, neigte sich dankend vor dem Barbier und zog weiter.

Draußen vor der Stadt lag der Totenacker, wo man auch Simons Mutter einst begraben hatte. Der Totengräber, als er den Jüngling vorüberwandern sah, setzte die Schaufel ab und rief ihm nach: »Wohin so eilig, Kind der Stadt?« – »In die Drachenberge, den Königssohn aus der goldenen Stadt wecken«, erwiderte der Bursche. Da polterte der Totengräber: »Willst du wohl achtgeben, Naseweis! Keiner ist je aus den Drachenbergen zurückgekommen. Du wirst in die Grube fahren.« – »Werden sehen«, lachte Simon, »werden sehen.« Da packte den Totengräber der Ärger. Er bückte sich, hob einen Brocken harter schwarzer Erde auf und schleuderte ihn dem Burschen nach. Der, als er die Erde hinter sich auf den Boden schlagen hörte, wandte sich um, nahm den Brocken Erde auf, neigte sich höflich vor dem Totengräber und zog weiter.

Als er hinter der Stadt die ersten Höhen erklommen hatte, begegnete Simon einer großen Schafherde. Inmitten der friedlich grasenden Tiere stand, ruhig auf seinen langen Stab gestützt, Hans, der alte Hirte. Vor ihm hüpfte und tanzte ein goldenes Dingelchen auf und nieder; es blitzte und glänzte bei jedem Hüpfer, den es tat. Was mochte das sein? Simon ging zu dem Hirten, der ihm mit hellem Blick entgegensah. »Du bist also auf dem Weg in die Drachenberge, Kind der Stadt«, sagte der Alte, als der Jüngling vor ihm stand, »du willst den Königssohn aus der goldenen Stadt wecken.« Er musterte Simon aufmerksam, und als der seinen Blick standhaft erwiderte, fuhr der Hirte fort: »Niemand hat vor dir jemals den Weg dorthin gewagt.« – »Bist du selbst nicht einmal dort gewesen?«, erinnerte sich Simon. »Das war etwas anderes«, winkte der Alte ab, »etwas ganz anderes.« Dann fing er mit schnellem Griff das kleine goldene Dingelchen, das all die Zeit vor ihm auf und nieder getanzt war, und reichte es dem Burschen: eine goldene Spindel. »Nimm sie mit auf deinem Weg«, sagte er, »sie wird dir Glück bringen.« Der Jüngling bedankte sich für das Geschenk und zog weiter.

Drohend türmten sich die Drachenberge in den Himmel. Simon musterte das Felsengewirr, das vor ihm lag. Spitzen und scharfe Kanten ragten ihm entgegen, und zwischen den Steinen wuchsen Büsche mit langen, harten Dornen. Verborgen in Höhlen und Schründen meinte Simon die Ungeheuer schon zischen und fauchen zu hören. Dann dachte er an den schlafenden Königssohn, der den Nebel vertreiben sollte, fasste sich ein Herz und begann den Aufstieg. Vor den Kanten und Spitzen der Steine konnte er sich wohl hüten. Aber die Dornenranken griffen nach ihm, gruben sich in sein Fleisch und rissen ihm die Kleider entzwei. »So hatte der Schneider recht«, dachte der Jüngling, »meine Kleider sind schon zerrissen, ehe ich den Weg noch recht begonnen habe.« Dabei erinnerte er sich an die rote Zwirnrolle, die er in der Tasche trug. Er zog sie hervor und knüpfte den Faden an einer Dornenranke fest. »So werde ich wenigstens den Heimweg wiederfinden«, meinte er, »wenn es denn einen Heimweg für mich geben wird.«

Bald hatte Simon sich an das Klettern gewöhnt. Erstaunt bemerkte er, dass zwar hier und da Drachengestalten drohten, dass sie aber samt und sonders zu Stein erstarrt waren. Wenn er sich umwandte, konnte er hinter sich den roten Faden erkennen, der sich durch das Felsengewirr ringelte; der Anblick gab ihm Sicherheit.

Schon wollte Simon übermütig werden. Wenn er einmal absah von seinen zerrissenen Kleidern, ging es eigentlich gut voran, viel leichter, als er zu hoffen gewagt hatte. Wie angstvoll hatten die Menschen immer auf die Drachenberge hingeschaut. Wie würden sie ihn feiern, wenn er heimkehrte in die Stadt. Kaum aber hatte der Bursche solches gedacht, als plötzlich ein Nebel auf ihn fiel, so dicht, dass er nicht mehr die Hand vor Augen sehen konnte. Und das war kein gewöhnlicher Nebel, wie Simon bald bemerken sollte. An manchen Stellen zog er sich stärker zusammen als an anderen, gewann selbst Gestalt und begann den Burschen zu bedrängen, zu pressen und zu drücken, dass dem schier der Atem verging und er nur unter großer Mühe seinen Halt auf dem Felsen wahren konnte. Mit immer gröberen Fäusten schien das Nebelwesen nach ihm zu greifen. Da keuchte der Jüngling: »Du wirst mir alle Knochen brechen mit deinem argen Griff, oder aber ich stürze in die Tiefe und zerschelle.« Hatte er sich bisher nur um sicheren Halt gesorgt, so musste er sich jetzt dem Griff des Nebelwesens zu entziehen suchen. Da begann er zu ringen, sich zu drehen und zu ducken, aufzubäumen und zu winden. Erleichtert bemerkte er, dass das Wesen den groben Griff allmählich lockerte. Stattdessen aber fühlte er, wie er nun in Fesseln geschlagen wurde. Je heftiger er sich wand, umso enger wurde das Band.

Als Simon sich gar nicht mehr wehren konnte, ließ das Wesen plötzlich von ihm ab, und der Nebel hob sich. Da erkannte der Bursche, dass sich im Kampf mit dem Nebel der rote Faden, den er hinter sich hergezogen hatte, fest um ihn gelegt hatte und ihm so zur Fessel geworden war. Zerschlagen und hilflos eingebunden stand er da, und plötzlich meinte er wieder den Barbier höhnen zu hören: »Du wirst dir alle Knochen brechen.« Genauso fühlte er sich jetzt: als ob kein einziges Knöchlein in ihm mehr heil geblieben wäre. Jetzt erinnerte er sich aber auch an das Rasiermesser, das der Barbier ihm hinterhergeschleudert hatte. Mit Mühe gelang es ihm, eine Hand in die Tasche zu stecken, das Messer zu ergreifen und zu öffnen, um damit den Faden zu zerschneiden und sich zu befreien. Wie aber würde er nun wohl wieder nach Hause finden?

Zerschlagen wie er war, wurde ihm die Wanderung schwer. Es dünkte Simon, er trage eine riesige Last mit sich. Kam das von den Dingen, die er noch in der Tasche hatte: dem Erdklumpen des Totengräbers und der hübschen goldenen Spindel des Hirten? »Den Brocken Erde will ich fortwerfen«, dachte der Jüngling, »dann wird der Weg mir leichter werden.« Als er aber die harte, schwarze Erde in der Hand hielt, zögerte er, war es doch Erde von jenem Totenacker, in dem auch seine Mutter ruhte. »Nein«, entschied er endlich, »die Erde muss mit. Auf das goldene Dingelchen werde ich hier oben aber verzichten können.« Sprach's und steckte den harten Brocken wieder in die Tasche. Dafür zog er die goldene Spindel des Hirten hervor und warf sie von sich. Da begann die Spindel zu tanzen, gerade so, als ob der Hirte seine Wolle mit ihr spänne. Auf und ab hüpfte das goldene Glitzerding, auf und ab, und dabei bewegte es sich vor dem Jüngling her, der ihm staunend folgte. »Spinnst du mir einen neuen Faden?«, fragte der Bursche die kleine muntere Tänzerin, und die Spindel, als hätten die Worte sie zu noch größerem Eifer angespornt, setzte flink ihren Weg fort, immer höher und höher in die Berge hinauf; aber so klüglich wählte sie den Pfad, dass dem geschundenen Jüngling das Klettern leichter wurde.

So kam Simon endlich vor eine Höhle, die schwarz, schwarz in der Felswand gähnte. Die goldene Spindel hüpfte, ohne zu zögern, in die Höhlenöffnung hinein – und war verschwunden. Der Bursche blieb stehen. Vor der schwarzen Finsternis packte ihn das nackte Grauen. »Soll ich denn wirklich in die Grube fahren, wie der Totengräber mir verheißen hat?«, rief er angstvoll. Wie von ungefähr tastete seine Hand nach dem harten Erdklumpen, den der Mann ihm hinterhergeworfen hatte, und als er ihn zwischen den Fingern spürte, wurde er plötzlich ruhiger. »Was kann dir denn geschehen, Simon?«, meinte er seine Mutter sagen zu hören. »Wenn du stürzt, wirst du bei mir sein. Du kannst ja nichts verlieren, aber alles finden.« Da fasste der Bursche neuen Mut. Vielleicht ruhte der Königssohn aus der goldenen Stadt just auf dem Grund dieser Höhle. Vielleicht hatte die goldene Spindel des Hirten ihn zu ihm führen wollen.

Mit großen Schritten eilte Simon in die finstere Höhle hinein. Er spürte keinen Halt für seine Füße und merkte, dass er stürzte, tiefer und immer tiefer fiel, so unendlich tief, wie er keinen Abgrund je geahnt hatte. Um sich her sah er Drachengestalten: Ungeheuer mit schlimmen Fratzen, die die Zähne bleckten und nach ihm schlugen – ihm aber nichts anhaben konnten. Und plötzlich war da Musik, herrliche, nie gehörte Musik. Sie schien ihm aus dem Abgrund entgegenzuwachsen. Immer gewaltiger wurden die Klänge, bis Simon meinte, selbst nichts als Klang zu sein. Wie eine große Flamme schlugen sie über ihm zusammen, waren nicht nur Klänge, sondern Wesen mit großen sehenden Flügeln, die ihn begleiteten. Da erkannte er, dass er nicht einfach fiel, sondern von Engeln getragen war in seinem Sturz in die Finsternis des bodenlosen Abgrundes.

Dann schlug er die Augen auf, blickte erstaunt um sich und wusste nicht, wo er ruhte. Um ihn her glänzten golden die Felswände, übersät mit Ornamenten von Drachengestalten; Weisheitslicht leuchtete aus ihren Augen. Über ihm aber, zu ihm niedergebeugt, stand ein Jüngling in königlichem Kleid, den er nie gesehen hatte und doch sogleich erkannte.

»Du bist der Königssohn aus der goldenen Stadt«, flüsterte Simon, und Freude verklärte sein Gesicht, als der Edle nickte. Friedevoll tauchten ihre Blicke ineinander. Schließlich sagte der Jüngling, der sich in Gegenwart des Königssohnes unendlich geborgen fühlte und keinen Schmerz mehr verspürte: »Ich kam, um dich zu wecken, aber jetzt hast du mich aufgeweckt in der Tiefe des Abgrundes. Wie kann das sein?« – »Du hast geschlafen, den tiefen Menschenschlaf«, erwiderte der Königssohn, »ich aber habe in deinem Herzen geruht von Anbeginn, und jetzt bist du zu mir erwacht.« Freundlich lächelnd musterte er den staunenden Burschen. Dann streckte er ihm die Hand entgegen und sprach: »Hier, Simon, nimm diesen Samen. Du hast die Erde vom Totenacker treu bewahrt. Pflanz das Körnlein in den Klumpen schwarzer Erde ein und trag es in die Stadt. Der Samen wird aufgehen, und wenn er erblüht, wird der Nebel, der über euch lastet, sich lichten.« Simon tat, wie ihm geheißen, nahm das Körnlein aus der Hand des Königssohnes und legte es in den Erdklumpen. Daraufhin wies ihm der Königssohn aus der goldenen Stadt den Weg, der ganz in der Nähe aus der tiefen Höhle ins Freie führte. Als Simon hinaustrat, fand er sich am Fuß der Drachenberge unweit der Stelle, wo er seinen Aufstieg in die Felsen hinein begonnen hatte. Er wandte sich zurück, um sich den Zugang zur Höhle zu merken, sah hinter sich aber nur nackte Felsen und Dornenranken.

Da suchte Simon Hans, den Hirten, auf. »Hast du den Königssohn aus der goldenen Stadt gefunden, und hast du den Samen mitgebracht?«, empfing ihn der Alte. Der Jüngling zeigte ihm den Erdklumpen vom Totenacker, den er wie einen Schatz in seinen Händen trug. »Pflanz ihn ein unter der Linde auf dem Marktplatz«, riet ihm der Hirte. »Doch ehe du gehst, sieh dich noch einmal um!« Der Bursche blickte auf, und da nahm er wahr, dass die Spitzen der Drachenberge nicht mehr gar so hoch in den Himmel ragten wie früher. Über den Berggipfeln aber war eine Stadt sichtbar geworden, eine Stadt mit goldenen Mauern und Zinnen. »Wer den Samen im Abgrund gefunden hat, der sieht die goldene Stadt des Königssohns, wo er auch geht«, sagte der Hirte leise. Und nach einer Weile fügte er hinzu: »Und wer die Blume anschaut, die aus jenem Samen erblüht, der wird die Sehnsucht verspüren, sich ebenfalls auf die Suche zu begeben. Und keiner sucht vergebens, selbst wenn er strauchelt und stürzt und alles verliert. Was er erringt, ist mehr, als er je besessen hat.«

Kaum einer hat Simon beachtet, als er seinen Samen unter der Linde auf dem Marktplatz einpflanzte. Nach fünfzig Tagen aber erblühte daraus eine Blume, klein und zierlich zwar, aber überaus lieblich anzuschauen und köstlich duftend. Und als sie ihre Blüte auftat, zerriss der Nebelschleier über dem Land hinter dem Meere. Da hat manche die Sehnsucht ergriffen, und sie haben sich – heimlich der eine, mit großen Abschiedsworten der andere – auf den Weg gemacht, den beschwerlichen Weg hinauf in die Drachenberge unter Mühsal und Schmerzen und auf Engelsschwingen stürzend in den Abgrund der schwarzen Höhle. Jeder aber, der auf dem tiefen Grund erwachte, ist dem Blick des Königssohnes aus der goldenen Stadt begegnet und hat seinen Samen empfangen, um ihn in die Erde zu legen. Fortan hat er dann über den Drachenbergen die Mauern und Zinnen der goldenen Stadt schauen können – wie Simon und Hans, der Hirte.

Wie viele gegangen sind, den Königssohn aus der goldenen Stadt zu wecken, willst du wissen? Ei, geh und zähl die Blumen, die davon künden, dass einer aus der schwarz, schwarzen Höhle zurückgekehrt ist; dann weißt du es ganz genau.

# Wie heißt der Osterhase?

Von Großmutter Martha weiß ich nur noch wenig. Wenn sie uns besuchte, saß sie meist still in ihrer Ecke und schaute uns Kindern beim Spielen zu. Mitspielen aber tat sie nicht, und wenn wir sie baten, uns eine Geschichte zu erzählen, schüttelte sie lächelnd den Kopf und erklärte: »Geschichten kenne ich gar keine.« Dennoch ist es eine Geschichte, die mich auch heute noch stets an Großmutter Martha denken lässt – die einzige, die sie uns erzählte und die wirklich im Grunde keine Geschichte war, weil sie alles selbst erlebt hatte. Erst kürzlich, als mein Jüngster mich fragte: »Papa, wie heißt der Osterhase?«, musste ich wieder an Großmutter Martha denken, denn die wusste den Namen ganz genau.

Und das ist die Geschichte, wie ich sie nach so vielen Jahren erinnere:

Es war Hungerzeit in Deutschland. Ein Sturm war über das Land hinweggefegt, schlimmer, als man es je zuvor erlebt hatte. Die Erde hatte gezittert wie in einem starken Erdbeben, gebrannt wie in einem Weltenbrand, Fluten des Hasses und der Feindschaft hatten alles Lebendige überspült und alles infrage gestellt, an was die Menschen sich bisher hatten halten können. Nun war er vorübergegangen, aber die Menschen hatten all ihre Reichtümer verloren, ja selbst ihr bescheidenes Auskommen war ungewiss. Manchmal wussten sie morgens nicht, was sie mittags essen sollten, und nicht selten legten sie sich abends mit leerem Magen zu Bett.

Von den Sorgen dieser Zeit erinnerte Großmutter Martha fast nichts mehr, denn sie war damals noch ein Kind von fünf Jahren. Was sie erinnert, ist das Stück Brot, das die Mutter zur Mahlzeit in vier Teile schnitt – jeweils einen für den Vater, für den achtjährigen Bruder Karl, für Martha und für sie selbst – und das sich in der Größe stets gleich blieb, sich nur in der Form änderte: Mal war es ein Viereck, mal ein längliches Rechteck, mal ein Dreieck. (Martha mochte das dreieckige Sonntagsbrot am liebsten.) Dass es fast nie etwas zum Drauflegen gab, war für das kleine Mädchen kein Grund zur Sorge, sondern einfach Tatsache. Dann erinnerte sie sich mit besonderer Freude an das große Stück roten Geschenkpapiers und die braune Hanfschnur, die immer dann auftauchten, wenn es einen Anlass zum Feiern gab, einen Geburtstag oder Weihnachten. Danach wurde das Papier sorgfältig wieder zusammengelegt, die Schnur säuberlich aufgewickelt und alles im oberen Fach des Schrankes verstaut. Dieses rote Papier! Mit der größten Verwunderung bemerkte Großmutter Martha, dass man es später, als wieder bessere Zeiten kamen, wohl einfach weggeworfen hatte. Und welche Schätze und Freuden hatte es doch verborgen! Schließlich war da noch Franz, die Puppe, die eines Tages zum Neger erklärt wurde, weil ihr Stoffgesicht ganz dunkel geworden war vor lauter Liebe und Zuneigung. Franz musste von jedem Stück Brot, das Martha bekam, mitessen, tat das aber so bescheiden, dass immer genügend für das Mädchen übrig blieb. Das waren die Schätze und wichtigen Erinnerungen, die sich das Kind aus jener Zeit bewahrte; die Sorgen waren Angelegenheit der Erwachsenen.

Ach ja, die Sache mit dem Osterhasen erinnerte sie natürlich auch noch.

Das muss noch in der ganz armen Zeit gewesen sein, als es so wenig zu beißen gab, dass die Mutter in den Tagen vor Ostern den Kindern sagte: »Ich glaube, diesmal brauchen wir den Osterhasen gar nicht zu rufen. Er hat gewiss auch nichts, was er den Kindern schenken kann.« Die Kinder hörten das mit Staunen, legten ihre kleinen Stirnen in tiefe Denkfalten und schüttelten dann entschieden ihre Köpfe. »Nein, Mama«, erklärten sie, »der Osterhase kommt doch von ganz woanders. Da hat er keine Not. Deshalb kommt er doch zu uns.« Was sollte die Mutter auf solch sichere Überzeugung schon erwidern! »Aber baut diesmal nur ein Osternest«, bat sie schließlich, »dass es nicht so gierig aussieht.« Darauf ließen sich die Kinder der Mutter zuliebe gern ein.

Auf dem kleinen Rasenstück vor dem Haus sammelten sie Äste und Moos und legten alles zu einem schönen weichen Nest zusammen. Mitten hinein legten sie ein kleines Stück Steckrübe, das sie der Mutter abgebettelt hatten, damit der Osterhase, wenn er hungrig sein sollte, etwas zu essen hätte. Dann brachte Karl sein amerikanisches Fähnchen herunter, das ein Soldat ihm geschenkt hatte, befestigte es an einem langen Stock und ließ es über dem Osternest flattern. »Willst du denn dem Osterhasen einen Schreck einjagen mit dieser Vogelscheuche?«, brummte der Vater. Der Junge schüttelte den Kopf und druckste leise: »Nein, erschrecken soll er sich nicht, aber sehen soll er's.« Der Vater zuckte mit den Schultern und ließ ihn gewähren. So blieb die Fahnenstange beim Nest.

Das war am Tag vor Ostern. Am Abend, als das Stück Brot in vier Teile geschnitten wurde, erklärte die Mutter, sie habe gar keinen Hunger, und da mochte auch der Vater nichts essen, sondern trank nur in langsamen Zügen den heißen Tee und ließ es sich damit genügen zuzuschauen, mit welchem Appetit die Kinder - und Franz die Puppe - ihren Anteil verzehrten.

Vor dem Zu-Bett-Gehen gab es dann noch einen kleinen Streit, weil Martha unbedingt wollte, dass Franz beim Osternest Wache hielt, während Karl meinte, dass die Puppe ganz gewiss den Osterhasen vertreiben werde. Fast hätte es darüber Tränen gegeben, als Karl der rettende Einfall kam. »Franz kann ja die Steckrübe halten«, rief er, »dann weiß der Osterhase, dass er ihm nichts tun will.« So wurde es also gemacht. Franz durfte am Rand des Osternestes sitzen und bekam das Stück Steckrübe auf den kleinen Schoß. Martha gab der Puppe noch einen Gute-Nacht-Kuss und flüsterte ihr eine letzte Ermahnung ins Ohr: »Sei recht lieb, wenn der Osterhase kommt, und sag' ihm, er soll uns nur bringen, was er übrig hat für uns. Und erzähl mir morgen, wie er aussieht.« Franz hörte still zu.

Dann lagen die Kinder in ihren Betten, flüsterten leise miteinander, und Karl meinte: »Ich bin so aufgeregt, dass ich bestimmt nicht schlafen kann.« Auch Martha fühlte ein komisches Kribbeln im Bauch. Wer kennt das nicht! Außerdem fehlte ihr Franz, der sonst immer an ihrer Seite schlief, dass sie am liebsten aufgestanden wäre, um ihn hereinzuholen. Aber sie schämte sich, und sie hatte Angst, dass der Osterhase vielleicht schon in der Nähe wäre und davonlief, wenn er sie sähe. Unglücklich warf sie sich von einer Seite auf die andere. Was sollte sie tun? Als sie schließlich Karl zuflüsterte: »Meinst du, ich kann den Franz noch holen gehen?«, bekam sie keine Antwort mehr. Der Bruder war eingeschlafen. Da summte Martha das Gute-Nacht-Lied für Franz, wie sie es immer zu tun pflegte, redete sich ein, das Püppchen läge neben ihr und sie könnte es nur nicht sehen, weil es zu dunkel wäre – und fiel tatsächlich in einen unruhigen Schlummer.

Mitten in der Nacht schreckte das Kind aus wirren Träumen auf. Durch die Vorhangsspalten fiel helles Mondenlicht ins Zimmer und malte auf den Fußboden eine silberne Straße dicht bis zum Bett des Mädchens. Es war aber nicht das Licht, das Martha geweckt hatte, und es waren auch nicht die seltsamen Traumgesichte daran schuld. Nein, es war der Lärm von der Straße. Draußen brummte ein Motor, und es wurde auf Metall gehämmert. Dazwischen hörte Martha gedämpfte Stimmen. Hellwach setzte sie sich im Bett auf und lauschte. Wer machte denn solchen Krach gerade in dieser Nacht! Drüben lag Karl in seinen Kissen und schien nichts zu hören. Da schlüpfte Martha leise aus ihrem Bett und schlich auf der Straße aus Mondenlicht zum Fenster. Vorsichtig zog sie den Vorhang zur Seite, gerade genug, um ihren Kopf hindurchschieben zu können, und blickte hinaus. Im fahlen Licht lag der Garten. Das Osternest war im schwarzen Schatten des Kirschbaums verborgen; nur die Fahne konnte sie erkennen, die leise in der Nachtluft wehte. Wie mochte es Franz gehen? Der Motor war jetzt verstummt, und auch das Hämmern hatte aufgehört. Den Lastwagen, von dem die Geräusche ausgegangen waren, konnte Martha nicht sehen; er musste etwas weiter die Straße hinauf stehen.

Schon wollte das Mädchen seinen Platz am Fenster wieder verlassen, als plötzlich am Zaun zwei Gestalten auftauchten. Dunkel, fast schwarz standen sie vor dem helleren Himmel. Das Kind stand reglos und schaute. Auch die beiden am Gartenzaun standen eine Weile ganz still. Dann aber schwang einer der beiden sich unvermutet über den Zaun und eilte in den Garten – genau auf das Nest zu, über dem die Fahne wehte. Deutlich konnte Martha erkennen, dass sie etwas auf ihrem Rücken trug. »Der Osterhase mit seiner Kiepe«, flüsterte das Mädchen verzückt und ohne daran zu denken, dass es eigentlich gar nicht schauen durfte. Es sah, wie die dunkle Gestalt beim Osternest niederkauerte und die Kiepe vom Rücken nahm. Dann hörte es nach einer Weile deutlich, wie die andere Gestalt am Zaun rief: »Okay, Jack?« Und es hörte, wie der Osterhase mit dunkler Stimme antwortete: »Okay.« – »Er heißt Jack«, flüsterte das Mädchen beglückt.

Und dann ließ Martha erschrocken den Vorhang fahren, denn Karl war erwacht und zischte ärgerlich: »Was machst du denn am Fenster?« – »Ich hab' den Osterhasen gesehen«, stammelte das Mädchen entschuldigend, und erst dabei fiel ihm ein, dass das eigentlich verboten war. Geschwind, als könnte es so die Sache ungeschehen machen, schlüpfte es wieder unter die Bettdecke. »Er heißt Jack«, flüsterte Martha dem Bruder zu, »der Osterhase heißt Jack. Ich hab's genau gehört.« Aber Karl machte nur »Pst!« und drehte sich auf die Einschlafseite. In der Nähe begann ein Lastwagen zu brummen, aber das hörten die Kinder nur noch wie ganz von ferne.

»Wach auf, Martha, wach doch auf. Es ist Ostern.« Karl musste die kleine Schwester sogar an der Schulter rütteln, so fest schlief sie noch. Dabei schien draußen schon die Sonne ganz hell, und in der Küche konnte man Mutter hantieren hören. Es dauerte eine Weile, bis die Worte Martha erreichten. Dann aber wurde sie mit einem Schlag blitzwach. Richtig, es war Ostern, und draußen wartete das Osternest. Ob der Osterhase wohl gekommen war? Schnell sprang das Kind aus dem Bett und schlüpfte in die Pantoffeln, und dabei fiel Martha ein, was sie in der Nacht gesehen hatte. Wie hatte der andere den Osterhasen genannt? Richtig. »Jack, Jack, Jack«, erinnerte sie sich, und indem sie den Namen leise vor sich hinsprach, sah sie den Osterhasen hüpfen: »Jack, Jack, Jack, Jack.«

Welch Überraschung erwartete die Kinder am Nest! Rot leuchtete ihnen das Geschenkpapier entgegen, das zu allen Festen dazugehörte. Darin fanden sie, säuberlich in zwei Hälften geteilt, ein Osterei, aus Brot geformt, so groß wie zwei Mahlzeitportionen. Das würde einmal satte Bäuche geben! Doch das war nicht alles. Nein, es lagen da auch noch, in buntes Papier eingewickelt, Bonbons, eine ganze Handvoll. Sie schmeckten scharf nach Eukalyptus, aber es war auch ein wenig Süße in ihnen. Und dann gab es noch zwei hart gekochte Eier, deren Schalen an manchen Stellen etwas eingedrückt waren und die der Osterhase in diesem Hungerjahr nicht hatte anmalen können. In Franz' Schoß aber lagen – größtes aller Wunder – zwei kleine viereckige Päckchen in Silberpapier mit einem so köstlichen Inhalt, dass die Kinder kaum glauben mochten, dass es so etwas überhaupt auf Erden gab. »Es ist Schokolade«, erklärte der Vater, der ein winziges Stück auf der Zunge zergehen ließ, »Vollmilchschokolade.«

Dann musste Martha erzählen, was sie in der Nacht im Mondlicht gesehen hatte. Ach ja, ein Hase war's gewesen, so groß wie ein Baum, mit einer Kiepe auf dem Rücken, wie es immer auf den Bildern gemalt ist. Ja, richtig gehüpft sei er natürlich. Und er hieße »Jack«, was, wie das Mädchen ganz sicher wusste, nichts anderes bedeutet als »Hüpf«. Karl, der neidisch war, dass nur seine Schwester den Osterhasen gesehen hatte, meinte, es sei doch seltsam, dass er mit dem Lastwagen gefahren sei. Aber Martha verteidigte den Osterhasen: »Vielleicht war es ja gar nicht sein Lastwagen, sondern irgendeiner. Ich bin nur von dem Krach, den sie machten, aufgewacht, und dann habe ich den Osterhasen gesehen. Dass er Lastwagen gefahren ist, habe ich nicht gesagt.«

Nie wieder hat in späteren Jahren der Osterhase Eukalyptusbonbons und Schokoladentafeln gebracht, und seine Eier waren, als die Not ein Ende hatte, auch wieder hübsch bunt angemalt. Nie aber hat er den Kindern eine größere Freude bereitet als in jenem Hungerjahr, von dem der Vater fortan gar nicht mehr als von einem Jahr der Not sprechen mochte; denn: »In Wirklichkeit sind die Verhältnisse ganz anders, als wir meinen«, sagte er, »und der die Not bezwingt, ist uns wohl viel näher, als wir gedacht haben.«

Gelernt hatte er es vom Osterhasen Jack – und Martha, so klein sie damals auch war, hat sich's ein Leben lang gemerkt.

# Der Flug in den Himmel

Andreas war ein ganz besonderer Mann. Zu allen Menschen war er liebevoll, pfleglich ging er um mit den Dingen der Natur. Dabei lag stets ein eigentümliches Leuchten auf seinem Antlitz, und die Menschen sagten: »Andreas ist eine fromme Seele, auf der Gottes Segen ruht.« Andreas ließ sie reden. Er meinte allerdings, sein Geheimnis besser zu kennen als die anderen. Er war, wie er halt war, weil er in allem und jedem die Schöpferhand Gottes am Werk spürte, und die Liebe und Pflege, die er übte, waren zugleich sein stilles Dankgebet für die Gnade des Herrn.

Was Andreas über alles schätzte, das waren die Erscheinungen am Himmel. Schon als Kind hatte er stundenlang hineinträumen können in das unendliche blaue Zelt, das sich über ihm ausspannte wie eine große Kirchenkuppel. Er hatte seine Gedanken wandern lassen mit den weißen Wolken, die gemächlich vorüberzogen, hatte vor der Macht und Gewalt des Gewittersturms gezittert, und erleichtert und mit großer Freude hatte er die leuchtende Regenbogenbrücke vor der düsteren Regenwand aufscheinen sehen.

»Wenn ich groß bin, gehe ich über diese Brücke und besuche den lieben Gott«, hatte er als Knabe oft verkündet, und die Menschen hatten dazu freundlich gelächelt und es im Stillen natürlich besser gewusst. Später, als auch Andreas herausfand, dass man auf der Regenbogenbrücke nicht spazieren gehen kann, hatte er nicht mehr von seinem Wunsch gesprochen. Der war aber noch da, lebte fort in seiner Seele, doch hielt er ihn jetzt geheim, selbst vor seiner Frau und den Kindern. Wenn er nun aufblickte zum Himmel, überkam ihn mitunter leise Wehmut. Als Kind hatte er auf die Regenbogenbrücke hoffen dürfen, über die er einmal hinaufsteigen würde in jenes Reich dort oben. Nachdem sie ihm genommen war, schien ihm der Himmel unerreichbar fern gerückt von der Erde. Er betete zwar inbrünstig, doch fühlte er, dass selbst seine innigsten Gebete nicht die Tragekraft des weichen Flaums einer Wolke hätten. Sie strebten hinauf wie die Frühnebel, die aus dem nassen Gras aufsteigen und im Aufsteigen immer dünner werden, bis sie sich auflösen in der Höhe.

Es steht einem Menschen gut an, seine eigene Tätigkeit zu unterschätzen und mit dem Erreichten nie ganz zufrieden zu sein. Von außen ist der Wert des Getanen oft besser zu beurteilen. So war es auch in diesem Fall. Und so konnte es geschehen, dass, als Andreas wieder einmal nach einem Gewitterregen vor dem Hause stand und auf das Aufleuchten des Regenbogens wartete, er plötzlich angerührt wurde. Als er aufblickte, bemerkte er einen großen, strahlend schönen Engel, dessen Gewand in den Farben des Regenbogens leuchtete. In seinen Augen lag himmlische Freude, in seinem Atem wehte nie gehörte, köstliche Musik. Er streckte seine Hände Andreas entgegen und sprach: »Dein Sehnen hat unser Ohr erreicht und dein Lebenswandel unser Herz bewegt. Dein Wunsch soll Erfüllung finden. Du sollst eingelassen sein ins Reich der Himmel.«

Andreas lauschte den Worten des Engels, doch sein Verstand konnte sie nicht sogleich fassen. Zu übermächtig war die himmlische Schönheit des Gottesboten, zu überwältigend seine Botschaft. Erst allmählich dämmerte ihm der Sinn des Gesagten auf. »Und wie«, fragte er schließlich zögernd, »soll ich hinaufkommen ins Reich der Himmel, da der Regenbogen mich nicht trägt?« – »Ich will dich mit meinen starken Armen umfangen«, erwiderte der leuchtende Engel, »und dich im Nu hinauftragen, dorthin, wohin deine Sehnsucht längst den Weg gefunden hat.«

Ein tiefes Glücksgefühl durchströmte Andreas. Doch immer noch zögerte er. »Darf ich«, bat er, und die Worte kamen ihm nur stockend über die Lippen, weil er sich schämte, angesichts der Gnade, die ihm zuteilwerden sollte, noch eigene Wünsche zu haben, »darf ich noch Lebewohl sagen zu meinen Lieben?« Aber das Antlitz des Engels verdüsterte sich nicht in Unwillen. Heiter rief der Gottesbote: »Geh und sage Lebewohl zu allen, die dir lieb waren.«

Da lief Andreas eilig in sein Haus. Er fand seine Frau, die am Bett eines seiner Kinder saß, das krank war, sah die anderen zu ihren Füßen spielen.

Als er eintrat, liefen ihm die Kinder entgegen, klammerten sich an seine Rockschöße und riefen: »Jetzt lassen wir dich nicht wieder fort. Du musst mit uns toben.« Und der lächelnde Blick seiner Frau traf seine Augen. Da brachte Andreas die Abschiedsworte nicht über die Lippen. Er strich den Kindern über die hellblonden Köpfe, küsste stumm seine Frau und eilte zurück vors Haus.

»Ich kann sie nicht verlassen«, klagte er dem Engel, der ihm lächelnd sein Ohr neigte. Andreas kämpfte einen inneren Kampf gegen eigenes Wünschen und Begehren und bat den lieben Gott schon im Voraus um Verzeihung für die Anmaßung, die er aussprechen musste. »Kann ich meine Lieben nicht mitnehmen in Euer Reich?«, fragte er schließlich, den Kopf beschämt gesenkt. Als er aufblickte, hatte sich die Erscheinung des Engels gewandelt. Jetzt leuchtete sein Gewand im rotgoldenen Licht der untergehenden Sonne. Aber immer noch war sein Antlitz freundlich, als er erwiderte: »Du darfst auch deine Lieben mitnehmen. Nur wird der Weg nicht gar so schnell zurückzulegen sein, denn ihre Last ist für mich ungleich schwerer zu tragen. Ein gutes Jahr werden wir brauchen, bis wir anlangen vor Gottes Thron.«

Freude durchpulste Andreas, als er die Worte des Engels hörte. Auch seine Lieben durften ihn in den Himmel begleiten. Was wünschte er sich mehr! Schon wollte er sie herbeirufen, als er noch einmal innehielt. »Ein kurzer Gang durch den Garten, ist auch der mir noch gestattet? Ihr müsst wissen, dass ich nichts lieber tat, als meinen Garten zu pflegen.« – »Ich weiß es«, erwiderte der Engel. »Geh nur! Wir Himmlischen kennen keine Eile.«

So ging Andreas noch ein letztes Mal die Gartenwege entlang, bückte sich hier und da zu den Blumen hinab, sog noch einmal den lieblichen Duft der Rosen ein, pflückte eine Kirsche vom Baum und wandte sich dann aufs Neue den Beeten zu. Prüfend wanderte sein Blick über sie hin, verweilte an manchen Stellen etwas länger. Hier hatte er etwas neu gepflanzt, dort etwas ausgesät. Man konnte bereits zarte grüne Spitzen erkennen, die sich aus dem Erdboden hervordrängten. Wer würde sie wässern, dass sie nicht verdorrten, ehe sie zur Blüte kamen? Immer langsamer wurde sein Gang, denn immer schwerer fielen Andreas die

Schritte, und als er schließlich wieder vor dem Engel stand, spiegelte sein Gesicht die Trauer, die er im Herzen fühlte. »Es ist schwer, den Garten zu verlassen«, murmelte er bekümmert. »Wer wird ihn pflegen? Wer wird die jungen Pflänzchen zur Blüte führen?« Bedrückt ließ er die Schultern hängen.

Als er den Blick wieder zum Engel emporhob, da hatte sich dessen Erscheinung noch einmal gewandelt. Sein Gewand zeigte jetzt das dunkle Blau des Nachthimmels, seine Augen strahlten wie Sterne. »Du kannst auch den Garten mitnehmen in den Himmel«, sagte er milde und musterte Andreas mit freundlichem Blick. Da wellte eine unendliche Wärme auf in der Seele des Mannes. Er seufzte tief und schien sich damit aller Sorgen zu entledigen. »Aber«, fragte er staunend, »wirst du all das tragen können: mich, meine Lieben und auch den Garten?« – »Wir Himmlischen kennen keine Eile«, antwortete der Engel, »es wird langsamer gehen, viel langsamer. Aber es wird schon gehen.« – »Wie langsam wird es gehen?«, fragte Andreas, von einer plötzlichen Ahnung berührt. Die Augen des Engels strahlten wie kleine Sonnen, als er erwiderte: »Die Schnelligkeit dieses Weges wird nicht durch die Schwungkraft meiner Flügel bestimmt, sondern allein durch die Stetigkeit deines Schrittes, Andreas.« Und wie in das Erinnern des Mannes hinein sprach er: »Diesen Weg in den Himmel, nach dem du jetzt fragst, den gehst du schon seit deiner Geburt und bist bereits ein tüchtiges Stück vorangeschritten. Ich kann dich darauf begleiten, um dir die Liebe zu deinem Ziel immer wieder zu entzünden, doch gehen musst du ihn aus eigener Kraft. Aber …«, der Engel schwieg. Er brauchte nicht mehr weiterzusprechen, denn wie aus dem Grund der eigenen Seele klang die Rede des Engels in Andreas weiter: »… sie werden es dir danken: deine Lieben und dein Garten, denn sie alle sehnen sich in ihrem Herzen nach dem Himmel – und der Himmel sehnt sich nach ihnen.«

Andreas schaute um sich. Das Gewitter war weitergezogen. Schwer lasteten seine Wolken noch über dem östlichen Horizont. Im Westen war die Sonne untergegangen, aber das Abendlicht lag auf den Wolken und malte in ihr dunkles Blau hie und da einen rosigen Schein – anzuschauen wie zarte, duftige Engelsflügel. »Ich komme«, flüsterte Andreas seinem

Himmel zu, in welchem er den Gottesboten mit den Sternenaugen wusste, »ich komme, aber langsam, Schritt vor Schritt. Du weißt ja …« Und mit einer Gebärde, als wolle er Sternensaat ausstreuen, wies er auf das Land um sich her. Dann eilte er ins Haus zu seinen Lieben.

# Der Wolkenbauer

Elias unterschied sich eigentlich nicht von den anderen Bauern in dem kleinen russischen Dorf am Rande des großen Waldes. Mit Sonnenaufgang war er auf den Beinen, um die Tiere im Stall zu versorgen, die Felder zu bestellen und in Haus und Hof nach dem Rechten zu sehen. Wenn die Sonne im Westen hinter den Hügeln versank, dann sprach Elias sein Nachtgebet, kroch auf den Ofen und schlief bis zum Hahnenschrei. So ging es tagaus, tagein. Nur am Sonntag war es ein wenig anders. Zwar mussten auch am heiligen Tag der Auferstehung die Tiere versorgt werden, die so ganz abhängig sind in Wohl und Wehe vom Menschen. Doch nach der Stallarbeit zog Elias einen sauberen Kittel an, gürtete sich mit einem silberbeschlagenen Gürtel, führte das Pferd aus dem Stall und ritt zur Kirche. Voller Andacht lauschte er der Verkündigung des Evangeliums, innig gerührt stimmte er ein in die melodischen Gemeindegesänge und sprach voller Inbrunst die altehrwürdigen Gebetsformeln mit. Wenn nach dem Gottesdienst die Bauern noch beisammensaßen, ein Pfeifchen schmauchten, auf die Woche zurückblickten, ein wenig prahlten und einander Eindruck machten mit dem Ungewöhnlichen, das sie erlebt hatten oder vorgaben, erlebt zu haben, dann saß Elias bei ihnen, rauchte ebenfalls und redete, wie die anderen redeten, nicht zu viel und nicht zu wenig. Niemand hätte vermutet, dass es etwas Besonderes auf sich hatte mit diesem einfachen Bäuerchen.

Und doch war es so. Nie hatte der Blitz in seine Scheune eingeschlagen, nie der Hagel seine Ernte zerstört, nie ein kalter Wind seine Obstblüten erfrieren lassen. Und da war noch etwas Eigentümliches: Sonntagnachmittags war Elias in seinem Hof nicht zu finden. Fragte ihn jemand, wo er sich denn herumtreibe an diesem heiligen Tag, so bekam er nur ein verschmitztes Lächeln zur Antwort, und drang er weiter in ihn mit seinen neugierigen Fragen, so zuckte Elias die Schultern und murmelte: »Wo sollte ich mich schon herumtreiben? Auf des Herrgotts Wolkenfeld, wo sonst?« Einige waren sicher, dass der kleine Bauer im Nachbardorf einen Schatz hatte, den er besuchen ging, und das war einleuchtend; denn ein Mann braucht eine Frau an seiner Seite, die ihm das Haus versorgt und ihm mit ihrer Liebe das Leben erhellt. Als aber Monate ins Land gingen und nichts von einer bevorstehenden Hochzeit zu hören war, verwarfen die Leute den Gedanken wieder und grübelten aufs Neue, was Elias wohl treiben mochte. Und weil die Neugier ein schlechter Gefährte ist, der immer wispert und raunt und keine Ruhe gibt, fand sich schließlich manch einer bereit, dem kleinen Bauern nachzuspionieren.

So kam es, dass eines Sonntags, als man sich nach dem Kirchgang wieder trennte und dem eigenen Hof zustrebte, Orloch, der Knecht, Elias insgeheim nachschlich, wobei er Obacht gab, dass er unsichtbar blieb und selbst doch alles wahrnahm, was vor sich ging. Und was sah der neugierige Mensch? Er sah, dass Elias sein Pferd absattelte und in den Stall führte, an seiner Stelle aber das Gespann weißer Ochsen herausbrachte. Er sah, dass Elias zum Schuppen ging und den Pflug herauszog, die Schneide mit dem Wetzstein dengelte, dass das Eisen klang wie eine Glocke, dann die Ochsen vor die silberglänzende Pflugschar spannte und mit Hü- und Ho-Rufen davonführte, dem Walde zu. Der Knecht staunte nicht schlecht über dieses seltsame Bild: die großen weißen Ochsen, gebürstet und gestriegelt wie Schimmel für eine Hochzeitskutsche, der silberne Pflug, dessen Eisen im Licht der Sonne immer wieder hell aufblitzte, dahinter der kleine Bauer im weißen Sonntagskittel, silbern umgürtet, die Ochsen antreibend und singend.

Als Orloch den anderen Bauern erzählte, Elias müsse im Wald noch weitere Felder haben, was seinen Reichtum erkläre, lachten die ihn aus. »Dummkopf«, riefen sie, »Tölpel! Felder im Wald! Wo kein Sonnenstrahl je hinreicht! Wo die Bären und Wölfe hausen und jeden reißen, der sich zu tief in ihr Revier hineinwagt! Tölpel! Dummkopf! Was du erzählst, kann nicht sein.« Mit rotem Kopf musste der Knecht die Schmähreden derer über sich ergehen lassen, die ihn ausgesandt hatten, Elias nachzuspionieren. Was blieb ihm anderes übrig, als schließlich zu rufen: »So geht nur selber hin und schaut! Ihr werdet doch nichts anderes zu sehen bekommen als ich.« Das versprachen die Bauern höhnend.

Natürlich lachte keiner mehr, als auch die anderen, die nun sonntags hinter Elias' Hecke lauerten, den Bauern mit seinem Paar weißer Ochsen und der frisch gedengelten silbernen Pflugschar dem Walde zustreben sahen. Da es aber doch nicht sein konnte, dass der Bauer im Wald sein Feld bestellte, bohrte die Frage, was er denn wirklich treibe, nur umso schmerzhafter in ihren Seelen – insbesondere als einer, der bis in den Abend hinein gewartet hatte, berichtete: »Er kam heim, als die Sonne sank. Seine Ochsen zeigten keine Spur von Schweiß. Der Pflug war so blank wie am Mittag und sein weißer Kittel so sauber wie morgens in der Kirche.«

Wo mochte Elias gewesen sein?

Schließlich war es ein Kind, welches das Geheimnis des kleinen Bauern ergründete: Wolodin mit der Nase in der Luft. Mit dem Knaben war nichts Rechtes anzufangen, weil er stets träumend durch die Welt zog. Wenn er Ziegen hüten sollte, vergaß er, wohin er gerade ging, weil er einem Vogel lauschte, der irgendwo in den Zweigen sang, während die Geißen im Garten die Salatköpfe fraßen. Sollte er bei der Heuernte helfen, so fand man ihn bestimmt wenig später mit der Harke im Arm am Wiesenrain sitzen, wo er mit einem Heupferdchen um die Wette summte. Seinen Spitznamen aber hatte er bekommen, weil er eines Tages so traumverloren den Wolken nachgeschaut hatte, die, gemächlich wie eine Herde weißer Kühe, auf ihrer blauen Weide dahinzogen, dass er vom Weg abgekommen und in den Dorfweiher gefallen war. Hätten nicht die Enten ein solches Geschnatter angestimmt über den unvermuteten Besucher, die Sache hätte wohl gar ein böses Ende genommen. So aber wurden die Leute aufmerksam und zogen den Träumer triefend und prustend, aber lebendig aus dem Wasser. Das war seine Taufe auf den neuen Namen gewesen.

Wolodin mochte Elias gern, weil der kleine Bauer ihn nicht bei seinem Spitznamen rief und ihn in seiner Nähe litt. Fragten die anderen Bauern Elias, ob der Träumer bei ihm denn richtig gearbeitet hätte, so erwiderte der: »Ihr kennt ja das Kind.« Aber dann fügte er stets hinzu: »Geholfen hat er mir aber doch.« Ja, wie hatte denn diese Hilfe ausgesehen? »Er hat mit mir gesungen«, erklärte der Bauer einfach und kümmerte sich nicht darum, dass die anderen über ihn den Kopf schüttelten.

Wolodin also war es, der sich eines Tages ein Herz nahm, zu Elias trat und bettelte: »Nimmst du mich einmal mit, Onkelchen, wenn du mit deinen weißen Ochsen und dem Pflug in den Wald ziehst? Ich will auch tüchtig für dich singen.« Der Bauer musterte den Jungen mit ruhigem Blick und sagte dann: »Gut, Wolodin, du sollst mitkommen. Aber du brauchst Mut. Ob du den wohl hast?« – »Wie Ilja Muromez, der Held«, versicherte der Knabe und bekam einen roten Kopf. »Werden sehen«, nickte Elias, »werden sehen.«

Also ging Wolodin am Sonntag nach der Kirche mit dem Bauern. Er führte Elias' Pferd in den Stall, half die Ochsen herausholen und striegeln, hielt den Pflug, während der Bauer die Schneide dengelte, und schritt schließlich ebenfalls singend hinter dem Gespann dem Walde zu. Dort führte ein Weg eine Anhöhe hinauf. Er schien häufig benutzt zu sein, obwohl Wolodin doch wusste, dass gewiss niemand aus dem Dorf außer Elias und seinen Ochsen hier je gingen. Singend stiegen sie aufwärts. Als sie endlich die Höhe erreichten, war der Knabe ganz ermattet von der Wanderung. Wie ein wogendes grünes Meer lag der Wald unter ihnen, wie Spielzeug waren die Höfe der Menschen zwischen die Felder hingestreut. Über ihnen aber zogen groß und behäbig die weißen Himmelswolken. Lächelnd schaute Elias auf den müden Knaben und sagte: »Leg dich ein wenig ins weiche Moos, mein Held Wolodin, damit du ausgeruht bist wenn du mich weiter begleiten sollst.« Das Kind tat, wie ihm geheißen, streckte sich auf den Boden aus, verschränkte die Arme unter dem Kopf und schloss die Augen. Elias betrachtete den Knaben lächelnd, bis er sah, dass dessen Atem ganz ruhig und gleichmäßig ging. Dann wandte er sich wieder seinen weißen Ochsen zu und trieb sie mit Hü- und Ho-Rufen weiter.

Wolodin erwachte erst, als er an der Schulter gerüttelt wurde. Beschämt sprang er auf die Füße und rieb sich den Schlaf aus den Augen. Neben ihm stand Elias mit dem Gespann weißer Ochsen und der silberglänzenden Pflugschar, als hätte er die ganze Zeit dort gewartet. »Habe ich denn geschlafen, Onkelchen?«, rief das Kind, und sein rundes Gesicht spiegelte seine Verwirrung, »ich meinte, ich hätte dir geholfen wie früher.« – »Sei unbesorgt, Wolodin, mein Held«, erwiderte der kleine Bauer, »wir wissen, was wir wissen, du und ich. Lass uns jetzt heimkehren.«

Gemeinsam folgten sie dem Weg den Hügel hinab und durch den Wald zurück zum Hof. Auf dem Weg aber fragte Wolodin zagend: »Und wenn die anderen mich bedrängen und wissen wollen, was ich erlebt habe – was soll ich ihnen sagen?« – »Sag ihnen ruhig, was du geschaut hast, als du dort oben im weichen Moos lagst, mein Sohn«, erwiderte Elias leise, »es wird dennoch ein Geheimnis für sie bleiben. Doch warte bis zum nächsten Sonntagnachmittag, ehe du darüber sprichst.«

Gibt es das denn, dass man etwas verraten darf und es dennoch geheim bleibt? Wolodin wunderte sich sehr über Elias' Worte.

Wie er geahnt hatte, drangen die Leute, sobald sie seiner habhaft werden konnten, mit Fragen in ihn ein: »Wo bist du gewesen, Wolodin mit der Nase in der Luft? Was hast du gesehen? Oder warst du dabei und hast alles verschlafen wie so oft?« Doch der Knabe antwortete, wie Elias ihm geheißen hatte: »Ich sage es euch, aber erst am kommenden Sonntagnachmittag.« Da mussten sie sich gedulden.

Am Sonntagnachmittag aber kamen alle vor der Kirche zusammen; kein Einziger fehlte. »Nun sag uns, was du gesehen hast, Wolodin mit der Nase in der Luft«, forderten sie den Knaben auf, und der begann stockend vor Schüchternheit seinen seltsamen Bericht. Verwundert hörten die Bauern von dem ausgetretenen Weg im Wald. Aber es sollte noch wunderbarer kommen für sie.

»Als wir auf dem Hügel angekommen waren«, erzählte der Knabe, »hieß Elias mich eine Weile ausruhen. So legte ich mich in das weiche Moos und muss wohl eingenickt sein. Als ich nämlich die Augen wieder öffnete, stand der Bauer nicht mehr neben mir. Doch von ganz in der Nähe konnte ich die Rufe hören, mit denen er seine Ochsen antrieb. Welch ein Anblick bot sich mir, als ich aufschaute! Zwischen den ziehenden Wolken sah ich Elias hinter seinem Gespann weißer Ochsen so ruhig und gleichmäßig einherschreiten, als zöge er die Furchen auf seinem eigenen Acker. Jetzt drehte er sich nach mir um und rief: ›So folge mir doch, wenn du Mut hast, Wolodin, mein Held!‹ Ich aber antwortete bebend vor Angst: ›Ich kann nicht, Onkelchen, ich kann nicht. Die Luft wird mich nicht tragen, und ich falle herunter wie ein Ziegelstein.‹ – ›Dann singe, mein Sohn‹, rief Elias mir zu, ›denn das hört man hier oben gern.‹ Damit stimmte er einen Choral an, und ich fiel ein und sang die Oberstimme. Den ganzen Nachmittag lang zog Elias mit seinem Gespann weißer Ochsen über das Himmelsfeld, senkte seine silberne Pflugschar in die blaue Flur und säte dann mit weiter Gebärde unsichtbaren Samen in das aufgebrochene Land. Erst als die Sonne sank, kehrten wir heim.« Der Knabe hatte sich ordentlich in Begeisterung geredet, seine Augen leuchteten, und seine Backen waren ganz rot geworden vor Freude über das Wunderbare, das er zu berichten hatte. Die Bauern aber – meint ihr, die lauschten ihm wie die Mäuschen? Ach nein. Als sie hörten, Elias habe sein Ochsengespann stracks zwischen die Wolken gelenkt, kam Lachen auf. Die Männer schlugen sich auf die Schenkel, stießen einander in die Seiten und schienen sich vor Vergnügen gar nicht mehr fassen zu können. »Er ist halt ein Träumer«, riefen sie einander zu, »Sieht am helllichten Tag nicht, was vor seiner Nase passiert!« Und Orloch, der Knecht, den sie ebenfalls einmal verlacht hatten, höhnte am lautesten. »Bist du sicher, dass du nicht geschlafen und alles nur geträumt hast?«, fragte er spöttisch. Aber wie sollte Wolodin denn wissen, was Traum und was Wirklichkeit gewesen war? Als sie seine Verlegenheit bemerkten, begannen die Bauern erst recht, ihn mit ihrem Spott zu überschütten.

Plötzlich aber jauchzte der Knabe: »Schaut doch! Schaut! Da fährt er ja.« Als die Bauern seiner weisenden Hand mir ihren Blicken folgten, sahen sie selbst – potz Blitz, das konnte doch nicht wahr sein! –: Zwischen den weißen Wolken führte Elias sein Gespann weißer Ochsen, senkte seine silberne Pflugschar in die blaue Himmelsflur und bestellte den Acker Gottes. »Jetzt seht ihr's selbst«, jubelte Wolodin, »deshalb hat er gesagt, ich solle bis zum Sonntag warten, ehe ich es euch erzähle.«

Ja, sahen sie wirklich, was der Knabe ihnen zeigte? Ach, es half alles nichts, weil sie das, was sie sahen, nicht wahrhaben konnten. Sie zwinkerten mit den Augen, als ob die Sonne zu hell schiene, schüttelten die Köpfe und riefen ungläubig: »Es kann nicht sein. Potz Blitz, es kann nicht sein.«

Schließlich schlug sich einer lachend gegen die Stirn und erklärte: »Wie konnten wir denn so närrisch sein! Es sind Wolken, die Elias und seinen Ochsen ähnlich sehen, Wolken, weiter nichts.« Da schlugen sich auch die anderen vor die Stirnen, riefen: »Wolken, weiter nichts« und lachten fort. So blieb ihnen tatsächlich geheim, was ihnen verraten worden war.

Unberührt davon zieht Elias am Sonntagnachmittag mit seinen weißen Ochsen und seinem silberglänzenden Pflug hinauf an den Himmel, damit das Feld des Herrn recht bestellt werde. Vielleicht hilft ihm inzwischen auch Wolodin, wenn er seine Angst überwunden hat und seine Müdigkeit bezähmen kann.

Schüttelt etwa jemand den Kopf, zwinkert mit den Augen, als ob die Sonne zu hell scheine, ruft jemand gar ungläubig: »Es kann nicht sein. Potz Blitz, es kann nicht sein!« Der wird Elias und dem Knaben Wolodin mit der Nase in der Luft nicht folgen können. Er möge sich aber auch nicht wundern, wenn Sturm und Regen, Hagel und Gewitter wie Unkraut wuchern auf dem Himmelsfeld, das er selbst zu bestellen versäumt.

# Warum das Feuer nicht nur leuchtet und wärmt, sondern auch brennt und verzehrt

Die Kate eines armen Köhlers war in der Nacht zum Raub der Flammen geworden, und nur mit Glück hatte der Mann sein nacktes Leben retten können. Als er am Morgen vor den schwarzen Balkenresten seiner niedergebrannten Hütte stand, die rauchten wie seine Kohlenmeiler, da seufzte er aus Herzensgrund und rief: »O Feuer, du zwielichtiger Gesell! So gut sind wir bisher miteinander ausgekommen. Dir verdankte ich, dass ich ein Dach über dem Kopf und etwas zum Beißen zwischen den Zähnen hatte. Doch jetzt hast du dich über Nacht gegen mich gewandt. Wie kannst du so die Treue brechen? Wes Vaters Kind bist du, dass du schenkst und zerstörst zugleich?« Aber die verkohlten Balken schwiegen und gaben ihm keine Antwort. Da schüttete der Köhler Erde in die Rauchlöcher seiner Meiler und machte sich auf zu erkunden, warum das Feuer nicht nur leuchtet und wärmt, sondern auch brennt und verzehrt.

Ihr könnt euch denken, dass er lange wandern musste, ohne dass er jemanden gefunden hätte, der ihm Antwort auf seine Frage wusste, denn das war eine Frage, die man nicht auf den Marktplätzen beantwortet bekommt. Wie lange er so gegangen war, wusste der Köhler schließlich selbst nicht mehr. Als er meinte, gewiss bald an das Ende der Welt zu gelangen, kam er an einen Berg, der kahl in den Himmel ragte, so hoch, dass die weißen Wolken um seinen Gipfel spielten. Der Weg führte just auf diesen kahlen Berg hinauf, und der Köhler folgte ihm, denn er sagte sich: »Wo ein Weg ist, muss auch ein Ziel sein, und wer weiß, vielleicht ist es sogar mein eigenes.«

Nun musste er lange steigen, und immer steiler wurde der Weg. Schließlich, als er meinte, keinen Schritt weiter tun zu können, bemerkte er, dass er fast auf dem Gipfel angekommen war, und mit letzter Kraft schleppte er sich hinauf. Droben stand ein Hüttchen, das hatte Fenster, die in alle Richtungen der Welt schauten: vorne drei und hinten drei, rechts drei und links drei. Was er aber von unten für weiße Wolken gehalten hatte, waren Tauben, die um den Gipfel des Berges kreisten, in Schwärmen auf- und niederstiegen oder sich auf dem Dach des Hüttchens niederließen. Staunend ging der Köhler um das Taubenhäuschen, bis er zu einer Tür gelangte. Da fasste er sich ein Herz und klopfte an.

Sogleich wurde ihm die Tür geöffnet. Der Köhler trat ein und schaute sich um. Was er da sah, war so seltsam, dass er mit den Augen zwinkerte und nicht wusste, was er denken sollte. Denn auch hier im Innern war über ihm und um ihn nichts als Flügelschlag und Vogelflug; das ruckte und das gurrte, dass es dem Köhler in den Ohren klang. Auf einmal aber hörte er einen hellen Ruf; da setzten sich die Tauben nieder auf dem Boden und auf den Simsen der Fenster, und es wurde ganz still.

Jetzt bemerkte der Köhler inmitten der Tauben einen Weißbart, der ihm entgegentrat und ihm freundlich beide Hände zum Gruß hinstreckte. »Was führt dich hierher, mein Sohn«, fragte er mit sanfter Stimme, die dem Gurren der Vögel ähnlich war, »was ließ dich dem steilen Weg auf diesen Gipfel folgen?« Der Köhler erwiderte: »Ich suche Antwort auf die Frage, warum das Feuer nicht nur leuchtet und wärmt, sondern auch brennt und verzehrt.« Und er erzählte dem Alten, wie das Feuer so lange Zeit sein Freund gewesen war und ihm dann eines Nachts doch all seine ärmliche Habe geraubt hatte. »Sag mir, wes Vaters Kind dieser zwielichtige Geselle ist, wenn du es weißt.«

Der Alte hatte dem Köhler aufmerksam zugehört. Als der seine Frage gestellt hatte, nickte er bedächtig und sagte: »Du bist am rechten Ort angekommen, um Antwort zu finden, mein Sohn. Doch jetzt stärke dich und schlafe dann! Morgen sollst du erfahren, was du erfahren willst.« Der Weißbart speiste den Köhler mit weißem Brot und klarem Quellwasser, und als der junge Mann gegessen hatte, wies er ihm in der Ecke des Raumes ein Strohlager. Der Köhler warf sich auf das einfache Lager und schlief sogleich ein, während die Tauben herbeigeflattert kamen, um die Krümel seines einfachen Mahles aufzupicken.

Am nächsten Morgen erwachte der Köhler von einem so gewaltigen Brausen, dass er meinte, der Sturmwind selbst müsse durch das Häuschen fahren. Es waren aber die Tauben, die mit heftigem Flügelschlag den Aufgang der Sonne begrüßten. Der Weißbart und der Köhler aßen gemeinsam von dem weißen Brot, tranken aus dem Krug klares Quellwasser, und die Tauben pickten am Boden die Krümel auf.

Als sie sich gesättigt hatten, hub der Alte an zu erzählen, und wieder musste der Köhler beim Klang seiner Stimme an das Gurren der Tauben denken. »Damals«, begann der Weißbart, »als die Erde noch jung war, wurde das Feuer heilig gehalten. Die Menschen bauten ihm Tempel, und Priesterinnen bewachten die Flammen. Einmal im Jahr wurde alles Feuer im ganzen Land gelöscht. Drei Tage lang durfte nirgends eine Flamme brennen.

Am dritten Tag aber stieg ein Himmelsbote zu den Tempeln der Menschen hinab und brachte ihnen reines Himmelsfeuer. Dann durften die Menschen herbeikommen und etwas von dem heiligen Feuer empfangen. Das trugen sie ganz schlicht in ihren Händen davon, denn es brannte sie nicht, sondern leuchtete ihnen nur und wärmte sie. Auf ihren Herdstellen bewahrten sie es ein ganzes Jahr und achteten wohl darauf, dass an seiner Seite kein böses Wort gesprochen wurde, denn dies hätte ihnen als Frevel gegolten.

Doch es gab ein Land, in dem aus Unachtsamkeit das Feuer im heiligen Tempel an jenem bestimmten Tag nicht gelöscht wurde, da die Priesterinnen eingeschlafen waren. Als nun der Götterbote das reine Himmelsfeuer hinabtrug, da schlug ihm aus dem heiligen Becken die alte Flamme zischend entgegen, und er fand den Ort nicht bereit, sein reines Feuer entgegenzunehmen. Als aber dann die Menschen in heiliger Scheu nahten und die Priesterinnen wie üblich mit bloßen Händen nach den Flammen griffen, um sie auszuteilen, da verbrannten sie sich die Finger und Arme, und kein Segenswort konnte dem alten Feuer seine Heiligkeit zurückgeben. Zwar leuchtete und wärmte es immer noch, aber fortan brannte und verzehrte es auch. Wenn die Menschen nun kamen, um neues Feuer zu holen, mussten sie geeignete Gefäße mitbringen, damit sie nicht Schaden nahmen.

Wer also ist der Vater jenes zwielichtigen Gesellen, mein Sohn?«

Der Köhler besann sich eine Weile, dann erwiderte er: »Der Himmel ist sein Vater, aber schuld an seiner Zwielichtigkeit ist der Unverstand der Menschen.« – »Du hast recht gesprochen«, nickte der Weißbart, »bist du zufrieden mit der Antwort, die du auf deine Frage erhalten hast?« Wiederum sann der Köhler; dann schüttelte er bedächtig den Kopf. »Nein«, sagte er dumpf, »denn deine Antwort fordert eine weitere Frage heraus, und auch die muss ich stellen. Was kann man tun, damit das Feuer seine Reinheit wiedererlangt und nicht mehr brennt und verzehrt?«

Da leuchtete das Gesicht des Alten auf und er rief: »Du bist wirklich ein Freund des Feuers, und so will ich dir auch diese Frage beantworten. Immer noch bringen Götterboten alljährlich reines Feuer vom Himmel herab. Sind Menschen bereit, es zu empfangen, kann es auf Erden leuchten und wärmen. Noch sind drei Wochen Zeit. Bereitest du dich, das Feuer davonzutragen, so sollst du Zeuge sein von der Ankunft der Boten hier auf diesem kahlen Berg.«

Drei Wochen Zeit? Nun, das sollte ausreichen, alles recht vorzubereiten für den Empfang des himmlischen Feuers.

Was tat unser Köhler? In der ersten Woche stieg er Tag für Tag hinunter ins Tal, sammelte Äste und Zweige und schleppte sie auf seinem Buckel wieder hinauf auf den kahlen Bergesgipfel. Dort schichtete er einen großen Scheiterhaufen auf; das Himmelsfeuer sollte genügend Nahrung finden, um brennen zu können. In der zweiten Woche schmiedete er aus einem Klumpen Kupfer eine Schale, in welcher er das Feuer davontragen wollte. In der dritten Woche aber flocht er sich aus Bast dicke Handschuhe, um die Schüssel tragen zu können ohne Weh. Der Weißbart ließ ihn gewähren, doch schüttelte er manchmal verwundert den Kopf. Die Tauben aber flogen in einem fort um den Köhler herum, und ihr Gurren klang, als lachten sie ihn aus. Der junge Mann aber ließ sich in seinem Eifer nicht von ihnen beirren, sondern schaffte von morgens bis nachts, um rechtzeitig mit seinen Vorbereitungen fertig zu werden.

Am Vorabend des großen Tages war alles zu seiner Zufriedenheit geraten. Vor dem Taubenhäuschen ragte ein mächtiger Holzstoß auf, daneben stand, auf drei großen Steinen ruhend, die Kupferschale, und auch die

Basthandschuhe lagen bereit. Früh begaben sich die Männer und die Tauben an diesem Abend zur Ruhe.

Am Pfingstmorgen, noch ehe die Sonne sich am Horizont gezeigt hatte, weckte der Weißbart den Köhler: »Steh auf, mein Sohn, denn der Tag ist gekommen, an dem das reine Himmelsfeuer zu uns herabkommen soll.« Ein weißes Gewand lag bereit, das streifte der Köhler über. Dann öffnete der Alte alle Fenster des Häuschens, und durch die Tür traten sie ins Freie. Die Tauben saßen noch, die Köpfe unter den Flügeln, in tiefem Schlaf. Als sich aber nun der Himmel immer stärker rötete und plötzlich die Sonne in goldenem Glanz sich erhob, da klang es im Häuschen wider wie das Brausen des Sturmwinds von den vielen Fittichen, welche die Sonne begrüßten. Dann sah der Köhler, wie die weißen Vögel aus allen Fenstern hervorgeflogen kamen und sich, einer mächtigen weißen Flamme gleich, jubelnd zum Himmel aufschwangen. Nie hatte er etwas Schöneres erlebt. Vor dem blauen Firmament sah er sie höher und höher steigen, jetzt wie eine weiße Wolke anzuschauen, die der Sonne entgegenzog. Aber immer noch war das Jubellied der Tauben deutlich zu hören. Der Köhler stand und schaute den Vögeln nach, und dabei schlug ihm das Herz zum Zerspringen.

Auf einmal aber durchfuhr ihn ein Gedanke, der ihn erschreckte, und er wandte sich zu dem Weißbart und fragte sorgenvoll: »Werden die Tauben das Feuer herabbringen? Ich sah keine von ihnen ein Gefäß oder auch nur einen Span mit sich führen.« – »Mit ihren Flügeln werden sie es tragen«, erwiderte der Alte schlicht, während sein Blick unverwandt dem Vogelflug folgte.

Inzwischen war die Sonne höher gestiegen und warf ihre goldenen Strahlen auf die Erde. Und nun sah der Köhler, wie die Tauben hineinflogen in die goldenen Sonnenstrahlen und dabei aufglänzten, als wären sie nicht gewöhnliche Vögel, sondern ganz und gar aus lauterem Gold getrieben. Ihre Flügel aber schienen plötzlich zwei Flammen zu sein, die dem Himmel entgegenlohten. Er bemerkte, wie die ersten Tauben umkehrten, zurückstrebten zur Erde, und gewahrte, dass ihnen, auch als sie aus dem Licht der Sonne herausgeflogen kamen, der Glanz ihrer Flügel erhalten blieb, als brennten sie lichterloh. Und doch stürzten die

Vögel nicht, sondern schienen von ihren Feuerflügeln immer noch sicher getragen zu sein.

Was so schnell erzählt ist, dauerte in Wirklichkeit einige Stunden. Es war um die Mittagszeit, als die ersten Tauben zurückkehrten auf den kahlen Bergesgipfel und sich jubelnd und singend auf jenem hohen Holzstoß niederließen, den der Köhler im Schweiße seines Angesichtes errichtet hatte. Da saßen sie gleich lodernden Flammen, aber – das dürre Holz entzündete sich nicht. Immer mehr Vögel kamen jetzt herbeigeflogen, immer weitere setzten sich zu denen auf dem Holzstoß hinzu, sodass dieser schließlich aussah wie ein brennender Scheiterhaufen. Aber nicht das kleinste Zweiglein hatte Feuer gefangen an dem lodernden Brand der Taubenflügel. Das Sonnenfeuer hatte die Flügel zwar ergriffen, aber verzehrte sie nicht. Die Tauben sangen derweil ohne Unterlass fort, wie der junge Mann sie nie hatte singen hören. Er konnte nicht fassen, was sich seinen Augen und Ohren darbot.

Schließlich fühlte er, dass der Weißbart ihm sanft die Hand auf die Schulter legte, und er hörte, wie er in seiner gurrenden Art sagte: »Nun, mein Sohn, warum zögerst du? Da ist das reine, leuchtende und wärmende Himmelsfeuer, nach dem du gefragt hast. Geh getrost und nimm, so viel du tragen kannst.« Verwirrt blickte der Köhler ihn an. Wie sollte er es denn tun? Seine Hände zuckten zurück vor der Berührung mit den Feuervögeln, und die Basthandschuhe erschienen ihm jetzt viel zu grob für die Berührung jenes Flammenwunders.

Während er noch so zögerte, bemerkte er, wie aus allen Weltrichtungen Kinder in weißen Gewändern den Berg heraufgelaufen kamen, leichtfüßig, als mache ihnen das Steigen keinerlei Mühe. Kaum hatte er sie gesehen, waren sie auch schon angekommen. Auch sie sangen, und ihr Lied mischte sich in der schönsten Weise mit dem Gesang der Vögel. Im Zwölferkreis traten sie an den Holzstoß heran, streckten ihre Hände aus und ergriffen jedes eine der Tauben, nahmen sie behutsam, aber gar nicht ängstlich in den Arm und drückten sie an ihr Herz. Tief neigten sie sich vor dem Flammenbrand und vor dem Weißbart, dann wandten sie sich wieder ab und liefen den Berg hinab, ihre lebendigen Fackeln an sich gepresst.

Da erhoben sich wie auf ein Zeichen auch die übrigen Tauben und flogen in alle Weltrichtungen davon, und dem Köhler, der ihnen nachschaute, schien es, als löse sich bei jedem Flügelschlag ein Funken von ihren Feuerflügeln und falle herunter zur Erde. Ja, es sah aus, als falle ein Lichtregen herab, wo die Tauben flogen, ein Flammensegen, der sich in immer weiterem Kreis über die Erde ausbreitete.

Nur eine einzige Taube war sitzen geblieben, ganz oben auf dem Stoß. Jetzt hob der Alte die Rechte; da schwang sich der Vogel empor und setzte sich nieder in der Hand des Weißbartes. Behutsam trug er sie in die Hütte. Der Köhler folgte ihm betreten. Unberührt blieben Kupferschale und Basthandschuhe draußen liegen; kahl und trocken ragte der Holzstoß empor. Der Köhler sah, wie der Weißbart die flammende Taube an sich drückte und wie die Flammen allmählich verglommen. Die Taube ruhte ganz still an seinem Herzen.

Lange schwiegen die Männer. Endlich aber seufzte der Köhler und rief: »Umsonst, alles umsonst. Eine Woche lang habe ich Holz gestapelt, eine Woche lang eine Kupferschale getrieben, eine Woche lang Basthandschuhe geflochten, um himmlisches Feuer hinunterzutragen auf die Erde. Und nun, da alles bereit war, konnte ich es nicht greifen, und es ist vor meinen Augen dahingeschwunden.« – »Aber es brennt dennoch fort in dir, mein Sohn«, erwiderte ruhig der Alte, an dessen Brust sich vertrauensvoll die weiße Taube schmiegte, »du weißt jetzt von dem reinen Feuer, das alljährlich vom Himmel herniedergebracht wird, und die Sehnsucht danach wird dich nicht mehr verlassen. Die Sehnsucht aber wird deinen Mut befeuern, deine Hoffnung beflügeln und dein Vertrauen bestärken. Übers Jahr wirst du wieder diesen Berg erklimmen, und dann wirst du besseres Gerät besitzen als dürres Holz und eine metallene Schale und Basthandschuhe, um dann das Himmelsfeuer zu empfangen und fortzutragen auf die Erde. Zweifle nur nicht.« Noch war die Trauer über sein Versagen so groß, dass der Köhler die Worte des Weißbarts nicht recht glauben konnte, und doch beruhigten sie ihn. Noch einmal schlief er in dem Taubenhäuschen, in welches die Vögel nach und nach zurückgekehrt waren, gewöhnlich aussehend wie immer; nur ihre Augen hatten noch einen goldenen Glanz bewahrt.

In jener letzten Nacht aber hatte der Köhler einen Traum. Er sah die Tauben wieder jubelnd in den blauen Himmel aufsteigen, und er sah sich selbst auf dem Rücken des größten Tieres in der Mitte fliegen, immer höher und höher hinauf und hinein in die goldenen Strahlen der Sonne. Um sich her bemerkte er, wie die Flügel der Tauben zu Flammen wurden. Aber all die schwirrenden Fittiche konnten die Fülle des Lichtes nicht fassen, das die Sonne ausgoss über die Erde. Da wollte er verzagen, weil der Reichtum so groß, doch die Möglichkeit, ihn zu bergen, so gering war. Aber auf einmal hörte er ganz deutlich eine Stimme rufen - und die Stimme schien aus der Sonne selbst zu tönen: »Öffne dein Herz!« Und als er das tat, floss das goldene Licht wie ein unversieglicher Strom in ihn hinein. Aber so unversieglich der Strom, so grundlos schien das Gefäß zu sein, das ihn empfing …

Als der Köhler aus seinem Traum erwachte, war es heller Tag. Durch die Fenster der kleinen Taubenhütte flutete das Tageslicht herein. Die weißen Vögel umschwirrten, in weißen Schwärmen, die sich auf- und niedersenkten, das Haus, und um ihn herum war ein Gerucke und Gegurre wie am ersten Tag, als er hierhergekommen war. Noch einmal aß er von dem weißen Brot, noch einmal trank er von dem klaren Quellwasser, das der Alte ihm reichte. Dann verabschiedete er sich von dem Weißbart, winkte den Tauben Lebewohl und stieg den steilen Berg wieder hinab, während die Tauben ihn umkreisten und ihn noch ein gutes Stück auf seinem Weg begleiteten.

Was der Köhler wohl weiter getan hat? Ob er zurückgekehrt ist zu seinen Kohlenmeilern? Oder ist er in die Städte gezogen, um den Kindern auf den Marktplätzen dort zu erzählen, warum das Feuer nicht nur leuchtet und wärmt, sondern auch brennt und verzehrt, und von der wunderlichen Begebenheit auf dem kahlen Berg, um dessen Gipfel die Tauben wie weiße Wolken spielen? Ich weiß es nicht. Ja, ich weiß nicht einmal, ob er übers Jahr wirklich wieder hinaufgestiegen ist auf den kahlen Berg und eingekehrt in das Taubenhäuschen, wie der Weißbart vorausgesagt hatte. Aber wenn ich mein Herz befrage, so sagt es: »Der Köhler ist gewiss zu dem Alten und seinen Tauben zurückgekehrt, und diesmal war er besser vorbereitet, das Himmelsfeuer zu empfangen, das Feuer, das nur leuchtet und wärmt, nicht aber brennt und verzehrt.« Und, nicht wahr, das Herz muss es eigentlich wissen, denn schließlich ist es selbst doch die Schale, die jenes Himmelsfeuer aufnehmen und in die Welt tragen kann. Das Herz müsste es eigentlich wissen.

# Der Stille Timm und das Halleluja-Vöglein

Heute will ich euch erzählen, warum der Stille Timm so wenig sprach und, wenn er doch die Lippen auftat, die Worte nur ganz zögernd entließ, als müsse er sie erst noch abschmecken. Ich muss dazusagen, dass ich das, was ich euch erzählen will, natürlich nicht vom Stillen Timm persönlich gehört habe; aber die Erdbeer-Bärbel und der Ochsen-Karl, die Milch-Jule und der Starke Hans haben es mir berichtet und waren bereit, ihre Hand für die Wahrheit dessen, was sie gesagt hatten, ins Feuer zu legen; und auch die vier sind zuverlässige Menschen.

Also beginnen wir!

Als Timm noch ein junger Bursche war und nicht als alter Mann tagaus, tagein auf der Bank hinter seinem kleinen Häuschen saß, dem Flug der Vögel zuschaute und dabei gemütlich seine kurze Pfeife rauchte, da hat er ganz anders gesprochen. Die großen Worte teilte er aus, wie ein Reicher vielleicht Goldstücke unter den Armen austeilt: großzügig und stolz auf sich selbst und ohne zu fragen, was weiter damit geschieht. Kurz gesagt: Er war ein Prahlhans, und als solchen betrachteten ihn die Leute, lauschten gespannt seinen Geschichten, lachten aber insgeheim über ihn und versicherten sich gegenseitig: »Glauben tun wir kein Wort.« Bis Timm eben eines Tages erst spät in der Nacht von einer einsamen Wanderung zurückkehrte, ganz verwandelt: wortkarg und in sich gekehrt. Fortan musste man ihm jedes Wort schier abbetteln; fortan aber hatten diese Worte auch Gewicht, als wären es tatsächlich Münzen, in Gold geprägt.

Eingeleitet hat diese Verwandlung ein kleines Vöglein, Timms »Halleluja-Vöglein«. Das war aus einem erstaunlichen Nest geschlüpft, ohne Zweifel. Timm war allein hinausgezogen in Gottes schöne Welt. Es war ein Tag gewesen, wo die Luft einen so liebevoll kost, so sonnenwarm und dufterfüllt, dass man sich ordentlich wohlfühlt bis in die Zehenspitzen hinein. In den Wiesen und auf dem Waldboden kribbelte und krabbelte es von vielfüßigem Leben, die Blumen neigten ihre Köpfchen, ein wenig müde schon von all der dauernden Schönheit, und die Schmetterlinge vollführten ihren Glitzerflug über die Felder hin, tanzten auf und nieder oder saßen einfach still da, ihre geheimnisvoll gezeichneten Flügel weit dem goldenen Licht geöffnet, als könne die Sonne darin lesen wie in einem Buch. (Und wer wagte zu sagen, sie könne es nicht?)

Irgendwo am Wiesenrand verweilte Timm, betrachtete die zarte Sternenkugel einer Pusteblume oder verfolgte mit den Augen den unermüdlichen Versuch eines kleinen Käfers in grünlich schillerndem Panzer, die Spitze eines Grashalms zu erklimmen – tat im Grunde genommen also nichts Besonderes, der Bursche, und so überraschte ihn das Halleluja-Vöglein genauso, wie es mich und euch überraschen mag. Nichts weiter war nämlich geschehen, als dass Timm all der Freude und der Beseligung in seiner Brust Luft machte und laut und deutlich »Halleluja« rief, und zwar so recht von Herzen und nicht, wie er es aus der Kirche kannte. Da war das Vöglein auf einmal da, flatterte heftig mit den kleinen Flügeln, schien sich nicht eben sicher zu fühlen in der Luft und tat, was alle kleinen Vöglein in einem solchen Fall tun: Es rettete sich auf den Ast einer Birke, die am Wegrand stand. Da saß es, das Köpfchen zur Seite geneigt, und betrachtete mit seinen wachen, glänzenden Äuglein den jungen Burschen, der vor ihm stand und der seinerseits das Vöglein bestaunte, das wie aus dem Nichts hervorgeflattert war.

Endlich fand Timm seine Sprache wieder, rief leise: »Vöglein, kleiner Flattergesell, wie hast du das gemacht? Bist du aus meinem ›Halleluja‹ hervorgekrochen, wie deine Brüder und Schwestern aus dem Ei kriechen?« Das Vöglein, als habe es ihn genau verstanden, zwitscherte eine Antwort, und Timm war sich sicher: In der Vogelsprache hieß das nichts anderes als »Halleluja«. Er überlegte. »Du bist wohl gar nicht ausgeschlüpft«, sagte er endlich, »sondern bist selbst das ›Halleluja‹!« Er hätte sich kein besseres Zauberwort einfallen lassen können, denn auf einmal schwang sich das Vöglein auf in den Sonnenschein und begann da den anmutigsten Purzelbaum-Tanz zu vollführen, den man sich vorstellen kann.

War es eben noch bläulich-gräulich schimmernd gewesen, leuchtete es nach dem Überschlagen auf einmal auf wie aus lauterem Gold gegossen. Wieder überschlug es sich im Sonnenlicht und erschien in seinem Erdenfederkleid, purzelte kopfüber in der Luft und ward ein goldener Himmelsvogel, und so fort. Und Timm stand dabei, tief berührt in seiner Seele, und musste doch zugleich aus vollem Herzen lachen, wie er nie in seinem Leben gelacht hatte.

Schließlich flog das Vöglein zurück auf seinen Zweig, und wieder betrachteten sich die beiden aufmerksam. »Du bist ja ein lustiger Geselle«, lachte Timm, »man weiß gar nicht, wo du hingehörst: auf die Erde oder in den Himmel. Aber«, fügte er nachsinnend hinzu, »das ist wohl Vogelart.«

Das Vöglein hatte sichtlich anderes im Sinn, als den Überlegungen des jungen Burschen zu lauschen. Es zwitscherte hell und schwang sich, längst ganz sicher auf seinen Flügeln, in die Luft. Wehmütig sah Timm es davonfliegen. »Ei, flieg noch nicht fort«, rief er und stolperte ihm nach. Das Vöglein hatte aber gar nicht im Sinn, den Burschen allein zu lassen. Es setzte sich nieder, hüpfte ein Stückchen des Weges, flog, als Timm herangekommen war, wieder in die Höhe, und so fliegend und hüpfend leitete es den Burschen, und der fragte nicht nach Weg und Ziel, sondern eilte seinem Halleluja-Vöglein nach, so schnell er konnte, und meinte, selbst fast zu fliegen.

Der Weg führte über Wiesen und Felder und schließlich einen Berg hinauf. Manchmal wurde der Pfad eng zwischen Felswänden, dann weitete er sich wieder, führte über Geröllhalden und flinke Bergbächlein immer höher und höher hinauf. Als Timm meinte, dass ihm jetzt bald die Puste ausgehen müsse, waren sie auf einmal am Ziel ihrer Wanderung angelangt.

Wo aber war Timm da hineingeraten? Es schwirrte und flatterte um ihn her, blitzte auf wie kleine Flammen und jubelte schöner noch als ein Sonntagschor. Der Bursche brauchte eine ganze Weile, ehe er sich zurechtfand. Dann merkte er, dass er auf einer Hochebene stand, über der sich der klare Himmel wie ein blaues Zelt spannte. Von allen Seiten sah er Vögel herangeflogen kommen, manche wirbelnd in sicherem Flug und andere, die sich offenbar nur mit großer Mühe in der Luft halten konnten. Sie alle aber hatten sichtlich ein und dasselbe Ziel. Timm ging behutsam näher an den

Ort heran, wo sich die Vögel sammelten, und da konnte er inmitten ihrer Schar eine Gestalt erkennen. Es war eine alte Frau, die dort saß, in den langen, weiten Röcken der Bauersfrauen, und die emsig beschäftigt war. Die Vögel sammelten sich in ihrem Schoß, und die Alte nahm sie auf mit ganz zarten weißen Händen und ließ sie vom flachen Handteller in den Himmel steigen. Ein wenig erinnerte Timm ihr Tun an seine Mutter, wenn sie Erbsen sortierte; nur tat die Alte die Vögel natürlich nicht in Eimer oder in Körbe, sondern sortierte sie – in Himmelsrichtungen: ließ manche nach Osten fliegen und manche nach Westen, manche nach Süden und manche nach Norden. Als Timm nähertrat, blickte die Alte kurz auf, und ihr freundlich-klarer Blick traf seine Augen und sein Herz. Sogleich wandte sie sich ihrem Geschäft wieder zu. Der Bursche aber hatte das Empfinden, dass niemand auf der ganzen Welt ihn so gut verstehe wie sie.

Was Timm dachte? Gar nichts dachte er, sondern schaute bloß, schaute insbesondere jene weißen Hände der Alten an, die so unendlich sanft und so unendlich liebevoll die kleinen geflügelten Wesen aufnahmen, ihnen über ihr Gefieder strich, die Schwungfedern der kleinen Flügel behutsam glättete, das Schwänzchen ordentlich in die Höhe richtete. Und bald bemerkte er, dass diese Hände noch mehr taten als das; unter ihrer gütigen Berührung wuchsen sich manch winzige Stummelflügel zu ordentlichen Schwingen aus, befiederten sich arg gerupfte Gesellen mit neuem Federputz, und alle, alle, die aus diesen Händen hervorgingen, hatten einen neuen lichten Glanz gewonnen. Unentwegt glättete und ordnete die Alte die lebendige Schar in ihrem Schoß. So viele Vögel sie aber aus ihren Händen auffliegen ließ, so viele kamen nachgeflogen in ihre liebevolle Hut.

Wieder hatte die Alte einen Vogel aus ihrem Schoß aufgenommen, glättete behutsam sein bläulich-gräulich schimmerndes Federkleid, strich mit sanften Fingern über die kurzen Flügel und ließ ihn dann auffliegen. Jubelnd schwang sich der kleine Geselle in den Himmel, purzelte im Sonnenlicht in anmutigem Tanz, dass sein Kleid ganz golden aufglänzte, und flog höher und immer höher in den Himmel hinein.

Da durchfuhr ein heftiger Schmerz Timms Brust. Sein Halleluja-Vöglein wollte ihn verlassen? Ehe er sich versah, rief er ihm ein heftiges »Nein!« hinterher.

Erschrocken war die Vogelschar aufgestoben, als das laute Wort erklang, sammelte sich aber rasch wieder im Schoß der Alten. Aber da auf dem Boden gerade vor Timms Füßen hockte ein Vöglein, ganz nackt und erbärmlich anzusehen, als wäre es zu früh aus dem Nest gefallen. Große, ängstliche Augen blickten den Burschen an, und so hilflos hockte das kleine Wesen da, dass Timm heiß das Mitleid in sich aufwallen fühlte. Er bückte sich nieder und griff vorsichtig nach dem Vöglein, das den kleinen Kopf sorgenvoll einzog, sich aber gegen die Hände des Burschen nicht zur Wehr setzte. Behutsam trug Timm das nackte, flügellose Wesen zu der Alten, um es ihr in den Schoß zu legen. Die aber schüttelte den Kopf und wies ihn mit einem Neigen ihrer Stirn auf einen Pfad, der von der Hochebene hinabführte. Bedrückt folgte Timm diesem Weg, sorgsam darum bemüht, dass das Vöglein in seinen Händen keinen Schaden nehme.

Tief hinab ins Tal hat ihn dann der Pfad geführt, und dunkler ist es um ihn geworden, als er so abstieg aus der Höhe. Endlich aber erreichte Timm eine enge Schlucht und sah dort jemanden Samen auf das Land streuen. Zu ihm eilte er. Im Näherkommen erkannte er einen Alten, der umgeben war von kleinen Wesen, die um seine Füße wimmelten, grau und unscheinbar, und sich halb verhungert um die Körner balgten, welche der Alte ihnen hinstreute. Voller Trauer und Scham erkannte Timm bei genauerem Hinsehen, dass dies alles auch Vögel waren, aber ach so dürftige flügel- und federlose Gesellen. Zu dem Alten trug Timm nun auch sein Nein-Vöglein, und der streute auch diesem etwas von seinem Futter hin: kleine glänzende Sterne, die das Vöglein eifrig aufpickte. Mit jedem Picken aber kam mehr Glanz in seine Äuglein, die kleine Gestalt rundete sich, und ein weicher Federflaum umhüllte sie bald. Da musterte der Alte den jungen Burschen mit gütigem Blick, und sein Nicken wies ihn auf den Pfad zurück, den er herabgekommen war.

Ihr könnt euch denken: So leicht war Timm all sein Lebtag noch keinen steilen Weg emporgekommen wie jetzt, da er das Vöglein hinauftragen durfte zu der Alten. Dankbar legte er es zu der Schar, die sich in ihrem Schoß gesammelt hatte. Sein Blick aber hing aufmerksam an dem kleinen Gesellen, bis die Alte ihn schließlich in ihre weißen Hände nahm, ihm über die Federn strich, ihm die Flügel und das Schwänzchen glättete. Und als sich auch dieses Vöglein dann glitzernd und jubelnd von ihrer weißen Handfläche in den Himmel schwang, blieben Timms Lippen zwar stumm, aber sein Herz rief ihm ein frohes, befreites »Ja« nach.

Dann hat der Bursche dort auf der Hochebene bei jener Alten gestanden, aus deren Schoß die Vöglein, die den Menschen über die Lippen geschlüpft waren, auffliegen in den Himmel, und hat der jubelnden, glitzernden Schar nachgeschaut, bis es Abend wurde. Dabei ist sein Blick immer schärfer geworden, und er hat gesehen, wie es oben über der Erde leuchtete und glitzerte wie Sternenwolken, und er hat sich ganz verwandt gefühlt mit diesen Wolken; denn zwei der Glitzervöglein aus ihrer Schar hatte er ja selbst auffliegen lassen. Als der Abend endlich dämmerte, wurde das Glitzern immer heller und heller, und das Licht der Sterne einte sich ihm. Aus dem Schoß der Alten flogen jetzt viele besonders schöne, glänzende Vöglein in den Nachthimmel hinauf, und Timm ahnte, was das für welche waren. »Jetzt beten die Kinder, ehe sie schlafen gehen«, dachte er bei sich, »sieh an, was für schöne Lichtvöglein sie zum Himmel entsenden.«

Schließlich aber hat er etwas gesehen, und das hat ihm gänzlich das Prahlen verleidet und ihn fortan mit jedem Wort so vorsichtig umgehen lassen: Er sah nämlich des Nachts, wie sich der Himmel auftat und große, lichte Engelgestalten hervortraten. Ruhig setzten sie ihre Füße auf die Sterne und auf die Glitzerwolken der tausend Vöglein, die die Erde überschwebten, und stiegen auf ihnen wie auf einer lichten Leiter hernieder, um die Erde zu segnen. »Ist das euer Beruf, ihr Vöglein«, dachte der Bursche, »dass ihr hinauffliegt, um den Engeln den Weg zu bereiten, dass sie herniedersteigen können zu uns?«

So wurde aus dem Burschen der Stille Timm, der seine Worte nur ganz zögernd entließ, aber nicht, weil er sie erst abschmecken musste, vielmehr, weil er darauf bedacht war, dass sie nicht nackt und federlos hinaus müssten in die Welt, sondern dass sie sich in sicherem Flug hinaufheben könnten zu der Alten, aus deren Schoß sie dann auffliegen in den Himmel. Ja, er hat wenig gesprochen fortan. Aber die Worte, die er sprach, hatten Gewicht, als wären es tatsächlich Münzen, in Gold geprägt.

# Die Königstochter, die das ganze Land fröhlich machte

Es war einmal ein König, der hatte eine Tochter, die war nicht nur schön von Antlitz, sondern auch liebreich und gut in ihrem ganzen Wesen. Jedermann im ganzen Reich musste sich mitfreuen, wenn die Prinzessin fröhlich war, und jedermann musste mittrauern, wenn das Königskind einen Kummer hatte. Wie die Menschen denn wissen konnten, wie der Prinzessin gerade zumute war, fragt ihr? Nun, wenn sie fröhlich war, dann ließ der Wind die Fahne auf dem Turm des Schlosses lustig flattern, dann sangen die Vögel ihr lieblichstes Lied, dann schien die Sonne in ihrem vollen Glanz. War sie aber traurig, so schwieg der Wind, dass die Fahne reglos herabhing, die Vögel verbargen ihre Köpfe unter den Flügeln, und die Sonne verlor die Hälfte ihres Scheins. Da das Mädchen jedoch von heiterem Gemüt war, gab es immer mehr Grund, sich zu freuen, als traurig zu sein.

Nun lebte in dem Land auch eine Hexe, die ebenfalls eine Tochter hatte, die war hässlich wie die Nacht und konnte weder lachen noch weinen. Wenn die Hexe die Fahne auf dem Turm des Schlosses lustig flattern sah, gab es ihr einen Stich ins Herz, und sie sann darauf, der Königstochter ihr Glück zu vergällen. Solange die Prinzessin noch ein Kind war, konnte die Hexe ihr nichts anhaben. Als sie aber vierzehn Jahre alt geworden war, bat sie eines Tages ihren Vater, einmal ganz allein im Schlossgarten spazieren gehen zu dürfen, und der König, der nichts lieber tat, als seiner Tochter jeden Wunsch zu erfüllen, erlaubte es ihr.

Als die Prinzessin nun durch den Garten wandelte, trat ihr plötzlich die Hexe entgegen. Das Mädchen hegte keinen Argwohn und grüßte sie freundlich. Die Hexe aber murmelte: »Ei, du Goldvögelchen, du kleiner

Prachtapfel, du einzige Schönheit unter der Sonne. Wenn du lachst, lacht das ganze Land mit dir, und wenn du weinst, weinen alle Menschen. Ich aber will dir deinen Zauber nehmen. Du sollst in die Einsamkeit verbannt sein und nicht eher wieder in deines Vaters Schloss leben dürfen, bevor du mir nicht dreimal unter die Augen getreten bist, ohne dass ich dich erkannt hätte.« Und kraft ihrer Hexenkünste zauberte sie die schöne Prinzessin weit, weit fort in eine einsame Gegend, in der kein Mensch lebte. Ihre Tochter aber musste an die Stelle der Königstochter treten, sodass der König von dem Verlust nichts merkte.

So lebte nun die Hexentochter im Königsschloss. Aber wie verwandelt erschien sie allen. Niemals sah man sie lachen oder weinen. Doch der Wind schwieg, dass die Fahne auf dem Turm des Schlosses reglos herabhing, die Vögel verbargen ihre Köpfe unter den Flügeln, und die Sonne verlor die Hälfte ihres Scheins. Die Menschen aber beschlich eine merkwürdige Traurigkeit, und doch erlaubten sie sich nicht zu weinen, weil im Königsschloss die Prinzessin keine Träne vergaß.

Die wahre Königstochter aber saß derweil in der Einsamkeit, wohin die Hexe sie verbannt hatte, und weinte sich vor übergroßem Kummer fast die Augen aus. Während sie so weinte, spürte sie auf einmal ein leises Streicheln, und als sie aufblickte, hörte sie es wispern: »Königstochter, weine nicht mehr. Wenn du mutig bist, kann ich dir helfen.« – »Wer redet so freundlich zu mir?«, fragte die Prinzessin erstaunt. »Ich bin der Wind, dein Freund«, säuselte es, »ich will dir helfen.« Und der Wind führte sie zu einem kleinen Häuschen. Als die Prinzessin dort eintrat, sah sie hundert weiße Tauben dort sitzen. Da sprach der Wind zu ihr: »Wenn du Mut hast, zur Taube zu werden, kann ich dich zum Schloss deines Vaters tragen. Doch musst du zurückkehren, ehe die Sonne untergeht, sonst musst du für immer die Taubengestalt behalten.« Gern willigte die Königstochter ein. Da wurde sie zur weißen Taube, und der Wind trug sie hin zum Schloss ihres Vaters.

Als sie dort ankam, ließ der Wind die Fahne auf dem Turm des Schlosses lustig flattern, die Vögel zogen die Köpfe unter den Flügeln hervor und sangen ihr lieblichstes Lied, und die Sonne schien in ihrem vollen Glanz. Die Hexe ging eben mit ihrer Tochter im Schlossgarten spazieren.

Ihr wurde ganz elend zumute, denn sie merkte, dass die Prinzessin zurückgekehrt war, konnte sie aber nicht entdecken. Auf einmal setzte sich eine weiße Taube auf den Ast eines Baumes und rief der Hexe mit Menschenstimme zu: »Einmal bin ich dir unter die Augen getreten, und du hast mich nicht erkannt. Wart, deine Macht wird bald zerbrechen.« Dann erhob sich die weiße Taube in die Lüfte und flog davon.

Als die Hexe erkannte, dass die Prinzessin als weiße Taube zurückgekehrt war, rief sie einen Schwarm schwarzer Krähen herbei und befahl ihnen, die weiße Taube zu zausen, dass sie nicht mehr fliegen könnte. Doch ehe die Krähen ihrem Befehl folgen konnten, fuhr der Wind brausend in ihre Schar. Er blies die Krähen hoch hinauf in die Wolken. So konnte die Prinzessin sicher zum Taubenhaus zurückkehren, ehe die Sonne untergegangen war, und gewann ihre menschliche Gestalt zurück.

Die Hexe aber hieß ihre Tochter zum König gehen und ihn bitten, allen Jägern im ganzen Land den Befehl zu geben, die weißen Tauben zu töten, wo immer sie sie fliegen sahen. Der König wunderte sich über diese Bitte, doch weil er nichts lieber tat, als seiner Tochter jeden Wunsch zu erfüllen, gab er den Jägern den Befehl.

Am nächsten Morgen bat die Prinzessin in der Einsamkeit den Wind, sie noch einmal als weiße Taube zum Schloss ihres Vaters zu tragen. Doch der Wind sagte: »Du kannst nicht noch einmal als weiße Taube fliegen, denn die Jäger haben den Befehl erhalten, alle weißen Tauben, die sie fliegen sehen, augenblicks zu töten. Doch weine nicht. Wenn du mutig bist, kann ich dir noch einmal helfen.« Und der Wind führte sie zu einem anderen Häuschen. Als die Prinzessin dort eintrat, sah sie hundert kleine Flammen brennen. Da sprach der Wind zu ihr: »Wenn du Mut hast, zur Flamme zu werden, so kann ich dich hintragen ins Schloss deines Vaters. Doch du musst zurückkehren, ehe die Sonne untergeht, sonst musst du für immer die Flammengestalt behalten.« Gern willigte die Prinzessin ein. Da wurde sie zur Flamme, und der Wind trug sie hin zum Schloss ihres Vaters. Auf der königlichen Tafel stand ein silberner Kerzenständer, auf dem brannten sieben Kerzen. Heimlich blies der Wind die Flamme fort, die auf der mittleren Kerze brannte, und nun konnte sich die Prinzessin in Flammengestalt dort unbemerkt niederlassen.

Der König speiste gerade mit der Hexentochter, und auch die alte Hexe saß dabei. Da hörte sie plötzlich die Fahne auf dem Turm des Schlosses lustig flattern, hörte die Vögel ihr lieblichstes Lied singen und sah, dass die Sonne in ihrem vollen Glanz schien. Ihr wurde ganz elend zumute, denn sie merkte, dass die Prinzessin zurückgekehrt war, konnte sie aber nicht entdecken. Auf einmal hörte sie es in der Flamme der mittleren Kerze knistern: »Zweimal bin ich dir unter die Augen getreten, und du hast mich nicht erkannt. Wart, deine Macht wird bald zerbrechen.« In ihrem Zorn wollte die Hexe die Flamme ausblasen. Doch dann besann sie sich. Schnell befahl sie einem Diener, geschwind alle Fenster zu schließen, und als das geschehen war, hieß sie ihre Tochter den König bitten, die mittlere Kerze brennen zu lassen bis in den Abend hinein und Sorge dafür zu tragen, dass sie nicht ausgelöscht würde. Der König wunderte sich über diese Bitte, doch weil er nichts lieber tat, als seiner Tochter alle Wünsche zu erfüllen, gab er den Befehl.

So saß denn ein Diener neben der Flamme und trug Sorge dafür, dass sie nicht verlöschte. Vergebens blies der Wind gegen die Scheiben, um die Flamme, in welche die Königstochter sich verwandelt hatte, fortzublasen, ehe die Sonne unterging. Er mühte sich umsonst, denn die Fenster waren fest verschlossen, und er konnte die Königstochter nicht erreichen. Wer konnte helfen? Im ganzen Saal waren nur der Diener, der die Flamme hütete, und eine Fliege, die an der Wand hinaufkrabbelte. »Fliege«, rief da die Königstochter in ihrer Not, »Fliege, komm und hilf mir.« Der Diener hörte es nur knistern, die Fliege aber hatte die Worte wohl verstanden. Schnell flog sie dem Diener auf die Nase und kitzelte ihn mit ihren zarten Beinen, bis er niesen musste. »Hatschi«, sagte er und – hatte die Flamme ausgeblasen. So konnte die Prinzessin doch noch zurückkehren ins Flammenhäuschen, ehe die Sonne untergegangen war, und gewann ihre menschliche Gestalt zurück.

Als die Hexe merkte, dass ihr die Königstochter auch das zweite Mal entwischt war, hieß sie ihre Tochter den König bitten, alle Flammen und alles offene Feuer im ganzen Land verbieten zu lassen. Der König wunderte sich über diese Bitte, aber weil er nichts lieber tat, als seiner Tochter jeden Wunsch zu erfüllen, gab er den Befehl.

Als die Prinzessin in der Einsamkeit den Wind am nächsten Morgen bat, sie noch einmal als Flamme zum Schloss ihres Vaters zu tragen, erwiderte er: »Du kannst nicht noch einmal als Flamme im Königsschloss brennen, denn der König hat alle Flammen und alles offene Feuer im ganzen Land verbieten lassen. Doch weine nicht. Wenn du Mut hast, kannst du vielleicht auf andere Weise dorthin gelangen. Ich kann dir diesmal nicht helfen. Doch mache dich auf und gehe zum Haus der Sonne. Bitte sie, dich als Sonnenstrahl auszusenden in deines Vaters Reich.« Die Prinzessin dankte dem Wind für seinen Rat und machte sich auf zum Haus der Sonne.

Wie lange die Königstochter wandern musste, weiß ich nicht zu sagen. Endlich aber langte sie dort an. Im Haus der Sonne fand sie nur einen Jüngling. Der empfing sie freundlich und sagte: »Ich kenne deine Not. Du bist gekommen, um meine Mutter zu bitten, dich als Sonnenstrahl auszusenden in deines Vaters Reich. Meine Mutter ist schon früh ausgegangen und wird erst am Abend heimkehren. Doch ich will dich als Sonnenstrahl ihr nachsenden. Hüte dich aber, dass du nicht in einen Spiegel scheinst, sonst musst du für immer ein Sonnenstrahl bleiben.« Gern willigte die Prinzessin ein. Da wurde sie zum Sonnenstrahl und schien hinein in ihres Vaters Reich.

Die Hexe aber hatte sich versteckt, weil sie sich sagte: »Kann ich schon die Prinzessin in ihrer verwandelten Gestalt nicht erkennen, so kann doch auch sie mir nicht unter die Augen treten, wenn sie mich nicht findet.« Wo aber hatte die Hexe sich verborgen? In einem tiefen Brunnenschacht, der so tief war, dass kein Sonnenstrahl zu ihr herabdringen konnte. Sie hörte die Fahne auf dem Turm des Schlosses lustig flattern, hörte die Vögel ihr lieblichstes Lied singen und ahnte, dass die Sonne in ihrem vollen Glanz schien. Selbst in ihrem Versteck war der Hexe ganz elend zumute, da sie merkte, dass die Prinzessin ein drittes Mal zurückgekehrt war zu ihres Vaters Schloss.

Wie aber sollte die Königstochter die Hexe finden dort unten im finsteren Brunnenschacht? Da kam ihr just die Hexentochter selbst zu Hilfe. Die fürchtete sich so allein. So ging sie zu dem Brunnen, blickte hinab zu ihrer Mutter und flüsterte mit ihr. Was aber tat die Prinzessin? Sie leuchtete der Hexentochter ins rechte Auge und ließ sich von ihrem Blick hinuntertragen in den Brunnenschacht. So konnte sie, ohne eines Spiegels zu bedürfen, auf den Grund des Brunnens dringen. Während die Hexen noch miteinander flüsterten, hörte die alte Hexe plötzlich die Königstochter sprechen: »Dreimal bin ich dir unter die Augen getreten, und du hast mich nicht erkannt. Deine Macht ist nun zerbrochen.«

Kaum aber hatte sie das gesagt, da hatte sie auch ihre menschliche Gestalt wiedergewonnen. Nun musste die Hexentochter das Schloss verlassen und wurde mit ihrer Mutter aus dem Land gewiesen. Fortan ließ der Wind die Fahne auf dem Turm des Schlosses wieder lustig flattern, die Vögel sangen ihr lieblichstes Lied, und die Sonne schien in ihrem vollen Glanz, weil die Königstochter wieder entzaubert war. Und alle Menschen im ganzen Land freuten sich mit ihr.

# Die drei Gaben

Es war Abend geworden an jenem ersten Tag, an welchem Adam und Eva nicht mehr im Paradiese weilen durften, weil sie das Gebot Gottes gebrochen und von dem verbotenen Baum gegessen hatten. Die Sonne, die im Garten Eden geleuchtet hatte, ohne unterzugehen, versank nun im Westen, und Dunkelheit hüllte die beiden Menschen ein. Da suchten Adam und Eva sich ein Nachtquartier im Walde, und dort legten sie sich nieder, um zu schlafen. Doch statt des Schlafes kam die Traurigkeit zu ihnen. Wie waren sie so einsam und verlassen auf dieser Welt! In jener ersten Nacht weinten sie lange, ehe der Schlummer sie sanft von ihren trüben Gedanken erlöste.

Als sie aber schliefen, da hatten beide denselben Traum. Es war ihnen, als erschien ihnen Gott der Herr in Gestalt eines lichten Engels. Der sprach zu ihnen: »Warum weint ihr so sehr? Meint ihr denn wirklich, ich hätte euch verlassen? Meint ihr denn wirklich, dies alles sei nur zur Strafe über euch verhängt? Seid nur guten Muts! Die Welt, wie sie euch nun umgibt, birgt drei Geheimnisse, die es zu lösen gilt. Wenn ihr aber diese Geheimnisse gelöst haben werdet, so werdet ihr auch wieder in meinem Himmel sein. Und dies sind die drei Geheimnisse: Das erste ist das Geheimnis des Lebens, das zweite ist das Geheimnis der Liebe, das dritte ist das Geheimnis des Lichtes.« Als der Engel im Traum so zu ihnen redete, fühlten Adam und Eva sich sehr getröstet. Und Adam fragte: »Wie aber sollen wir diese Geheimnisse lösen?« Da zeigte der Engel ihnen ein Kästchen und sprach: »In diesem Kästchen sind drei Gaben, die euch dabei helfen werden.« Damit öffnete er den Deckel des Kästchens für einen kurzen Augenblick, doch lange genug, dass Adam und Eva bemerken konnten, dass es da drinnen ganz wundersam glänzte und strahlte.

Als sie am nächsten Morgen erwachten, war der Engel verschwunden. Zu ihren Häupten aber stand das Kästchen, welches sie im Traum gesehen hatten, und erinnerte sie an die Worte, die zu ihnen gesprochen worden waren. Sie nahmen das Kästchen und öffneten vorsichtig den Deckel, um die drei Geheimnisse zu lösen, wie ihnen aufgetragen worden war. Doch als sie nun hineinschauten, strahlte und glänzte es ihnen nicht entgegen. Stattdessen fanden sie dort im Inneren drei kristallene Gefäße, von denen das erste Wasser, das zweite Salz, das dritte Asche enthielt. Wasser – Salz – Asche, Leben – Liebe – Licht; lange grübelten sie darüber nach, was die einen wohl mit den anderen zu tun hätten. Es wollte ihnen aber nicht gelingen, eine Antwort zu finden. Da nahmen sie das Kästchen und stellten es an einen heiligen Ort, weil es ihnen doch von Gott dem Herrn anvertraut worden war. Und immer, wenn sie es öffneten und das Wasser und das Salz und die Asche anschauten, dachten sie an die drei Geheimnisse der Erde: das Geheimnis des Lebens, das Geheimnis der Liebe, das Geheimnis des Lichtes, ohne sie aber ganz lösen zu können.

Adam und Eva lebten lange auf Erden, sie wurden viel älter als die Menschen heutzutage. Als sie aber starben, da stand auf einmal der lichte Engel des Herrn wieder vor ihnen und fragte sie: »Habt ihr die drei Geheimnisse ergründet?« Da fiel es ihnen wie Schuppen von den Augen, und sie wussten, was das Wasser mit dem Geheimnis des Lebens zu tun hatte und was das Salz mit dem Geheimnis der Liebe und was die Asche mit dem Geheimnis des Lichtes. Im Rückblick auf ihr Leben war es ihnen auf einmal klar, und so durften sie eingehen in den Himmel.

Die drei Gaben aber sind auf Erden zurückgeblieben, denn immer noch verlassen ja Menschen das himmlische Vaterhaus und kommen auf die Erde, um ihre drei Geheimnisse zu ergründen. Nur ist es so, dass hier auf der Erde stets die Gefahr des Vergessens lauert. Was sich einer im Himmel noch fest vorgenommen hat, daran kann er sich auf Erden plötzlich gar nicht mehr recht erinnern. Deshalb öffnen wir das Kästchen des Engels, wenn ein Kind geboren wird, und geben dem Täufling etwas von den drei Substanzen, die uns allen helfen sollen, die drei Geheimnisse zu lösen: das Wasser das Geheimnis des Lebens, das Salz das Geheimnis der Liebe, die Asche das Geheimnis des Lichtes. Und wenn das Kind noch recht klein ist, wenn es die Taufe empfängt, dann kann es bemerken, dass es aus dem Innern des Kästchens ganz wundersam glänzt und strahlt. Wenn wir älter werden, sehen wir nur noch die drei Gaben: das Wasser, das Salz und die Asche. Doch tun wir gut daran, sie heilig zu halten, denn Gott der Herr hat sie uns anvertraut, damit sie uns helfen mögen, die drei Geheimnisse der Erde zu ergründen und dereinst einzugehen in seinen Himmel.

# Das Glöckchen von Sankt Johann

Nur die ganz Alten im Ort erinnerten sich noch daran, wie es gewesen war, als Johann angekommen war. Eines Tages hatte er mittags zwischen ihren Hütten gestanden, ein kleiner Mann in weißer Kutte, barhäuptig, einen großen schweren Sack auf den Schultern. Seine gütigen blauen Augen hatten müde geblickt, ach so müde; und doch hatte er die Menschen, die sich sogleich um ihn, den Fremdling, scharten, freundlich angelächelt und den mutigsten der Kinder, die sich bis zu ihm herantrauten, über die blonden Köpfe gestreichelt, sanft und fast nur wie ein Hauch. Alle Fragen nach Woher und Wohin hatte er mit einem Nicken erwidert - er verstand die Sprache der Leute nicht. Da waren sie gelaufen, hatten Brot geholt und Milch und mit großen Augen zugesehen, wie er es langsam und bedächtig verspeiste. Er war dann weitergezogen zum nahen Wald, hatte auf einer kleinen Lichtung begonnen, Stöcke und Zweige zusammenzulesen und eine einfache Hütte zu bauen, und nicht nur die Kinder hatten es als ihre Ehre angesehen, ihm dabei zu helfen. Die Männer hatten Werkzeuge gebracht, Spaten, Sägen und Äxte, bereit, die geradesten Bäume für ihn zu fällen; aber er hatte es nicht geduldet. Erst als seine einfache Hütte errichtet war, in die man nur gebückt, ja fast kriechend hineingelangen konnte, hatte er auf drei schön gewachsene Stämme gedeutet und, als man sie gefällt hatte, mithilfe der Männer einen einfachen Turm errichtet. Dann hatte er aus dem großen Bündel, das er bei seiner Ankunft auf der Schulter getragen hatte, die Glocke hervorgeholt, und manch einer der starken Männer hatte im Stillen gestaunt über die große Kraft, welche der kleine, schmächtige Mann besitzen musste, um jenes Gebilde aus Bronze den weiten Weg hierher tragen zu können. Sie hatte ihren Platz in der Spitze des Turms gefunden.

Dann hatte das Glöckchen zum ersten Mal geklungen, hell und wach und fröhlich, dass die Vögel verstummten und die kleinen Köpfe verwundert auf die Seite legten, bald aber einstimmten in das Klingen und sangen, als müssten ihre Lieder den Schall des Glöckchens hinaustragen in alle Lande. Neugierig waren die Leute herbeigeeilt, zu sehen, was der Glockenton zu bedeuten hätte, und hatten den kleinen Mann kniend gefunden, ins Gebet vertieft. Einfältig, wie sie waren, hatten sich einige einfach zu ihm gekniet und ebenfalls die Hände gefaltet und ihr Gebet mit dem des kleinen Mannes und dem Lied der Vögel vereint.

Oft hörten sie nun das Glöckchen klingen, früh am Morgen, mittags und wenn die Nacht anbrach, und es wurde Sitte, dass die Leute dann ihre Arbeit ließen und die Hände falteten im Gebet. Ob er selbst ihnen den Namen genannt hatte oder ob die Menschen ihn ihm beigelegt hatten, lässt sich nicht mehr feststellen. Jedenfalls wurde er von allen Sankt Johann gerufen.

Schnell hatte man sich an die Anwesenheit des kleinen Mönchs gewöhnt und daran, dass sein Glöckchen dem Tag Maß und Rhythmus gab. Und bald hatten die Kinder auch die letzte Scheu verloren und angeboten, beim Läuten des Glöckchens zu helfen. Wie stolz waren sie, wenn es ihnen gestattet wurde! Doch mussten sie erst »die Prüfung« bestehen, wie sie es nannten, und die bestand darin, dass sie dem wachen, leuchtenden Blick des kleinen Mannes standhalten mussten, bis er nickend das Zeichen gab, dass das Kind zum Glockendienst erwählt wäre. So freundlich dieser Blick auch stets war, für einen, der etwas auf dem Kerbholz hatte, war er unerträglich. Um Glöckner des weiß gekleideten Mönchs zu werden, musste man sein Gewissen so rein halten, wie jener seine Kutte.

Immer wieder gab es auch Zeiten, wo das Glöckchen außerhalb der Reihe zu läuten begann. Dann hoben die Bauern erstaunt den Kopf und lauschten dem Klang, bis er verhallt war. Sie wussten bald, dass dann das Glöckchen jemanden von ungutem Weg zurückrief, sei es, dass er sich einfach verirrt hatte in den Wäldern und keine Orientierung finden konnte, sei es, dass es einer abgesehen hatte auf Hab und Gut seines Mitmenschen. Beide erreichte das Glöckchen von Sankt Johann und führte sie auf den rechten Weg.

Lange Zeit war so ins Land gegangen. Längst waren die braunen Locken des Mönchs weiß geworden wie sein Gewand. Aber immer noch läutete er das Glöckchen – am Morgen, am Mittag und am Abend – und führte die Menschen zum stillen Gebet. Doch dann begannen schwere Jahre. Der alte König des Reichs war gestorben, und sein Sohn, der ihm auf dem Thron folgte, war ein harter Herr, der von seinen Untertanen das Letzte forderte an Gut und Dienst. Die Menschen ächzten und stöhnten unter dem Joch seiner strengen Herrschaft. Weinend und klagend sahen es die Frauen und Kinder, murrend die Männer, wenn die Diener des Königs ins Dorf kamen, die Scheunen aufbrachen und den Gutteil der eingelagerten Ernte davonschleppten, weil es der König so forderte. Hunger und Not begannen zu regieren, und mit dem Hunger kamen Hass und Zorn. Immer öfter hörte man da das Glöckchen von Sankt Johann läuten; hell und bittend rief es manch einem zu: »Sieh ab von deiner Wut, steh ab von böser Tat!«

Eines Morgens aber fand Sankt Johann, als er sein Glöckchen läuten ging, die Männer des Dorfes mit mürrischen Gesichtern um den Glockenturm versammelt. Als er kam, mochten sie ihm nicht Platz machen. Stattdessen schalten sie: »Hier lässt du dein Glöckchen uns ins Gewissen reden, und dort in der Stadt sitzt der König uns und unseren Frauen und Kindern zur Plage. Lass dein Glöckchen schweigen, wenn es nicht in der Lage ist, das Herz dieses Tyrannen zu erweichen!« Freundlich streifte der Blick des alten Mönchs über die Menge. Bedächtig nickte er und sagte dann leise: »So lasst uns läuten auch für ihn, meine Freunde. Lasst uns läuten ohne Unterlass, bis der Glockenton ihn erreicht hat. Wollt ihr mir helfen?« Gern willigten die Bauern ein.

Nun begann ein Geläut, wie es zuvor nie gehört worden war. Das kleine Glöckchen kam gar nicht mehr zur Ruhe, klang und klang in einem fort; denn wenn ein Glöckner müde wurde, stand schon der nächste bereit, um ihn abzulösen. Tag und Nacht tönte das Glöckchen von Sankt Johann, und Tag und Nacht lag der alte Mönch in seiner Hütte auf den Knien und begleitete den Glockenruf mit seinem stillen Gebet. Und wirklich erreichte der Glockenton endlich die Hauptstadt des Landes und den jungen König, der dort seine harte Herrschaft führte. Kaufleute, die durch den Wald gereist waren, erzählten davon. Die Städter lachten über die dummen Leute im Wald, die ein kleines Glöckchen läuteten, um die Lage der Menschen im Land zu verändern. Der König aber, als es ihm zu Ohren kam, wurde zornig. Er rief ein paar Knechte herbei und trug ihnen auf: »Eilt zu jenem Sankt Johann im Wald und schneidet seinem Glöckchen die Zunge heraus! Es soll nicht mehr läuten für bessere Zeiten.«

Die Knechte machten sich in derselben Stunde auf den Weg. Hell und mutig tönte ihnen das Glöckchen entgegen. So meinten sie, dass ihnen die Erfüllung ihres Auftrags keine Mühe bereiten werde. Doch als sie sich der Lichtung näherten, auf der der Glockenturm stand, geschah etwas, womit die derben Männer nicht gerechnet hatten: Es schlug ihnen plötzlich das Gewissen. Das hatten sie noch nicht erlebt, und umso mächtiger war der Eindruck, den es ihnen machte. Erst gingen sie langsamer, dann blieben sie ganz stehen, schauten betreten zu Boden und dann verstohlen aufeinander, und als sie merkten, dass sie alle dasselbe fühlten und dachten, brummten sie: »Dummes Zeug hat uns der König aufgetragen. Einem Glöckchen sollen wir die Zunge herausschneiden. Dadurch wird sein Herz auch nicht weißer.« In diesem Augenblick entschieden sie, ihm nicht zu Diensten zu sein. So kam es, dass wenig später bei Sankt Johann drei Männer vorstellig wurden, die, rot vor Verlegenheit, zunächst kaum ein Wort herausbrachten, endlich aber doch baten, als Glöckner bei ihm bleiben zu dürfen.

Der König wartete einige Tage vergeblich auf die Rückkehr der Knechte. Als sie nicht wieder bei ihm erschienen, dafür aber berichtet wurde, dass das Glöckchen immer noch läute, tagaus, tagein, sandte er andere, die der Glocke die Zunge herausreißen sollten. Aber denen ging es nicht anders als ihren Vorgängern. Auch sie erlagen der Macht des Glöckchens und blieben lieber bei Sankt Johann, als zurückzukehren zum König.

Als der König erkannte, dass niemand seinen Befehl ausführen würde, entschied er in höchstem Zorn, selbst für Ruhe zu sorgen. So verschloss er sich beide Ohren dicht mit Wachs und machte sich auf den Weg. Obwohl er den Ton des Glöckchens nicht hören konnte, fand er sein Ziel, ohne irrezugehen. Als er an die Männer herantrat, die dort auf der Lichtung standen, wichen diese ängstlich vor ihm zurück, und selbst der Glöckner ließ furchtsam den Glockenstrang fahren. Behände kletterte da der König am Glockenturm hinauf, packte das Glöckchen und hatte in kurzer Zeit den Klöppel aus seiner Halterung gelöst. Sinnlos geworden, fiel der Glockenstrang zur Erde hinab. Da rutschte der König wieder hinunter auf den Boden, musterte die furchtsamen Männer mit verächtlichem Blick, löste das Wachs aus seinen Ohren und wandte sich wieder dem Weg zu, der ihn zum Schloss führen sollte.

Als er aber an der Hütte des Mönchs vorüberkam, stand plötzlich der Alte im weißen Gewand vor ihm. Still und mit ruhigem Blick schaute er dem Frevler entgegen, und als der König einen zornigen Schritt auf ihn zu tat, zog der Mönch segnend das Kreuz über ihn. Dem König aber war es, als würde das Kreuzeszeichen brennend in sein Herz gezeichnet. Erschrocken stürzte er davon, eilte wie gehetzt der Stadt zu, und erst als er wieder in seinem Schloss war, fühlte er sich sicher. Er zog den Klöppel der Glocke aus seinem Gewand hervor und betrachtete ihn. Da kehrte endlich der Stolz in seine Seele ein darüber, dass ihm dieses Werk gelungen war.

Doch der Triumph sollte nur von kurzer Dauer sein. Als nämlich der König abends in seinem Bett lag und noch einmal zurückdachte an das, was er am Tag erlebt und getan hatte, hörte er plötzlich, leise zunächst, doch immer mehr anschwellend, eine Glocke läuten, hell und mahnend, und obwohl er es nie zuvor mit eigenen Ohren gehört hatte, wusste er sogleich: Das ist das Glöckchen von Sankt Johann. »Haben sie gewagt, ihm eine neue Zunge zu geben!«, schimpfte er. »Ich hätte es mir denken sollen.« Am liebsten wäre er gleich aufgesprungen, um ein zweites Mal in den Wald zu eilen und das Glöckchen zum Schweigen zu bringen. Doch sein Stolz verbot ihm die Eile. Stattdessen läutete er seinem Diener und ordnete an, er solle ihm Wachs bringen für seine Ohren, was der Diener staunend tat.

Die Sonne stand schon hoch am Himmel, als der Kammerherr des Königs, von den besorgten Dienern herbeigerufen, es wagte, an die Tür des Schlafgemachs zu klopfen und, obwohl er keine Antwort erhielt, vorsichtig einzutreten. Da fand er den König immer noch im Bett liegend, das Haupt unter dem Kopfkissen vergraben. Als der Kammerherr den Herrscher sanft an der Schulter berührte, fuhr dieser auf, starrte seinen Diener an, als vermeinte er ein Gespenst zu sehen, und flüsterte dann bebend: »Die Glocke, die Glocke! So bringt sie doch zum Schweigen!« – »Welche Glocke meint Ihr, Herr?«, fragte der Kammerherr staunend. »Die Glocke von Sankt Johann natürlich«, erwiderte der König grimmig, »hörst du sie denn nicht läuten?« Der Kammerherr wollte den Kopf schütteln, denn er vernahm keinen Laut. Doch unter dem zornfunkelnden Blick des Königs wagte er es nicht. So murmelte er nur: »Selbstverständlich, Herr, selbstverständlich« und entfernte sich.

Große Überraschung breitete sich unter der Dienerschaft aus, als sie von dem Befehl des Königs hörten, denn niemand außer dem Herrscher vernahm das Läuten des Glöckchens. Dennoch sammelte der Kammerherr einige Diener um sich und machte sich mit ihnen auf den Weg in den Wald, um Sankt Johann zu bitten, Mitleid mit dem König walten zu lassen und das Glöckchen zum Schweigen zu bringen. Sie wanderten eilig. Doch als sie zu der Lichtung kamen, bot sich ihnen ein Anblick, der sie zögern ließ. Beim Glockenturm fanden sie einige Männer damit beschäftigt, eine tiefe Grube auszuheben. Vor der Hütte des Mönchs hatten sich die Menschen des Dorfes im Gebet versammelt in weißen Gewändern, mit Blumen in den Händen. Das Glöckchen aber läutete, ohne gezogen zu werden und ohne Stimme zu haben, unentwegt, unentwegt. Verlegen traten der Kammerherr und seine Begleiter zu den betenden Menschen und erkundigten sich flüsternd, was denn geschehen sei. Da hörten sie, dass Sankt Johann in dieser Nacht gestorben sei und man ihm das Grab aushebe, um ihn zu bestatten. »Und das Glöckchen, das der König hat läuten hören die ganze Nacht?« – »Das Glöckchen läutet unentwegt, seit Sankt Johann starb«, erwiderten die Menschen, »doch ist es nun ohne Stimme.« – »Und klingt dennoch fort«, murmelte der Kammerherr, der ahnte, dass nur der König selbst sich jetzt von seiner Plage würde befreien können.

Als am Abend des dritten Tages die Menschen eben den Leib des verstorbenen Mönchs in die Erde senken wollten, hörten sie Geräusche vom Weg, und als sie sich umwandten, sahen sie, dass der König in Begleitung seines Kammerherrn zu ihnen getreten war. Er war bleich im Gesicht, doch leuchteten seine Augen entschlossen. »Lasst mich bei euch sein, ihr guten Leute«, bat er still, »wenn ihr Sankt Johann jetzt zur letzten Ruhe bettet. Denn er war auch mein Freund.« Die Menschen traten schweigend auseinander und nahmen den König in ihre Mitte, und gemeinsam begruben sie den Leib von Sankt Johann unter dem Turm, in welchem das stumme Glöckchen weiterhin läutete, unentwegt, unentwegt.

Als schließlich die Grube wieder mit Erde gefüllt war und mit Blumen bedeckt, sagte der König: »Nun erlaubt, dass mein Kammerherr an die Stelle von Sankt Johann trete und hier wie er ein Glöckchen läute am Morgen, am Mittag und am Abend, dass der Tag sein Maß habe und seinen Rhythmus. Und lasst uns auch in der Stadt Glocken gießen und mit ihnen hinausziehen ins ganze Land, dass sie überall erklingen mögen und die Menschen ihren Weg finden. Das Glöckchen aber, das über dem Grab des Mönchs hängt, bleibe unberührt, ganz sich selbst überlassen; denn wenn es auch stumm ist, so dringt sein Klang doch weiter und tiefer als der der anderen Glocken. Solange das Glöckchen von Sankt Johann läutet, ist das Gute nicht in Gefahr.«

Die Leute folgten der Bitte des Königs gern. Einige von ihnen zogen mit ihm in die Stadt, um Glocken zu gießen und mit diesen hinauszuwandern ins ganze Land als Glöckner von Sankt Johann. Der Kammerherr nahm den Platz des Mönchs ein. Er errichtete einen zweiten Glockenturm, in dem er ein Glöckchen läutete am Morgen, am Mittag und am Abend. Unentwegt aber läutete das Glöckchen über dem Grab des Heiligen, unentwegt, unentwegt, und obwohl es seiner Zunge beraubt worden war, drang sein Klang weiter und tiefer als der Ton jeder anderen Glocke. Der junge König jedenfalls hörte ihn und ließ sich von ihm willig führen in seinen Entscheidungen und in seinen Taten und auch in den stillen Stunden seines Gebets zum Segen des ganzen Landes.

# Der Einsiedler und der Verfolgte

Tief im Wald, abseits der Wanderwege, stand die kleine, ärmliche Hütte von Bruder Erasmus, dem Einsiedler. Mit eigenen Händen hatte er sie vor langen Jahren erbaut, hatte einen Zaun darum errichtet und ein kleines Gärtchen angelegt, und wenn er nicht gerade auf den Knien lag und sein Gebet verrichtete, dann kümmerte er sich um seine Beete, lockerte die Erde, entfernte das Unkraut, säte, pflanzte, beschnitt oder erntete, wie es der Jahreszeit entsprach. Dabei redete er gern mit seinen Blumen und Büschen, bewunderte ihre Schönheit oder ihren kräftigen Wuchs, dankte ihnen für ihre Gaben, entschuldigte sich wohl auch dafür, dass er ihre Zweige ein wenig stutzen müsse. Und die Pflanzen ihrerseits schienen es zu mögen, so freundlich behandelt zu werden, und erwiderten seine Freundlichkeiten mit eifriger Entfaltung.

Monate waren ins Land gegangen, ehe zum ersten Mal das Auge eines Menschen auf die kleine Hütte im Wald fiel und auf den Mann, der dort hauste; und die Nachricht, dass einer da im tiefen Wald ein frommes Leben zu führen suche, wurde von den Menschen, die es hörten, achselzuckend zur Kenntnis genommen und wieder vergessen. Es waren die Rosen, die Erasmus im Lauf mancher Jahre herangezogen hatte, welche die Leute aufs Neue aufmerksam machten auf seine stille Klause; denn diese Rosenstöcke, ein roter und ein weißer, blühten in solcher Pracht und Fülle, wie man es sonst in keinem Garten zu sehen bekam. Da wich denn manch einer vom breiteren Weg ab, um über den Zaun der Einsiedelei zu blicken, den Duft der Blumen einzusaugen und dem eifrigen Gebrumm der zahllosen Bienen zu lauschen, die dort ihren Nektar sammelten. Man tauschte wohl auch ein freundliches Wort mit dem Mann, der, in einfacher brauner Kutte, dieses kleine Paradies betreute, trank vielleicht einen

Schluck seines klaren Quellwassers, das er an schattigem Ort in einem irdenen Krug verwahrte, und allmählich wurde auch sein Name bekannt: Erasmus, der Einsiedler mit den schönen Rosen.

Aber die Haare des Mannes begannen schon, weiß zu werden, und Falten hatten sich in sein Gesicht eingegraben, ehe es sich herumsprach, dass Erasmus auch noch eine andere Kunst verstand als die, seinen Garten zu pflegen, dass er nämlich auch weisen Rat und Hilfe zu geben hatte, wenn einer in Not gekommen war und keinen Ausweg mehr sah. Jetzt kamen immer öfter Menschen in die einsame Waldgegend, manche, die zögernd am Zaun stehen blieben, unschlüssig, wie sie ihr Anliegen vortragen sollten, bis die freundliche Stimme des Einsiedlers sie rief, einzutreten in seine Klause; andere, die ohne Blick für die Schönheit des Gartens gleich zur Hütte liefen und schon in ihrem wilden Klopfen etwas von ihren Sorgen ahnen ließen; auch sie wurden mit gleichbleibender Freundlichkeit von Erasmus empfangen.

Einer war, der kam stets nur des Nachts. Wenn längst die Sonne untergegangen war und die ersten Sterne am Himmel glänzten, schlich er, so sicher, als könne er in der Dunkelheit sehen wie die Wildkatze, zur Einsiedlerklause und rief leise: »Erasmus, bist du wach?« Immer erwiderte die Stimme von drinnen: »Ich bin wach, Ranko, und ich erwarte dich.« Dann stieß der nächtliche Besucher die Tür der Hütte auf, so flink und zugleich so geschickt, dass kein Knarren zu hören war, und trat ein.

Ranko hatte guten Grund, im Schutz der Finsternis zum Einsiedler zu kommen, denn er war ein Vogelfreier, einer, der von den Menschen gejagt wurde wegen früherer Missetaten und der sich in der Einsamkeit des Waldes nicht aus frommer Laune aufhielt, sondern weil er sonst keine andere Bleibe mehr hatte, die ihm Sicherheit bot. In all den Jahren, die er nun schon im Wald hauste, war in seinem Herzen der Hass auf die, die ihn verfolgten, ins Unerträgliche gewachsen. Wütend hatte er ihn oft herausgeschrien aus seiner Seele, dass der Wald widerhallte von seinen schändlichen Worten. Aber das Echo, das ihm sein leidenschaftliches Rufen äffend zurückwarf, stürzte den Mann in noch tieferen Kummer. In solcher Pein war Ranko auf die Einsiedlerhütte gestoßen, hatte, hinter Bäumen verborgen, dem Gärtner zugesehen, unsicher, ob er sich fortschleichen oder mit diesem Einfältigen endlich, endlich einmal reden sollte, Worte wechseln von Mensch zu Mensch. Wie hatte ihm das Herz geschlagen, als jener Alte auf einmal den Kopf in seine Richtung wandte und rief: »Jedermann ist hier willkommen. Sag mir doch, was du auf dem Herzen trägst.«

Ranko war damals nicht davongestürzt, wie er im ersten Augenblick meinte, tun zu müssen. Blass war er aus seinem Versteck getreten, und seine schweren Fäuste hielt er geballt, als er in den umfriedeten Garten eintrat. Aber unter der freundlichen Miene des Einsiedlers hatten sie sich rasch gelöst: die harten Fäuste und die Ängste in seiner Seele. Und hatte Ranko zunächst gemeint, weil er der Rede so ganz entwöhnt war, keine Worte hervorbringen zu können, so stürzten sie doch, als er in der Hütte dem so gütig blickenden Mann gegenübersaß, in lebhaftem Schwall hervor und offenbarten, was er jahrelang in seiner eigenen Seele verschlossen hatte: sein früheres Leben und seine in Unbedachtheit begangene Missetat, das Blut, das geflossen war und immer noch nach Rache schrie, die erlittenen Verfolgungen, die Ängste und endlich die Sinnlosigkeit dieses so mühsam geretteten Lebens. Zu den Worten aber gesellten sich Tränen, dass der große, grobe Mann, von Weinen geschüttelt, die Fäuste vor das Gesicht gepresst, lange, lange Zeit brauchte, bis er wieder Herr seiner selbst wurde. Da war sein Blick auf den Einsiedler gefallen, der vor einem schlichten Kreuz kniete und betete, betete zu seinem Schluchzen und Klagen. Still hatte der sich dann erhoben, hatte das Kreuzeszeichen über den Ausgestoßenen gezogen und Ranko gesegnet. Nur genickt hatte Erasmus zu all dem Unsagbaren, das der andere hervorgestoßen hatte, und ihm dann zu essen gegeben, Brot von seinem Brote, Wasser aus dem irdenen Krug und Kräuter aus seinem Garten. Erasmus hatte den wilden Mann sogar eingeladen, in seiner Hütte die Nacht zu verbringen; doch das war dem Vogelfreien zu gefährlich erschienen. Er war lieber wieder zurückgeschlichen in das Dickicht des Waldes, dankbar, dass er einen Menschen gefunden, der ein Ohr für ihn hatte.

Fortan hatte der Vogelfreie immer wieder heimlich die einsame Hütte des Einsiedlers aufgesucht, hatte stundenlang unter seinem Dach gesessen und ihm sein Herz ausgeschüttet, ihm alles gesagt, was ihn bedrückte;

und die Erleichterung, die er beim ersten Mal gefühlt, als er zu Erasmus hatte reden können, hatte sich dauerhaft seiner Seele mitgeteilt. Der Einsiedler schenkte ihm mit gleichbleibender Freundlichkeit sein Ohr. Nichts schien ihm wichtiger zu sein, als Ranko zuzuhören, wenn der des Nachts in seine Hütte eingetreten war. Es schien ihn auch nicht zu enttäuschen, als der Vogelfreie nur lachend den mächtigen Kopf schüttelte, als Erasmus ihn aufforderte, mit ihm die Hände zum Gebet zu falten. »Mach du das für mich«, hatte Ranko gerufen, »dein Gebet ist dem Himmel wohlgefälliger als mein ärmliches Heidengestammel« und damit die Sache abgetan. Ranko durfte auch weiterhin mit einem freundlichen Empfang rechnen.

Doch die gleichbleibende Freundlichkeit des Einsiedlers konnte nur seinem nächtlichen Besucher die Sorge verbergen, die darunter keimte; je mehr der Vogelfreie sich der Angst entledigte, fühlte der Einsiedler Angst, Angst um den, der so ermutigt zu ihm kam.

Erasmus ahnte noch eher, als Ranko es selbst bemerkte, dass Unheil drohte. Wie von selbst schien die befreite Seele des Verfolgten Pläne auszuhecken. Hatte die Furcht vor Entdeckung bisher alle Regungen beherrscht, so traten nun wie von ungefähr Überlegungen an ihre Stelle, wie den Verfolgern selbst zu schaden sei, insbesondere ihrem Oberhaupt, dem Landvogt. Da kamen Ranko dann die beiden Kinder in den Sinn, die er einmal in der Kutsche des Vogts hatte vorüberfahren sehen, ein Mädchen und einen Jungen … über diese Gedanken allerdings sprach sich der Mann dem Einsiedler gegenüber nicht aus, und schon gar, als sich aus den ersten Gedanken allmählich ein Netz knüpfte zu böser Tat, schwieg er darüber. Erasmus aber spürte es dennoch, merkte es am Ton der Rede, die manchmal etwas Hochfahrendes hatte, an den Augen, die seinem eigenen Blick plötzlich auswichen, um ihm im nächsten Moment wieder leicht zusammengekniffen und kampfbereit zu begegnen. »Meide das Böse«, riet der Einsiedler dem Verfolgten – und sah zugleich, dass die Worte sein Gegenüber nicht erreichen konnten.

In jenen Tagen und Wochen verwilderten die Beete vor der Einsiedelei. Niemand jätete das Unkraut, niemand schnitt die verwelkten Blüten, niemand erntete die reifen Beeren von den Sträuchern. Es galt, ein Feld von Unkraut zu reinigen, das alle Anstrengungen auf sich zog: die Seele des

Vogelfreien, in die die Saat des Bösen gefallen war, weil das wärmende Licht der Güte und des Verzeihens die Angst ausgetilgt hatte, die alle Entfaltung hemmte. Und diesem Übel, das wusste Erasmus, war durch nichts beizukommen als durch Beten, unablässiges, kraftvolles Gebet. So lag der Einsiedler denn auf seinen Knien vor dem schlichten Kreuz und betete, dass die Seele Rankos erlöst werden möge aus den Fängen des Bösen.

Zur selben Zeit war der Vogelfreie damit beschäftigt, schwere Felsbrocken aus dem Waldboden zu lösen und hinzuschleppen zu einer Stelle, wo der Fahrweg sich durch eine enge Schlucht zwängte. So mühsam die Arbeit, die er selbst sich auferlegt hatte, auch war, so ließ sie ihn doch nicht müde werden; denn in seiner Seele lohte die wilde Freude darüber, einen Weg der Rache gefunden zu haben, die den Verfolgern Schmerz bereiten und Furcht einflößen sollte. Wenn die Kinder des Landvogts in der Kutsche vorübergefahren kämen, sollte sich über ihren Häuptern eine Lawine lösen, eine Steinlawine von zerstörender Gewalt …

Wohl war Ranko hin und wieder des Nachts zur Einsiedelei geschlichen, hatte einkehren wollen bei Erasmus, um keinen Verdacht zu erregen. Aber sein Fuß hatte den Garten nicht zu betreten vermocht. Unsicherheit hatte den Vogelfreien befallen, und die Unsicherheit war mit jedem Schritt, mit dem er sich wieder von der kleinen Hütte entfernte, in Unwillen und Zorn umgeschlagen. »Bete du«, hatte Ranko wütend gezischt, »ich kann mir wirksamer helfen.«

Was verleiht einem sonst wenig begabten Menschen die Fähigkeit, ein böses Werk mit so viel Geschick zu verrichten? Geschickt aber hatte Ranko die Felsen an- und übereinander gelegt, und es bedurfte nur eines kräftigen Rucks am langen Ende eines jungen Baumstamms, der als Hebel am Waldboden lag, um die schlimme Fracht zu verheerendem Sturz in die Schlucht hinunterzusenden. Ein paar Tage lang hatte Ranko neben den Felssteinen gelegen und ausgespäht. Er hatte sich die Zeit eingeprägt, zu der die Vogtkinder des Abends in der Kutsche heimkehrten aus der nächsten Stadt, in die sie regelmäßig gebracht wurden – zu welchem Zweck, wusste Ranko nicht –, und mit Befriedigung hatte er festgestellt, dass nur der Kutscher bei den Kindern war, aber kein weiteres Gefährt ihnen folgte.

Nachdem Ranko alles ausgespäht und erwogen hatte, war er entschlossen, nun an die Ausführung seines Werkes zu gehen. Schon ließ die Sonne die Schatten der Waldbäume länger werden und ein dunkles Geflecht bilden, da lag Ranko oberhalb der Schlucht auf den Knien, die rechte Faust fest um den jungen Baumstamm gespannt, und lauschte auf die Geräusche, die ihm das Kommen der Kutsche ankündigten. In seiner Einsiedelei aber kniete Erasmus vor dem Kreuz im Vorgefühl der Entscheidung, sein Herz schlug wild, und er betete, betete fast ohne Worte, äußerlich ganz stumm, im Inneren aber laut rufend: »O Herr, o Herr, erbarme dich«, immer wieder und wieder. Wäre jemand hineingetreten zu ihm und hätte ihn so gesehen, er hätte ihn für einen Toten halten müssen, für einen versteinerten Toten.

Droben im Wald hörte der Vogelfreie jetzt das Knirschen der Kutschenräder auf den Steinen, er hörte das fröhliche Lachen und Rufen der Kinder, dazwischen das Schnalzen des Kutschers, merkte, dass seine Rechte schon längst bereit war, mit kurzem Ruck die Steinflut zu lösen, und plötzlich zog Ruhe in seine Seele ein, eine Ruhe, die er bisher nicht gekannt, die ganz anders war als die Aufregung und die Leidenschaft, die ihn während der Vorbereitung seines Werkes angetrieben hatten. Er wusste: Seine Tat musste gelingen. Noch einen Augenblick Geduld, bis die Kutsche im Schatten auszumachen war, ein wenig näher gekommen, dann …

Ranko sah die Pferde auftauchen, den Kutscher, die Kinder. Hatte die böse Absicht seine Sicht so geschärft, dass er trotz der Abendschatten alles so deutlich erkennen konnte? Er sah sogar das Lachen in den Zügen des Mädchens, bemerkte den verschmitzten Zug auf dem Antlitz des Jungen. Ohne jeden Argwohn waren sie ihm schutzlos ausgeliefert.

Und dann fuhr doch ein Schreck dem Vogelfreien in die Glieder, so heftig, dass er die Faust von dem jungen Baumstamm löste und fast aufgeschrien hätte. Denn deutlicher und klarer noch als die Gesichter der Kinder sah er auf einmal die Gestalt des Einsiedlers neben ihnen im Wagen stehen, schützend beide Arme über ihre Köpfe breitend, den Blick ernst nach oben gerichtet, dorthin, wo Ranko in seinem Versteck lag. Über dem Lachen und Rufen der Kinder aber hörte der Vogelfreie den Einsiedler rufen: »Steh ab von böser Tat. Vergreif dich nicht an diesen Unschuldigen.«

Wie hatte Erasmus es wissen können? Wer hatte ihm die Absicht verraten? Längst war die Kutsche drunten in der Schlucht vorübergefahren. Ranko aber lag neben seinem Steinhaufen, gefällt wie nach schwerem Kampf, und brütete über die Begebenheit. Und je länger er nachsann, ohne eine Lösung zu finden, umso mehr bemächtigte sich seiner der Zorn. »Fahr du mit den Kindern«, rief er endlich, »ich aber will dir dein Haus einreißen, dass du merkst, wie es dem geht, der eine Freundschaft verrät.«

Ranko sprang auf. Der neue Plan verlieh ihm neue Kraft. Zielsicher fand er in der Finsternis den Weg zur Einsiedelei. Mit dem Fuß trat er die Türe auf - und stand wie angewurzelt. Drinnen brannten zwei Kerzen, die bei seinem heftigen Eintreten kaum flackerten. Ihr Licht fiel auf den gebeugten Rücken des Einsiedlers, der im Gebet vor dem Kreuz kniete und nichts von dem zu bemerken schien, was um ihn her geschah. Lange waren sie so reglos beieinander. Endlich hob Erasmus den Kopf, wandte sein Gesicht dem Vogelfreien zu und sank dann entkräftet zu Boden, ohnmächtig den Absichten Rankos preisgegeben.

Als Erasmus die Augen wieder aufschlug, wusste er nicht, dass er drei Tage lang geschlafen hatte, von dem Vogelfreien sanft auf sein Lager gebettet und behütet. Sein erster Blick traf auf den Blick des wilden Mannes, und die ersten Worte, die an sein Ohr drangen, waren jene, die zu sprechen Ranko so beharrlich gewacht hatte: »Ich habe ihnen nichts getan«, worauf der Einsiedler nur nickte, um sogleich wieder in Schlaf zu versinken.

Als nach einem weiteren Tag der Schlaf ihn endlich aus seiner Macht entließ, bemerkte er, dass Ranko bemüht war, sich im Garten nützlich zu machen, und er schaute ihm durch die offene Tür eine Weile zu, ehe er ihn rief.

In knappen Worten sprachen die beiden dann aus, was jeder von ihnen in den zurückliegenden Tagen durchlebt hatte. So erfuhr Ranko, dass der Einsiedler von der drohenden Gefahr für die Kinder gar nichts gewusst, nur bemerkt hatte, dass der Vogelfreie Arges im Schilde führte, und versucht, dem Bösen in seiner Seele mit der Kraft seines Gebetes zu begegnen. Das aber hatte dazu geführt, dass Ranko ihn so leuchtend stehen sah zwischen den von ihm auserwählten Opfern und sich selbst. Daraufhin verfiel Ranko tagelang in tiefes Sinnen. Schweigend half er dem Einsiedler bei seinem täglichen Geschäft, schweigend schaute er ihm zu in den Stunden der Andacht vor dem Kreuz. Endlich fand er seine Sprache wieder und fragte Erasmus: »Warum, warum hast du das getan für mich, so gebetet, dass es deine eigene Kraft fast überstiegen hat?« – »Weil deine reine Seele mich rief«, erwiderte der Einsiedler, als wäre es das Selbstverständlichste von der Welt, »weil deine reine Seele bei mir um Hilfe flehte für dich.« Meine reine Seele, dachte Ranko, meine reine Seele, gibt es die auch? Und sollte ich selbst gar nichts davon gewusst haben?

Es sprach sich allmählich herum, dass der Vogelfreie bei Erasmus, dem Einsiedler, Hausrecht erhalten hatte, und so konnte es nicht ausbleiben, dass eines Tages der Landvogt mit ein paar Bewaffneten erschien, um den Verfolgten abzuführen. Erasmus aber verbürgte sich mit seinem eigenen Wort dafür, dass keine Gefahr ausginge von dem Gesuchten und man ihn jederzeit bei ihm finden könne. So eindringlich war seine Rede, dass der Vogt tatsächlich einlenkte und Ranko die Freiheit einräumte unter der Bedingung, dass er in der Einsiedelei blieb und sich nichts zuschulden kommen ließ.

So durfte Ranko bei Erasmus bleiben, und so konnte er lernen, wonach sein Herz ihm brannte: selbst zu sorgen für seine reine Seele, die er so lange gar nicht gekannt hatte und die ihm auf einmal so wichtig geworden war. Erasmus unterwies ihn zunächst darin, den Garten mit seinen Blumen und Büschen zu pflegen, und als Ranko dies verstand, lehrte er ihn auch die Pflege seiner Seele, dass sie rein würde, immer wieder rein zu Gebet und guter Tat.

## Der Fuchs als Gevatter

Die Henne Gackelina war ganz aufgeregt. Zwar blieb sie weiterhin ruhig auf ihrem Nest sitzen, aber sie gackerte und gluckerte in einem fort: »Bald ist es so weit. Bald ist es so weit.« Deutlich hatte sie es nämlich knacken gefühlt unter sich, und das bedeutete, dass aus den sechs Eiern, auf denen sie jetzt noch brütete, am nächsten Tag sechs Küken geschlüpft sein würden, sechs kleine Hühnerkinderlein. Und weil sie sich darauf so lange schon gefreut hatte, musste Gackelina jetzt einfach die aufregende Nachricht allen mitteilen, ob sie sie hören wollten oder nicht.

Unter denen, die Gackelina gluckern und gackern hörten, war aber auch einer, der von ihrem Glück besser nicht erfahren hätte: der Fuchs. Der schlich beim Mondenschein ums Hühnerhaus und bedauerte sehr, dass die Klappe so gut verschlossen war. Als er aber das Huhn so aufgeregt rufen hörte: »Bald ist es so weit. Bald ist es so weit«, hatte er eine Idee, und es war, wie ihm schien, eine recht gute Idee.

So kam es, dass Gackelina auf einmal ein Flüstern hörte. »Gackelina«, rief es leise von der Hühnerklappe her, »Gackelina. Sind die Kinderlein schon da?« – »Nein«, gackerte das Huhn erstaunt, »aber bald, bald ist es so weit.« – »Und hast du schon jemanden, der ihnen Gevatter sein wird?«, fragte es weiter. Das Huhn legte den Kopf schief. »Was heißt das: Gevatter sein?« Von der Klappe her lachte es leise, dann erklärte der Unsichtbare: »Jedes Menschenkind bekommt seinen Gevatter, wenn es geboren wird, der es durchs Leben begleitet. Sollten deine allerliebsten Kinderlein keinen Gevatter bekommen?« Aufgeregt rief Gackelina: »Gewiss doch, gewiss doch, sie sollen auch einen Gevatter haben – wenn ich nur wüsste, wen.« – »Mich«, erwiderte die Stimme an der Klappe schnell, »du darfst mich darum bitten.« – »Und wer bist du?«, fragte das Huhn zurück. »Ich bin dein Freund, der Fuchs«, antwortete der Unsichtbare. »Komm morgen mit deinen Kindern hinaus aus dem Hühnerhaus und halte dich versteckt, wenn die Bäuerin abends die Klappe schließt. Wenn der Mond aufgeht, führe deine Kinderlein hinaus auf die Wiese. Dann will ich kommen und sie kennenlernen. Willst du es so machen?« – »Gewiss, gewiss«, gackerte das Huhn, »gewiss will ich's so machen.«

Am nächsten Morgen waren alle sechs Eier aufgeplatzt, und sechs winzige gelbe Küken stolperten hinter Gackelina her, wo immer sie pickte. Gackelina aber hatte ihre Federn aufgeplustert und verkündete stolz: »Meine Küken werden einen Gevatter haben wie die Menschenkinder.« Die anderen Hühner und der Hahn fanden das höchst bemerkenswert. »Wer wird es denn sein, Gackelina?«, wollten sie wissen. »Unser Freund, der Fuchs«, erwiderte das Huhn eingebildet. Dann eilte es, von seiner purzelnden Kinderschar verfolgt, zur nächsten Hausecke, um dort dasselbe zu verkünden.

Aber nicht nur Gackelina redete davon, alle Hühner sagten es weiter, und selbst der Hahn krähte es stolz heraus. So erfuhr auch Peter, der Hofhund, davon und dachte sich seinen Teil.

Am Abend, als die Bäuerin die Klappe des Hühnerhauses schließen wollte, fehlte Gackelina mit ihrer Kükenschar. »Wo mag sich das dumme Huhn wohl herumtreiben?«, brummte die Bäuerin ärgerlich, weil sie mit ihrer Arbeit fertig werden wollte. Sie schaute sich suchend um, und als sie das Huhn nicht gleich finden konnte, schlug sie die Klappe zu und verschloss sie. »Soll Gackelina sich selbst einen sicheren Schlafplatz suchen«, rief sie und ging davon.

Gackelina aber hatte sich, wie der Fuchs es geraten hatte, unter einem Busch versteckt und hielt sich dort verborgen, bis der Mond aufgegangen war und die Wiese in sein Silberlicht tauchte. Da weckte das einfältige Huhn seine Küken, die unter den Flügeln ihrer Mutter längst eingeschlafen waren, und zog mit ihnen hinaus auf die Wiese. Aufgeregt lief sie hierhin und dorthin, dass die Kleinen ihr kaum folgen konnten. Doch der Fuchs ließ auch nicht lange auf sich warten. Schon zeigte sich sein buschiger Schwanz drüben vor dem Wald.

Jetzt packte Gackelina auf einmal doch die Furcht, die alle Hühner fühlen, wenn sie den Fuchs kommen sehen. »Langsam, langsam, Herr Gevatter«, rief sie, »kommt nicht zu behänd, sonst fürchten sich meine Kinder.« – »Schon recht«, erwiderte der Fuchs, der Sorge hatte, dass das Gegacker des Huhns seinen Plan verderben könnte, »ich will schon vorsichtig sein mit Euren Kleinen. Aber ein wenig näher muss ich wohl kommen, sonst kann ich sie gar nicht sehen.« – »So kommt nur, kommt, aber nicht zu nahe«, antwortete das Huhn.

Immer näher an die Hühner schnürte der Fuchs, immer aufgeregter mahnte Gackelina ihn, rücksichtsvoll zu sein, aber stets erwiderte der Gevatter, die Küken noch nicht recht erkennen zu können. Währenddessen lief ihm ordentlich das Wasser im Munde zusammen.

Jetzt konnte Gackelina schon die Augen des Gevatters unweit von ihren Kindern im Gras funkeln sehen. »Bleibt dort, Herr Fuchs«, gackerte sie und schlug aufgeregt mit den Flügeln, »jetzt könnt Ihr sie gewiss ganz gut sehen, die lieben Kleinen.« Doch da antwortete der Fuchs: »Ach was, ganz dicht muss ich zu ihnen. Schließlich soll ich ihr Gevatter sein.« Damit schnellte er plötzlich aus dem Gras auf und wollte sich mit einem Satz auf das Federvolk stürzen.

Aber anstatt sich die Küken zu schnappen, kniff Gevatter Fuchs auf einmal den Schwanz ein und rannte, so schnell er konnte, dem Walde zu. Denn als er zum Sprung angesetzt hatte, war plötzlich vom Hof her ein schwarzer Schatten herbeigeeilt, lautlos fast, aber erschreckend deutlich im Mondlicht zu erkennen: Peter, der Hund. Der jagte den Gevatter nun über die Wiese, und so dicht war er ihm auf den Fersen, dass der Fuchs all seine Lust auf eine Hühnermahlzeit vergaß und nur seinen eigenen Pelz in Sicherheit zu bringen trachtete.

Als die wilde Jagd den Waldsaum erreicht hatte, blieb der Hund stehen, doch knurrte er dem unerwünschten Gevatter nach: »Untersteh dich, noch einmal bei unseren Hühnern Gevatterdienste anzubieten. Sonst sollst du nicht ungeschoren davonkommen.«

Und das hat sich der Fuchs gut gemerkt.

# Schwups

Sie hatten sich immer gut verstanden, der alte Bergbauer und Schwups, der kleine, schwarze Hund. Zwar meinte der Bauer, dass der struppige Kerl kaum zu etwas Rechtem zu gebrauchen sei, aber das störte Schwups nicht. Und zu einem war er schließlich immer gut gewesen: in der Einsamkeit des Berghofes Gesellschaft zu leisten, so treu und anhänglich, wie es nur ein Hund versteht.

Doch eines Morgens hatte der alte Bauer nicht aufstehen wollen und ganz still und bleich in seinem Bett gelegen, wie Schwups es gar nicht von ihm kannte. Da hatte der kleine Hund lange neben ihm gejault, ihm die Bettdecke fortgezogen, schließlich laut und ausdauernd gebellt - und als das alles nichts half und der Bergbauer sich nicht erheben wollte, war der kleine Hund hinüber zum Nachbarhof gelaufen, so schnell es seine kurzen krummen Beinchen zulassen wollten. Die Frau war mit ihm herübergekommen und hatte nach dem alten Bauern geschaut und ihm die Lider heruntergedrückt, denn der Alte war in der Nacht ganz ruhig gestorben.

Dann war es unruhig geworden auf dem Hof. Das Vieh war fortgeholt worden und mancherlei aus den Stuben und aus dem Stall. Dann war die Haustür verschlossen worden. Niemand hatte daran gedacht, dass Schwups immer noch um Haus und Weiden herumstrich und seinen Herrn suchte, der doch immer dagewesen war und ihm zu essen gegeben hatte.

Zur selben Zeit, als der alte Bergbauer starb, machte sich in Bremen Bernhard allmählich daran, seine Siebensachen für die Ferien zusammenzusuchen. Bernhard arbeitete tagaus, tagein in einem Büro und sah die Sonne fast nur hinter den Glasscheiben seiner Fenster. Aber in den Ferien packte er seinen großen Rucksack, setzte sich in die Bahn und fuhr einen ganzen Tag lang, bis er nach Innsbruck kam. Dort stieg er in den Bus und ließ sich von ihm in einen kleinen Ort in den Bergen bringen, und dann zog er seine festen Wanderstiefel an und wanderte los von Hütte zu Hütte, vierzehn Tage lang.

Eine solche Wanderung hatte Bernhard auch in diesem Jahr wieder vor, und wie immer konnte er es zum Schluss schier nicht mehr abwarten, dass endlich die Ferienzeit begann. Wie lang sich die letzten Tage immer hinzogen! Als wollten sie sich über ihn und seine Ungeduld lustig machen. Aber irgendwann geht auch der längste Tag zu Ende, und so fand sich Bernhard im Zug sitzen, sah die Städte, die Wälder und Wiesen an den Fenstern vorüberfliegen und eilte in Gedanken schon dem schnellen Zug voraus. Einen feinen Weg hatte er sich diesmal vorgenommen, hoch hinauf und über manchen Gletscher.

Wie glücklich war Bernhard, als er sich zwei Tage darauf zur ersten Rast hinsetzte und seinen Rucksack öffnete. Der Bauernspeck, den man hier bekam, roch besonders würzig und ließ ihm das Wasser im Mund zusammenlaufen. Alle Brote, die er sich in der Früh gestrichen hatte, waren damit belegt, ein kleiner Festschmaus zur Begrüßung der Berge nach einem ganzen Jahr der Abwesenheit. Behaglich packte Bernhard eine Stulle aus. Er gönnte sich den Augenblick, genießerisch daran zu riechen, und biss dann kräftig hinein.

Da hörte er ein kurzes, heiseres Bellen, und als er sich umschaute, bemerkte er in geringem Abstand einen kleinen zottigen Köter, der offenbar ebenfalls vom Duft des Bauernspecks angetan war – sein kleiner Schwanz wedelte so heftig, dass der ganze Hund wackelte –, der sich aber nicht getraute, zu dem Fremden hinzulaufen. Bernhard fand es recht erheiternd, dass er und der Hund eine solch ähnliche Vorliebe haben sollten, und sein ohnehin weiches Herz war schnell gerührt. »Na, komm her, Freundchen«, lockte er den kleinen Hund, und der ließ sich nicht lange bitten, sondern flitzte wie im Flug zu ihm herüber und verschlang das hingehaltene Brot in einem großen Haps. Dann wackelte er aufs Neue mit dem Hinterteil …

Nein, Bernhard tat es nicht leid, dass sein Tagesvorrat durch die Hilfe des kleinen Hundes bereits bei der ersten Rast so völlig aufgeputzt worden war. Er freute sich, dass der magere Zottelpelz satt und zufrieden schien, als er die leeren Papiere wieder in den Rucksack stopfte. Schien tagelang nichts zu fressen bekommen zu haben, der Kleine. Dann stand Bernhard auf, lupfte den Hut und sagte dem kleinen Hund ganz höflich: »Auf Wiedersehen und vielen Dank für die Gesellschaft.« Der Hund aber hatte gar nicht die Absicht, den Mann mit den leckeren Speckbroten einfach ziehen zu lassen. So fand sich Bernhard auf einmal in Begleitung auf dem Weg. Ja, der kleine schwarze Köter strengte sich offensichtlich ganz besonders an, sein Wohlgefallen zu finden, rannte ihm voraus, kam wieder, warf sich vor seinen Füßen auf den Boden, um gleich darauf aufs Neue aufzuspringen und fortzustürmen. War das ein lustiger Bursche. Ob er das mit allen Wanderern machte?

Ach, Bernhard hatte eben noch nicht erkannt, was Schwups schon längst entschieden hatte: dass dieser kleine fremde Hund fortan sein Hund sein würde.

Ein wenig ahnte Bernhard davon wohl, als sie an das erste Eisfeld kamen und der kleine Hund ängstlich den Schwanz einkniff, als der Mann auf das Eis hinaustrat. »Kehrst halt jetzt um«, sagte Bernhard zu dem Hund, »danke für deine Gesellschaft.« Doch da machte der Hund, in der Angst, seinen neuen Herrn so schnell wieder zu verlieren, einen gewagten Satz und kam gefährlich ins Rutschen. Zum Glück bekam Bernhard ihn schnell an seinem struppigen Fell zu packen. »Musst du denn unbedingt mit?«, fragte er und überlegte, ob das Winseln des schwarzen Gesellen wohl eine bejahende Antwort wäre. Und dann - setzte er den Hund auf die Erde, nahm seinen Rucksack ab, öffnete ihn und rief, indem er auf die Öffnung wies: »Schwups.« Ei, wie freute sich der kleine Hund, von seinem neuen Herrn seinen Namen zu hören, und folgte seiner Aufforderung, so flink er konnte.

Ihr merkt ja schon, worauf die Begegnung mit Schwups hinauslief: darauf, dass Bernhard in diesem Sommer mit Begleitung wanderte, auf manche Gipfel und manche Schneefelder verzichten und hin und wieder eine längere Pause einlegen musste, wenn irgendwo eine Höhle seinen kleinen Kameraden gar zu sehr zum Durchschnüffeln verlockte. Die erstaunten Blicke abends auf den Hütten nahm er geduldig in Kauf. Die wiederholte Frage der Bekannten, die er dort traf: »Hast du dir einen Hund angeschafft?«, erwiderte er gleichbleibend mit: »An sich nicht, aber der hat sich ein Herrchen besorgt«, und das entsprach ganz der Wahrheit. Aber von Tag zu Tag gewöhnte sich Bernhard mehr daran, und eines Morgens beim Aufwachen stellte er fest, dass er sich richtig freute, den kleinen Begleiter gefunden zu haben.

In einer alten Tasche, die Bernhard bei einem Trödler in Innsbruck billig bekommen konnte, trat Schwups nach zwei Wochen seine Zugreise nach Bremen an. Wenn er nicht von Natur aus so kohlpechrabenschwarz gewesen wäre, er wäre vielleicht doch blass geworden angesichts all der neuen Erfahrungen. Aber Bernhard hielt ihn auf dem Schoß, und im Rucksack begleitete sie ein mächtiger Vorrat an Speckstullen – da war auch dieses Wagnis zu überstehen.

So wurde aus dem Bergbauernhof-Hund Schwups ein Bremer Stadthund, der tagsüber in einer kleinen Zweizimmerwohnung auf die Rückkehr seines Herrn wartete, hin und wieder allerdings von ein paar freundlichen Nachbarskindern ausgeführt wurde zum Toben und Schnüffeln. Aber um zehn Minuten nach fünf stand Schwups – der jetzt auf den Namen »Schwarzer« hörte – immer an der Tür, um, sobald Bernhard öffnete, ihm mit japsendem Gebell entgegenzufliegen. Und Bernhard, der sonst abends nicht recht gewusst hatte, ob er nach Hause gehen sollte oder nicht, freute sich von Herzen darüber, von jemandem erwartet zu werden.

# Tevje und Hans, der Igel

Wenn im Dorf jemand den Namen Frau Kranz hörte, dann schnalzte er entweder genüsslich mit der Zunge oder er machte ein bedauerndes Gesicht. Mit der Zunge schnalzte er, wenn er an die großen, leckeren Salatköpfe dachte, die Frau Kranz in ihrem Gemüsegarten zog, und ein bedauerndes Gesicht machte er, wenn er an den kleinen Tevje dachte, den Sohn von Frau Kranz, der nicht so war wie andere Kinder. Manche Leute, die von ihm sprachen, tippten sich an die Stirn und meinten: »Es stimmt da oben nicht ganz beim Tevje.« Aber Frau Kranz war ganz zufrieden mit ihrem Bub. Tevje konnte nicht sprechen, nur ein paar kaum zu verstehende Laute gab er hin und wieder von sich, und er konnte auch nicht leicht verstehen, was andere Menschen zu ihm sagten. Die Kinder im Dorf mieden ihn, weil er so anders war als sie. Da hatte er einmal versucht, einem blonden Mädchen, auf dessen Haar die Sonne so hell leuchtete, mit sanften Fingern das Gold vom Kopf abzulesen. Andere Kinder, die sich wehgetan hatten, streichelte er, wobei er kleine Laute des Bedauerns ausstieß. Das fanden die Kinder zu merkwürdig.

Dennoch hatte Tevje seine Freunde, solche, die es nicht kümmerte, ob er sprechen konnte oder nicht, die ihn einfach nahmen, wie er war, und ihn lieber hatten als manch andere Buben. Das waren die Tiere, die im Wald hinter dem Garten wohnten, die Hasen und die Eichhörnchen, die Käfer und Vögel und, vor allem, der Igel Hans. Der kam auf seinen kurzen Beinchen angelaufen, wenn Tevje im Wald spazieren ging, und raschelte eifrig um die Füße des Jungen. Die beiden verstanden sich bestens, ohne ein einziges Wort wechseln zu müssen.

Eines Tages rief Frau Kranz Tevje zu sich. »Bub«, sagte sie, »nimm diesen Brief und bring ihn der Frau Bürgermeisterin auf der anderen Seite des Waldes. Aber pass auf, dass du ihn nicht verlierst und dass du nicht die Zeit vergisst. Er ist wichtig.« Ei, Tevje verstand sehr gut, dass der Brief wichtig war und schnell befördert werden musste, und er war stolz, dass er der Bote sein durfte. (Die Frau Bürgermeisterin hatte bei Frau Kranz anfragen lassen, ob sie am folgenden Tag vier Salatköpfe bekommen könnte für Gäste, die überraschend erwartet würden, und ob wohl auch der Blumenkohl schon reif wäre.)

So machte sich Tevje also, den Brief fest in der Linken, auf den Weg. Aber seht ihr, im Wald gab es so vieles, was einen festhalten konnte. Da spielten die Sonnenstrahlen so lustig mit den Blättern der Bäume, da riefen zwei Finken einander so spöttische Bemerkungen zu, da jagten die Eichhörnchen so kopfüber, kopfunter an den Stämmen daher – und die Himbeeren waren reif, die Blaubeeren gab es noch, und sogar die ersten Brombeeren luden zum Pflücken ein. Und natürlich kam auch Hans, der Igel, dahergeraschelt und wollte beachtet sein. So kam das eine zum anderen …

Als Tevje schließlich am anderen Waldrand ankam, bemerkte er zu seinem Schrecken, dass er den Brief nicht mehr hatte. Seine Linke war ganz leer. Was war geschehen? Der Bub verstand die Welt nicht mehr, und darüber nachzusinnen war er nicht gemacht. Da setzte sich Tevje ins Moos und weinte seinen Kummer hinaus. Ihr müsst aber wissen: Wenn Tevje weinte, dann tat er das nicht still für sich, nein, dann flossen die glitzernden Tränen in zwei breiten Strömen über seine Wangen, und er klagte und schrie, dass es weithin zu hören war.

So hörte ihn auch Hans, der Igel, und kam eilig angelaufen. Voller Mitleid betrachtete er seinen großen Freund und versuchte, den Grund seines Kummers zu begreifen. Ei, eben war er doch noch so fröhlich durch den Wald gestromert, das weiße Papier in der Hand, das jetzt unterm Himbeerbusch lag. Ob es ihm Kummer bereitete, dass das Papier fort war? Schnell lief der Igel zum Himbeerbusch, und richtig, dort lag der Brief immer noch. Vorsichtig stellte er seine Stacheln in die Höhe und rollte sich einmal über das Papier; da stak es auf den Spitzen der Stacheln fest. Dann rannte er, so schnell er konnte, zu Tevje zurück.

Der Junge vergaß plötzlich alles Weinen, als er den Brief auf sich zuschweben kommen sah, gerade so, als käme er ganz aus eigenen Stücken hinter ihm her. Erst als Hans ganz dicht bei ihm war, erkannte Tevje den Igel, der ihm den Brief hinterhergetragen hatte. Ganz vorsichtig löste Tevje da den Brief von den Stacheln ab und legte ihn neben sich ins Gras. Dann hob er den Igel hoch und gab ihm einen Kuss auf seine feuchte schwarze Nase. Kaum aber hatte er das liebe Tier zurück ins Gras gesetzt, da griff er wieder nach dem Brief, hielt ihn fest mit beiden Händen und rannte, so schnell ihn seine Beine trugen, zur Frau Bürgermeisterin.

Als die die Nachricht gelesen hatte, sagte sie: »Wart einmal, du sollst noch einen Botenlohn bekommen.« Sie ging ins Haus und holte eine ganze Handvoll Kekse, die sie Tevje gab. Ei, sie kannte schon die Art, wie der Junge solche Leckereien zu verspeisen pflegte: Er stopfte möglichst alle auf einmal in den Mund, dass man auf seinen Wangen geschrieben sah, was er gegessen hatte. Diesmal aber tat Tevje etwas ganz anderes. Er nickte der Frau Bürgermeisterin nur zu, wandte sich mit seinen Keksen ab und lief so schnell, wie er gekommen war, zurück in den Wald. Dort rief er nach Hans, der nicht lange auf sich warten ließ. Dem Stacheltier warf er all die leckeren Kekse hin, und der Igel fragte nicht erst, was das zu bedeuten habe, sondern machte sich über die Herrlichkeiten her, bis kein Krümelehen davon mehr übrig war. Tevje aber schaute ihm voller Freude zu.

Als am nächsten Tag Frau Kranz das Gemüse ins Bürgermeisterhaus brachte, fragte die Frau Bürgermeisterin: »Was hat es eigentlich mit den vielen Nadelstichen in dem Brief auf sich, den Sie mir durch Tevje gestern geschickt haben?« – »Nadelstiche?« Frau Kranz war ganz überrascht, und diese Überraschung nahm noch zu, als die Bürgermeisterin ihr den Zettel zeigte. Ja, wie waren denn die Stiche da hineingekommen? Aber, nicht wahr, das war ein Geheimnis zwischen Tevje und Hans, dem Igel, und die haben es hübsch für sich behalten. Wenn ich es euch nicht erzählt hätte, ihr wüsstet es auch nicht.

# Wie das Schnecklein doch noch rechtzeitig zum Fest kam

Der Meerkönig hatte zum Fest geladen in seinem Schloss, und alle Meeresbewohner, Fische und Krebse, Seehunde und Seejungfrauen, alle, alle durften kommen. Es sollte Musik und Tanz geben und auch ein leckeres Mahl. Da strömten die Gäste zusammen, eine große, unzählbare Schar.

Auch das Schnecklein hatte von der Einladung gehört und sich entschlossen, ebenfalls ins Schloss zu eilen. So schnell es eben kriechen konnte, machte es sich auf den Weg. Dabei träumte es von einem großen Berg von Schneckenblättersalat, an dem es sich nach Herzenslust laben wollte. Aber so schnell es auch kriechen mochte: Es war noch weit entfernt vom Meerkönigs-Schloss, als es hörte, wie die Muschelhörner geblasen wurden, die den Beginn des Festes verkündeten.

Da zog das Schnecklein seine Fühler ein, verkroch sich in sein hübsches rundes Schneckenhaus und jammerte. »So hat es ja kommen müssen«, schluchzte es vor sich hin, »immer geschehen die schönsten Dinge ohne mich. Jetzt werden andere den Schneckenblättersalat aufessen, und für mich wird nichts mehr übrig bleiben.«

Wie es aber so vor sich hinjammerte, hörte es plötzlich eine helle Stimme, die rief freundlich: »Gott zum Gruß, Jungfer Schneck! Was kriecht Ihr denn in Euer Häuschen und weint so kläglich vor Euch hin?«

Erstaunt kroch das Schnecklein hervor und streckte seine Fühler neugierig aus. Da sah es ein Seepferdchen, das um es herumschwamm und freundlich nickend auf Antwort wartete. »Ach je«, seufzte das Schnecklein, »ich wollte doch zum Fest ins Meerkönigs-Schloss und Schneckenblättersalat essen. Und nun sind die Muschelhörner bereits geblasen worden, und das Fest hat begonnen, und ich bin noch so fern. Wenn ich hinkomme, haben andere den Schneckenblättersalat aufgegessen, und mir bleibt nichts übrig.«

Und nachdem es diesen kläglichen Bericht gegeben hatte, wollte es sich wieder zurückziehen in sein Häuschen und weiterjammern. Doch das Seepferdchen rief: »So seid doch nicht gleich gar so verzagt, Jungfer Schneck. Schwingt Euch lieber geschwind auf meinen Rücken. Ich will Euch schon hintragen zum Meerkönigs-Schloss, denn ich bin just selbst auf dem Weg dorthin.«

Da fasste das Schnecklein neue Hoffnung. Doch bald stellte sich heraus, dass das Seepferdchen die Schnecke nicht forttragen konnte. War sie auch nur klein, so war sie für den zierlichen Jüngling doch immer noch viel zu schwer.

»Seht Ihr«, klagte da das Schnecklein aufs Neue, »es hat nicht sollen sein. Mir ist eben kein Glück beschieden.« Und es achtete gar nicht der Versicherung des Seepferdchens, bald zurück zu sein und Helfer mitzubringen. Nein, die Schnecke verkroch sich in ihr Häuschen, und da saß sie und war traurig. Basta.

Das Seepferdchen aber hielt Wort. Und so kam es, dass plötzlich unser Schnecklein in seinem tiefen Kummer die helle Stimme rufen hörte: »Schaut einmal heraus aus Eurem Haus, Jungfer Schneck. Eure Kutsche steht bereit.«

Ungläubig steckte das Schnecklein die Fühler aus. Dann mochte es schier seinen Augen nicht trauen. Zwölf Seepferdchen schwammen dort um es herum. Ein jedes hielt in seinem Maul einen goldenen Faden. Alle Fäden aber liefen zu einer schönen großen weißen Muschelschale, die einladend vor dem Schnecklein stand.

»Steigt nur ein in Eure Kutsche, Jungfer Schneck«, rief das Seepferdchen nun, »so wollen wir Euch zum Meerkönigs-Schloss fahren – so geschwind, dass Euch Hören und Sehen vergeht.«

Da vergaß das Schnecklein schließlich doch seinen Kummer. So schnell es eben konnte, kroch es in die weiße Muschelschale hinein, und kaum hatte es sich darin bequem hingesetzt, da zogen die zwölf Seepferdchen auch schon an. Die Muschel glitt über den Meeresboden wie eine kleine Kutsche – so schnell, wie das Schnecklein noch nie in seinem Leben gereist war. Im Handumdrehen waren sie beim Meerkönigs-Schloss angekommen.

Die Musik hielt inne, und alle Gäste strömten heraus, um zu sehen, wer da in der Kutsche mit zwölf Pferdchen vorgefahren kam. Der Meerkönig selbst erhob sich von seinem Korallenthron und eilte hinaus, um das Schnecklein zu begrüßen. »Herzlich willkommen zum Fest, Jungfer Schneck«, rief er, »wie freuen wir uns, dass Ihr uns die Ehre erweist!«

Damit nahm er das glückliche Schnecklein selber auf den Arm und trug es ins Schloss. Und wohin trug er es? Zu einer großen Schüssel mit Schneckenblättersalat! Mitten hinein setzte er das Schnecklein. Nun hob die Musik von Neuem an. Fische und Krabben, Seehunde und Seejungfrauen ordneten sich zum Reigen. Das Schnecklein aber saß, wo es eben saß, und war glücklich. Vorne Schneckenblättersalat, hinten Schneckenblättersalat und rechts und links und unter sich – überall Schneckenblättersalat! Was konnte es wohl Schöneres geben! Ach, es ist wunderbar, auf des Meerkönigs Fest zu sein, dachte das kleine Schnecklein, und dann fraß es und fraß, und hätte das Fest nicht schließlich einmal ein Ende gefunden, unser Schnecklein fräße heute noch.

# Jens und die blinde Lisa

Früher wohnte auf der Insel Langeoog ein alter Seemann, der mit dem Segelschiff um die ganze Welt gereist war und auf seinen Fahrten die unglaublichsten Abenteuer erlebt hatte. Er war der Held aller Buben, und jeder versuchte, gut Freund mit ihm zu sein, um vor den anderen glänzen zu können. Der alte Kapitän war aber zu allen gleich freundlich. Er ließ sich immer wieder gern dazu überreden, aus seinem Leben zu erzählen. Nicht immer mag er sich dabei ganz an die Wahrheit gehalten haben – was die Spannung aber nur noch erhöhen konnte.

Nun gab es unter den Jungen einen, Jens hieß er, der groß und kräftig war und die anderen an Stärke und Geschicklichkeit übertraf. Bei jedem Ringkampf blieb er der Sieger, beim Wettlauf ließ er die anderen weit hinter sich, im Schwimmen und Tauchen kam keiner ihm gleich. Jens genoss es, dass die anderen ihn beneideten und heimlich verehrten. Der alte Kapitän aber behandelte ihn nicht anders als die anderen Jungen.

Der Kapitän wohnte nicht allein in seinem kleinen Haus in den Dünen. Bei ihm lebte ein junges Mädchen, seine Enkeltochter, die ihm den Haushalt versorgen half. Das war die blinde Lisa. Wenn die Buben zum Kapitän auf Besuch kamen, suchte Lisa stets den Platz neben Jens, denn sie war ihm zugetan. Mehr als neben ihm sitzen wollte sie gar nicht. Irgendwie fühlte sie sich zu dem großen, kräftigen Burschen hingezogen. Welch ein ungleiches Paar! Das empfand auch der Junge, dem die Zuneigung des blinden Mädchens eher lästig war. Wäre er nicht in ihrem Haus zu Gast gewesen, er hätte sie vielleicht grob zurückgewiesen. So ließ er es dabei bewenden, dass er sich bei günstiger Gelegenheit still davonschlich, um anderswo einen Platz zu finden, oder aber er saß stocksteif und schweigend neben dem Mädchen, während alles um sie her plauderte.

Doch eines Tages änderte sich das; einen guten Grund hatte es allerdings nicht.

Der alte Kapitän hatte den Jungen wiederholt vom Reich der Seejungfrauen erzählt und dann stets hinzugefügt: »Sehen kann's aber nur, wer an einem Sonntag geboren ist und zur rechten Zeit das rechte Wort weiß.« Nun war Jens ein Sonntagskind, und er hätte viel darum gegeben, wenn er nur gewusst hätte, wie er es anstellen müsste, ins Reich der Seejungfrauen blicken zu können. So fragte er den Kapitän, welches denn die rechte Zeit wäre, und erfuhr, es müsse in einer sternenklaren Nacht geschehen, wenn die See ganz ruhig daliege; denn dann kämen die Seejungfrauen herauf an die Oberfläche des Meeres, um zum Himmel aufzuschauen, und könnten das Wort hören. »Und welches ist dieses Wort?«, forschte Jens weiter. Doch da musterte ihn der alte Kapitän mit ruhigem Blick, schüttelte dann den Kopf und erwiderte: »Nein, Jens, das Wort verrate ich dir nicht. Sonst bist du gar in der Lage, Dummheiten anzustellen.« Jens bekam einen roten Kopf und begehrte zu wissen, was für Dummheiten er denn befürchte. »Ich will es dir sagen, mein Junge«, antwortete der Kapitän gütig. »Du bist an einem Sonntag geboren, du bist mutig, ja verwegen, und wenn du das Wort wüsstest, würdest du hingehen in einer Mondennacht und die Seejungfrauen rufen. Das aber wäre eine Dummheit, denn du würdest dich selbst ins Unglück stürzen.« – »Wieso würde es ein Unglück für mich sein?«, fragte der Junge zurück. Und still erwiderte der Alte: »Weil du nicht beten kannst, Jens.« Da wurde der Bub wieder ganz rot, aber nicht vor Scham, sondern aus Zorn.

»Was hat das denn damit zu tun!«, rief er ärgerlich, »ob jemand zur Kirche geht oder nicht, ist allein seine Sache, will ich meinen.« – »Selbstverständlich«, antwortete der Kapitän in beschwichtigendem Ton. »Aber wenn er den Seejungfrauen begegnet und nicht beten kann, ist er eben in Gefahr. Auch das ist einfach so.«

Sie sprachen dann von anderen Dingen. Jens aber dachte nur über das eine nach: wie er das Wort herausfinden könnte. Und eines Tages klopfte er plötzlich an die Tür des Häuschens in den Dünen, und als die blinde Lisa ihm öffnete, sprach er freundlich zu ihr, plauderte über dies und das und lud sie schließlich ein, mit ihm hinunter an den Strand zu kommen. »Ich werd' dich schon führen«, bot er an. Lisa klopfte das Herz vor Freude. Schnell schlüpfte sie in ihre Windjacke und ging, die Hand auf den Arm des Jungen gelegt, mit ihm. Jens hielt vorsichtig mit seinem eigentlichen Anliegen zurück. Sie hatten mancherlei beredet, ehe er wie von ungefähr bemerkte: »Das mit den Seejungfrauen, von denen dein Großvater erzählt hat, das ist aber tüchtiges Seemannsgarn, nicht wahr?« Lisa wandte sich ihm mit erstauntem Gesichtsausdruck zu. »Nein«, sagte sie, »das glaube ich nicht. Großvater hat es mir oft erzählt, und ich höre genau, wenn er sich etwas ausdenkt. Das mit den Seejungfrauen muss wohl stimmen.« Der Junge tat so, als könne er es unmöglich glauben, aber das Mädchen bestand nur immer dringlicher darauf. »Ach was«, rief Jens schließlich, »wenn es wahr wäre, dann wüsste dein Großvater doch sicher auch das Wort, mit dem Sonntagskinder die Seejungfrauen rufen können.« Mühsam nur konnte er seine Erregung verbergen, als Lisa erwiderte: »Aber er weiß es doch.« Der Bub gab seiner Stimme bewusst einen abschätzigen Klang, als er antwortete: »Dann hätt' er's uns doch gesagt, Lisa.« – »Und er hat es mir ja auch gesagt«, rief das Mädchen, nur darauf aus, den Großvater vor dem Vorwurf der Lüge zu verteidigen. »Pah«, sagte Jens, »eins sag' ich dir: Ich glaube dir kein Wort davon und auch deinem Großvater nicht, wenn du mir das Wort nicht auf der Stelle sagen kannst.« Und das Mädchen, das von dem Arg des Jungen nichts merkte, flüsterte: »Es heißt: Seejungfrauen, Seejungfrauen, lasst mich eure Schätze schauen!«

Kaum aber hatte sie es ausgesprochen, als das wilde Lachen des Burschen ihr verriet, dass er sie betrogen hatte. Da schossen dem Mädchen die Tränen in die Augen. »So hast du nur den Spruch von mir erfahren wollen?«, schluchzte sie. Und Jens, der in seiner Freude den Kummer Lisas kaum bemerkte, gab es rundweg zu. »Erraten!«, rief er, »und nun werde ich mein Glück machen.« Er nahm die Blinde wieder am Arm, um sie nach Hause zu führen. Aber Lisa schüttelte ihn ab, wollte seine Begleitung nicht länger dulden und war andererseits doch hilflos ohne ihn. Jetzt merkte auch Jens, dass er das Mädchen tief verletzt hatte. »Entschuldige, Lisa«, brummelte er, »aber es ist doch nicht schlimm, wenn du einem Freund das Geheimnis verraten hast.« – »Es ist doch schlimm«, flüsterte das Mädchen, »denn es wird dir Unglück bringen. Der Großvater hat's gesagt.« – »Ach was«, erwiderte Jens, dem es bei ihren Worten kalt den Rücken herunterlief. Dann packte er Lisa fest am Arm und zog sie mit sich fort, und sie ließ es geschehen, weil sie anders gar nicht nach Hause gefunden hätte. Auf dem ganzen Weg sprachen sie kein Wort miteinander, aber Lisa rannen unentwegt die Tränen über die Wangen.

Jens brauchte nicht lange auf die richtige Gelegenheit zu warten. Schon die nächste Nacht war sternenklar. Ruhig lag das Meer da wie ein glänzender Himmelsspiegel. Leise schwappten die Wellen an den Strand. Ob der Bursche sich fürchtete, als er hinunterlief zum Strand? Ich weiß es nicht. Jedenfalls stellte er sich breitbeinig in den Sand und rief mit lauter Stimme in die sternhelle Nacht: »Seejungfrauen, Seejungfrauen, lasst mich eure Schätze schauen!« Plötzlich verlor das Meer seinen Glanz; es wurde dunkel und stumpf wie Blei, und in den Tiefen meinte der Bursche, es leise grollen zu hören. Jens' Herz schlug schneller. Doch er verlor den Mut nicht. Er vergewisserte sich, dass seine Füße festen Halt hatten, dann rief er aufs Neue: »Seejungfrauen, Seejungfrauen, lasst mich eure Schätze schauen!« Da war es, als hätte ein mächtiger Sturmwind das Meer aufgewühlt, und doch ging nicht die leiseste Brise. Die Wellen schlugen hoch auf und warfen sich mit großer Gewalt an den Strand, ja, sie schienen nach Jens zu greifen. Der Junge aber stand sicher am Ufer und ließ sich von der brüllenden See nicht verschrecken. Im Gegenteil! Hell lachte er auf, und so laut er nur konnte, schrie er ein drittes Mal in das Tosen hinein: »Seejungfrauen, Seejungfrauen, lasst mich eure Schätze schauen!«

Mit einem Schlag verstummte da die See. Die Wellen besänftigten sich. Spiegelglatt lag das Meer wieder da. Doch leise begann es nun in den Tiefen zu leuchten, fast unmerklich zunächst, dann immer heller und heller. Das Wasser wurde durchsichtig wie Glas. Auf dem Grund des Meeres aber konnte Jens das Schloss der Seejungfrauen erkennen; es war aus Korallen und Muscheln erbaut und mit Perlen verziert. Er sah Mauern und Dächer, Tore und Fenster, Erker und Giebel. Die wunderbarsten Meeresblumen rankten sich an den Wänden empor, und Fische in den leuchtendsten Farben schwammen ein und aus. Aus dem hohen Tor aber kamen ihm die Seejungfrauen entgegen: silberglänzend die Leiber, langfließend die Haare wie aus flüssigem Gold, Korallen und Perlen glänzten darin. Sie wiegten sich in zauberischem Tanz. Die beiden, die voranschwammen, trugen in ihren Händen eine Krone, die war ebenfalls aus Muscheln und Korallen gebildet und mit Perlen verziert, und sie alle winkten Jens zu und riefen in betörendem Singsang: »Komm zu uns, du schöner Jüngling, komm zu uns in unser Schloss im Meer. Du sollst unser König sein. Die Meereskrone sollst du tragen. Komm zu uns, du schöner Jüngling, komm zu uns in unser Schloss im Meer.« Endlos setzte sich ihr Gesang fort, wurde immer drängender, immer betörender, und immer näher kamen ihm die Seejungfrauen.

Jens war ihrem Zauber ganz verfallen. Er dachte nicht daran, dass kein Sterblicher auf dem Grund des Meeres wohnen kann. Wie von unsichtbaren Banden gezogen, ging er den singenden, im Tanz sich wiegenden Seejungfrauen entgegen, langsam, aber stetig. Und die Seejungfrauen schwammen auf ihn zu, trugen ihm die Krone entgegen und riefen: »Komm zu uns, du schöner Jüngling, komm zu uns in unser Schloss im Meer.« Einen Fuß setzte Jens vor den anderen. Längst hatte er das Ufer verlassen, das Wasser stand ihm schon bis zu den Knien. Doch immer noch folgte er dem Locken und Werben der Seejungfrauen. Das Wasser stieg, reichte ihm bis zur Hüfte, ja bis zur Brust, und nichts gab es, was Jens zurückgehalten hätte. Einen Schritt setzte er vor den anderen, tiefer und tiefer ging er ins Meer hinein. Schon streckten ihm die Seejungfrauen ihre Hände entgegen, um ihn zu empfangen, als plötzlich vom Strand her eine helle Stimme rief: »In Gottes Namen, steh!« Jens hörte, wie etwas sausend durch die Luft flog und klatschend ins Meer fiel.

Da schäumte die See wild auf. Die Wellen schlugen zusammen über dem Kopf des Burschen. Der aber war jetzt wieder Herr seiner selbst. Mit kräftigen Stößen schwamm er an die Oberfläche und zurück an den Strand. Als er das Wasser aus seinen Kleidern drückte, lag die See so ruhig und glatt hinter ihm, als wäre nichts geschehen. Jens schüttelte den Kopf, als wollte er einen bösen Traum verjagen. Dann bemerkte er, dass etwas entfernt von ihm eine Gestalt im Sande lag. Er lief zu ihr hin und beugte sich über sie. »Lisa«, rief er überrascht, als er sie erkannte. Da hob das Mädchen schluchzend den Kopf. »Jens«, flüsterte sie, »so bist du gerettet.«

Der Bursche half dem blinden Mädchen auf die Füße. »Wie bist du denn hierhergekommen?«, fragte er sie. Und Lisa erwiderte leise: »Halt so. Ich wusste doch, dass du es versuchen würdest und dass dann ein Unglück geschehen müsste, weil du nicht beten kannst. Da bin ich gekommen, um für dich zu beten.« – »Und wie hast du mich aus dem Zauberbann der Seejungfrauen befreit?« – »Ich hab ihnen das kleine goldene Kreuz gegeben, das ich von meiner Patin zur Taufe bekommen habe, Jens.« – »Das Goldkreuz, das du immer um den Hals getragen hast, das kleine goldene mit dem Rubin?« – »Das mit dem Rubin«, nickte das Mädchen. »Aber, aber«, stotterte der Junge verwirrt. »warum hast du das denn hergegeben. Das war dir doch so lieb?« – »Ach Jens«, seufzte das Mädchen, »warum fragst du mich das? Ich habe dich doch noch viel lieber. Weißt du das nicht?« Da war der Junge stumm, aber er legte sanft den Arm um das Mädchen, und sie begannen heimwärts zu gehen.

Sie waren schon den schmalen Fußpfad durch die Dünen hinaufgeklettert und das Haus des Kapitäns lag bereits vor ihnen, als Jens stehen blieb. Fragend wandte Lisa sich ihm zu. »Sag mal, Lisa«, »hast du denn den Weg ganz allein gehen können? Du bist doch blind.« Wäre es nicht so dunkel gewesen, so hätte Jens gesehen, wie das Mädchen leise errötete. »Ist es nicht auch um dich her dunkel in der Nacht, Jens?«, fragte sie zurück. »Doch«, erwiderte der Junge, »aber mir leuchten die Sterne.« – »Und mir hat die Liebe geleuchtet«, sagte das Mädchen einfach, »meine Liebe zu dir.«

Diese Nacht hat vieles verändert im Leben des Jungen. Wie abgefallen war der Stolz auf seine Kräfte. Er hatte gelernt, dass es etwas gab, das weiter reichte. Tja, und er hatte das blinde Mädchen ganz anders wahrzunehmen gelernt. Dann war es wohl nicht mehr verwunderlich, dass er, als für ihn die Zeit des Heiratens kam, um Lisas Hand anhielt und zu ihr ins Kapitänshäuschen zog. Wenn er dann, inzwischen selbst ein Kapitän, über alle Meere segelte, so hatte er doch sein Zuhause – in jenem Häuschen in den Dünen, das er auch nach den längsten und abenteuerlichsten Reisen stets wiederfand, weil – nun, weil die Liebe ihm den Weg zeigte, nicht wahr?

# Das Prinzessinnen-Lied

Der König von Dänemark hatte eine einzige wunderschöne Tochter, die liebte über alles die Musik. Alle Instrumente wollte sie spielen können, noch lieber aber sang sie mit ihrer glockenreinen Stimme die Lieder der Welt. Nichts konnte dem Kind größere Freude bereiten, als wenn ein Reisender aus einem fernen Land ihr ein neues Lied beibringen konnte. Hatte sie es aber auch nur ein einziges Mal gehört, so konnte die Prinzessin es bereits singen. Und als sie zur Jungfrau heranwuchs, hatte sie so viele Lieder gelernt, dass es hieß, sie kenne alle Lieder, die es überhaupt auf der Welt gebe.

Als die Zeit kam, dass die Prinzessin heiraten sollte, sprach der König eines Tages zu ihr: »Mein liebes Kind, du bist jetzt in dem Alter, da du vermählt werden solltest. So will ich meine Boten aussenden. Die sollen sich umschauen an den Höfen der Nachbarreiche. Den edelsten Prinzen sollen sie als deinen Gemahl herbeiführen.«

Die Prinzessin lauschte den Worten des Königs. Doch als er zu Ende gesprochen hatte, lachte sie hell auf und rief: »O nein, lieber Vater, so soll es nicht geschehen.« Erstaunt fragte der König: »So hast du andere Wünsche, ja weißt vielleicht gar schon, welcher Königssohn dein Gemahl werden soll?« – »Das nicht, Vater«, erwiderte die Prinzessin, »aber ich möchte, dass der mein Mann wird, der mir ein Lied singen kann, das ich noch nicht kenne und bei dem ich lachen und weinen muss zur gleichen Zeit.« – »Hüte dich, meine Tochter«, warnte der König, »dass du kein Unglück über dich beschwörst. Nachher kommt irgendein Bettelmann und singt dir sein Lumpenlied, und dann musst du den ärmsten Mann der Welt heiraten, weil du dein Wort dafür gegeben hast.« Doch die Prinzessin rief: »Ach nein, Vater. Ich achte, dass der Mann, der mir ein neues

Lied singen kann, der reichste Mann der Welt ist. Lass es also so geschehen, ich bitte dich.«

Der König willigte in den Wunsch seiner Tochter ein. Diener wurden ausgesandt an die Höfe der Nachbarreiche, aber auch auf die Märkte der Städte und Dörfer; die mussten bekannt machen, dass derjenige die Prinzessin zur Frau bekommen solle, der ihr ein Lied vorsingen könne, das sie noch nicht kenne und bei dem sie lachen und weinen müsse zur gleichen Zeit. Nie zuvor ist im ganzen Reich so viel gesungen worden wie in jenen Tagen. Manch ein Bursche dachte bei sich: »Ein Versuch kann nicht schaden, wenn es um so edlen Gewinn geht.« Und so wurden an allen Ecken Lieder einstudiert - erst der Text, dann die Melodie -, und wo man einen jungen Mann auf der Straße traf, konnte man gewiss sein, ihn leise vor sich hinsummen zu hören.

Bald schon kamen die ersten Freier zum Schloss, meldeten sich bei der Wache am Tor und ließen sich zur Prinzessin führen. Doch stets geschah dasselbe: Kaum hatten sie die ersten Töne des Liedes gesungen, da fiel die Prinzessin in den Gesang ein und sang das Lied mit bis zum Ende, und oft kannte sie selbst noch ein paar Strophen mehr als der glücklose Freier. So mussten sie alle unverrichteter Dinge wieder heimziehen. Die Prinzessin hatte dennoch Gefallen an dem Trubel in jenen Wochen. Denn von morgens bis abends durfte sie singen, und was hätte sie lieber getan!

Doch als drei Wochen ins Land gegangen waren, kamen keine Freier mehr. Alle hatten ihr Ständchen gebracht und waren erfolglos wieder heimgekehrt. Als es nun still wurde im Schloss, da wurde die Prinzessin traurig. Wie sehr hatte sie sich darauf gefreut, den Mann zu finden, der das Lied singen konnte, bei dem sie lachen und weinen müsste zur gleichen Zeit. Ja, gab es denn dieses Lied vielleicht gar nicht?

Nun lebte am Meer ein junger Mann, der seinen Lebensunterhalt als Fischer verdiente, seiner Neigung nach aber ein Spielmann war. Der hatte ebenfalls davon gehört, dass derjenige die Prinzessin zur Frau gewinnen sollte, der ihr ein Lied singen könnte, das sie noch nicht kannte und bei dem sie lachen und weinen müsste zur gleichen Zeit. Es hatte ihm einen Stich versetzt, als er die Nachricht hörte, denn er trug das Bild der Prinzessin wie einen heimlichen Schatz in seinem Herzen. Eines Tages war er nämlich, dem großen Fluss folgend, hinaufgereist in die Königsstadt. Dort auf dem Markt hatte er ein Mädchen gesehen, das ganz wunderbar sang, während es von einem Stand zum nächsten ging. Er hatte die Leute gefragt: »Wer ist das Mädchen dort?« Die hatten ihn ausgelacht und erwidert: »Das weißt du nicht? Ei, das ist doch die Prinzessin. Sie singt den ganzen Tag.« Seitdem hatte der Spielmann immer an sie denken müssen, an ihr liebliches Gesicht, an ihre glockenreine Stimme. Manchmal in einem verwegenen Traum hatte er sich sogar vorgestellt, wie schön es wäre, sie zur Frau zu haben. Aber sicher würde eine Prinzessin nicht zu ihm in seine ärmliche Fischerhütte ziehen wollen.

Ja, warum war er denn nicht ebenfalls zum Schloss gezogen, um sein Glück zu probieren? Zum einen, weil er zu scheu war, zum anderen, weil er ganz sicher meinte, dass die Prinzessin gewiss alle Lieder kenne, die er singen konnte. Als Hein, der Spielmann, aber dann hörte, dass unzählige Freier ihr Lied gesungen hätten und erfolglos abgezogen seien und nun keiner mehr käme, da fuhr ihm doch der Gedanke in den Kopf: »Und wenn du der Glückliche sein solltest?« Und er begann ernsthaft zu überlegen, welches Lied ihm den gewünschten Erfolg bringen könnte. Es wollte ihm aber keines einfallen. Zwar kannte er lustige Lieder und traurige Weisen, aber ein Lied, bei dem die Prinzessin lachen und weinen müsste zur gleichen Zeit, das kannte er nicht. Nachdem er nun aber erst einmal mit dem Grübeln begonnen hatte, mochte er auch nicht wieder aufgeben.

So lag er eines Abends in seinem Bett und konnte keinen Schlaf finden. Es war eine milde Nacht, und er hatte die Fenster offen gelassen. Leuchtend standen die Sterne am Himmel, und er hörte die Wellen gemächlich und leise an den Strand schwappen. Und dann hörte er über dem leisen Flüstern der See plötzlich einen Gesang, so seltsam traurig und lieblich zugleich, dass es ihm ans Herz rührte. Lange lag er und lauschte. Nie hatte er etwas Schöneres vernommen. Auf einmal aber richtete er sich auf. »Das Lied für die Prinzessin«, flüsterte er, »es ist das Lied für die Prinzessin.« Geschwind fuhr er in seine Hosen und schlich hinunter an den Strand, um zu sehen, wer die liebliche Melodie sänge. Als er vorsichtig über die Dünen spähte, sah er die Sänger. Die Seejungfrauen hatten ihre Köpfe aus dem Wasser gesteckt, blickten hinauf zu den Sternen und sangen, sangen ihr Lied wieder und immer wieder – so seltsam traurig und lieblich zugleich, dass es dem Spielmann ans Herz rührte. Vorsichtig kroch er höher auf die Dünen hinauf, um nur noch besser lauschen zu können. Doch da kitzelte ihn ein Grashalm an der Nase und er musste niesen: »Hatschi!«

Da war es plötzlich still. Keine Seejungfrau schaute mehr aus dem Wasser heraus. Scheu waren sie untergetaucht und heimgekehrt in ihr Schloss auf dem Grund des Meeres. Lange lag Hein noch in den Dünen und wartete, ob die Seejungfrauen vielleicht noch einmal auftauchen und ihren Gesang wieder aufnehmen würden. Doch nichts regte sich, still lag die Meeresoberfläche, bis die Sterne verglommen und sich im Osten der neue Tag ankündigte. Seufzend zog der Spielmann da heim. Als er aber nach kurzem Schlaf erfrischt erwachte, hatte sich schon wieder neue Hoffnung in seinem Herzen eingefunden. »Habe ich sie einmal gehört«, sagte er sich, »so werde ich sie bestimmt auch ein zweites Mal hören. Und dann will ich ganz gewiss vorsichtiger sein.«

Doch der Spielmann musste sich in Geduld üben. Die kommende Nacht war stürmisch. Dunkle Wolken bedeckten den Himmel, und der Wind peitschte die See auf, dass die Schaumkronen auf den Wellen tanzten. Kein einziger Stern ließ sich blicken. In der darauffolgenden Nacht war es nicht anders, und wenn sich in der dritten bereits schon wieder ein paar Sterne zeigten, so gischtete doch das Meer noch gewaltig – keine Nacht also für die Seejungfrauen.

Aber in der vierten Nacht war der Himmel wieder klar, gemächlich schwappten die Wellen an den Strand, und das Meer spiegelte den Sternenhimmel. Und als der Spielmann auf seinem Bett lag und durch das offene Fenster hinauslauschte in die Dunkelheit, hörte er über dem leisen Rauschen der See plötzlich wieder den Gesang, so seltsam traurig und lieblich zugleich, dass es ihm ans Herz rührte. Da sprang er auf, fuhr geschwind in seine Hosen und schlich hinunter zu den Dünen. Er passte ganz genau auf, dass er mit seiner Nase nicht zu dicht an eines der Dünengräser kam. Dann lag er und lauschte und lauschte, und im Herzen sang er die Melodie mit, so seltsam traurig und lieblich zugleich, dass sie auch ans Herz der Prinzessin würde rühren müssen. Als aber im Osten der neue Tag graute und die Seejungfrauen hinuntertauchten in ihr Schloss am Grunde des Meeres, konnte der Spielmann ihr Lied singen.

Ohne zu zögern machte er sich da auf den Weg zur Königsstadt. Fröhlich folgte er dem Ufer des großen Flusses, wanderte und wanderte, ohne müde zu werden, bis er vor dem Tor des Schlosses anlangte. Dem Wächter meldete er, er sei gekommen, um der Prinzessin ein Lied zu singen, wie sie es befohlen hätte, eines, bei dem sie lachen und weinen müsse zur gleichen Zeit. »Das hat schon manch einer behauptet«, brummte der Wächter. Doch eilte er, den Jüngling der Prinzessin zu melden, und kurze Zeit darauf wurde der Spielmann ins Schloss geführt.

Verlegen blickte er die Prinzessin an, die ihm noch anmutiger erschien, als er sie in Erinnerung hatte, und der Mut wollte ihm schon sinken. Doch die Prinzessin sprach freundlich zu ihm, rief: »Endlich hat wieder einer den Weg zu mir gefunden. Singt mir Euer Lied, Spielmann. Wie froh will ich sein, wenn es das rechte ist.« Da fasste Hein sich ein Herz, bat um die Laute der Prinzessin und begann zu spielen. Die Prinzessin lauschte aufmerksam, und als sie feststellte, dass sie aus den Tönen kein ihr bekanntes Lied heraushören konnte, schlug ihr Herz schneller in freudiger Erwartung. Dann sang der Spielmann, sang das Lied von den Seejungfrauen, so seltsam traurig und lieblich zugleich, dass es jedes Herz rühren musste. Er sang eine Strophe nach der anderen, und während er sang, lauschte die Prinzessin, um nur keinen Ton zu versäumen, und sie musste weinen, weil das Lied so traurig klang, und sie musste lachen, weil es so lieblich war und, ja, weil endlich, endlich der Mann gekommen war, der das Lied sang, das sie noch nicht kannte, und weil sie gern seine Frau werden wollte.

Als der Spielmann den letzten Ton gesungen, den letzten Akkord gezupft hatte, schlug die Prinzessin freudig in die Hände und rief: »Ihr habt es geschafft, Spielmann. Ihr habt die Bedingung erfüllt. Ihr habt mir das Lied gesungen, das ich noch nicht kannte und bei dem ich lachen und weinen musste zur gleichen Zeit. Jetzt sollt ihr mein Gemahl werden.« Dann rief sie den König herbei, und als der den Spielmann betrachtet hatte, willigte er gern in die Hochzeit ein.

Bald darauf wurde ein großes Fest gefeiert, dass die ganze Stadt widerklang vom Jubel und von der Musik. Abends, als das junge Paar sich zur Ruhe legte, war es draußen noch so mild, dass man die Fenster offen ließ. Ein wunderbarer Sternenhimmel wölbte sich über dem Land. Plötzlich aber hörten die Neuvermählten von draußen her einen Gesang, so seltsam traurig und lieblich zugleich, dass es ihnen das Herz rührte. Sie kannten das Lied gut, es war dasselbe, das ihnen Glück gebracht hatte.

Wer sang denn da vor dem Schloss diese Weise? Es waren die Seejungfrauen, die den großen Fluss hinaufgeschwommen waren, um auf ihre Art dem Hochzeitspaar Glück zu wünschen.

# Der Bucklige

Es lebten einmal ein König und eine Königin, die waren geliebt im Volke wegen ihrer Weisheit und Güte und geachtet von den Herrschern der Nachbarreiche wegen ihrer Friedfertigkeit. Diesem Königspaar schenkte Gott ein Töchterlein, das war, schon als es noch in der Wiege lag, so schön, dass die Mutter kaum ein Auge von ihm wenden konnte und der Vater vor Freude lächeln musste, wann immer er an das Kind dachte, selbst wenn er gerade im Thronsaal mit den Ministern zu Rate ging.

Als das Kind getauft war, strömte das Volk zusammen, denn ein jeder wollte Glück wünschen und die Freude des Königs und der Königin teilen. Es war aber auch eine alte Fee unter den Gratulanten. Als sie an die Wiege der Prinzessin trat, fiel ein Schweigen auf die versammelten Gäste. Die alte Fee nahm eine kleine Laterne hervor, entzündete sie, beugte sich lange über das Kind und sprach dann: »Kleine Königstochter, Großes wird dir begegnen, Schweres wirst du erdulden, doch sollst du glücklich sein. Niemals aber sollst du vergessen, nach dem Licht zu schauen.« Ungläubig hörten das die Gäste. Wie, hatte die Fee nichts Besseres zu geben als ein Licht, das ausgebrannt sein würde, ehe noch der Tag zur Neige ging? Still glitt die alte Fee durch die Menge und verschwand. Nur das Lichtlein in der Laterne brannte und erinnerte an ihren unverstandenen Wunsch.

Hochauf schlugen die Wellen der Freude. Den Glückwünschen folgten Musik und Tanz und ein königliches Mahl, das ein jeder teilen durfte. Die kleine Laterne aber leuchtete und spendete ihr stilles Licht und verlöschte nicht, weder an diesem Tag noch am nächsten, sondern brannte unermüdlich fort, aus geheimnisvoller Quelle gespeist. Ihre wahre Kraft aber zeigte die Laterne der alten Fee, als die Königstochter heranwuchs. Denn wenn je sie ein Ärger oder ein Kummer heimsuchte, so wurde sie doch sogleich beruhigt, wenn sie auf das Licht der kleinen Laterne schaute. Und unter all den Schätzen und Reichtümern im Königspalast gab es nichts, was der Prinzessin lieber gewesen wäre als jenes Lichtlein der alten Fee.

Schnell gingen die Jahre der Kindheit ins Land; schon stand die Königstochter in der Blüte der Jugend. Da sprach man allenthalben von ihrer Schönheit und Anmut. Der weise König war's zufrieden, denn gab er auch nicht viel auf ein hübsches Gesicht allein, so wusste er doch, dass seine Tochter als beste Gabe ein liebendes Herz besaß, das aller Ruhm nicht zum Stolz verleiten konnte.

Als nun die Zeit kam, da die Königstochter vermählt werden sollte, sandte der König seine Herolde aus; die sollten die Freier auf den nächsten Sonntag zum Palast rufen. Sie zogen auch sogleich aus in die Städte und an die Höfe der Nachbarreiche, um die Botschaft überall bekannt zu machen.

Nun lebte in einer kleinen Hütte am Waldrand ein junger Bursche, der stets nur der Bucklige gerufen worden war, weil er seit der Geburt einen mächtigen Buckel auf den Schultern tragen musste. Er tat es allerdings ohne Verdruss, denn schließlich war er ein Sonntagskind und unter einem guten Stern geboren. Ja, früher einmal, als er noch ein kleiner Junge war, da war er wohl oft weinend zur Mutter gelaufen, wenn die anderen Kinder mit Fingern auf ihn zeigten und ihn verspotteten. Doch die Mutter hatte ihn getröstet und gesagt: »Den Leib mit dem Buckel, den hast du von der Erde geliehen, um ein Weilchen darin zu leben. Der Erde wirst du ihn auch einmal wieder zurückgeben müssen. Aber dein Herz hast du von Gott, und das ist so golden und so voller Licht, wie nur irgendein Herz sein kann, gehöre es gleich einem Bettelbuben oder einem Königssohn. Nur auf das Licht im Herzen kommt es an.« Da war er zufrieden. Mit einem goldenen Herzen ließ sich der Buckel viel leichter tragen. Dennoch lebte er nun für sich allein in der Hütte am Waldrand, um nicht den Spott der Leute herauszufordern. Da band er seine Besen und flocht Körbe, die er dann auf dem Marktplatz in der nächsten Stadt verkaufte.

So saß der Bucklige wieder einmal hinter seinen Körben, als der königliche Herold auf dem Marktplatz erschien und verkündete, dass der König seine Tochter vermählen wolle und alle Freier einlade, am Sonntag vor den Palast zu kommen. Dort wolle er ihnen drei Aufgaben stellen. Wer sie erfüllen könne, der solle die Hand der Prinzessin gewinnen und später dem König auf dem Throne folgen. Der Bucklige hörte aufmerksam zu und sprach zu sich selbst: »Bin ich nicht am Sonntag und unter einem guten Stern geboren? Habe ich nicht ein Herz so golden und voller Licht, wie nur irgendein Herz sein kann? Wie sollte ich da nicht am Sonntag zum Palast gehen und mein Glück versuchen! Nicht alle Tage fällt einem ein Königreich in den Schoß.«

Als daher am Sonntagmorgen die Prinzen und Edelgeborenen zum Schloss geritten kamen, war der Bucklige ebenfalls unter ihnen, wenngleich auch nur auf Schusters Rappen und im Wams. Da schaute mancher Edelmann missmutig auf ihn herab, und manch einer höhnte und fragte: »Wer bist du denn, und wo willst du hin mit deiner Last?« Der Bucklige aber antwortete munter: »Ich bin ein Besenbinder und gekommen, um die Prinzessin zu freien.« Und aller Spott vermochte ihm nichts anzuhaben. Das Spotten war auch bald vorüber, als nämlich der König mit der Prinzessin aus dem Schlosse trat. Die Schönheit der Königstochter war solcherart, dass einem alle üblen Gedanken davor vergehen mussten, wenn man sie nur erblickte. Dem Buckligen hüpfte das Herz vor Wonne und Weh, und er wusste: Niemals würde er fortan ohne die Prinzessin leben können.

Die Königstochter ging, die einzelnen Freier zu begrüßen, und sah manch edles Gesicht, manch kluge Stirn, manch kühnes Auge. Als sie aber den Buckligen anblickte, fuhr sie zusammen, mochte auch kaum seinem Blick noch einmal begegnen und hielt doch seine Hand länger als die irgendeines Prinzen. Als sie zurückkehrte zum König, merkte er sogleich, dass sie verstört war, und fragte leise: »Was ist es, meine Tochter, das dir Kummer bereitet? Gefällt die Schar der Freier dir nicht?« Da seufzte die Prinzessin und erwiderte: »Die Freier gefallen mir schon, doch fürchte ich, dass der, dem ich am liebsten gehörte, die Aufgabe nicht wird erfüllen können.« Der König aber lächelte nur geheimnisvoll und sprach: »Geh und schau auf das Licht deiner kleinen Laterne. Es wird dich trösten. Ja, sei ganz unbesorgt: Der rechte Freier wird schon gefunden werden.«

Da ging die Königstochter, dem Rat des Vaters zu folgen.

Der König aber trat näher an die Schar der Freier heran und rief: »Demjenigen will ich meine Tochter zur Frau geben, der es vermag, die köstlichste Perle zu finden sowie das Gewand, das jeden Menschen besser umhüllt und wärmt als die eigene Haut. Die dritte Aufgabe aber soll der gelöst haben, der den größten Schritt tun kann. Eine Woche gebe ich euch Zeit. Am kommenden Sonntag soll sich erweisen, wer die Aufgaben am besten erfüllt.« Des waren die Prinzen zufrieden. Das Verlangte schien ihnen viel einfacher, als sie befürchtet hatten, war es doch mit Gold und Geschick zu erwerben. Eilig riefen sie ihre Diener zusammen, gaben ihnen Geld und Güter und sandten sie aus, die schönsten Perlen zu erstehen, die sie finden konnten. Dann spornten sie ihre Pferde, um den Schneider aufzuspüren, der das vom König geforderte Gewand zu nähen verstand, und schließlich, um irgendwo im Verborgenen zu üben, große Schritte zu tun.

Bald lag der Platz vor dem Schloss verlassen da. Nur der Bucklige war zurückgeblieben. »Wohin sollte ich mich auch wenden«, sagte er sich, »habe ja nichts, darauf in die Welt zu reiten, als meine beiden Füße und keine Diener auszusenden, als nur meine Augen und Ohren. Auch besitze ich keinen Reichtum als einzig mein goldenes Herz. Was aber damit zu erwerben ist, will ich schon erwerben, und wenn die Kostbarkeiten, die der König fordert, irgendwo zu finden sind, dann doch bestimmt in seinem eigenen Palast.« So blieb der Bucklige denn in der Stadt und beim Königsschloss und hielt Augen und Ohren offen, ob er nicht die köstliche Perle erspähen oder von dem Gewand, das jeden Menschen besser umhüllt und wärmt als die eigene Haut, reden hören würde. Um den großen Schritt aber bemühte er sich erst gar nicht. Sein Körper war allzu sehr verzogen, um große Sprünge zu erlauben. Morgens band der Bucklige weiterhin seine Besen, als ob keine Aufgaben gestellt worden seien; aber an den Nachmittagen ging er zum Palast, setzte sich auf den Rand des Brunnens, der im Hofe stand, und ließ die Augen wandern.

So hatte er bereits zwei Nachmittage gesessen, ohne Erfolg. Am Mittwochnachmittag aber sah er einen kleinen Betteljungen herankommen, barfüßig und mit schmutzigem Gesicht. Der ging zögernd zur Küchentür des Schlosses, nahm sich ein Herz und klopfte leise an. Als der Koch den Kopf herausstreckte, bat der Bub um ein paar Abfälle von des Königs Tafel, um seinen Hunger zu stillen. Der Koch gab ihm aber nur böse Worte und schlug die Tür zu. Der Betteljunge wandte sich zum Gehen, schien sich dann aber eines anderen zu besinnen, und der Bucklige beobachtete, wie der Bub noch einmal klopfte. Als der Koch herausschaute, flehte der Junge wiederum um ein paar Abfälle, denn auch seine Schwester sei hungrig und liege krank danieder, sodass sie sich selbst nichts erbetteln könne. Der Koch jedoch schüttelte die Faust und schimpfte, er wolle mit dem Bettelpack nichts zu tun haben. Als ihn der Junge aber weiter inständig bat, nahm der Koch den Holzlöffel und rief: »Da kannst du etwas haben, worum du nicht gebeten hast.« Der arme Junge rannte nicht fort, er stand nur die Prügel erwartend. Aber der Bucklige konnte sehen, wie ihm dicke Tränen die Wangen herabliefen. Und dann sah er, dass der böse Koch, als er das Kind weinen sah, plötzlich die Hand mit dem Holzlöffel sinken ließ, etwas brummte wie: »Schon gut, schon gut. Musst ja nicht gleich weinen« und in der Küche verschwand. Als er wenig später wieder erschien mit einer Schüssel voll Kartoffeln und einem gebratenen Huhn, da lachten die Augen des Jungen schon wieder, und sein »Dankeschön!« klang ganz zutraulich. Fröhlich sprang er davon. Der Bucklige aber pfiff sich eins und meinte zufrieden: »Die erste Aufgabe wäre erfüllt.«

Der Donnerstag verging, ohne dass er der Lösung der anderen Aufgaben näher gekommen wäre. Dennoch war er guter Dinge und ganz davon überzeugt, dass das Glück ihm auch weiterhin hold sein würde. – Als der Bucklige am Freitagnachmittag seinen gewohnten Platz auf dem Brunnenrand aufsuchen wollte, fand er, dass der schon von anderen eingenommen war, ja, dass kaum noch Raum war im Hofe, denn dort hatten sich die Bettler zusammengeschart in Erwartung der Königin, die einmal in der Woche zu ihnen herauskam, um die Not zu lindern. Der Bucklige ließ den Blick über diese Versammlung der Armut gleiten und sah viel Leid und Entbehrung. Manch einer hatte sich eingefunden, der kaum genug Lumpen besaß, um seine Blöße zu bedecken. »Euch täte das Gewand not, von dem der König sprach«, dachte der Bucklige, »das Gewand, das jeden Menschen besser umhüllt und wärmt als die eigene Haut.« Dann aber schaute er nur noch, denn die Königin war aus dem Palast herausgetreten in Begleitung einiger Diener, die große Körbe trugen. Eine Weile stand sie auf der obersten Stufe der Treppe, und ihr Blick umfing die Schar der Bedürftigen und schloss selbst den Buckligen, der ganz hinten stand, mit ein. Der senkte beschämt die Augen, denn er hatte plötzlich das Gefühl, unrechtmäßigerweise dieser Versammlung beizuwohnen. Als er aber wieder aufschaute, war die Königin bereits die Treppe herabgestiegen und ging unter den Bettlern langsam von einem zum andern, schaute ihnen in die Augen und hatte für jeden ein gutes Wort oder einen helfenden Rat. Aus den Körben aber verteilten die Diener Speise für die Hungrigen und was sonst vonnöten war, um die Armut zu lindern. Der Abend sank herein, und immer noch war die Königin bei den Bettlern, die kein Auge von ihr ließen. Selbst die, die bereits empfangen hatten, mochten, wie von einem unsichtbaren Band gehalten, nicht fortgehen.

Schließlich kam die Königin auch zum Buckligen. »Was hat dich heute hierhergeführt?«, fragte sie freundlich. »Wessen bedarfst du, dessen Hände doch kräftig genug scheinen, um Arbeit zu verrichten?« Der Bucklige war erstaunt, dass die Königin auch ihn aufgesucht hatte, erwiderte aber ehrlich: »Mich trieb kein anderes Verlangen hierher als allein die Hoffnung, vielleicht das Gewand zu finden, das jeden Menschen besser umhüllt und wärmt als die eigene Haut.« Als die Königin das hörte, seufzte sie und sprach: »Ja, ein solches Gewand wollte ich wohl auch gern besitzen, um es denen geben zu können, die nun in der lauen Abendluft frieren müssen.« Sie wandte sich zum Palast, und die Diener folgten ihr mit den leeren Körben. Als sich aber das Tor hinter ihnen schloss und die Schar der Bettler sich langsam zerstreute, da merkte der Bucklige auf einmal, dass es recht kühl geworden war. Erstaunt stellte er fest, dass Hände und Füße ihm erkaltet waren. Wieso hatte er es denn nicht vorher gespürt? Nun eilte er, heimzukommen in sein Quartier. Auf dem Weg pfiff er plötzlich leise, denn es war ihm aufgegangen, dass er auch die Antwort auf die zweite Aufgabe gefunden hatte.

Als der Bucklige am Samstag durch die Stadt schlenderte, traf er hier und da auf Prinzen, die Perlen und Gewänder erworben hatten und nun zurückgekehrt waren, ein jeder zuversichtlich, am Sonntag die Hand der

Prinzessin zu gewinnen. Stolz ritten sie einher und würdigten den Buckligen keines Blickes. Der nahm das aber nicht weiter krumm, sondern sagte bloß: »Werden schon sehen, wer die Königstochter heiraten darf«, und das Herz hüpfte ihm dabei vor freudiger Erwartung. Ja, er war sich seiner Sache durchaus gewiss.

Am Sonntag kamen sie alle zusammen: die Prinzen und Edelgeborenen mit Perlen in den Satteltaschen und den verschiedenartigsten Gewändern in wohlverschnürten Bündeln. Sie sahen sogleich, dass der Bucklige mit leeren Händen erschienen war, und lachten ihn aus. »Wo hast du deine köstliche Perle, Besenbinder?«, riefen sie spottend. »Ein Betteljunge hat sie mir gezeigt, aber bringen konnte ich sie nicht«, war die kecke Antwort. »Und das Gewand, das jeden Menschen besser umhüllt und wärmt als die eigene Haut, wo hast du das wohl versteckt?« – »Wie fragt ihr mich danach? Ich trage es ja«, erwiderte der Bucklige ernsthaft. Die Prinzen musterten sein schäbiges Wams und wären vor Lachen beinahe von ihren stolzen Rossen gefallen. »Dann hast du wohl auch die Siebenmeilenstiefel gefunden und kommst mit einem Schritt um die Welt«, höhnten sie weiter. »Nein«, sagte der Bucklige ein bisschen verlegen, »große Schritte tun, das habe ich nicht gelernt.« Aber zuversichtlich fügte er hinzu: »Wenn der König sieht, wie gut ich die ersten beiden Aufgaben erfüllt habe, wird er mir die dritte wohl erlassen.«

In diesem Moment trat die Prinzessin ans Fenster, um den Freiern zuzuwinken. Die begrüßten ihr Erscheinen mit Freudenrufen. Der Bucklige aber bemerkte, dass sie gar nicht froh, sondern vielmehr blass und verstört aussah. Nun öffnete sich auch das Schlosstor und der König trat heraus. Da breitete sich erwartungsvolles Schweigen aus. »Weist mir die köstlichste Perle, die ihr finden konntet!«, befahl der König. Die Satteltaschen öffneten sich, und es kamen die herrlichsten Perlen zum Vorschein, die man sich nur vorstellen kann, einige faustgroß und leuchtend in allen Farben. Der König schritt durch die Reihen der Prinzen, die ihm eifrig versicherten: »Diese Perle ist so kostbar, dass man einen ganzen Königspalast dafür erwerben könnte.« Oder: »Schau, meine Perle ist so wertvoll wie ein halbes Königreich.« Oder gar: »Für meine Perle könnte man nicht weniger als die halbe Welt kaufen.« Der König musterte all die Kostbarkeiten aufmerksam, ohne aber im Geringsten anzudeuten, welche Perle er selbst für die köstlichste erachtete.

So kam er auch zum Buckligen, der mit leeren Händen dastand. »Und wo hast du die köstliche Perle, deren Suche ich zur Aufgabe stellte?«, fragte der König ihn. »Bist du ganz unverrichteter Dinge zurückgekehrt?« Da erwiderte der Bucklige: »Ich habe sie durchaus gefunden, die köstlichste der Perlen, die Perle, die mehr gilt als die halbe Welt. Und doch macht ihr Besitz nicht reich, und gewiss kann man sie nicht in die Satteltasche stecken.« Der König lächelte leise und sprach: »Sage, mein Freund, welche Perle du meinst!« Der Bucklige antwortete: »Ich meine: Die köstlichste Perle ist die Träne eines Kindes, denn sie kann erbringen, was Geld nicht vermag: das Mitleid. Was aber wäre die Welt ohne Mitleid.« Und er erzählte dem König von dem Betteljungen, den er am Mittwoch beobachtet hatte, und vom bösen Koch, dem beim Weinen des Kindes das Herz aufgegangen war. Der König nickte sinnend, dann sagte er: »Ja, Buckliger, du hast bestimmt die köstlichste Perle gefunden.« Die Prinzen hörten es mit Wut und Schrecken.

Da rief der König: »Nun aber zur zweiten Aufgabe! Wer weist mir das Gewand, das jeden Menschen besser umhüllt und wärmt als die eigene Haut?« Diese Frage zauberte die erstaunlichsten Kleidungsstücke hervor: wollene, samtene und seidene, weit wallende Mäntel und eng anliegende Fellhemden, hohe Stiefel und dicke Strümpfe, Hosen und Jacken, Mützen und Mieder – eine überaus reichhaltige Auswahl. Wiederum musterte der König alles eingehend, ohne eine Miene zu verziehen, bis er aufs Neue vor dem Buckligen stand. Der hatte auch diesmal nichts aufzuweisen und versicherte dennoch dem König: »Das Gewand, das jeden Menschen besser umhüllt und wärmt als die eigene Haut, dieses Gewand habe ich durchaus gefunden. Aber aus Wolle ist es nicht gewoben, auch nicht aus Samt oder Seide geschneidert.« Wiederum lächelte der König leise, als er ihn aufforderte: »Sage, mein Freund, welches Gewand du meinst!« – »Das Gewand, das die Liebe um uns webt«, antwortete der Bucklige einfach, »denn das wärmt nicht nur von außen, sondern auch von innen und umhüllt jeden Menschen besser als die eigene Haut.« Und er erzählte dem König, was er am Freitag erlebt hatte, als die Königin sich der Bettler erbarmte und sie mit ihrer Liebe umfing und wärmte. »Die Liebe«, nickte der König. »Ja, die Liebe ist das wärmste Gewand und passt jedem Menschen, sei er dick oder dünn, kurz oder lang. Da hast du recht, Buckliger.« Die Prinzen hörten es mit Wut und Schrecken.

Doch der König rief: »Und nun wollen wir sehen, wer den größten Schritt tun kann!« Nur widerwillig stellten sich da die Prinzen und Edelgeborenen in einer Reihe auf, um noch einmal ihr Glück zu versuchen. Ehe sie aber sprangen, rechteten sie mit dem König und forderten: »Zähle die Erfüllung der ersten beiden Aufgaben nicht, sagen sie doch nichts aus über die Fähigkeit des Freiers, sondern nur über sein Glück, das unberechenbar ist. Allein der größte Schritt soll zählen, denn der erfordert den Mann selbst.« Der König maß die gedemütigten Jünglinge mit unergründlichem Blick. Dann aber sagte er: »Es sei, wie ihr wünscht. Wir wollen die ersten beiden Aufgaben unbeachtet lassen und nur die Erfüllung der dritten werten, die den Mann selbst fordert. Müht euch also nun, denn dieses soll die letzte Entscheidung sein. Wer den größten Schritt tut, soll die Hand der Prinzessin gewinnen.« Da waren die Prinzen wieder guter Dinge, nahmen alle Kraft zusammen, sprangen und verrenkten sich fast die Beine, um den Sieg doch noch zu erringen.

Der Bucklige aber? Ja, unserem Buckligen war plötzlich das Herz in die Dornen gefallen, und er hörte kaum, was der König entschieden hatte. Als er nämlich, nachdem er auch die richtige Antwort auf die zweite Frage gegeben hatte, in jubelnder Freude zur Prinzessin hinaufgeschaut hatte, die ihm schon ganz sicher schien, da hatte er sie weinen sehen, und zwar so sehr, dass selbst das Licht der kleinen Laterne, die doch dicht neben ihr im Fenster stand, sie nicht zu trösten vermochte. Da schimpfte der Bucklige mit sich selbst und sagte: »Da siehst du nun, was du mit deinem Stolz angerichtet hast. Nur an dich selbst hast du gedacht diese ganze Zeit, wie schön es wäre, eine Prinzessin zu heiraten und ein Königreich zu erwerben. Nie aber hast du dich gefragt, ob die Königstochter denn wohl gern einen Buckligen zum Manne hätte. Da siehst du nun, was für Kummer du über sie bringst mit deinem unersättlichen Wünschen.« Solcherart redete der Bucklige zu sich, war er doch ganz davon überzeugt, dass die Prinzessin so weine, weil er ihr Gemahl sein würde, und hatte nicht bedacht, dass die Königstochter hinter der Fensterscheibe gar nichts hören konnte von dem, was im Hofe gesprochen wurde. Im Gegenteil: Sie hatte nur seine ewig leeren Hände sehen können und ebenfalls missgedeutet.

Unterdessen sprangen die Prinzen im Königshofe wie die Hirsche, und der König beobachtete belustigt ihr ernsthaftes Treiben. Schließlich aber kam die Reihe auch an den Buckligen. Als man ihn jedoch aufforderte, sein Glück zu versuchen, da schüttelte er nur den Kopf und sagte, er wolle nicht. Und als der König ihn nach den Gründen fragte, da erwiderte er traurig: »Ich will die Königstochter nicht betrüben. Lieber gehe ich zurück in meinen Wald, als dass ich um meines Stolzes willen die Prinzessin an mich buckligen Mann binde. So will ich das Glück gar nicht mehr herausfordern, ob es mir vielleicht auch den größten Schritt zu tun erlaubt.« – »Und hast doch den größten Schritt getan«, erwiderte der König bestimmt. »Denn welcher Schritt wäre wohl größer als der, den einer freiwillig tut von einem Königreich fort zurück in die Armut. Der größte Schritt ist der Verzicht.« Der Bucklige schüttelte nur ungläubig den Kopf und wollte es nicht wahrhaben. Aber da nahm ihn der König bei der Hand und rief: »Komm nur mit zur Prinzessin. Wir wollen doch sehen, ob du ihre Tränen nicht zu trocknen vermagst.«

Unsicher folgte der Bucklige dem König in den Palast, während die Prinzen und Edelgeborenen auf dem Hofe gar nicht wussten, wie sie ihrem Ärger am besten Luft machen sollten, schließlich aber nichts Klügeres zu tun fanden, als möglichst schnell und unauffällig zu verschwinden. Der Bucklige aber verstand die Welt nicht mehr, als er mit dem König ins Zimmer der Prinzessin trat. Denn kaum hatte der König gesagt: »Schau auf, meine Tochter, ich bringe dir deinen Gemahl«, da war sie ihm auch schon lachend um den Hals gefallen. Nun musste der König berichten, was im Hofe vorgefallen war und wie der Bucklige mit leeren Händen doch alle Aufgaben gelöst und gar, ohne die Füße zu bewegen, den größten Schritt getan hatte. Immer wieder schüttelte die Königstochter verwundert den Kopf und rief: »Und ich dachte, er hätte verloren.« Schließlich aber konnte sich der Bucklige nicht enthalten zu fragen: »Warum denn nur sollte ich es sein, den du, Prinzessin, dir zum Manne gewünscht hattest. Ich bin doch gar nicht schön, sondern habe einen hässlichen Buckel.« – »Ach ja, eine Schönheit bist du vielleicht nicht gerade«, gestand die Königstochter ihm zu. »Aber was zählt das schon. Als ich die Freier begrüßen ging, da fand ich allein in deinen Augen das Licht, das auch in meiner kleinen Laterne leuchtet und nach dem auszuschauen die Fee mich bei der Geburt geheißen hatte. Wie sollte ich mich da noch an einem Buckel stören!« Der König aber fügte hinzu: »Wer weiß, vielleicht hat auch dein Buckel eine Bedeutung. Denn glaube nicht, ein Königreich zu regieren sei stets nur eitel Freude und Sonnenschein. Es ist mitunter eine schwere Last. Da magst du, der schon von Geburt an gewöhnt ist, seine Last geduldig zu tragen, gerade der Rechte sein für den Thron.«

Und so war es denn auch. Der alte König und seine Gemahlin, die liebevolle Königin, erlebten wohl noch das Hochzeitsfest mit, das mit großem Gepränge gefeiert wurde, mit Musik und Tanz und unzähligen Gästen, sowie einem Mahl, das jeder teilen durfte. – Bald darauf aber starb die Königin, und als wenig später der alte König ihr nachfolgte über die Schwelle des Todes, da musste der Bucklige den Thron besteigen und war selbst ein guter König, der mit Umsicht und Weisheit regierte.

# Der Schweinehirt mit dem eisernen Stab

Es lebte einmal ein König, der hatte eine wunderschöne Tochter, doch keinen Sohn, der das Reich erben und ihm dereinst auf dem Thron folgen könnte. Das grämte den König umso mehr, als er nicht wusste, wie er den rechten Freier für seine Tochter finden sollte: einen Mann, der die Prinzessin lieben, aber auch fähig sein sollte, ein Königreich zu regieren.

Da hörte er eines Tages von einer weisen Frau, welche schon vielen guten Rat gegeben hatte. Die suchte er auf und erzählte ihr von seiner Sorge. Sie hörte still zu und erwiderte dann: »Hülle dich in einen dunklen Mantel und begib dich so verkleidet unter dein Volk. Der rechte Freier wird dich trotz der Verkleidung erkennen und als Herrscher grüßen. Zweifle nur nicht daran.« Der König folgte dem Rat. In dunklem Mantel und bloßen Hauptes verließ er am nächsten Tag das Schloss und mischte sich unter das Volk. Doch schritt er gleich aufrecht und stolz, wie nur ein König schreiten kann, und schaute sein Auge auch so kühn und frei wie allein das Auge eines Herrschers, so erkannte ihn dennoch keiner seiner Untertanen. So verging der Tag. Als aber die Sonne den Himmel im Westen rot färbte, machte sich der König schweren Herzens auf den Heimweg.

Zur selben Zeit trieb ein junger Schweinehirt seine drei Schweine von der Weide heim in den Stall. Der hatte den ganzen Tag im Dreck gelegen, ohne sich darum zu bekümmern, in den blauen Himmel geschaut und davon geträumt, dass am Abend ein Teller heißen Maisbreis auf ihn warten würde. Jetzt war er in Eile und hetzte die armen Schweine, dass sie gar nicht recht wussten, wie sie noch schneller laufen sollten.

Die wilde Jagd stürmte am Palast vorbei und die Straße hinunter, auf welcher eben der König heimwärts schritt. Die Schweine hätten ihn bestimmt umgeworfen, hätte der König nicht besser Obacht gegeben als der schlechte Hirte und sich mit einem Satz in Sicherheit gebracht. Zornig funkelte sein Auge, als er den Schweinehirten anrief: »Heda, kann er nicht aufpassen, wohin er seine Tiere treibt?« Der Schweinehirt wäre am liebsten im Boden versunken. Denn als der König so flink zur Seite gesprungen war, da hatte für einen Augenblick sein roter Königsmantel unter dem dunklen Überhang hervorgeleuchtet, und der Junge hatte es gesehen und wusste wohl, wem er gegenüberstand. Schließlich stammelte er: »Um Vergebung, Herr König, die Schweine sind heute auch gar zu wild. Ich kann sie kaum halten.«

Den Erfolg seiner Worte hätte er sich nicht besser wünschen können. Alle Wut war plötzlich aus des Königs Augen gewichen; sie leuchteten klar und hell, und der Herrscher rief froh: »So hast du mich erkannt, Schweinehirt, du als Einziger meines Volkes! Bring die Tiere heim. Dann aber komm aufs Schloss. Dort sollst du fortan leben.« Daraufhin eilte er schnellen Schrittes dem Palast zu.

Die Schweine waren noch ein Stück weitergerannt, hatten sich dann aber beruhigt und begonnen, genüsslich in der Erde zu wühlen. Wie im Traum lief der Hirt ihnen nach. War es denn wahr? Hatte er wirklich den König getroffen? Sollte er wirklich im Palast leben? Ach ja doch, es war wahr. Sobald er die Schweine im Stall hatte, durfte er zurückkehren zum Königspalast Er würde leben wie ein Prinz mit hundert Dienern, die alle Arbeit für ihn taten; in einem weichen Bett würde er schlafen und essen, bis sich das Bauchfell wie eine Trommel spannte. Nur die drei Schweine trennten ihn noch von diesem Glück. Eigentlich war es gar nicht mehr weit zum Stall, doch dem Hirten schien es auf einmal schade um jeden Schritt, den er sich weiter vom Palast entfernte. Warum denn sollte er noch so schäbigen Dienst tun, er, der im Schloss wohnen würde! Sollten die Schweine doch sehen, wie sie heimfanden: Mit seiner Rute fuhr er den armen Tieren so heftig über das Fell, dass sie vor Schrecken aufgrunzten und um ihr Leben rannten. Da lachte der Schweinehirt ihnen nach, zerbrach seine Rute und rief aus vollem Halse: »Ins Schloss soll ich ziehen, ins Schloss! Und bin ich erst im Schloss, dann will ich auch bald König sein.« Und stracks wandte er sich dem Palast zu.

Der alte Wächter am Tor staunte nicht schlecht, als plötzlich ein Bursche vor ihm stand, schmutzig vom Scheitel bis zur Sohle, und Einlass begehrte. »So, bist du der Schweinehirt, von dem der König sprach?«, wunderte sich der Alte. »Schweinehirt oder kein Schweinehirt, das kann dir gleich sein«, erwiderte der Junge frech, »der König hat mich hierher befohlen, und zum König sollst du mich augenblicks führen.« – »So, so, soll ich das«, versetzte der Torhüter ruhig. »Wollen sehen, wollen sehen. Alles zu seiner Zeit. Erst einmal kommst du mit mir, um den Dreck abzuschrubben, damit wir sehen können, ob du schwarz oder weiß bist.« Und ohne sich um das Widerstreben des Jungen zu kümmern, zog er ihn am Arm mit sich fort, steckte ihn in seinem kleinen Häuschen eigenhändig ins heiße Bad und schrubbte drauflos, als gelte es, eine Wette zu gewinnen.

Als der Schweinehirt schließlich in einem neuen Kittel sauber vor ihm stand, schmunzelte der Torhüter zufrieden und sagte: »Ein hübsches Vögelein haben wir da. Das können wir wohl dem König zeigen.« – Ach, wäre es allein auf eine saubere Haut angekommen, dann wäre vielleicht alles noch gut abgegangen. Aber es bedarf ja auch eines reinen Herzens. – Wie aber stand es bei unserem Schweinehirten damit?

Der König blickte verwundert auf, als der Schweinehirt vor den Thron trat. »Bist du schon da?«, fragte er, »sind denn die Tiere auch gut versorgt?« Da log der Junge: »Mit den Schweinen ist alles in Ordnung.« Prüfend schaute der König ihn an. Dann aber erhob er sich und sprach: »So komm zu Tisch mit mir.« Der Schweinehirt ließ sich nicht zweimal bitten. Er folgte dem König in den Speisesaal, wo der Tisch für drei gedeckt war und die Prinzessin sie schon erwartete. »Dies ist der junge Mann, der mich als Einziger erkannte«, sagte der König, und zum Schweinehirten gewandt fuhr er fort: »Aber sag mir doch, woran hast du mich erkannt?« Da antwortete der Junge mit der zweiten Lüge: »An Eurem freien Blick, Herr König.« Wieder sah ihn der König lange und prüfend an; dann befahl er, das Essen aufzutragen. Sie aßen schweigend. Der Schweinehirt aber stopfte in sich hinein, was nur hineinpassen wollte. Der König ließ ihn gewähren. Die Prinzessin schaute ihn kaum an. Nach dem Essen aber wandte sich der König noch einmal an den Schweinehirten und fragte:

»Was meinst du denn, was dich hier im Schloss erwartet?« – »Ach«, rief da der Junge, »ich werde das Leben genießen, ich werde die Prinzessin heiraten, und ich werde nach Eurem Tod herrschen.« – »Genießen, besitzen, herrschen«, wiederholte der König gedankenvoll, »sind die Tiere wirklich versorgt?« – »So glaubt mir doch«, erwiderte der Junge. »Nun, wollen sehen«, antwortete der König, »meine Tochter, lass uns allein.« Er beugte sich über die Prinzessin und küsste sie auf die Wange. Auch der Schweinehirt erhob sich, um sie zu verabschieden, und tat es dem König gleich. Wie erschrak er aber, als von seinem Kuss ein schwarzes Mal auf der Wange der Prinzessin zurückblieb. Er wischte mit der Hand darüber, doch das Mal ließ sich nicht abwischen. Schnell verließ die Prinzessin den Saal. Als der Schweinehirt aber auf den König schaute, sah er den Zorn in dessen Augen funkeln. »So hast du gelogen, Schweinehirt«, rief er, »fort aus meinen Schloss! Komm nicht wieder hierher, als bis deine Tiere versorgt sind und du gelernt hast, die Wahrheit zu sagen.«

Hängenden Hauptes verließ der Junge das Schloss. Draußen legte ihm der alte Torhüter tröstend den Arm um die Schulter und nahm ihn in sein Häuschen. Da schüttete der Junge ihm sein Herz aus, erzählte von den Schweinen, die er einfach davongejagt hatte, von den Fragen des Königs und von dem schwarzen Fleck auf der Wange der Prinzessin. Als er endlich fertig war, vergrub er den Kopf in den Armen und weinte und weinte. Der Torhüter ließ ihn gewähren. Schließlich aber rief er: »Nun hör zu, was ich dir sage. Du musst hinaus in die Welt, deine Schweine versorgen. Doch musst du eilen, denn der Fleck auf der Wange der Prinzessin wird wachsen, und sie wird mit jedem Tag hässlicher werden. Du allein kannst sie erlösen. Schlafe nun! Morgen früh sollst du reisen, ohne zu säumen.« Zwar meinte der Schweinehirt, dass er kein Auge würde zutun können. Doch kaum hatte er sich ausgestreckt, da war er auch bereits eingeschlafen.

Am nächsten Morgen weckte ihn der alte Torhüter noch vor Sonnenaufgang. Doch bevor der alte Mann den Jungen ziehen ließ, führte er ihn zu einem Schrank und sprach: »Wähle, was du auf die Reise mitnehmen willst. Doch wähle gut!« Der Junge schaute in den Schrank und fand dort einen Sack mit Gold, einen bunten Rock und einen eisernen Stab.

Schon wollte er nach dem Gold greifen, da war ihm auf einmal, als sähe er wieder in des Königs zornfunkelndes Auge. »Nein, Gold wird mich auf der Reise nur beschweren«, dachte er und griff nach dem Rock. Aber jetzt vermeinte er plötzlich, die Prinzessin zu erblicken mit dem schwarzen Mal auf der Wange, das immer größer wurde. »Für wen wollte ich mich denn schön machen?«, fragte er sich verwundert. Dann griff er zum eisernen Stab, und kein Bild erschien vor seinem Blick, er sah nur in das strahlende Gesicht des alten Torhüters. »Du hast gut gewählt«, rief er vergnügt. »Mach dich nun auf den Weg, denn siehe, die Sonne geht auf.« Da machte sich der Junge ohne weiter zu zögern auf die Fahrt.

Bald schon hatte er die Stelle erreicht, an welcher er seine drei Schweine so mitleidlos fortgescheucht hatte. Aber natürlich war nichts mehr von ihnen zu sehen. Ihre Spur war jedoch leicht zu finden. Hier hatten sie einen Zaun umgerissen in ihrer Wildheit, dort einen Acker durchwühlt in ihrer Gier. Nun bemerkte der Junge auch, wie gut er mit dem eisernen Stab gewählt hatte. Der hatte leicht in seiner Hand geruht, bis er zum ersten umgeworfenen Zaun kam. Da wurde er plötzlich schwer und wollte sich nicht forttragen lassen. »Was soll ich nun tun?«, fragte sich der Junge, »der schwere Stab wird mich auf meiner Wanderung sehr behindern.« Dann hatte er einen Einfall: Was plötzlich schwer wird, das wird vielleicht genauso plötzlich wieder leicht. Er warf also den Eisenstab auf die Erde und rastete daneben. Während er so saß, dachte er bei sich: »Viel habe ich ja noch nicht getan heute und brauche keine Ruhe. Ich kann eigentlich den Zaun flicken, solange ich warte, dass mein Stab leichter wird.« Als er die Arbeit getan hatte, war tatsächlich auch der Stab wieder leicht, sodass der Junge munter ausschreiten konnte.

Er verstand bald, was für eine Bewandtnis es mit dem eisernen Stab des Torhüters hatte. Denn stets, wenn er schwer wurde, war auch just etwas in Ordnung zu bringen, das die Schweine umgestoßen oder durchwühlt hatten. Ob der Junge gleich müde war oder nicht, der Stab ließ sich erst wieder tragen, wenn die Arbeit getan war.

Am Abend des siebten Tages kam er zu einem kleinen, windschiefen Haus und fragte dort um Herberge. Die Leute nahmen ihn freundlich auf. Ja, sie schienen in Feststimmung zu sein. »Setz dich zu uns, mein Freund«, rief der Bauer, ein altes hutzliges Männlein, während die Frau einen weiteren Holzteller auf den Tisch stellte. Sie löffelten eine Weile schweigend die wässrige Kohlsuppe. »Ihr seht so fröhlich drein«, ergriff der Junge schließlich das Wort, »sagt mir doch, welche Freude ihr in eurer Armut habt!«

Da lachte der Alte vergnügt und rief: »Die Armut ist vorbei, das lass dir gesagt sein. Heute hat sich das Unglück gewendet. Denk dir, als ich heute Morgen in den Hof komme, steht da ein Schwein, ist auch gar nicht ängstlich, sondern folgt mir, als wäre es ganz aus freien Stücken hierhergekommen. Wenn das nicht ein gutes Zeichen ist!« Der Junge dachte im Stillen: »Wie traurig werden die Alten sein, wenn ich das Schwein forttreibe. Aber forttreiben muss ich es. Das ist meine Aufgabe.« Er blieb bei ihnen einen Tag um den anderen und half im Feld und im Haus, denn er meinte, wenn er nur recht tüchtig half, dann würden die guten Leute nicht mehr so bekümmert sein, wenn sie das Schwein wieder verloren. Die Bauersleute aber liebten »ihr« Schwein nur immer mehr, je ordentlicher es in Haus, Hof und Feld aussah. »Es ist das Schwein«, versicherten sie ein ums andere Mal, »das Schwein bringt uns Glück.« Dann kam der Tag, an dem der Junge meinte, nun unbedingt weiterziehen zu müssen. Als er aber Abschied nahm von den Alten, brachte er es nicht übers Herz, sein Schwein mitzunehmen.

»Sie sollen es behalten«, sagte er, »und wenn ich dafür den Eisenstab mit Gewalt fortschleppen muss.« Doch als der Junge den Stab ergriff, war der leicht wie eine Feder. Da war er frohgemut, pfiff sich eins und wanderte munter weiter.

Der Junge merkte bald, dass es keine Zäune mehr zu flicken, keine Heuhaufen mehr zu richten, keine zerwühlten Äcker mehr zu glätten gab. Wie sollte er nun aber seinen Weg finden? Würde ihm der eiserne Stab anzeigen, wohin er sich wenden müsste? Am nächsten Kreuzweg wollte er es ausprobieren. Welche Richtung er aber auch einschlagen mochte: Der Stab blieb leicht, wo immer er sich hinwandte. »So muss ich selbst mein Glück in die Hand nehmen«, sagte da der Junge und wandte sich gen Westen. Wie er so ging, sah er auf einmal auf dem Wege Hunderte von Ameisen krabbeln, alle damit beschäftigt, Gräser und Halme zusammenzutragen. »Wie schwer ihnen diese Arbeit fällt«, dachte der Junge,

»und unsereinem wäre es ein Leichtes, das Gras zu sammeln.« Da war der Stab plötzlich wieder schwer, so schwer, dass er ihn kaum zu bewegen vermochte. So setzte er sich an den Wegrand und schaute den Ameisen zu. Was wollte der Stab wohl von ihm? »Soll ich vielleicht den Ameisen helfen?«, fragte er sich verwundert. Das tat er denn, rupfte Gras, brach Stöckchen und legte sie vorsichtig dorthin, wo die Ameisen ihren neuen Bau errichten wollten. Da wurde der Stab wieder leicht. Wenn immer er fortan dachte: »Dies könntest du leichter« oder »Das müsste man tun«, sogleich wurde der Stab schwer und ließ sich nicht mehr bewegen, bis der Junge die Arbeit getan hatte, ganz gleich, ob es darum ging, einer alten Frau das Feuerholz heimzutragen, einem kleinen Kind die Tränen abzuwischen oder eine Katze von der höchsten Spitze des Baumes zu retten.

Wochenlang war er so gewandert durch Städte und Dörfer, durch Wälder und Felder. Dabei hatte er auf einmal festgestellt, dass sein Eisenstab kürzer und kürzer wurde, ohne allerdings dabei seine wunderbare Eigenschaft zu verlieren. Eines Abends, als er aus einem Wald hinaustrat, bot sich dem Jungen im Dämmerschein der sinkenden Sonne ein Anblick des Schreckens. Wo noch vor wenigen Tagen Häuser und Höfe gestanden hatten, lagen jetzt nur noch verkohlte Balken. Ein ganzes Dorf war in Asche gesunken. Zwischen den Resten der Häuser aber lagen Menschen - ausgeplündert, verwundet, manche ohnmächtig. Der Junge half, so gut er konnte, verband die Wunden, wusch die Gesichter und teilte mit den Leuten, was er hatte: Brot und Wasser. Aber das reichte bei Weitem nicht für alle zur Stärkung. Es schmerzte ihn, dass er die Menschen verlassen sollte, ohne ihren Hunger gestillt zu haben. »Wenn ich ihnen nur Nahrung verschaffen könnte«, dachte der Junge bei sich, »sollten sie schon bald wieder auf den Beinen stehen.« Da wurde der kurze Eisenstab auf einmal wieder so schwer, dass er ihn nicht halten konnte. Verwundert schaute der Junge sich um. Dann stutzte er und mochte seinen Augen nicht trauen. Doch ganz ohne Zweifel stand dort drüben ein Schwein. Jetzt blickte es auf und kam auf ihn zugetrottet. Der Junge fuhr ihm freundlich mit der Hand übers Fell. Sein Entschluss stand fest. »Du kommst recht in großer Not«, flüsterte er, »die armen Menschen brauchen Nahrung.« Das Schwein folgte ihm willig nach. Der Junge schlachtete es für die hungrigen Menschen, vernichtete damit aber zugleich die Hoffnung, einmal zum König zurückkehren zu können. »Denn dieses Schwein«, sagte er sich, »bringe ich ja nun ganz gewiss nicht zurück.« Als die Menschen gestärkt waren, ging der Junge, um seinen Stab aufzulesen und weiterzuwandern. Als er sich aber zu dem kurzen Eisenstab niederbückte, wurde ihm auf einmal klar: »Der kann dir jetzt auch nicht mehr helfen. Zurück zum Palast kannst du ja doch nicht mehr gehen.« Und plötzlich fühlte er sich frei, ganz frei und ungebunden. Hatte er sein Glück vertan, so war er doch auch aller Pflichten ledig und konnte gehen, wohin er wollte. Mit dem Fuß versetzte er dem Eisenstab einen tüchtigen Tritt. Das tat aber weh, denn der Stab lag schwer und unbeweglich am Boden. Während der Junge sich auf die Zähne biss, um nicht zu weinen, fragte er sich: »Was will denn der Stab jetzt noch von mir? Geholfen habe ich, soweit es mir möglich war, und zum Hof gehen kann ich nicht, weil ich das Schwein geschlachtet habe, anstatt es heimzubringen. Bin ich noch nicht frei?« Wie von ungefähr musste er da an die Königstochter denken, die nun nie seine Frau werden würde. Und plötzlich fielen ihm wieder die Worte des alten Torhüters ein. »Der Fleck auf der Wange der Prinzessin wird wachsen, und sie wird mit jedem Tag hässlicher werden. Du allein kannst sie erlösen.« Oh, er musste zurück zum Palast, auch wenn es nur in Ungnade geschehen konnte. Die Prinzessin bedurfte seiner, um ihre Schönheit wiederzuerlangen. »Eiserner Stab, mach dich leicht, damit die Prinzessin nicht umsonst auf ihre Erlösung warten muss!« Der Junge bückte sich, um den Stab vom Boden aufzuheben: Der Stab war leicht wie eine Feder. Er brannte aber in seiner Hand wie eine Flamme.

Als der Junge den Stab so hielt, hörte er eine Stimme in seinem Innern, die führte ihn fortan. Wie sehr veränderte sich nun sein Leben! Er kam im rechten Augenblick, um manche Not zu lindern, manchen Weglosen zu führen, manche Schlacht zu entscheiden. So gewann er Ruhm und Ehre.

Jahre gingen dahin. Längst hatte er sich einen Heldennamen errungen. Gedachte er aber noch seiner eigentlichen Aufgabe? Oder folgte er nur noch dem Brennen des Stabes von einem Ruhm zum andern? – Da führte ihn eines Tages die innere Stimme in die Einsamkeit eines Waldes. Auf einer Lichtung stand eine kleine Hütte. Die Tür öffnete sich, und heraus trat eine alte Frau. »Ich habe auf dich gewartet, Schweinehirt«, sprach sie ruhig. Der Held zuckte zusammen. Lange hatte niemand ihn bei dem Namen genannt. Doch die alte Frau fuhr fort: »Du bist in der Welt umhergeirrt. Die Flamme deines Stabes leitet dich, Gutes zu tun. Entsinnst du dich aber noch deines Zieles?« Es war dem Helden, als ob er aus tiefem Traum erwache. Er erinnerte sich. Die alte Frau sprach weiter: »Du zogest aus, um deine drei Schweine zu versorgen. Die Prinzessin wartet auf die Erlösung durch dich. Wirst du helfen, Schweinehirt?« Da fiel der Held auf die Knie und bat: »Hilf mir, die Prinzessin zu erlösen, wenn du kannst!« Ernst erwiderte die Frau: »Gib mir deinen Stab, so will ich dir ein Ross geben, das dich zum Schloss zurücktragen wird.«

Der Held kämpfte seinen schwersten Kampf: den Kampf mit sich selbst. Der brennende Stab hatte ihn zu Ruhm und Ehre geführt. Was aber würde er ohne ihn sein?

Aber hatte er nicht genügend Heldentaten vollbracht, um derentwillen der König ihn freundlich aufnehmen würde? Nein, er brauchte den Stab nicht mehr. Mit kühner Geste reichte der Held den Stab hin. Die weise Frau nahm ihn entgegen und warf ihn über sein Haupt: »Dreh dich um. Dort wartet dein Ross auf dich.«

Der Held wandte sich um. Dann wollte ihm beinahe das Herz stillstehen vor Scham. Denn wo er vermeint hatte, ein edles Pferd zu finden, wartete auf ihn – das dritte Schwein. Aber: »Schwing dich auf und reite geschwind«, rief die Alte, »wenn du die Prinzessin noch erlösen willst.« Demütig folgte er den Worten der weisen Frau, ein Held nicht mehr, sondern ein einfacher Schweinehirt, über den die Leute lachen würden, wenn er vorüberritt.

Wie oft wäre er in den Tagen dieses Rittes am liebsten davongelaufen. Einzig die Not der Prinzessin ließ ihn die Schmach ertragen. Endlich erreichte er das Schloss. Der alte Torhüter schien auf ihn gewartet zu haben. »Bist du zurück, Schweinehirt, und hast du deine Tiere versorgt?«, fragte er. »Nur ein Schwein habe ich zurückgebracht«, erwiderte der Schweinehirt beschämt. »Doch sage mir, wie steht es um die Prinzessin?« – »Die Prinzessin kann nur erlösen, wer seine Aufgabe erfüllt hat. Komm und sieh, wie sie leidet.«

Brennenden Herzens folgte der Schweinehirt dem Torhüter in den Palast. Totenstille herrschte in den Fluren. Schweigend traten die Männer in eine Kammer. Dort lag auf einem Bett ein Wesen, so hässlich, dass es nicht zu beschreiben ist. Die Haut war wie verbrannt, die Augen waren rot und triefend, das Haar hing in Büscheln.

Der Schweinehirt fiel vor dem Lager nieder und schaute lange, lange auf diesen Ausbund von Hässlichkeit, der einmal eine so wunderschöne Königstochter gewesen war. Er stammelte: »Ach Prinzessin, jetzt bin ich zurückgekommen und habe nichts, um dir zu helfen; nur meine Liebe, die Liebe eines Schweinehirten, der seine Aufgabe nicht erfüllt hat. Das macht mein Herz schwer.« Dann weinte er. Als aber seine Tränen das Gesicht der armen Prinzessin benetzten, geschah das Wunder: Alle Hässlichkeit fiel auf einmal von ihr ab wie ein Schleier, und sie ward schöner als je zuvor. Sie richtete sich auf, umfing den Schweinehirten und sprach: »Tröste dich, mein Lieber, mein Treuer. Alles Leiden ist nun vorüber. Die Prophetie hat sich erfüllt. Du sollst mein Gemahl sein und das Königreich erben.« Der Schweinehin aber schüttelte den Kopf. »Nein Prinzessin«, sagte er, »das kann nicht sein. Ich bin nur ein Schweinehirt, bin auf einem Schwein hierhergeritten.« – »Glaubt ihm nur das nicht«, fiel ihm da der Torhüter fröhlich in die Rede, »nicht auf einem Schwein, sondern auf einem goldenen Ross kam er her, der Held.« Und er wies durch das Fenster in den Hof hinab, wo ein goldenes Ross angebunden stand.

Da trat auch der König in die Kammer, grüßte den Schweinehirten freundlich, legte ihm einen Purpurmantel um die Schultern und setzte ihm einen goldenen Reif aufs Haupt. »Die Prophetie hat sich erfüllt«, rief auch er, »fortan sollst du im Schloss leben und mir auf dem Throne folgen, dass ich meine letzten Erdenjahre in Ruhe verbringen kann. Wer den Eisenstab bis ans Ende abgewandert hat, der ist würdig, das goldene Zepter zu führen.«

Bald darauf wurde mit großer Pracht die Hochzeit gefeiert.

So kam es, dass der Schweinehirt doch noch König wurde und ein guter König obendrein, da er durch sieben schwere Jahre gelernt hatte, sich selbst zu beherrschen.

## Das Königswiegen

Oh, welch ein spannender Tag! Welch ein spannender Tag! Wenn die Sonne sank, würde sich das Schicksal des kleinen Landes, des friedfertigsten Königreichs unter Gottes Himmel, entscheiden. Und die Zeichen standen schlecht. Lenchen, deren Vater der Bäckermeister von der »Bäckerei am Markt« war, hatte zwar nicht alles verstanden, was die Erwachsenen seit Tagen miteinander beredeten. Aber dass es ein »Königswiegen« geben würde, das hatte sie verstanden und auch, dass danach vielleicht der dicke Roderich, der Herrscher des Nachbarreiches, hier König sein würde.

Lange ehe die Sonne sich dem Horizont näherte, versammelten sich die Menschen auf dem Marktplatz, standen dicht gedrängt Stunde um Stunde in Erwartung des Wiegens, dessen Ausgang, noch ehe es begonnen hatte, im Grunde feststand. Roderich der Mächtige musste als Gewinner daraus hervorgehen, er, der lachend die Ratsherren des kleinen Königs abgewiesen hatte, als sie ihn zum Einlenken bewegen wollten. »Geht«, hatte er ihnen beschieden und den Befehl mit einem ungeduldigen Wink seiner feisten Hand unterstrichen, »geht schnell. Entweder das Wiegen – oder Krieg.«

Und heute sollte es also stattfinden, das von dem Mächtigen verordnete Wiegen, und der Sieger sollte Herrscher im Land des kleinen Königs sein. Roderich hatte den besten Goldschmied mit seiner feinen Waage herbeibefohlen, und der hatte sein Instrument mit den großen Waagschalen bereits aufgebaut und fein justiert; millimetergenau hingen die Schalen im Gleichgewicht. Die Augen der wartenden Menge, die auf ihm ruhten, schien der Schmied nicht zu bemerken. Starr blickte er über die Menschen hinweg, als könne er in den zarten Wolkenschleiern am Himmel das Ergebnis dieses Tages schon ablesen.

Dennoch gab es Hoffnung unter den Untertanen des kleinen Königs. Noch war nämlich nicht verkündet worden, was eigentlich gewogen werden sollte. »Lasst das Sache meiner Ratgeber sein«, hatte Roderich den Gesandten des kleinen Königs beschieden, als sie danach fragten, »am Tage des Königswiegens wird es euch schon bekannt gemacht werden.« Sehr ermutigend war dieser Bescheid gewiss nicht. Aber wer konnte mit letzter Sicherheit voraussagen, dass der kleine König nicht doch auf irgendeine mirakulöse Weise den Gewinn davontragen würde! »Es ist noch nichts entschieden«, raunten die Menschen einander zu, »noch ist nichts entschieden.« Und selbst wenn im Gespräch die Chancen abgewogen wurden und es sich zeigte, dass Roderich einfach siegen musste, so hieß es am Ende doch stets: »Aber entschieden ist es noch nicht.« Und Lenchen, die ihre Ohren fleißig spitzte, wenn die Großen redeten, sagte es mit erhobenem Zeigefinger ihren Freundinnen weiter: »Entschieden ist noch nichts.«

Die Wolkenschleier am Himmel färbten sich zart golden, und alle Glocken im Turm der Michaelskirche läuteten, wie es nur an ganz hohen Festtagen geschah, als Roderich auf dem Marktplatz einzog. Er war begleitet von seinen Ratsherren und umgeben von einem großen Tross grimmig dreinblickender Krieger, die ihn von der Menge abschirmten. Das Kommen des kleinen Königs wurde neben dem Einzug des Mächtigen kaum bemerkt; er war, von wenigen Ratsherren begleitet, auf einmal einfach da. Als die Menge auf ihn aufmerksam wurde, gab es einige zaghafte Hochrufe, die aber unter den strengen Blicken der Krieger Roderichs sogleich verstummten.

Tiefes Schweigen senkte sich auf die Menge herab, als die Könige zur Waage emporstiegen und rechts und links davon ihre Plätze einnahmen. Nun trat ein Ratsherr Roderichs vor. Er hob die Rechte und wies dem Volk drei versiegelte Schriftrollen. Dann erbrach er das erste Siegel und las: »Es soll gewogen werden, was unsere Herren, die Majestäten, zu Königen macht.«

Lächelnd hörte es Roderich. Er nahm seine Krone vom Haupt und überreichte sie dem Goldschmied, der sie kniend empfing und neben der Waage niederlegte. Darauf ging der Goldschmied auch zum kleinen König, dessen Haupt ein einfacher goldener Reif zierte, und sprach: »Gebt auch Ihr mir Eure Krone, Herr, dass ich sie wiegen kann.« Doch der kleine König schüttelte still den Kopf. »Meister Goldschmied, mein Freund«, erwiderte er leise, aber in dem atemlosen Schweigen für alle vernehmbar, »Ihr müsst die Aufgabe falsch verstanden haben; die Krone macht nicht den König aus mir. Wollt Ihr wiegen, was mich zum König macht, so wägt die Liebe meines Volkes zu ihrem Herrn.«

Die Nahestehenden konnten erkennen, wie die Zornesröte dem Ratsherrn ins Gesicht stieg. Nur mühsam gelang es ihm, sich zu beherrschen, als er rief: »Majestät, wie soll er die Liebe Eures Volkes auf der Waage wiegen?« – »Das müsst Ihr mich nicht fragen«, antwortete der kleine König einfach, »Ihr selbst bestimmt, was gewogen werden soll. Ist Euer Schmied dazu nicht in der Lage, muss ein anderer Waagemeister bestellt werden.«

Jetzt sprang Roderich der Mächtige auf. Böse flackerte der Blick seiner Augen, als er rief: »So trete der Mann hervor, der meint, ein besserer Waagemeister zu sein als der Goldschmied, den ich bestellt habe, und übernehme seinen Platz. Aber findet er sich nicht in dieser Minute, so soll mein Schmied bestimmen, wie die Worte meiner Ratsherren zu verstehen sind.«

Ob sich wohl eine Hand in der Menge hob? Ob einer der Schmiede des kleinen Königs sich erdreistete anzubieten, eine Krone gegen die Liebe eines Volkes zu seinem König aufwiegen zu können? Nein, es fand sich keiner unter den dicht gedrängten Menschen. Während die Erwachsenen aber in der Spannung des Augenblicks die Augen zu Boden schlugen und kaum zu atmen wagten, erklang plötzlich die helle Stimme Lenchens: »Da ist er ja, seht, da ist er.« Ihr dünner Arm wies hinauf zum Himmel, wo die Wolken im Licht der untergehenden Sonne einen kräftigen Goldglanz angenommen hatten. Tatsächlich konnte man in ihren Schleiern die Form einer goldenen Waage ahnen, und stand daneben nicht auch eine Gestalt, wenn auch von den Strahlen der Sonne ganz durchschienen? »Da ist der Waagemeister«, riefen nun auch die anderen Kinder und zeigten mit ihren Fingern ebenfalls zu dem Wolkenbild hinauf, »da ist er ja.«

Roderich der Mächtige war zusammengefahren, als er den Ruf des Mädchens hörte. Aber nach einem kurzen Blick auf den Himmel hatte er seine Ruhe wiedergefunden. Es waren Kindereien, die ihn erschreckt hatten, nichts als Kindereien: Wolken und Licht und Träumerei. Mit einer herrischen Gebärde forderte er Schweigen, und als die Eltern ihre Kinder beruhigt hatten, stellte er befriedigt fest: »Es findet sich also keiner, der die Stelle meines Goldschmieds einnehmen möchte. So soll er handeln, wie es ihm geboten erscheint.«

Noch einmal trat der Goldschmied da an den kleinen König heran, bat um dessen Krone und erhielt sie auch. Daraufhin verkündete der Ratsherr: »Hier wird gewogen, was unsere Herren, die Majestäten, zu Königen macht. Wessen Waagschale sich tiefer senkt, soll der mächtigere König genannt werden.« Mit sicheren Bewegungen legte der Schmied die Kronen in die Waagschalen und löste den Riegel, der den Waagebalken festhielt. Da senkte sich die Schale mit der Krone Roderichs tief zur Erde.

In das betroffene Schweigen der Menge aber ertönte der jubelnde Ruf Lenchens: »Der kleine König ist mächtiger. Seht nur, der kleine König ist mächtiger.« Und als die Leute emporschauten, dorthin, wohin ihre kleine Hand sie wies, sahen sie, dass die Wolkenwaage anders gewogen hatte als jene auf dem Marktplatz: Tief hatte sich oben die Schale des kleinen Königs herabgesenkt.

Roderich aber forderte erneut Schweigen, und seine Krieger unterstützten die Forderung, indem sie ihre Hände an die Schwerter legten. »Lasst hören, was nun gewogen werden soll«, befahl der Mächtige. Wieder trat der Ratsherr vor, erbrach das Siegel der zweiten Rolle und las: »Es soll gewogen werden, was unsere Herren, die Majestäten, zum obersten Richter ihres Landes macht.« Der Goldschmied kniete vor Roderich nieder, und der König löste sein Schwert von der Seite und reichte es dem Schmied. »Das Schwert, das für Gerechtigkeit sorgt, das die Bösen straft und die Guten schützt, macht mich zum obersten Richter meines Volkes«, verkündete er siegesgewiss. Man konnte sehen, wie schwer die Waffe in der Hand des Goldschmieds wog, ein Meisterwerk höchster Schmiedekunst, reich verziert mit Gold und edlen Steinen. Vor der Waage legte der

Schmied das Schwert nieder und ging zum kleinen König hinüber. »Gebt auch Ihr mir Euer Schwert«, bat er, »dass ich es wiegen kann.« Wieder aber schüttelte der kleine König still den Kopf. »Meister Goldschmied, guter Freund, habt Ihr die Worte des Ratsherrn falsch gedeutet?«, erwiderte er leise, »das Schwert macht mich nicht zum Richter. Wollt Ihr wiegen, was mich zum Richter macht, so wägt das Vertrauen meines Volkes zu ihrem Herrn.«

Krachend fiel der Stuhl, auf dem Roderich gesessen hatte, zu Boden, als der Mächtige bei diesen Worten seines Gegners zornig aufsprang. Laut rief er: »Es ist vereinbart, dass mein Goldschmied wiegen soll, was ihm richtig dünkt, da sich keiner gefunden hat, seinen Platz einzunehmen. Folgt ihm also, wenn Ihr vermeiden wollt, dass meine Krieger die Entscheidung erzwingen.« Fest ruhte der Blick des kleinen Königs auf dem Wütenden, als er antwortete: »Einer hat sich gefunden, der ein besserer Waagemeister ist als Eurer, Herr. Doch seid Ihr nicht gewillt, ihn zur Kenntnis zu nehmen. Mögen wir hier Schwert gegen Schwert aufwiegen, wenn es Euch gefällt. Die Entscheidungen aber fallen über uns.«

Damit löste er sein Schwert von der Seite und reichte es dem Schmied, und der trug es mit leichter Hand zur Waage. Kaum einer aus der Menge aber achtete auf das, was der Goldschmied wog. Die Blicke der Menschen waren auf den Himmel gerichtet, auf jene Waage in den Wolken, die, während die Sonne allmählich hinter dem Horizont versank, in leuchtendem Goldrot immer deutlicher zu erkennen war, und auch die Umrisse des Waagemeisters zeichneten sich jetzt klarer vor den Wolken ab, sein glänzendes Gewand, das bis über die Füße hinabwallte, und seine großen Schwingen. Während auf der Erde Roderichs Schwert die Waagschale tief zu Boden drückte, schwang am Himmel seine Schale als zu leicht befunden hinauf, und die Seite des kleinen Königs senkte sich schwer hinab, was die Kinder mit freudigem Klatschen begrüßten.

Wieder fuhr auch der Blick Roderichs hinauf zum Himmel. Aber auch jetzt konnte er dort oben nichts anderes entdecken als Wolken, die sich im Abendlicht färbten, und er rief: »Lasst euren Schabernack. Was hier geschieht, entscheidet über die Zukunft eures Landes. Ein Tropf, wer am Himmel ein Zeichen sucht.«

Nun trat der Ratsherr ein drittes Mal vor, erbrach das Siegel der letzten Schriftrolle und las: »Es soll gewogen werden, was unsere Herren, die Majestäten, zum obersten Priester ihres Landes macht.«

Noch einmal neigte sich der Goldschmied tief vor Roderich und empfing aus seiner Hand einen goldenen Kelch, der mit zahllosen, in tausend Farben blitzenden Juwelen wunderbar verziert war. Vorsichtig trug er das kostbare Stück zur Waage.

Dann kniete der Goldschmied vor dem kleinen König nieder und bat: »Gebt auch Ihr mir Euren Kelch, damit ich ihn wiegen kann.« Aber auch diesmal schüttelte der kleine König still den Kopf. »Bedenkt«, sagte er leise, »nicht der Kelch macht aus mir den Priester. Wollt Ihr wiegen, was mich zum Priester macht, so wägt den Segen, den Gott mir zuströmen lässt für mein Volk.«

Doch ehe Roderich zornbebend das Wort ergreifen konnte, reichte der kleine König dem Goldschmied einen schlichten Kelch, in dessen glänzender Oberfläche sich rot das Abendlicht brach, und sprach: »Ihr könnt nur irdische Schätze gegen irdische Schätze wägen und sollt Euren Willen haben. Der bessere Waagemeister aber, der die Entscheidungen herbeiführt, übt seine Kunst dort oben aus.«

Und wieder schauten die Menschen gespannt auf zur Wolkenwaage und achteten nicht darauf, dass unter der Last des kostbaren Kelches die Waagschale Roderichs auf dem Marktplatz tief zu Boden sank. Oben am Himmel senkte sich zur selben Zeit die Schale des kleinen Königs tief, tief herab, und die Kinder, die der grimmigen Blicke der Krieger nicht achteten, lachten und klatschten fröhlich in die Hände, bis ihre Eltern es ihnen verboten.

Noch einmal trat nun der Ratsherr vor die Menge, räusperte sich und rief: »Es wird das Ergebnis des Königswiegens verkündet. Es hat sich gezeigt, dass Roderich der mächtigere Herrscher ist. So soll er fortan auch über das Land des kleinen Königs regieren. Volk dieses Landes, huldigt eurem neuen Herrn!« Die Menge aber schwieg, die Augen zum Himmel emporgehoben, wo vor dem eindunkelnden Himmel die glänzende Flügelgestalt des Engels mit der Waage jetzt deutlich zu erkennen war. Ernst ruhte sein Blick auf den Menschen.

Nur Roderich allein schien den himmlischen Waagemeister nicht wahrnehmen zu können. Er bebte vor Wut. Hatte er nicht dreimal den Sieg davongetragen? Und jetzt wollte ihn dieses starrköpfige Volk nicht anerkennen? Auf sein Zeichen hin zückten die Krieger ihre Schwerter. Stumpf glänzten die Klingen im verdämmernden Abendschein. Dann schrie er zornig: »Auf die Knie! Huldigt eurem neuen König, dem mächtigen Herrscher!« Befriedigt sah er, wie einer nach dem anderen seinem Befehl Folge leistete. Doch als nun alle knieten, erhob sich auf einmal die helle Kinderstimme Lenchens und sang laut und vernehmlich: »O unbesiegter Gottesheld, Sankt Michael!« Und das ganze Volk stimmte erlöst mit ein, und auch die Glocken der Michaelskirche begannen wieder zu läuten wie zu einem hohen Fest.

Diesen Augenblick sollten die Menschen nie mehr vergessen. Zweierlei geschah auf einmal: Roderich winkte seinen Kriegern, das widerspenstige Volk zu züchtigen; über ihm aber hob der himmlische Waagemeister Einhalt gebietend die Hand. Schreckensbleich folgten ihm die Bewaffneten Roderichs. Nun neigte sich das lichte Engelwesen immer tiefer herab, bis schließlich seine hehre Gestalt den kleinen König ganz umfing. Als Roderich seinen Gegner auf einmal in solch hellem Glanz stehen sah, erfasste ihn große Angst. Er ließ die Hand sinken, starrte entgeistert auf die ihm unbegreifliche Erscheinung, barg dann seine Augen in der Beuge seines Armes und eilte, von seinen Mannen geführt, davon. Laut dröhnten die Schritte der Krieger in den engen Gassen wider; dann waren sie verhallt.

Als die Menschen sich nun ihrem König wieder zuwandten, stand er vor ihnen in seiner schmächtigen, fast kindlichen Gestalt. Der Glanz des Erzengels war von ihm gewichen. Da löste sich die Spannung des Tages. Die Menschen jubelten und wollten dem kleinen König ein Fest bereiten. Der aber mochte es nicht dulden. »Nein«, sagte er, »was auf der Waage Michaels den Ausschlag gegeben hat, ist nichts, wessen ich mich rühmen dürfte. Er hat die Liebe und das Vertrauen der Menschen gewogen und Gottes Segen, die mir geschenkt werden. Möge der Engelfürst mir beistehen, dass ich diese Gaben treu verwalte als König an seiner statt.« Da gingen die Menschen still auseinander. Nur die Glocken der Michaelskirche läuteten fort, um den Beistand des Erzengels zu verkünden.

Lenchen aber konnte nach der Anspannung des Tages keinen Schlaf finden, und vielen Menschen erging es ähnlich in jener Nacht. Wer von ihnen aber hinaufblickte zum Himmel, der konnte dort die leuchtende Gestalt Michaels gewahren, der in unendlicher Ruhe über das Land des kleinen Königs wachte, das friedfertigste Königreich unter Gottes Himmel.

# Der junge Schmied

Es war einmal eine Frau, der war ihr Mann gestorben, und sie lebte mit ihrem einzigen Töchterlein einsam in einer Hütte am Waldrand. Ob das Mädchen schön war? Ach, darauf schaute die Frau gar nicht, sondern sie liebte ihr Kind so, wie eine Mutter eben ihr Kind liebt.

Als das Mädchen 14 Jahre alt war, ging es einmal in den Wald, um Beeren zu sammeln, und als es zurückkam, brachte es einen Jüngling mit, der trug einen ganz zerrissenen Kittel, und seine Augen schauten fremd und ängstlich in die Welt. »Ich hab' ihn im Wald gefunden«, sagte das Mädchen, »und weil er so einsam und verlassen war, habe ich ihn mitgebracht. Er soll bei uns wohnen und es gut hier haben.« Die Mutter, die ein gutes Herz hatte, willigte gern ein. So wurde dem Fremden ein Lager auf dem Dachboden bereitet, und er blieb im Hüttchen am Waldrand, verlor allmählich seine Scheu und seine Fremdheit und lernte die Sprache, die dort gesprochen wurde.

So ging manches Jahr ins Land. Eines Morgens aber sagte der Jüngling: »Ihr habt mich bei euch wohnen lassen und das wenige, das ihr besitzt, mit mir geteilt wie mit einem Sohn und Bruder. Ich danke euch dafür. Fortan aber will ich für euren Lebensunterhalt sorgen.« Damit packte er seinen Ranzen, küsste die Frau und das Mädchen und zog hinaus in die Welt.

Über kurz oder lang kam der Junge zu einer Schmiede. Hell klang ihm das Lied des Schmiedehammers, der auf den Amboss geschlagen wurde, entgegen, und das Feuer in der Esse flackerte so lustig, als winkte es ihm zu. Der alte Schmied aber hob die Augen, schaute ihn freundlich an und sprach: »Suchst du Arbeit, mein Sohn? Dann bist du am rechten Ort angekommen. Tritt bei mir in die Lehre, und es soll nicht zu deinem Schaden sein.« – »Gern will ich bei Euch das Schmiedehandwerk erlernen«, erwiderte der Jüngling, »doch die, die mir über Jahre Mutter und Schwester gewesen, müssen auch leben können von meiner Hände Werk.« Der alte Schmied nickte zu diesen Worten und sagte dann: »Es soll so sein, wie du sagst. Jede Woche will ich dir für Mutter und Schwester einen Laib Brot und eine Flasche Wein geben, dir selbst aber Nahrung, Kleidung und einen Platz zum Schlafen und darüber hinaus in jedem Jahr ein Goldstück. Bist du's zufrieden?« Der Junge willigte gern ein und blieb bei dem Alten.

Er lernte das Schmiedehandwerk, und weil er fleißig war und geschickt, freute sich der alte Schmied über den Lehrling und lobte ihn oft. Einmal in der Woche gab er dem Jungen einen Laib Brot und eine Flasche Wein. Rot leuchtete der Wein, und weiß war das Brot und trug, in die Rinde eingeschnitten, ein Kreuzeszeichen. Der Junge schickte einen Knaben damit in die Hütte am Waldrand, wo seine Pflegemutter und ihre Tochter es dankbar empfingen.

Drei Jahre lang lernte der Jüngling bei dem Alten, dann hatte er ausgelernt. Da sprach der Schmied eines Tages zu dem Gesellen: »Ich bin alt und werde bald sterben. Du sollst die Schmiede von mir übernehmen und mein Nachfolger sein. Achte aber genau auf das, was ich dir nun sage! Lass nie das Feuer in der Esse verlöschen, sondern deck abends die Glut gut mit Asche zu, wie du mich es tun sahst, und schau gleich in der Frühe des neuen Tages nach dem Feuer. Hüte dich auch, Eisen zu schmieden, an dem Blut klebt, sonst wird es dir zum Unglück gereichen. Am Tag des Herrn aber sollst du dein Schmiedehandwerk nicht ausüben.« Der Geselle hörte aufmerksam zu und versprach, alles so zu halten. Da fuhr der Schmied fort: »Wenn ich gestorben bin, so begrabe mich unter dem großen Eichbaum hinter der Schmiede. Und wenn du in Not bist, so komm zu meinem Grab; dann will ich dir helfen.«

Als der junge Schmied am nächsten Morgen erwachte, lag der Alte friedlich auf seinem Lager, die Hände gefaltet, die Augen geschlossen, und es war ganz feierlich in der einfachen Stube. Da merkte er, dass sein Meister gestorben war. Jetzt tat er, wie der Alte ihn geheißen hatte, grub ein Grab unter dem mächtigen Eichbaum hinter der Schmiede und bettete den Leib des Toten in die Erde.

Am folgenden Sonntag gedachte er der Mahnung des Meisters, ließ die Arbeit ruhen, schaute nur, dass in der Esse die Glut nicht erloschen war; dann setzte er sich vor die Schmiede, und während er in den Tag hineinträumte, überlegte er, wie es wohl sein würde, wenn er jetzt selbst Meister im Hause war. Da hörte er plötzlich Hufschlag. Ein Reiter kam herangesprengt, schwarz gekleidet von Kopf bis Fuß. Er zügelte seinen Rappen vor dem Eingang zur Schmiede, und ohne abzusteigen rief er mit herrischer Stimme: »Schmied, Schmied, eile herbei. Ich brauche deinen Dienst!« Der Junge erhob sich, neigte sich vor dem schwarzen Reiter und sagte freundlich: »Hier bin ich, Herr. Was ist Euer Begehr?« – »Nimm dieses Schwert, das ganz schartig geworden ist, und schmiede es mir wieder scharf«, rief der Schwarze, indem er die Waffe aus der Scheide zog. »Gern will ich es für Euch tun«, antwortete der Junge, »doch kommt morgen wieder, denn es ist heute der Tag des Herrn, da darf ich keine Arbeit tun.« – »Pah«, fluchte der Reiter, »Ammengeschwätz unter Männern, was soll das! Hier ist das Schwert. Nimm es, und mach dich sogleich an die Arbeit, denn ich bin in Eile. Du sollst nie einen größeren Lohn bekommen haben als für diese Tat.«

Wohl zögerte der junge Schmied. Zu ernst waren die Worte des Alten gewesen, er mochte sie nicht gern missachten. Aber hier war einer in Eile und brauchte Hilfe, und – es winkte hoher Lohn, der auch seiner Pflegemutter und ihrer Tochter zugutekommen könnte. »So gebt es denn her, das Schwert«, willigte der Schmied endlich ein, ergriff die Waffe, heizte die Esse ein und machte sich ans Werk. Es dauerte nicht lange, da war die Klinge wieder schartenlos glänzend und scharf. Noch einmal ließ der Schmied seinen Hammer gezielt auf das Eisen sausen, einmal und noch einmal. Da geschah es: Zwei Funken sprangen von dem glühenden Eisen auf und fuhren ihm in die Augen, dass er vor Schmerz das Schwert fallen ließ. Der schwarze Reiter ergriff es, ungerührt von des Schmiedes Leid, rief ihm zu: »Du sollst deinen Lohn erhalten, bald« und gab seinem Rappen die Sporen. Der Jüngling aber tastete sich zu seiner Lagerstätte, brennenden Schmerz in den Augen, brennende Scham im Herzen. Ach, hätte er doch auf die Worte des Meisters gehört! Hätte er doch die Arbeit am Tag des Herrn ausgeschlagen! Ja, und hätte er die

Klinge, die er neu schmiedete, gründlicher betrachtet, denn es hatte ein Tropfen Blut an ihr geklebt.

Drei Tage lang lag der Junge auf seiner Lagerstatt. Allmählich ließ der Schmerz nach, und am Morgen des vierten Tages konnte er wieder sehen. Das Erste aber, was er sah, war der schwarze Reiter, der neben seinem Lager wachte. Als der Jüngling zu ihm aufblickte, sagte der Schwarze: »Ich finde dich im Unglück, Schmied. Doch sei beruhigt, es soll sich zu deinem Glück wenden. Dir soll es gut gehen, wenn du nur dieses befolgst: Du sollst fortan einen Hut tragen, der deine Augen verschattet und deinen Blick vor den Menschen verbirgt. Du sollst auch nicht hinausgehen, wenn die Sterne am Himmel stehen. Und du sollst nicht hingehen zum Grab des alten Schmiedes. Dann will ich dafür sorgen, dass du der beste Schmied wirst weit und breit. Das Feuer in deiner Esse ist erloschen. Aber nimm diese Steine und schlag daraus eine neue Flamme. Sie wird heißer und wilder brennen als das alte Feuer und dir ein Helfer sein, um den man dich beneiden wird.« Damit drehte der Schwarze um, stieg auf seinen Rappen und galoppierte davon. Der Junge aber schaute auf die schwarzen Steine in seiner Hand, zuckte dann die Achseln und tat, wie der Reiter ihm geheißen. Als er die Steine aneinanderschlug, fuhr eine rote Flamme daraus empor, entzündete die Kohle und flackerte hoch auf in der Esse.

Als der Schmied das erloschene Feuer wieder entzündet sah, verlor er seine Furcht und beschloss, dem merkwürdigen Handel zu vertrauen. Er setzte einen Hut mit breiter Krempe aufs Haupt, der seine Augen verschattete, und achtete darauf, dass er fortan im Hause war, wenn die Sterne am Himmel aufleuchteten. Dem Grab unter dem Eichbaum aber blieb er fern.

Tatsächlich hatte ihm der Schwarze nicht mehr versprochen, als er halten konnte. Seitdem sein Feuer in der Esse loderte, schmiedete der junge Schmied noch besser als zuvor. Glänzender und geschmeidiger wurden die Klingen der Messer und Schwerter, und von weither kamen die Ritter und Edelleute, um seinen Dienst zu erbitten. Die Menschen im Dorf aber, die früher gern seine Gesellschaft gesucht hatten, mieden ihn, denn Angst ergriff sie, seitdem sie seine Augen nicht mehr sehen konnten. Und auch sonst erschien ihnen der Schmied seltsam gewandelt. Grob waren seine Worte, flink seine Fäuste im Zorn. Der Schmied kümmerte sich nicht darum, sondern achtete nur auf den Ruhm, den er erlangte.

Doch auch seine Pflegemutter und ihre Tochter merkten, dass etwas sich verändert hatte. Wohl brachte ihnen ein Botenjunge immer noch wöchentlich einen Laib Brot und eine Flasche Wein; aber der Wein war sauer und trübe geworden, und das Brot war in Asche gebacken, hart wie ein Stein und trug das Kreuzeszeichen nicht mehr. Da beschloss das Mädchen, den Schmied aufzusuchen und zu schauen, was ihm fehlte.

Als sie zur Schmiede kam, ward sie nicht nach Menschensitte freundlich aufgenommen. Nein, der Schmied verweigerte ihr den Zutritt und jagte sie mit harschen Worten davon, dass ihr die hellen Tränen aus den Augen sprangen vor so viel Grobheit. Weil ihr die Tränen den Blick verschleierten und sie den Weg nicht finden konnte, setzte sie sich unter den großen Eichbaum, der hinter der Schmiede stand. Sie hörte, wie die Krone des Baumes rauschte, und es war ihr, als wolle der Baum ihr Trost zusprechen. Da fuhr sie mit ihrer Hand dankbar über den rissigen Stamm. »Du Lieber«, sprach sie, »dass du ein Herz hast für Menschenkummer und Menschennot.« Auf einmal aber antwortete es aus dem Baum mit Menschenstimme: »Jungfrau, die du Trost gefunden, lausche jetzt auch auf mich. Der junge Schmied ist in die Fänge des Schwarzen gefallen; der hat ihm sein Herz genommen. Wenn du aber mutig bist, so kannst du ihn erlösen.« Das Mädchen erwiderte: »Und was muss ich tun, um ihn zu erlösen?« – »Geh zurück zur Schmiede«, sprach es aus dem Baum, »klopf mutig an, tritt auf die Schwelle und fordere vom Schmied, dir drei Bitten zu erfüllen, weil ihr aufgewachsen seid unter einem Dach. Er wird einwilligen. Bitte ihn dann, den Hut, der seine Augen verschattet, abzunehmen. Als Zweites führe ihn hinaus, wenn die Sterne am Himmel stehen. Als Drittes leite ihn hierher zu meinem Grab. Halte durch, was immer geschehen wird, und verzage nicht.«

Das Mädchen tat, wie der alte Schmied ihm geheißen, ging zur Schmiede, klopfte mutig an die Tür, und als der Junge ihr öffnete, trat sie auf die Schwelle und bat ihn, ihr drei Bitten zu erfüllen, da er und sie unter demselben Dach aufgewachsen seien. Der Schmied zögerte, doch endlich willigte er ein. Nun bat das Mädchen ihn, den Hut vom Kopf zu nehmen. Das tat der Schmied mit schnellem Griff. Das Mädchen erschrak furchtbar: Aus den vorher verschatteten Augenhöhlen schauten zwei ganz erstarrte Augen sie an. Lebte er denn und war doch bereits gestorben? Doch sie ertrug den Anblick mit klopfendem Herzen und stellte die zweite Bitte, ihr hinauszufolgen unter die Sterne, die sich eben am Himmel zu zeigen begannen. Der Schmied folgte dem Mädchen und erhob den Blick zu den Sternen. Doch wie von einer Peitsche getroffen, wandte er die Augen schnell dem Boden wieder zu und fluchte: »Willst du mir Schmerz bereiten, du Hexe? Der Glanz trifft mich wie scharfe Pfeile.« Ob dieser Worte wollte das Mädchen schier verzagen, doch erinnerte sie sich der Worte unter dem Eichbaum und suchte ihren ganzen Mut zusammen. »Nur eines gewähre mir noch«, bat sie den Bruder, »dass du mir zum Grab des alten Schmiedes folgst.« – »Willst du mich denn ganz zerstören!«, schimpfte der Schmied; weil er aber versprochen hatte, ihr die drei Bitten zu erfüllen, so folgte er ihr. Als sie zum Grab kamen, rauschte der Baum sein trostreiches Lied. Der Schmied aber, als er es hörte, schrie auf vor Schmerz. »Jetzt zerstörst du mir nicht nur die Augen, sondern du zerreißt auch meine Brust«, klagte er das Mädchen an, wandte sich um und lief zur Schmiede zurück, wo er die Tür zuwarf und von innen den Riegel vorschob.

Erschüttert stand das Mädchen unter dem Eichbaum. Was hatte sie angerichtet? Da hörte sie wieder die Stimme des Alten, die sprach: »Sei unbesorgt, Jungfrau. Er fühlt jetzt die Wunde in seiner Brust und merkt daran, was er verloren. Du aber mache dich auf ins Reich des schwarzen Reiters, denn dort ist das Herz des jungen Schmiedes, das du ihm wiederbringen sollst. Hier gebe ich dir drei Eicheln mit auf den Weg, die öffne, wenn du Hilfe brauchst. Hüte dich aber, sie zu früh zu öffnen, dass du nicht hilflos bist in der größeren Not.«

Der Eichbaum rüttelte sich, und drei Eicheln fielen herab, die hob das Mädchen auf und machte sich auf den Weg. Wie weit sie wandern musste? Wer wüsste das zu sagen. Sie wanderte, wo die Zeit zerrinnt und die Ewigkeit beginnt ohne Wege, ohne Stege, unter Schmerzen, Mut im Herzen. So kam sie an ein hohes Gebirge, dessen Spitzen bis in die Wolken ragten. Ohne zu rasten, begann sie zu klettern, aber je höher sie kam, umso kälter wurde es. Felsen stürzten unter ihren Füßen zu Tale, und Eis und Schnee ließen sie ausgleiten. Endlich konnte sie nicht weiter. Da erinnerte sie sich an die Eicheln, nahm die erste hervor und öffnete sie. Darin fand sie einen Stab, der ihr Halt und Stütze gab. Mit seiner Hilfe konnte sie den Weg über die Eisgletscher fortsetzen.

Jenseits des Gebirges kam sie an ein Meer, das breitete sich vor ihren Augen endlos aus. Weit und breit war kein Boot zu sehen. Wie sollte sie hinüberkommen? Wieder erinnerte sie sich in ihrer Not an die Eicheln, öffnete die zweite und fand darin – ein Paar eiserne Schuhe, mit denen sie sicher auf dem Wasser schreiten konnte. Ob die Wellen auch gleich hoch emporsprangen und sie zu verschlingen drohten – unter dem Schritt dieser Schuhe mussten sie sich legen und sie wandern lassen.

Jenseits des Meeres war eine Ebene, aber eine solche, wie ihr noch keine gesehen. Sie war nämlich nicht mit Gras oder Buschwerk bewachsen, sondern mit lauter lodernden Flammen bedeckt. Da wollte das Mädchen wirklich verzagen. Doch sie erinnerte sich der letzten Eichel, die sie bei sich trug, und nahm sie heraus. Als sie sie aber öffnen wollte, dachte sie an die Warnung des alten Schmiedes: »Öffne sie nur, wenn du Hilfe brauchst, dass du nicht hilflos bist in der größeren Not.« Da steckte sie die Eichel wieder ein. Was aber tat sie? Sie ging auf das Feuer zu und sprach: »Feuer brenne, was verbrennet. Feuer senge, was versenget. Doch was lauter ist in mir, sei geschützt vor deiner Gier.« Damit trat sie mutig in die Flammen. Die griffen nach ihren Haaren und verbrannten sie, griffen nach ihren Kleidern und versengten sie. Dem Mädchen selbst aber fügten sie keinen Schaden zu. Ohne Haare, in schwarz gesengten Kleidern, einer Büßerin gleich, trat sie auf der anderen Seite aus den Flammen hervor.

Da war sie nun im Reich des schwarzen Reiters angekommen, das von sieben Wirbelwinden bewacht wurde. Die kamen herangebraust, fuhren um sie herum und schrien: »Wer bist du, Menschenkind, das es geschafft hat, über das Gebirge, über das Meer und durch die Feuerebene zu uns zu kommen, und was willst du hier?« – »Ich bin gekommen, das Herz des jungen Schmiedes wiederzuholen, das euer Herr ihm geraubt hat, ohne dass er es wusste.« Da johlten die Winde auf und heulten: »Das Herz des Schmieds willst du holen, das Menschenherz? Ei, so hol es dir, wenn du kannst. Hier in diesem Kästchen hüten wir es.« Und sie wiesen dem Mädchen ein unscheinbares eisernes Kästchen. Als die Jungfrau aber danach griff, rissen die Winde es fort, warfen es hoch hinauf in die Luft und begannen, damit zu spielen, dass es wie ein Ball hierhin und dorthin geschleudert wurde, weit, weit außerhalb der Reichweite des Mädchens. Wie sollte sie nun das Kästchen erhaschen? Da fiel ihr wieder die Eichel ein, die sie noch bei sich trug. Sie zog sie hervor und erbrach sie. Was aber fand sie darin? Eine Stadt, eine winzig kleine, goldene Stadt mit Mauern und Straßen und Häusern. Die glänzte, wie von einem inneren Licht erleuchtet, und war so wunderbar gefügt, dass das Mädchen alles um sich her vergaß und nur staunen konnte. Da wurde es plötzlich still um sie her, und als sie aufschaute, bemerkte sie, dass nicht nur sie selbst bezaubert war von der Schönheit dieser winzigen Goldstadt in der Eichel, nein, auch die sieben Wirbelwinde konnten sich nicht genug sattsehen daran. Das Kästchen aber mit dem Herzen des Schmieds lag neben ihr auf dem Boden. Leise griff das Mädchen danach, legte an seiner Stelle ruhig die Eichel auf den Boden und schlich sich davon, ohne dass die Wirbelwinde es merkten, so gebannt waren sie. Wer weiß, vielleicht schauen sie immer noch staunend in jene Goldstadt aus der Eichel.

Das Mädchen aber, als es ein Stück weit gegangen war, öffnete das Kästchen, um nach dem Herzen zu schauen. Da flog ein Vöglein daraus hervor, erhob sich jubelnd in die Luft und – war bereits ihrem Blick entschwunden. Jetzt musste die Jungfrau ihren Weg zurück antreten, geplagt von der Sorge, dass durch ihre Neugier vielleicht alles vergebens gewesen sei. Sie durchquerte die Feuerebene. Als sie aber daraus hervortrat, war ihr Kleid nicht mehr schwarz versengt, sondern leuchtend weiß geworden wie das einer Braut und ihr Haar leuchtete sonnenhell. Sie schritt über das Wasser, und die eisernen Schuhe an ihren Füßen wurden goldglänzend; sie überquerte das Gebirge, und der Stab in ihrer Hand rundete sich zum Goldring an ihrem Finger.

Als Braut gekleidet kam sie endlich zurück zur Schmiede. Das aber hatte sie sich vorgenommen: Konnte sie auch das Herz des jungen Schmiedes nicht bringen, so wollte sie ihm doch all ihre Liebe schenken und mit ihr neues Leben in seiner Brust erwecken. Als die Jungfrau aber über die Schwelle trat, empfing der Schmied sie mit leuchtendem Blick. »Ein Vöglein ist gekommen und hat auf meiner Schulter gesungen«, erzählte er. »Seither schlägt mir das Herz wieder in der Brust voll sehnlicher Erwartung, dass du wiederkommen mögest.« Darauf holten sie die alte Mutter aus ihrem einsamen Hüttchen am Wald zu sich. Die musste nun bei ihnen wohnen und mit ihnen Hochzeit feiern.

So wurde der junge Schmied erlöst. Wenn auch die Ritter aus der Ferne nicht mehr zu ihm kamen, weil er ohne das Feuer des Schwarzen Reiters ihre Schwerter nicht mehr schärfer schmieden konnte als andere, so kamen doch die Menschen aus der Umgebung wieder zu ihm, seit er handelte, wie sein alter Meister es ihn gelehrt hatte. Das Brot aber, das sie in der Schmiede aßen, war wieder weiß und trug in der Rinde das Kreuzeszeichen, und der Wein, den sie tranken, war klar und glänzte wie Rubin.

# Juri, der Held

Juri lebte in einem kleinen Dorf, aber ein Bauer war er nicht, ei, gewiss nicht. Ein Nichtstuer war er, einer, der dem lieben Herrgott seine Zeit stiehlt; so jedenfalls sagten die Leute. Manche nannten ihn auch einen Träumer, andere einen Tölpel. Denn Juri kümmerte sich nicht um seinen kleinen Acker, noch sorgte er sich darum, dass von den Wänden seines Häuschens die Farbe herunterblätterte und der Wind, wenn er nur etwas heftiger wehte als gewöhnlich, jedes Mal ein paar Schindeln vom Dach fegte. Sonne, Wind und Regen fanden freien Einlass bei ihm, und nachts spiegelte sich das Licht der Sterne im Wasser seiner Waschschüssel. Nein, Juri war kein Bauer. Wenn ihm aber jemand Vorhaltungen machen wollte deswegen, wenn er ihn im Ärger »Faulpelz« nannte oder »Langschläfer«, dann versuchte Juri gar nicht erst, sich zu rechtfertigen, nickte vielmehr so eifrig Zustimmung zu des anderen Worten, dass dem bald die Lust am Schelten verging und er sich achselzuckend davonmachte.

Und doch war Juri im Grunde nicht wirklich ein Nichtstuer und auch keiner, der dem lieben Herrgott unbillig seine Zeit stiehlt, sondern er war ein Warter, einer, der fühlt, dass seine Zeit noch nicht gekommen ist, und der sehnlich darauf wartet, dass sie käme. Und solange er wartete, kümmerte er sich nicht um seinen Acker – denn ein Acker bedarf der treuen Pflege –, und er kümmerte sich nicht um sein Häuschen; eines Tages würde er Feld und Heim vielleicht ganz plötzlich verlassen müssen. Stattdessen plauderte er mit den Ameisen, die auf seinem Fußboden emsig hin und her krochen, flüsterte mit dem Nachtwind, der durch die Ritzen zu ihm eindrang, um einen Augenblick bei ihm zu verschnaufen, oder er las in den Sternen wie einer, der eben die Buchstaben gelernt hat und nun versucht, das Geheimnis der Schrift zu ergründen.

Lache nur keiner über das, was Juri tat, keiner jedenfalls, der noch nicht selbst mit den Ameisen geplaudert, noch nicht selbst mit dem Nachtwind geflüstert, noch nicht selbst versucht hat, das Geheimnis der Sternenschrift zu ergründen. Gar so einfältig, wie es zunächst scheinen mag, war das gar nicht, und das wird sich schon bald zeigen.

Ihr müsst aber wissen, dass der König des Landes an einer schlimmen Krankheit litt: Ein Wurm nagte an seinem Herzen. Viele Ärzte hatten all ihre Kunst ausprobiert, aber keine Hilfe bringen können. Nur eines gab es, was dem König für eine Weile Linderung von seinen Qualen verschaffen konnte. Wenn seine Spielleute besonders schön musizierten, dann verließ der Wurm den Leib des Königs, kam hervorgekrochen, um sich im Takt der Musik zu wiegen – ein Anblick, so eklig, dass kaum einer ihn ertragen konnte. Solange der König aber nicht dachte: »Ach, bald wird der Wurm wieder zurückkehren an mein Herz«, war er frei von dem Nagen des Ungeheuers. Kaum aber kam ihn die Furcht an, saß der Wurm schon wieder unter seinem Herzen, und die Pein begann aufs Neue. Als die Ärzte vergeblich versucht hatten, den König zu heilen, sannen die Räte auf andere Abhilfe. Die drei tapfersten Ritter des Landes wurden herbeigerufen, die mussten mit gezückten Schwertern bereitstehen, während die Spielleute mit ihrer Musik den Wurm hervorlockten. Als sich das Tier in seiner eklen Art auf dem Boden wand, schlugen die Ritter mit ihren scharfen Klingen auf es ein, und ein jeder versetzte ihm zwei tiefe Wunden. Jedoch – der Wurm starb nicht daran. Vielmehr wuchs ihm aus jeder Wunde ein neuer Kopf hervor, sodass die Pein des Königs durch die Schwertstreiche nur noch vermehrt wurde.

Als die Plage so schlimm geworden war, wurden Boten ins ganze Land ausgesandt, die mussten verkünden: »Wer den König von dem Wurm befreien kann, der an seinem Herzen nagt, soll reich belohnt werden. Er soll die Königstochter zur Frau haben und das halbe Königreich dazu.« Diese Botschaft kam auch Juri zu Ohren, und auf seinem Lager dachte er lange darüber nach, wie der König wohl von dem Wurm sollte befreit werden, der mit der Schärfe des Schwertes nicht zu bezwingen war. Weil er selbst keine Antwort auf diese Frage finden konnte, wandte er sich an die Ameisen, und die erwiderten bereitwillig: »Was nicht zu töten ist, Juri

Langschläfer, das kann sich doch verwandeln.« – »So meint ihr, dass es Rettung gibt für den König?« – »Ei, gewiss doch«, antworteten die Ameisen, »und der Held, der die Rettung bringen soll, rüstet sich schon.« Diese Worte der Ameisen versetzten Juri einen Stich im Herzen, über den er sich selbst verwunderte. Wie, hatte er denn geglaubt, er selbst könne diese Tat vollbringen? Und seht ihr, als Juri sich das fragte, merkte er, dass er kein Warter mehr war: Seine Zeit war gekommen.

Ehe er aber aufbrach, fragte er die Ameisen: »Ihr Kribbel-Krabbel-Schar, wollt ihr mir helfen, den Wurm zu bezwingen, der an des Königs Herz nagt?« – »Das wollen wir«, erwiderten die Ameisen, »aber in unserem Reich wirst du das nicht können. Doch wollen wir dir etwas mitgeben, das dir hilfreich sein mag.« Damit krabbelten sie in ihrer eiligen Art davon, um sogleich wieder zu erscheinen; jede trug in ihren Zangen ein goldenes Weizenkorn. »Nimm es mit, das lebendige Gold der Erde«, riefen sie Juri zu. Der dankte den kleinen Tierlein und sammelte die Körner in einen Beutel, den er an seinen Gürtel band. Doch fragte er sich insgeheim, was ihm diese Gabe der Ameisen wohl für einen Nutzen bringen sollte. Dann rief er den Nachtwind, der eben um sein Häuschen gebraust kam: »Ehrbarer Freund und gern gesehener Gast in meinem Häuschen, wollt Ihr mir helfen, den Wurm zu bezwingen, der an des Königs Herz nagt?« Da hörte der Wind auf zu brausen, kehrte bei Juri ein und antwortete: »Das will ich, aber in meinem Reich wirst du es nicht können. Doch will ich dich etwas lehren, das dir hilfreich sein mag.« Und nun lehrte der Nachtwind Juri das Lied vom guten und vom schlechten Wetter, jenes Lied, das die Kälte zwingt und Wärme bringt. Und Juri lauschte und lernte und konnte es bald schon selbst singen. Da dankte er dem Nachtwind, der sich sogleich erhob und davonstürmte. Nun schaute Juri auf zu den Sternen, die durch die Löcher im Dach zu ihm hereinleuchteten, und rief: »Ihr edlen Himmelsaugen, die ihr der Nacht euer Licht spendet, wollt ihr mir helfen, den Wurm zu bezwingen, der an des Königs Herz nagt?« – »Das wollen wir«, erwiderten die Sterne, »und in unserem Reich wirst du den ersten Schritt zum Sieg versuchen müssen. Aber du musst ein anderer werden, Juri Nichtstuer. Kannst du das, so wirst du siegen.« Auf einmal begann es über dem Burschen zu tönen und zu klingen, die Sterne ordneten sich in neuer Weise, und plötzlich konnte Juri, der ja immer wieder versucht hatte, das Geheimnis ihrer Schrift zu enträtseln, deutlich lesen, was über ihm geschrieben stand: Juri, der Held. Da sprang er auf; den Beutel der Ameisen am Gürtel, das Lied des Nachtwindes im Herzen, das Licht der Sterne in den Augen zog er los, den Wurm zu bezwingen.

Wie lange er gewandert ist? Wer wüsste das zu sagen. Eines aber weiß ich: Juri suchte den Weg ins Reich der Sterne, und obwohl er ihn nicht kannte, ging er doch niemals in die Irre. Ja, es war gerade so, als suchte der Weg auch ihn. So gelangte er endlich ans Ziel seiner Reise. Hoch erhob sich vor ihm ein Gebirge aus lauterem Kristall, das leuchtete auf in den herrlichsten Farben, wo er nur den Blick hinlenkte. Noch mächtiger aber als das Gebirge ragte vor ihm die Gestalt eines Engels in den Himmel. Seine Stimme tönte wie eine Posaune, als er sprach: »Was führt dich hierher, du kleiner Erdenmensch, dass du dich erkühnst, den Zugang zu diesem Reich zu suchen?«

Juri schaute zu dem strahlenden Antlitz des mächtigen Engels empor. Tief drang dessen Blick in sein Herz. Vor ihm gab es keine Lüge und keine Heimlichkeit. »Ich suche den Zugang zu diesem Reich, um den Wurm zu bezwingen, der an des Königs Herz nagt«, antwortete er scheu. »Meinst du denn, Juri Langschläfer könnte das vollbringen?« – »Er ist bereit, ein anderer zu werden«, klang es aus dem Sternenreich, »sein neuer Name leuchtet über ihm.« – »Was trägst du am Gürtel? Das scharfe Schwert?« – »Er trägt kein scharfes Schwert, sondern das lebendige Gold der Erde«, antwortete es aus dem Reich der Ameisen. »Was trägst du im Herzen? Ehrgeiz und Ruhmsucht?« – »Er trägt nicht Ehrgeiz und Ruhmsucht im Herzen, sondern das Lied, das die Kälte zwingt und Wärme bringt«, erscholl es aus dem Reich des Nachtwindes. »So tritt ein ins Sternenreich, Juri, der Held.«

So kam es, dass Juri Einlass fand ins Reich der Sterne durch die Gaben, die seine Freunde ihm mitgegeben hatten. »Nun achte darauf, was ich dir sage«, sprach der Engel zu Juri, »du wirst in diesem Reich den goldenen Vogel finden. Befreie ihn und nimm aus seinem Schwanz eine Feder. Wenn du damit den Wurm berührst, der an des Königs Herz nagt, wirst du ihn bezwingen können. Verzage nur nicht, und tue mutig, was dir der Augenblick eingibt.« Juri dankte dem Engel und wanderte weiter.

Endlich kam er zu einem Berg, der war ganz und gar aus Eis. Seine Kälte strahlte dem Burschen entgegen, dass der meinte, das Blut in den Adern müsse ihm gefrieren. Mitten in diesem Berg eingefroren aber saß der goldene Vogel. Wie sollte er an ihn herangelangen, wie die Feder aus seinem Schwanz ergreifen können?

Nun, Juri hatte ja vom Nachtwind das Lied gelernt, das die Kälte zwingt und Wärme bringt. Aber der Eisberg war so gewaltig, dass unserem Helden der Mut dennoch schwinden wollte. Müsste er nicht hundert und hundert Jahre singen, um dieses Eis wegzuschmelzen? Aber dann dachte er an das Leid, das der König erdulden musste, und da fragte er nicht mehr, wie lange seine eigene Mühe wohl währen würde, sondern begann einfach zu singen, was der Nachtwind ihn gelehrt hatte. Und siehe da: Was Juri sang, wurde aufgenommen von den Sternen; die stimmten ein in das Lied. Wo ein einziges Menschenkind seinen Mund und sein Herz geöffnet hatte, um den goldenen Vogel zu befreien, da ertönte im Reich der Sterne ein ganzer Chor, vielstimmig und harmonisch. Da schmolz das Eis des Berges dahin, und der goldene Vogel regte seine Flügel und erhob sich in die Lüfte, höher und immer höher hinauf, bis er den Blicken Juris ganz entschwunden war.

Nun hatte Juri den Vogel zwar aus dem Eisberg befreit, aber wie sollte er an die Schwanzfeder kommen, die er brauchte, um den Wurm zu bezwingen, der an des Königs Herz nagte? »Wandere ins Reich der Winde«, hörte er da den erhabenen Engel gebieten, »dort wirst du den Goldvogel wiederfinden.« So machte sich Juri erneut auf die Wanderschaft, um im Reich des Nachtwindes nach dem goldenen Vogel zu suchen. Der Nachtwind selbst geleitete ihn, und das war gut so.

Ihr könnt euch ja vielleicht denken, dass das Reich der Winde ganz anders war als das Reich der Sterne. Da rissen die Stürme, was sie fassen konnten, hoch hinauf zum Himmel und gleich darauf tief hinab zur Erde. Das wogte und wehte, das sauste und brauste daher, dass einer, der nicht den Nachtwind zum Freund hat, zu Recht um sein Leben hätte bangen müssen. Der Nachtwind aber blies den Stürmen entgegen, dass in all dem

Auf und Ab um Juri herum ein Raum der Ruhe und Ausgeglichenheit entstand, in dem er sicher voranschreiten konnte.

Auf einmal gewahrte der Bursche in dem pfeifenden Toben der Stürme etwas, das wie ein Spielball herumgewirbelt wurde: ein kleines Vöglein, mager und zerzaust, das, selbst ganz kraftlos, dem Mutwillen der Winde preisgegeben war. Ohne zu überlegen, rief Juri da: »Nachtwind, edler Freund, fang doch das Vöglein ein, dass wir ihm helfen können.« Der Nachtwind ließ sich nicht zweimal bitten, und im nächsten Augenblick schon saß das Vöglein klopfenden Herzens in Juris Hand. Traurig blickte es zu ihm empor. Da öffnete der Bursche den Beutel, den er am Gürtel trug, und fütterte das Vöglein mit den Körnern, die ihm die Ameisen mitgegeben hatten, dem »lebendigen Gold der Erde«. Zusehends wurde das Vöglein kräftiger und munterer. Endlich schwang es sich jubelnd empor, und da erst bemerkte Juri, dass sein Gefieder nicht mehr stumpf und zerzaust aussah, sondern golden glänzte. War er ihm noch einmal entwischt, der goldene Vogel, nachdem er ihn schon in der Hand gehalten hatte? Schon wollte Juri Traurigkeit übermannen, als er vor sich auf dem Boden die Schwanzfeder gewahrte, nach der er gestrebt hatte. Hatte der goldene Vogel ihm auf diese Weise seinen Dank sagen wollen? Juri bückte sich behänd, hob die Feder auf und barg sie an seinem Herzen.

Nun drängte es Juri fort zum Königsschloss. Den Wurm wollte er bezwingen, der an des Königs Herz nagte. So gönnte er sich keine Rast, sondern wanderte weiter, wanderte und wanderte, bis er zum Schloss kam. Welch unerwarteter Empfang wurde ihm dort bereitet! Kaum hatte er dem Torhüter das Anliegen seines Kommens genannt, als der schon die großen Türen des Schlosses weit auftat. Bläser standen bereit, die ließen ihre Trompeten erklingen, dass es in der ganzen Stadt zu hören war. Diener eilten vor ihm her; kurz, alles geriet in die größte Geschäftigkeit, gerade so, als hätten sie Juri bereits erwartet. Und das war auch der Fall. Seitdem der Wurm nämlich am Herzen des Königs nagte, war dieser mehr und mehr verfallen und konnte endlich sein Lager gar nicht mehr verlassen. Trübe war sein Blick geworden, seine Hände lagen verkrampft auf der Brust, aus der der Atem nur pfeifend austrat; sein Leib lag im Schmerz verkrümmt. Doch eines Tages war alle Trübheit aus den Augen des Königs gewichen und hatte einem klaren, strahlenden Blick Raum gegeben. Und wiederum einige Zeit später hatten sich auch die Hände gelöst, und der Atem war wieder ganz frei ein- und ausgeströmt. Noch nagte der Wurm am Herzen des Königs, aber er konnte seine Seele nicht mehr bedrängen, seinen Geist nicht mehr verdüstern. Da hatte sich im ganzen Reich die Botschaft ausgebreitet: »Die Heilung unseres Königs steht bevor. Der Retter muss bald erscheinen.«

So wurde Juri nun mit größter Ehrerbietung in den Raum geleitet, in welchem der König lag. Golden glänzte die Feder in seiner Hand. »Bist du bereit?«, fragte ihn der Haushofmeister, »sollen wir den Wurm hervorlocken mit sanfter Musik?« Der Bursche nickte, und die Spielleute begannen die wunderbarste Musik zu spielen. Als sie so musizierten, kam der Wurm hervorgekrochen, hässlich anzusehen mit seiner harten Schuppenhaut und seinen sieben Köpfen. Er wand sich auf dem Boden vor dem Lager des Königs, als wolle er zu der Musik tanzen. Wer ihn sah, musste seinen Ekel bezwingen. Da trat Juri an den Wurm heran und strich ihm mit der goldenen Feder über den Schuppenpanzer und über die sieben Köpfe. Als die Feder ihn berührte, fuhr der Wurm herum wie von einem Feuer gebrannt. Zugleich knackte und krachte es, und wie zerbrochen lag der grause Leib auf dem Boden. Erschrocken hielten die Spielleute in ihrer Musik inne. Da hörten alle, dass aus dem zerbrochenen Schuppenpanzer des Wurmes ein klägliches Weinen drang – wie das Weinen eines Kindes. Zugleich waren die Augen jener Kreatur so unendlich traurig auf Juri gerichtet, dass der nur eines konnte: Er bückte sich nieder und – küsste den elenden Wurm zwischen die Augen seines größten Kopfes. Da verstummte das Weinen, noch einmal krachte und barst es, und auf einmal erhob sich aus den abgefallenen Schuppen – der goldene Vogel, erhob sich mit leichtem Flügelschlag und jubelndem Gesang. Als der König den Vogel singen hörte, kehrte die Lebenskraft zurück in sein Herz. Er konnte sich von seinem Krankenlager erheben und war gesünder als je zuvor.

Nun wurde ein großes Fest gefeiert. Juri wurde der Königstochter vermählt und bekam das halbe Königreich zum Lohn. In seinem Reich aber herrschte jetzt wieder der alte König mit junger Kraft, die ihm lange erhalten blieb. Denn an jedem Sonntagmorgen, wenn er zur Kirche ging, saß auf dem Dach des Domes der goldene Vogel und sang sein Jubellied hell und gesundend in den Tag. So lebte der König, an dessen Herz der Wurm genagt hatte, bis ins hohe Alter, ehe er friedlich starb. Seither hat auch der goldene Vogel nicht mehr auf dem Kirchendach gesungen. - Nach dem Tod des alten Königs erhielt Juri dessen Reich zu dem seinen hinzu, und mit der Hilfe seiner Freunde - der Ameisen, des Nachtwindes und der Sterne - war er ein guter und weiser Herrscher.

# Der Knecht als Ritter

## *Die Schande*

Herr von Unwillig, ein Ritter, dem die Lust am Kriegshandwerk erloschen war und der, wenn immer der König zu den Waffen rief, eine Entschuldigung für sein Nicht-Erscheinen gefunden hatte, sollte sich dem Kreuzfahrerheer anschließen. Der Papst selbst hatte einen Mönch geschickt, der dem Ritter mit begeisterten Worten die Kampfeslust zu erwecken suchte, schließlich aber, als er die Erfolglosigkeit seiner Mühen erkannte, deutlich machte, dass ein Ablehnen des päpstlichen Rufes kein Verständnis finden würde - weder auf Erden noch vor Gott.

So kam der Ritter in Not.

Nun gab es im Gefolge des Herrn von Unwillig einen Knecht, Silvester mit Namen, dem Ritter in Statur ähnlich, an Ehrgeiz und Überheblichkeit jedoch weit überlegen. Dieser Silvester fand sich, kaum dass der Mönch den Hof verlassen hatte, vor seinen Herrn gerufen, um den folgenden Befehl zu empfangen: »Steige«, so sprach Herr von Unwillig zu seinem Knecht, »in den Keller hinab und bring Rüstung und Schwert herauf! Putze sie gründlich mit saurer Milch, dann lege sie an und übe dich, in Eisen gekleidet zu gehen und zu reiten! Morgen bei aufgehender Sonne wirst du als der Ritter von Unwillig zum Kreuzzug aufbrechen! Zehn Goldstücke sollen dich begleiten.« Der Knecht staunte nicht schlecht. Doch sagte ihm sein Hochmut, dass er ohnehin zu Höherem auserlesen sei, und so tat er, wie ihm befohlen.

Die Rüstung war bald gereinigt, wenn sie auch nicht mehr glänzen wollte. Das Schwert aber war so von Rost angefressen, dass Silvester sich vergebens mühte, es zu säubern. Nun, solange es in der Scheide steckte, würde niemand den Zustand bemerken, und wenn es erst zum Kampf kam, würde wohl eine bessere Waffe bald erfochten sein. So übte der Knecht denn einen Nachmittag lang das Tragen der Rüstung zu Fuß und zu Pferde – für die Zuschauer eine recht schwankende Unternehmung, für Silvester selbst aber höchstes Glück. Und als nach einer schlaflosen Nacht die ersten Strahlen der Sonne den neuen Tag verkündeten, saß der Knecht bereits in seines Herrn Sattel und ritt zum Burghof hinaus. Nur einmal blickte er zurück. Da war es ihm, als sehe er schwere Gewitterwolken über der Burg des Herrn von Unwillig sich zusammenbrauen. Dann gab er dem Pferd die Sporen und galoppierte in den frischen Morgen.

Während aber das Pferd ganz ohne Ansporn dem Weg folgte, begannen Silvesters Gedanken zu wandern. Welch Glück hatte ihn doch befallen, dass er, dem ein ungünstiger Stern die Geburt an einem Königshof verwehrt hatte, nun wenigstens als Ritter zu Ruhm und Ehre kommen sollte! Er sah sich bereits mit den anderen Kreuzfahrern gegen die Stadtwälle von Jerusalem reiten, sah sich die feindlichen Sarazenen hinmähen wie Korn. Nur eines bedrückte ihn: Während vor seinem inneren Blick all die anderen Ritter in strahlenden Rüstungen in den Kampf zogen, erschien er selbst in jenem stumpfen, schäbigen Eisenkleid seines Herrn – eine wenig prächtige Erscheinung. Plötzlich aber glätteten sich Silvesters Züge, und seine Augen begannen zu leuchten, ja, seine Wangen röteten sich gar leicht. Sollte nicht auch jene schäbige Aufmachung ein Kunstgriff jenes Schicksals sein, das ihn so hoch über seinen Knechtstand erheben wollte? Gerade weil er so verschieden war von den anderen Rittern, würde man ja auf ihn schauen und also umso sicherer seine Heldentaten sehen. Nach der ersten Schlacht dann – wie sollte es anders sein! – würde Herzog Bernhard ihn in sein Zelt rufen und zu ihm sprechen: »Herr Ritter, Eure armselige Aufmachung passt so gar nicht zu Eurem edlen Kampfesmut. Erlaubet mir, Euch als Dank für Eure Taten eine andere Rüstung zu schenken!« Dann würde man ihm, dem Ritter Silvester, eine Rüstung anlegen: silberglänzend mit einem weiten roten Mantel, das Eisenzeug vor der Sonne zu schützen, und ihm einen Schild überreichen, der mit einem Wappen aus blutroten Rubinen geschmückt sein würde.

Am folgenden Tag aber würden alle ihm, dem roten Ritter, in den Kampf folgen, und seine Kühnheit und sein Kriegsverstand würden dem Kreuzfahrerheer den Sieg einbringen.

Felder und Fluren flogen vorüber, während das Ross, das lange im Stall gestanden hatte, den freien Lauf genoss. Silvester aber sah nicht die grünen Halme des jungen Korns, hörte nicht den Jubelruf der Lerchen – er war in Jerusalem, wo ihm nach der entscheidenden Schlacht Besonderes zugedacht war. Der Feldherr Gottfried von Bouillon selbst hatte ihn gerade aufgesucht, ihm für seine unschätzbare Hilfe gedankt und ihn gebeten, doch als Vizekönig in der Heiligen Stadt zu regieren. »Denn solange Ihr, Roter Ritter, Jerusalem haltet, wird kein Sarazener es uns streitig machen können.« Nun, und Silvester hatte das Gesuch selbstverständlich ohne Zögern angenommen.

Auf einmal verhielt das Pferd unvermutet im Lauf, sodass Silvester aus seinen Träumen aufgeschreckt wurde. Sie waren seit einer Weile in einem Hochwald geritten und hatten eine Lichtung erreicht. Dort bot sich Silvester nun ein Bild, so erstaunlich, dass er ordentlich mit den Augen zwinkerte, um sicherzugehen, dass es nicht ein Trug war. Er sah einen Ritter auf einem Schimmel in einer silberglänzenden Rüstung, die von einem weiten roten Mantel vor den Strahlen der Sonne geschützt wurde. Den Schild aber schmückte ein Wappen aus blutroten Rubinen. Silvester konnte den Blick nicht von jener Gestalt wenden, und der Mund stand ihm vor Staunen offen. Da hörte er ein verhaltenes Lachen, und hinter geschlossenem Visier sprach der Rote Ritter zu ihm: »Was gaffst du mich so an, schäbiger Streiter?« Silvester merkte, wie ihm das Blut in den Kopf schoss, und er erwiderte: »Seht Euch vor, dass Eure Worte Euch nicht ins Unglück stürzen. Ihr wisst nicht, mit wem Ihr redet.« Wieder hörte er jenes verhaltene Lachen, dann mit unverhohlenem Spott die Worte: »Ich sehe recht gut, mit wem ich es zu tun habe: ein schäbiger Kerl in schäbiger Rüstung und wohl gar mit einem rostigen Schwert in der Scheide.« – »Rostig vielleicht«, zischte der Knecht, den nun die Wut übermannte, »aber immer noch gut genug, um Euch den Mund zu stopfen.« Damit versuchte er, aus dem Sattel zu kommen, was wegen des ungewohnten, schweren Eisenpanzers nicht einfach war. Als er schließlich das Gleichgewicht gefunden hatte, stand der Rote Ritter schon kampfbereit da, ein breites, leuchtendes Schwert in der Hand.

Sie gingen aufeinander los. Doch der Kampf der ungleichen Gegner war bald entschieden. Silvester sah das Schwert des Feindes wie einen Blitz durch die Luft sausen. Unter dem wuchtigen Schlag zerbrach seine rostige Klinge; nur der Knauf blieb ihm in der Hand. Wieder wirbelte das leuchtende Schwert, und die breite Klinge schlug ihm mit solcher Gewalt auf den Helm, dass ihm die Sinne schwanden. So merkte er nicht, dass der Rote Ritter das Visier öffnete, um ihn mit feurigem Blick aufmerksam zu mustern, ehe er sich endlich von ihm abwandte, leichtfüßig in den Sattel sprang und in schnellem Trab im Walde verschwand.

Während der Knecht eine ganze Nacht lang bewusstlos lag, ehe ein Einsiedler ihn fand und in seiner einfachen Hütte gesund pflegte, heulte um die Burg des Herrn von Unwillig ein gewaltiger Sturm, der das alte Gemäuer des Wachturmes einstürzen ließ und Herrn und Bediensteten den Nachtschlaf raubte.

Wenige Tage später saß der Knecht schon wieder im Sattel. Lachend hatte er, dem der Kopf noch gewaltig brummte, das Angebot des Einsiedlers ausgeschlagen, doch über Pfingsten bei ihm zu bleiben, als Messdiener zu helfen und erst ganz gesund zu werden. Nichts konnte Silvester halten. Er musste den Roten Ritter finden, um die ihm angetane Schmach zurückzuzahlen; dann wollte er Kreuzfahrer werden. Oder sollte er in einer Einsiedelei bei frommen Liedern ein Königreich vertrödeln? - Achselzuckend blickte der Einsiedler dem Davonreitenden nach. Als er den Ritter mit zerbrochenem Schwert aufgenommen hatte, da hatte er geglaubt, die Prophezeiung würde sich nun erfüllen. Aber jener hatte den Knauf seiner zerschlagenen Waffe mit viel Geschick in der schmucklosen Scheide befestigt und ritt nun fort, ohne auch nur einen Fuß in die kleine Kapelle gesetzt zu haben. So würde das Schwert, das dort seit alten Zeiten über dem Altar hing und auf den Helden wartete, der es ergreifen sollte, um mit seiner Hilfe Jerusalem zu befreien, wohl weiter warten müssen. Offenbar war seine Stunde noch nicht gekommen.

Silvester aber ritt, wenn auch langsam und vorsichtig, um seinen schmerzenden Schädel möglichst zu schonen, so doch ohne zu zögern davon. So viele er aber auch fragte – niemand hatte den Roten Ritter gesehen oder konnte ihm Auskunft über ihn geben. Dieses Suchen kostete den Knecht viel Zeit, sodass er den Hof des Herzogs erst erreichte, als die Ritter, im Burghof versammelt, eine letzte Messe hörten, ehe sie nach Jerusalem aufbrechen wollten. Es war still im Hof. Schweigend standen die Männer, doch dort nahe dem Altar kniete Herr Bernhard selbst, er, der ihr Führer sein sollte. Neben ihm kniete der Mönch, der auch Herrn von Unwillig die Botschaft vom Kreuzzug überbracht hatte.

Der Knecht, als er durchs Tor geritten kam und dieses Bild sah, fand die Gelegenheit äußerst günstig. Er glitt aus dem Sattel so galant, als es ihm in dem schweren Eisenkleid eben gelingen wollte, und ging mit klirrendem Schritt durch die versammelte Ritterschaft hindurch, um – so hatte er es sich ausgemalt – vor aller Augen neben dem Herzog niederzuknien und das große Glück zu erbitten, das er für sich vorausgesehen hatte. Doch der Lärm seines Schrittes ließ den Mönch aufschauen, und als er den Ritter in Rüstung und sogar mit dem Schwert an der Seite die heilige Handlung stören sah, lief er ihm entgegen und hielt ihn auf. »Lasst mich gehen, Mönch«, zischte der Knecht. »mein Platz ist neben dem Herzog.« – »Herr Ritter«, flüsterte der Mönch, »stört die Handlung nicht, die Segen erflehen soll für unser Vorhaben, die Heilige Stadt zu befreien. Wisst Ihr nicht, dass Ihr nicht in diesem Aufzug hier erscheinen dürft?« Silvester merkte, dass viele Ritter die Köpfe gewandt hatten und auf ihn schauten. Es kam alles darauf an, dass er sich jetzt durchsetzte, sollte sein noch zu erwerbender Ruhm nicht bereits hier bösen Schaden erleiden. »Lasst mich gehen, Mönch«, sagte er deshalb noch einmal, »verweigert mir nicht, was mir rechtmäßig zusteht.« Und er wollte weitergehen. Doch der Mönch stand vor ihm wie ein Berg und gab den Weg nicht frei.

Da wurde der Knecht zornig. »So ist es Eure Schuld, wenn ich mein Recht erkämpfen muss«, rief er, und zwar so laut, dass jedermann es hörte, selbst der Herzog sich umwandte. Im selben Moment, als er sein Schwert aus der Scheide riss, erinnerte Silvester den Zustand dieser Waffe, und er wurde schamrot. Aber es war zu spät. Ein unterdrücktes Lachen bedeutete ihm, dass alle die zerbrochene Klinge gesehen hatten. Der Arm sank hinab, der Knecht wäre am liebsten im Boden versunken. Da fühlte er die

Hände des Mönchs auf seinen Schultern. »Geht schnell, ehe sich Euer Gesicht in aller Gedächtnis einprägt und die Schande ein Leben lang an Euch haften bleibt!« Das tat Silvester.

So leicht war er ohne Hilfe noch nicht aufs Pferd gekommen. Er jagte das arme Tier, wie er nur konnte, ließ Burg und Stadt, Weideland und Felder hinter sich, bis er tief im Wald endlich zur Ruhe kam. Aber ein einziger Gedanke hatte Besitz von ihm ergriffen: Rache. Rache dem Roten Ritter, Rache dem Mönch, Rache den Kreuzfahrern, die seine Schande gesehen und ihn verlacht hatten!

## *Die drei Begegnungen*

Plötzlich stand, wie aus dem Boden gewachsen, ein Mann vor ihm, schmächtig von Wuchs, im grünen Kleid, einen langen Dolch im Gürtel. »Was willst du von mir?«, fuhr Silvester ihn an, während er fühlte, wie die Angst sein Herz beklemmte, »mach, dass du fortkommst, ehe ich zornig werde!« – »Langsam, langsam«, erwiderte ruhig der Grüne, »hübsch eins nach dem andern. Du bist in unser Revier eingedrungen, so nehme ich mir die Freiheit, ein wenig in deinen Taschen zu schauen, was du uns mitgebracht hast. Wenn du brav bist, geschieht dir weiter nichts.« – »Keinen Schritt kommst du näher!«, rief Silvester. Aber der Grüne lachte nur, pfiff, und da sah der Knecht sich umringt von einer ganzen Schar verwegen dreinblickender Männer, teilweise in Grün, teilweise in arg zerlumpten Kleidern. »Bist du nun bereit?«, fragte der Anführer der Räuber mit leisem Hohn. Im selben Moment hatte der Knecht eine Idee, eine wunderbare Idee, die ihn nicht nur hier retten, sondern gar in die Lage versetzen sollte, doch noch sein Glück zu machen.

»Höre, Bruder«, redete er den Räuber an, der die ungewohnte Bezeichnung mit einem Grinsen quittierte, »lass uns nicht einen dem anderen nehmen, was, wenn wir zusammenhalten, beiden von Nutzen sein kann. Es ist schon wahr, dass ich ein Ritter und in eurem Handwerk unbewandert bin. Aber wenn ich euch meine Geschichte erzählt haben werde, werdet ihr verstehen, dass wir dennoch Brüder sein sollten.« Die Räuber wussten nicht recht, sollten sie jetzt eine Predigt von der christlichen Nächstenliebe hören oder meinte der Ritter wirklich, was er sagte? Sie blickten auf ihren Hauptmann, und als sie sahen, dass er schmunzelte, vergaßen sie ihre Bedenken und kamen näher.

Dem Knecht aber schien es angemessen, sich nicht mit ihnen zu mischen. Er blieb auf seinem Pferd sitzen, während er ihnen vorlog: »Ich bin ein Kreuzfahrer, der vor Gott den Schwur abgelegt hat, das Schwert nicht eher zu ziehen, als bis ich gegen die Sarazenen kämpfen werde. Nun kam es im Lager zu einem Streit. Ein betrunkener Knecht zog die Waffe gegen mich. Ich wollte ihn einfach missachten, doch die Umstehenden legten es mir als Feigheit aus und verspotteten mich. Ich merkte, wie der Zorn mich ergriff, und um ihm nicht zu unterliegen und mein Gelübde vielleicht zu brechen, ritt ich aus dem Lager. Ihr Gelächter schallt mir noch in den Ohren.« Silvester hielt inne, um die Wirkung seiner Worte abzuspüren. Er konnte zufrieden sein. Offenbar machte es auf die Räuber durchaus Eindruck, dass jemand so unverbrüchlich zu seinem Wort stehen konnte. Nur dem Anführer saß das Grinsen immer noch um die Mundwinkel, als er das Schweigen unterbrach und fragte: »Und was - Bruder - haben wir mit dieser Angelegenheit zu tun?« - »Ihr sollt mir helfen, Rache an den Kreuzfahrern zu nehmen«, erwiderte der Knecht schnell, »euch der Gewinn und mir die Genugtuung!«

Die Rachsucht des frommen Ritters wollte dem Räuberhauptmann anscheinend nicht ganz einleuchten. Ein prüfender Blick musterte den Knecht, während der Räuber Für und Wider erwog. Dann schien es ihm aber doch günstiger, einen Ritter in seiner Schar zu haben, als ein paar Taschen zu leeren, die ohnehin nicht viel Reichtum zu enthalten schienen.

»Gut – Bruder«, sagte er, »wir wollen dir helfen. Nur scheinst du mir, abgesehen von deinem Schwert, waffenlos.« Silvester griff in die Satteltasche, wo die zehn Goldstücke seines Herrn aufbewahrt lagen, hielt sie dem Räuber entgegen und erwiderte: »Wie, sollte sich das nicht vielleicht in einen Dolch verwandeln lassen, so wie du einen hast?« Die Augen des Räubers leuchteten auf, als er das Geld sah. Er zog den Dolch aus dem Gürtel, und der Tausch war vollzogen. Es war auch bald ein anderer Dolch beschafft, während der Knecht sich mit zweien der Räuber zurückgelassen fand. Das Vertrauen der neu gewonnenen »Brüder« zu ihrem Kreuzfahrer war nicht so groß, dass sie ihm auch ihr Versteck gezeigt hätten. Als die Räuber zurückkamen, waren sie allesamt beritten. So begann man unverzüglich, dem Heer der Kreuzfahrer zu folgen.

Die ersten Tage verstrichen, ohne dass Besonderes geschah. Ab und zu schlichen ein paar der Räuber fort, um etwas zu essen zu finden, das noch nicht verloren war. Silvester fand es seinem Ritterstand angemessen, sich aus derlei Unternehmungen herauszuhalten, hielt aber wacker mit, wenn die Gans erst einmal gebraten war. So merkte niemand, am allerwenigsten aber Silvester selbst, wie das Unglück, in das sein Hochmut ihn führte, sich immer dichter über seinem Haupt zusammenballte, um sich dann in drei kurz aufeinanderfolgenden Begegnungen zu entladen.

Die erste der Begegnungen fand statt mit jenem Mönch, der Silvester am Hof des Herzogs zurückgehalten hatte. Er hatte die Kreuzfahrer eine Strecke weit begleitet und sich nun zu Fuß auf den Heimweg gemacht. Als Silvester ihn plötzlich auf dem Pfad erscheinen sah, auf dem sie ritten, stieg ihm die Rachsucht ins Herz. Er wandte sich zu den Räubern und flüsterte, indem er auf einen Beutel wies, den der Mönch am Gürtel trug: »Seht das Gold! Den Vogel müssen wir rupfen.« – »Nur immer zu«, grinste der Räuberhauptmann; aber weder er noch einer seiner Gesellen machte Anstalten, der Aufforderung des Knechtes zu folgen.

Unterdessen war der Mönch immer näher gekommen, schritt aber merklich langsamer aus. Offenbar fühlte er, dass die Schar, die da auf ihn wartete, keine guten Absichten hatte. Den Wanderstab hielt er fest in der Faust. Als er aber grüßte und »Segen auf die Fahrt« wünschte, verriet seine Stimme nicht die leiseste Angst. Das machte Silvester nur noch zorniger. »Segne dich selbst«, zischte er den Mönch an, während er, die Hand am Dolch, aus dem Sattel glitt. Die Augen des Mönchs blitzten. Er hob den Stab, und als Silvester mit dem Dolch auf ihn losging, sauste der Stock mit solcher Wucht auf seine Knöchel, dass er aufschrie und die Waffe fallen ließ. Mit umso größerer Wut stürzte er auf seinen Gegner. Aber es hätte ein langer Kampf werden können, wenn nun nicht die Räuber eingegriffen hätten. Zwei stürzten sich von hinten auf den Gottesmann und rissen ihn zu Boden. So brauchte sich der Knecht nur auf ihn zu werfen, und seine Hände umspannten mordlüstern die Kehle des Mönchs. Aber da wurde auch er fortgerissen. »Lass ihn gehen«, forderte der Hauptmann, »sie haben den Beutel.«

Der Mönch erhob sich langsam, klopfte den Staub aus dem Gewand und griff nach seinem Stab. Doch bevor er ging, wandte er sich an die Räuber und rief: »Ihr habt euch da einen guten Anführer ausgesucht. Wenn ihr ihm weiter folgt, werdet ihr noch viele solcher Taten ausführen können. Ehre aber werdet ihr nicht erringen. Der Herr strafe euch!« Ein paar der Räuber lachten. Keiner nahm dem Mönch seine Worte übel. Sollte er doch schwätzen!

Als sie dann aber wieder unter sich waren, wandte sich jener, der den Beutel erobert hatte, an den Hauptmann und erklärte: »In diesem Beutel kann kein Gold sein; er ist viel zu leicht.« Schnell griff der Hauptmann danach und schaute hinein. Erst wurde sein Gesicht lang, dann lachte er plötzlich schallend und prustete: »Nein, kein Gold, wie wir es meinen. Seht!« Und vor den verdutzten Augen der Räuber zog er ein Stück Brot und eine Ecke Käse aus dem Beutel. Einige grinsten. Doch andere wurden böse, und der, der den Beutel abgerissen hatte, sagte: »Sollen wir durch diesen Ritter zu billigen Mördern werden? Gibt es wirklich keine Ehre mehr in unserem Handwerk? Brüder, ich gehe. Wer meiner Meinung ist, folge mir!« Bestürzt sah der Hauptmann, wie etliche aus seinem Haufen sich jenem Räuber anschlossen, aber kein Wort kam über seine Lippen. Man trennte sich ohne Abschied.

Herrn von Unwillig aber war der Schreck in die Glieder gefahren. Am helllichten Tag hatte ein Erdstoß seine Burg bis auf die Grundmauern erbeben lassen. Danach war alles so still, als ob nichts geschehen wäre. Wie von ungefähr musste der Ritter an seinen Knecht denken, und da bezweifelte er plötzlich, dass Silvester tatsächlich als Ritter würde anerkannt werden. Hatte er klug gehandelt? »Klug allemal«, entschied er schließlich und wischte die trüben Gedanken fort.

Die zweite Begegnung fand statt noch am selben Tag gerade vor Sonnenuntergang. Die Räuber hatten Silvester allein im Wald zurückgelassen, um ihren Geschäften nachzugehen, als er auf einmal Hufschlag hörte und den Roten Ritter erscheinen sah. Wieder fühlte er Zorn aufsteigen, und die Hand fuhr zum Schwertknauf. Aber der Rote Ritter ließ hinter gesenktem Visier sein verhaltenes Lachen hören. »Vergiss deinen Eid nicht, schäbiger Streiter«, höhnte er. Doch dann änderte er seine Stimme, und er sagte etwas, das den Knecht sehr verwirrte: »Ich weiß, dass du mir folgst, um Rache zu nehmen für die dir zugefügte Schmach; doch die Zeit ist noch nicht reif dafür. Aber du sollst wissen, dass der Tag nicht mehr fern ist, an dem du auf meinem weißen Hengst reiten wirst. Bist du zufrieden?« Silvester schaute auf den strahlenden Ritter und das herrliche Pferd und murmelte: »Zufrieden.« Denn er begann die Bedeutung der Worte zu verstehen: Selbstverständlich, er selbst würde der Rote Ritter sein und –. Da war wieder jenes verhaltene Lachen. »Dann finde dein Schwert«, wurde ihm geheißen, »danach sehe ich dich wieder.«

Diese Nacht konnte Silvester nicht schlafen. Unruhig warf er sich hin und her und sann, wo er das Schwert wohl finden könnte. Und noch ein anderer schlief schlecht, das war Herzog Bernhard. Ein böser Traum hatte ihn aufgestört und wollte ihm nun keine Ruhe lassen. Er hatte sich an der Spitze seiner Ritter reiten sehen, als er plötzlich angegriffen wurde von seinem eigenen Schatten. Er zog sein Schwert und schlug auf den Schatten ein, bis Blut spritzte. – Am Morgen, als das Heer aufbruchbereit auf ihn wartete, schickte er die Ritter allein auf die Fahrt, während er selbst mit einer Handvoll Knappen tiefer in den Wald hineinritt. Bernhard wollte allein sein, um im Gebet die Bedeutung des Traumes zu ergründen. War er vielleicht nicht würdig, die Ritter zu führen? Ach, wie sollte er auch! Er ließ schließlich auch die Diener auf Rufweite zurück, warf sich im Gras auf die Knie und flehte zu Gott, er möge ihm seinen Hochmut verzeihen und ihm bedeuten, was er tun solle. So im Gebet vertieft trafen Silvester und die Räuber ihn an, als sie wenig später an ebendiesen Ort im Wald kamen. Sie hatten von Weitem Bernhards Seufzen und Flehen gehört und sich daraufhin so lautlos herangeschlichen, dass ihre Anwesenheit ganz unbemerkt blieb. »O Herr«, hörten sie den Herzog rufen, »wenn du es willst, will ich das Schwert ablegen und Einsiedler werden, um meine Sünden zu büßen. Offenbare mir deinen Willen!«

Der Knecht hatte längst erkannt, wen er da vor sich hatte, und wilde Freude tobte durch sein Gemüt. Des Herzogs Schwert würde ihn seinem

Ziel näher bringen. Ja, Bernhard hatte ganz recht, wenn er meinte, das Schwert ablegen zu sollen. Ihm, Silvester, gebührte es, ihm, dem König von Jerusalem. Er zog den Dolch aus dem Gürtel und schlich sich von hinten an den klagenden Ritter heran, während die Räuber den Kreis schlossen. Dann, mit einem letzten Satz, war der Knecht an seinem Gegner, und während die Linke den Herzog niederhielt, holte die Rechte zum tödlichen Stoß aus. Doch Bernhards Kettenhemd war so gut gefügt, dass die Klinge ihm nichts anhaben konnte und stattdessen unter der Wucht des Stoßes in Stücke sprang. Mit einer Drehung seines Körpers warf der Herzog den Knecht ab, sprang auf und stand kampfbereit, das Schwert in der Faust. Silvester war zu Boden gestürzt, Wut und Gier brachten ihn aber schnell wieder auf die Füße, und als er den Herzog wartend fand, zog auch er, ohne zu überlegen, das Schwert. Als die Räuber, die sprungbereit in Deckung lagen, die geborstene Klinge sahen, zogen sie sich leise zurück. Der rachsüchtige Kreuzfahrer hatte sich selbst entlarvt. Bernhard zögerte, als er sah, wie schlecht bewaffnet sein Gegner war. Silvester aber zögerte keinen Augenblick, sondern stürmte auf den Herzog los. Da blitzte das Schwert. Mühelos zerteilte es den Helm des Knechts, und Silvester fiel. Als Bernhard sah, dass sein Gegner getötet war, wandte er sich voll Abscheu von ihm ab, rief seine Knappen und befahl, den toten Körper zu verscharren. Dann zog er, das Schwert fest in der Hand, den Kreuzfahrern nach, um wieder die Führung zu übernehmen.

Als die Knappen die Grube ausgehoben hatten, kam plötzlich ein Ritter in silberglänzender Rüstung und weitem roten Mantel geritten. Das Wappen, das den Schild schmückte, war aus blutroten Rubinen gefügt. Er stieg nicht vom Pferd, blickte nur hochmütig auf die Männer herab und befahl: »Werft ihn mir hinter den Sattel aufs Pferd. Mein Knecht war er, so ist er jetzt mein Besitz.« Die Diener taten, wie ihnen geheißen, und der Rote Ritter verschwand vom leeren Grab. Sein feuriger Blick aber hinterließ Furcht in manch tapferem Herzen.

Herrn von Unwillig suchte zu gleicher Stunde, als sein Knecht fiel, das Unglück heim. Ein Unwetter braute sich über der Burg zusammen, doch fiel kein Regen. Plötzlich aber fuhr ein Blitz aus der schwarzen Wolkenwand und setzte im Nu die Burg in Brand. Nur mit Mühe konnte der Ritter das nackte Leben retten, während sein Besitz bis auf die Fundamente ausbrannte. Barfuß im Büßergewand zog am selben Tag der reuige Ritter aus seiner Heimat, um in Jerusalem am Grab des Erlösers Vergebung seiner Sünden zu erbitten. Wird er es sein, der auf dem Weg in jener Einsiedelei das Schwert ergreift, das Schwert, welches die Heilige Stadt befreit? Sonst harrt es vielleicht bis auf den heutigen Tag, dass die Prophezeiung sich erfüllt.

# Das golden glänzende Flaumfederchen

Ein armer Mann war gestorben – lebenssatt und ausgesöhnt mit der Welt. Weit hatten ihn seine Füße über die Erde getragen in schönen und in schweren Stunden. Nun war er's zufrieden. Als er aber im Himmel die Augen wieder aufschlug und sich vor dem Erzengel Michael mit der Waage stehen fand, da schlug ihm doch das Gewissen. Er begann zu überdenken, ob das, was er im Erdendasein erlebt und erlangt hatte, wohl gut genug gewesen sei, um dem prüfenden Blick des Himmelsfürsten standhalten zu können. Seine Taten und Leiden sah er um sich her verstreut liegen; sie erschienen ihm teils wie abgelegte Gewänder, teils auch wie Tand. Dazwischen aber blitzte es hier und dort wie edles Gestein.

Michael hob die Waage. Unbeweglich still ruhten die beiden Schalen im Gleichgewicht. »Lass uns dein Leben wägen«, forderte der Engel den armen Mann auf. »Wie hießest du?« – »Sie nannten mich Frieder«, erwiderte der Alte, »Frieder, den Tippelbruder.« Und erklärend fügte er hinzu: »Ich war auf der Landstraße zu Hause, Herr.« – »Wollen sehen, ob du deinen Namen zu Recht getragen hast«, sprach der Engel. Frieder blickte sich um. Ihm zu Füßen lag ein alter Mantel, dessen Farbe kaum noch zu erkennen war, so verblichen und zerschlissen war das Tuch. Der Alte hob ihn empor und legte ihn auf die eine Schale. Die Waage bewegte sich kaum. »Frieden hast du gestiftet, aber auch Unruhe gebracht«, stellte Michael fest, »das Gute und das Böse, das man mit deinem Namen verbindet, heben sich auf, Frieder.« – »Ach ja«, erwiderte der Alte, als hätte er gar nichts anderes erwartet, »bin wohl keine helle Leuchte gewesen für die Menschen.« Doch im Tonfall des Bettlers, der ihm noch vertraut war, fügte er hinzu: »Aber ein Raufbruder war ich auch nicht, gewiss nicht, Herr Michael. Der Peter könnt's Euch bestätigen. Den kennt Ihr doch, den Peter? Der war aus einem ganz anderen Holz geschnitzt. Mit dem kann ich mich freilich nicht vergleichen. Ach der Peter, der war ein guter Kamerad.« Michael musterte den Alten mit unergründlichem Blick.

»Was kannst du noch auf die Waagschale legen?«, fragte er nun. Da hob Frieder auf, was ihm zu Füßen lag: seine Liebe zur Erde; seine Freude am Gesang der Vögel; seine eigenen Lieder – das waren nicht nur Sauflieder gewesen –; seine Fähigkeit, auf dem Kamm zu blasen; seine Geduld, Elend zu ertragen; seine Bereitschaft, zu teilen, was er besaß ... Manches sah jetzt aus wie frische Wiesenblumen, manches wie die geschliffenen Kiesel aus einem Bachbett, manches wie welkes Laub. Hin und wieder auch zerfiel etwas, das Frieder wertvoll erschienen war, beim Aufheben zu Staub. Und anderes musste er unter dem weisenden Blick des Engels gar in jene zweite Schale legen, die ebenfalls gefüllt sein wollte, die aber das Gute aufzuwiegen trachtete. Ja, ja, Frieder entsann sich: Leichtfertig war er gewesen in seinem Erdenleben, faul auch manchmal, jähzornig in der Jugend, verstockt im Alter. Er hatte hin und wieder etwas mitgehen lassen, das nicht sein Eigen gewesen; das wog nun allzu schwer. Was halfen ihm seine fröhlichen Lieder, die wie blanke Kinderperlen auf der Seite des Guten glänzten, wenn auf der anderen Seite die Liederlichkeit wie kalte Aschebrocken die Schale in die Tiefe drückte! »Ach ja, der Peter«, seufzte Frieder hin und wieder, »der war so ganz anders, forsch und tatendurstig und so hilfsbereit. Der mochte kein Wässerlein trüben, und wo er mit anpacken konnte, da hat er angepackt. Dem Peter ist's hier sicher besser ergangen.«

Schließlich hatte Frieder auch das Letzte auf die Waage gelegt. Langsam schwangen die Schalen aus und kamen zur Ruhe. Nein, ein großer Unterschied war nicht zu sehen – aber ein kleiner eben doch, schon gar für den scharfen Blick des Erzengels: Unzweifelhaft neigte sich die andere Schale etwas tiefer hinab als die des Guten, auf der es doch so lustig leuchtete von Lebenslust und Liebe zur Natur. »Nicht schwer genug«, urteilte Michael, und Frieder nickte dazu. »Wenn mir der Peter nur die eine oder andere von seinen Taten abtreten wollte«, seufzte er, »dann sollte sich die gute Schale schon noch senken, und Ihr müsstet mich eintreten lassen in Euren Himmel, Herr. Aber da ist wohl nichts zu machen.« –

»Liegt denn auch wirklich alles schon auf der Waage?«, fragte der Erzengel schnell, »hast du nichts vergessen, Frieder?« Der Alte schüttelte den Kopf. Doch unter dem prüfenden Blick des Erzengels beugte er sich noch einmal zur Erde nieder.

Und richtig: Dort lag noch etwas, ein golden glänzendes Flaumfederchen. Frieder hob es auf und betrachtete es überrascht. »Was ist denn das?«, fragte er erstaunt, »gehört das auch zu mir?« – »Wirf es nur auf die Schale des Guten«, forderte Michael ihn auf, und auf einmal hatte seine Stimme einen so silberfrohen Klang, dass dem alten Tippelbruder das Herz zu hüpfen begann. »Also, Federlein, tu dein Wunder«, rief er hoffnungsvoll und ließ das Flaumfederchen aus seiner Hand leicht auf die Waage gleiten. Da neigte sich die Schale des Guten tief und tiefer zur Erde hinab.

Wie froh war unser Frieder. »Es langt«, jubelte er ein ums andere Mal, »es langt; die gute Seite hat sich gesenkt. Nicht wahr, Herr Michael, nun lasst Ihr mich ein in Euren Himmel.« – »Gern, Frieder«, erwiderte der Engel, »du bist uns hier sehr willkommen. Aber sag doch, weißt du denn, was das für ein Federchen war, das so schwer wiegt hier oben?« Verwirrt schüttelte der Alte den Kopf. Nein, er wusste es nicht, hatte es sich auch gar nicht gefragt. Ja, was hatte denn den Ausschlag gegeben? »Ist es«, stotterte er schließlich verlegen, »ist es vielleicht eine Feder aus Eurem Flügel, Herr?« Der Hauch eines Lächelns huschte über das ernste Antlitz des Himmelsfürsten. »Nicht schlecht, Frieder«, erwiderte er, »gar nicht schlecht. Es ist fast so etwas wie die Feder aus einem Engelsflügel. Ja, das stimmt.« Doch ernst setzte er fort: »Es ist das Vertrauen, das du deinem Bruder der Landstraße immer so unerschütterlich bewahrt hast, Frieder, dein Vertrauen in Peter, von dem du meinst, dass er alles so viel besser konnte als du selbst.« Frieder schaute den Engel an, als spräche dieser plötzlich in einer fremden Sprache. Er verstand kein Wort. »Der Peter«, murmelte er, »der Peter. Ja, was ist's denn mit meinem Vertrauen in ihn? Das ist doch eine Nichtigkeit.« – »Für dich ist es kaum ein Federlein«, antwortete der Engel, »für uns hingegen ist es eine goldschwere Tat des Guten. Für Peter aber war dein Vertrauen die Stütze im Leben, die ihm Halt gab. Ja, er war tatkräftig und hilfsbereit, dein guter Kamerad. Doch die Lust und die Kraft und die Ausdauer, so zu sein, die hatte er von dir. Deinem Vertrauen wollte er sich würdig erweisen. Hättest du ihm nicht so viel zugetraut, Peter wäre in der Gosse verkommen, ein armseliges Geschöpf, nur noch im Leiden ein Mensch.«

Staunend hörte Frieder die Worte. Wie er aber noch darüber nachsann, bemerkte er auf einmal, dass es um ihn her ganz hell wurde. Er schaute auf. Jetzt stand nicht mehr der Erzengel mit der Waage vor ihm, sondern ein weit geöffnetes Tor lud ihn ein, einzutreten. Im Torbogen erkannte er Peter, ganz jugendlich anzuschauen und vertraut zugleich; der winkte ihm freundlich zu. Neben dem Kameraden aber stand eine lichte Gestalt, die ihm herzlich beide Hände entgegenstreckte. »Ach ja«, erinnerte sich Frieder da plötzlich, »wir waren ja drei auf unseren Wegen, nur hatte ich's vergessen: ich und der Peter und er.« Und frohen Herzens lief er, sich mit ihnen wieder zu vereinigen.

# Die Wanderung

War denn das auch eine Dienstreise? Er hatte ja gar kein Gepäck dabei, nicht einmal seinen kleinen schwarzen Koffer mit der medizinischen Notfallausrüstung, welchen er sonst eigentlich stets bei sich führte – selbst wenn er ins Theater ging. Doch obwohl er das deutlich bemerkte, war er im Augenblick nicht einmal erstaunt darüber. Auch dass er zu Fuß ging und sogar querfeldein, verwunderte ihn nicht. Im Gegenteil, es machte ihm Freude, in einer Gegend zu wandern, die ihm gänzlich unbekannt war. Er machte sich keine Gedanken darüber, wie er hierhergeraten war, auch nicht über das Ziel, das er so sorglos ausschreitend anstrebte und das er doch nicht benennen konnte. Er lächelte ein wenig über das seltsame graugelbe Gewand, das er trug und das ihm bis auf die Füße hinabreichte. Waren das die neuen Operationskittel, welche die Materialverwaltung bestellt hatte und die ewig nicht eingetroffen waren? Aber schon während er die Frage dachte, wusste er, dass dem nicht so war. Es war sein Gewand für diese Wanderung, und so war es gut.

Dr. Erdmuth Wagner war viel gereist in seinem Leben, von einem Ärztekongress zum nächsten. Er war eine Kapazität auf seinem Gebiet und bereits nach Amerika und Japan, nach Indien und Australien zu Vorträgen und Kursen, vor allem aber zur Demonstration seiner neuartigen Betäubungstechnik eingeladen worden. Er musste schließlich immer öfter Absagen erteilen, weil er sonst gar nicht mehr zu seiner eigenen Arbeit gekommen wäre. Zum Glück waren die Kinder längst groß, und die Frau, selbst Ärztin, hatte ihre eigene Praxis und Verantwortung, sodass er nicht auch noch durch familiäre Verpflichtungen behindert war. – Wie lange war er nicht mehr gewandert! Sie hatten es früher gern getan, aber der Beruf hatte in den vergangenen Jahren keine längeren Pausen mehr zugelassen. Wohl hatte das Herz seit einigen Monaten Anzeichen der

Überarbeitung gezeigt. Aber das war mit Medikamenten immer noch unter Kontrolle zu halten. Nur einmal hatte es unsagbar geschmerzt – wann war das gewesen?

Unwillkürlich blickte der Wanderer sich um, als könnte er sich dadurch besser erinnern. Und tatsächlich! Dort am Wegweiser, der wie ein Kreuz in der Landschaft stand – und den er gar nicht bemerkt hatte, obwohl er doch erst vor kurzer Zeit daran vorbeigekommen sein musste –, dort musste es gewesen sein mit dem Schmerz. So kurz erst? Während er noch zurückschaute, war es ihm, als rücke das Kreuz auf einmal in unendliche Ferne. Nur im Dunst des Horizontes, der sich vor seinen Augen weit, weit hinbreitete, meinte er es noch wahrnehmen zu können.

Als Wagner sich wieder dem Weg zuwandte, dem er folgte – obwohl, ein Weg war es eigentlich nicht, sondern nur eine Richtung –, da zeigte sich, dass sich die Landschaft auf einmal sehr verändert hatte. Was bisher eine fast völlig flache Ebene gewesen war, wies nun nicht nur deutliche Erhebungen auf, sondern sogar hohe Schneegipfel, die weit in den azurblauen Himmel hinaufragten. Wagner kniff die Augen zusammen, wie er es früher vor Bergbesteigungen zu tun pflegte, und musterte die Gegend. Wie lange würde er brauchen, um die Höhe zu erklimmen? Noch schien es früh am Tag, obwohl die Sonne nicht zu sehen war – auch das verwunderte den Wanderer nicht –, denn die Luft war noch kühl und etwas feucht. Wenn er nicht zu sehr verweilte, müsste er den ersten Sattel bis Mittag längst erreicht haben. Ob er dann den weiteren Aufstieg noch wagen konnte, musste später entschieden werden, wenn er die Gegebenheiten der Landschaft besser überschaute. Vielleicht gab es dort oben ja auch eine Hütte, wo man fragen konnte; vielleicht konnte er gar eine Landkarte erstehen – er war sonst doch nie ohne Karte ins Gebirge aufgebrochen. Doch die Weite der Landschaft wie auch die ewigen Schneegipfel über ihm schienen mit ihrem Schweigen seine Überlegungen allesamt zu verneinen. Tatsächlich war er bisher niemandem begegnet, und obwohl er es doch eigentlich gar nicht wissen konnte, war er sich sicher, dass es keine Hütte und auch keinen Menschen geben würde, den er nach dem Weg fragen könnte, und also auch keine Karte. Aber wiederum war ihm das alles merkwürdig einerlei. Was er auch überlegte, was er sich auch für

Gedanken machte – seine Füße schienen längst zu wissen, wohin sie ihn tragen sollten, und Wagner ergab sich ohne das geringste Widerstreben ihrer Führung.

Als er schon eine ordentliche Strecke gewandert war, bemerkte er plötzlich etwas, das er bisher nicht gesehen hatte, weil er es in jener Höhe auch niemals vermutet hätte. Ganz oben in Schnee und Eis ragte eine Stadt auf. Er konnte die Stadtmauer und viele Türme erkennen. Zwar sagte ihm sein Verstand, dass das nicht sein könne und es sich wahrscheinlich um eine besondere Art der Gletscherbildung handeln müsse. Doch jenseits aller Überlegungen wusste er, dass es wirklich eine Stadt war, und nun erinnerte er sich auch, dass er sie ja zum Ziel hatte. Zu dieser Stadt war er unterwegs. Wie hatte er das nur vergessen können! – Was aber wollte er dort gleich? Ein Ärztekongress würde da nicht stattfinden, das wusste er genau. Aber warum war er dorthin gerufen? »Seltsam«, murmelte Wagner. Dabei ging es ihm, wie es ihm schon früher auf dieser Wanderung ergangen war – war das gewesen, als er versucht hatte, die Schrift auf dem Wegweiser zu entziffern? –, dass er das Wort zwar deutlich in seinem Innern hörte, dass aber kein Laut dabei an sein Ohr drang. Die Landschaft um ihn her schien seine Sprache vollkommen aufzusaugen. »Seltsam«, wiederholte er noch einmal und kräftiger als zuvor. Wieder war das Wort innerlich deutlich zu hören, erzeugte aber äußerlich nicht den geringsten Laut.

Doch als habe sein unhörbares Sprechen dennoch ein Ohr gefunden, rief ihn plötzlich jemand an. Wagner hatte gerade die erste Höhe erklommen und einen Blick in die Bergwelt vor sich geworfen – roher Fels mit tiefen Schründen, weglose Steinwüstenei – und versucht, einen Pfad zu finden, der ihn der Stadt näher bringen könnte, die hoch von den Gipfeln zu ihm herabschaute. Da vernahm er auf einmal den Ruf: »Wer bist du?« Von allen Seiten schien er zu kommen und wurde von vielen Echos zurückgeworfen. So stark war die Erregung der Luft, dass der Wanderer bis in sein Innerstes davon durchbebt wurde. »Wer bist du?« Allmählich verhallte der Ruf, erstarben die Echos. Wagner wunderte sich weniger darüber, dass er niemanden sehen konnte, der ihn angerufen hatte, als vielmehr über die Tatsache, dass er hier gänzlich unbekannt sein sollte.

»Ich bin Dr. Wagner, der berühmte Betäubungsspezialist«, rief er, ohne den geringsten Laut hervorbringen zu können, »Sprechzeiten nur nach vorheriger Vereinbarung.«

Und während er dies rief, sah er sich in seinem Laboratorium stehen, wo er die neuesten Betäubungsmittel an Hunden und Katzen ausprobierte. »Warum eine solche Überdosis«, hatte ihn die Assistentin gefragt – er liebte es nicht, gefragt zu werden; man sollte seine Anweisungen befolgen –, und er hatte geknurrt: »Um die Wirkung zu sehen!« Sie würden nie verstehen, dass man sich in solchen Angelegenheiten nicht einfach auf seine Überlegungen verlassen konnte, sondern dass man sehen musste, was für Schäden eintraten, wenn ein Mittel falsch gebraucht wurde, auch wenn alles dann so eintrat, wie man es erwartet hatte: das schwerfällige Erwachen, die Lähmungen, der völlige Verlust der Instinkte, der früher oder später zum Tod durch Austrocknen führte, da die Tiere aus dem frisch gefüllten Napf nicht mehr tranken. Die Wissenschaft musste diese Opfer bringen. Auf einmal herrschte tiefe Dunkelheit um ihn her. Rechts und links konnten seine Hände glatte Felswände ertasten. Wo war er jetzt? Das Dunkel wurde ihm bedrohlich, die Kälte biss ihm in den Leib. Der Weg war steinig; die scharfen Felsbrocken schnitten tief in seine unbeschuhten Füße. Hinter ihm aber schien ein Bergbach erwacht; der schwoll immer stärker an und jagte ihn vorwärts in beklemmender Lebensangst. Er achtete der scharfen Steine nicht, er achtete nicht der Dunkelheit und nicht der Tatsache, dass ihm ganz unbekannt war, ob dieser Weg durch die enge Schlucht ihn jemals zu einem Ausgang führen würde. Er lief einfach, so schnell er es eben vermochte, fort von dem tobenden Wasser, das seine Gischt schon auf ihn sprühte und ihn bald, ach bald zu verschlingen drohte. »Die Wissenschaft muss diese Opfer bringen«, hallte es um ihn her, »muss diese Opfer bringen, Opfer bringen, Opfer bringen …« Da heulten die glatten Wände der Schlucht wie seine Hunde, da maunzte es aus der Dunkelheit, als wären alle Katzen in seinem Labor verrückt geworden. Die Steine schienen ihn nicht mit ihren scharfen Kanten zu schneiden, sondern mit kräftigen Zähnen nach ihm zu schnappen. Plötzlich aber war über allem Getöse, aller Flucht und Verfolgung ein herzzerreißendes Schluchzen zu vernehmen – wie aus unergründlichen Seelentiefen sich entringend –, und der da so sehr weinte, war Wagner selbst. Als er so vom Seelenschmerz geschüttelt wurde, konnte er nicht mehr. Es schwanden ihm alle Kräfte, und er schlug hart vornüber auf die Steine.

Dunkelheit hüllte ihn ein; er fühlte keine Kälte mehr, merkte nicht mehr, ob das Wasser ihn fortschwemmte – die enge Schlucht entlang wie einen entwurzelten Baum. Er lag einfach da, und es war ihm dabei, als ob viele Wesen sich um ihn versammelten, ihn betrachteten, verwundert miteinander sprachen und sich wieder über ihn beugten. Er fühlte, wie Hände sich nach ihm streckten und ihn leise berührten – oder waren es Pfoten? Er merkte, wie ihm ganz sanft die Luft gefächelt wurde mit Fächern – oder waren es Schweife? Von all diesen Berührungen und von all diesem sanften Fächeln ging ein Empfinden des Wohlseins in ihn über. Er spürte, wie sein Herz wieder ganz ruhig, ganz gleichmäßig schlug. Da öffnete Wagner die Augen.

Er lag auf jener Bergeshöhe, auf welcher er den seltsamen Ruf vernommen hatte mit jener widerhallenden Frage: »Wer bist du?« Er erinnerte sich auch seiner Antwort, die ihm aber jetzt seltsam und unzutreffend erschien: »Dr. Wagner, der berühmte Betäubungsspezialist, Sprechzeiten nur nach vorheriger Vereinbarung.« Was für ein Unsinn! Was hatte er mit jenem Herrn gemein? Dessen Tierversuche krampften ihm das Herz zusammen, wenn er nur daran dachte, und trieben ihm die Schamröte ins Gesicht. Nur – wer war er dann, wenn nicht Dr. Wagner? »Ich weiß es nicht«, sagte er zu sich selbst und erhob sich.

Als Erdmuth in die Bergwelt vor sich schaute, meinte er, jetzt doch einen Pfad erkennen zu können, wenn dieser auch schwer auszumachen war. Aber er war sich sicher, dass er so den Aufstieg wohl würde bewältigen können. Zuversichtlich schritt er aus. Waren die Grauen jener dunklen Schlucht nur Traum gewesen? Erdmuth fühlte sich viel kräftiger als zuvor, als hätte er einen tiefen erquickenden Schlaf getan. Doch seine Füße zeigten deutlich die Narben von den Wunden, welche die scharfen Steine gerissen hatten, und der Saum seines gelben Gewandes war feucht.

Wie lange mochte er schon gestiegen sein? Er wusste es nicht zu sagen. Immer noch aber war die Luft morgendlich kühl und feucht, und

Erdmuth fühlte sich so frisch, als sei er gerade erst aufgebrochen. So erreichte er die nächste Höhe. Ein Blick voraus verriet ihm, dass er der Stadt im ewigen Schnee deutlich näher gekommen war. Wenn er sich sputete, würde er sie vielleicht doch am Abend noch erreichen können. Früher hätte er wohl an einer solchen Stelle eine Rast eingelegt, etwas von dem mitgebrachten Proviant verzehrt und die Aussicht genossen, während die Kinder, nachdem sie ihren Apfel in sich hineingestopft hatten, um ihn her spielten. Noch früher hatte er selbst dabei mitgemacht. Jetzt aber fühlte er sich nicht nach Rasten. Er wollte sein Ziel erreichen; das spornte ihn an.

Da rief es wiederum mit mächtiger Stimme, die die Luft erzittern ließ und ihn im Innersten erbeben machte: »Was willst du tun?« Seltsame Frage. Er hatte doch nun sein Ziel deutlich vor Augen. Die Stadt wollte er erreichen. Doch die Frage schien sich, indem sie verhallte, zu verwandeln. Nicht mehr von außen tönte sie an sein Ohr, sondern jetzt schien sie wie von Marianne gestellt – damals, als sie noch gemeinsam studiert hatten. Sie hatte mit ihm verreisen, fremde Länder sehen wollen. Er aber hatte gemeint, dafür seine Zeit nicht vergeuden zu dürfen, und ihr auf ebendiese Frage geantwortet: »Berühmt werden, weißt du? Die sollen einmal den Hut ziehen vor mir.« Ihre Antwort: »Das tue ich doch jetzt schon, Erdmuth« hatte er lächelnd beiseitegewischt. Er meinte es doch ganz anders, ganz ernst. Und um berühmt zu werden, musste man arbeiten, fleißig sein und konnte nicht auf Frauengerede hören. So war sie allein gereist. Er aber hatte die Versuchsreihe für seine Doktorarbeit ausgetüftelt, eine Untersuchung, die ihm dann ja nicht nur den Titel, sondern in dem Wettbewerb einer pharmazeutischen Firma auch den ersten Preis eingebracht hatte. Das war nicht nur eine erkleckliche Summe Geldes gewesen, sondern damit war sein Name auch in allen medizinischen Zeitschriften genannt worden, in manchen sogar mit dem Foto, das ihn auf dem Siegerpodest zeigt … Als er daran dachte, meinte er, wiederum auf jenem kleinen Hocker zu stehen, auf dem er sich damals so erhaben vorgekommen war. Sein glänzender Aufstieg hatte damit begonnen.

Plötzlich überkam ihn ein schreckliches Schwindelgefühl. Denn als er jetzt um sich schaute, war es nicht das Siegerpodest, auf dem er stand, sondern ein einsam in den stahlblauen Himmel ragender Bergesgipfel. Auf dessen Spitze, die seinen Füßen kaum genügend Raum zum Stehen bot, stand er nun, und zu allen Seiten fielen die Felswände steil ab. Wie hatte er nur hierhergelangen können? Ein eisiger Wind wehte ihn an, und die Kälte drang ihm bis in die Knochen. Tief, tief unter sich gewahrte er die Stadt, in welche er hatte gelangen wollen. So tief unter ihm lag sie, dass er Einzelheiten nicht erkennen konnte. Wie hatte er sich so versteigen können? Wie durch diese Frage hervorgerufen, klang plötzlich ein Weinen zu ihm herauf, leise, aber deutlich. Als er es vernahm, stieg Unmut in ihm auf wie früher, wenn er es gehört hatte. So hatte Marianne geweint, als seine Karriere es ihm nicht mehr erlaubte, mit den Kindern in die Ferien zu fahren, und später, als er sich von ihnen getrennt hatte, um in Zürich den Lehrauftrag anzunehmen. Jetzt hörte er auch das Klagen seiner Kinder. Sie hatten ihn manchmal in seiner Arbeit gestört, wenn sie sich im Streit die Nasen aufgeschlagen hatten. Ja, so hatten sie gejammert, wenn er sie barsch fortgescheucht hatte. Immer stärker wurden diese Klagelaute; sie schwollen an zu einem immer gewaltigeren Chor, der die Luft erzittern ließ. Und da bemerkte Erdmuth, dass er in größere Gefahr geriet; denn der sich erhebende Klagesturm drohte ihn aus seiner luftigen Höhe hinabzustürzen. Doch noch etwas anderes überwältigte ihn. Denn hatte er auch schützend die Hände auf die Ohren gepresst, um das Weinen nicht mit anhören zu müssen, so erschollen die Rufe doch nun auch in seinem Herzen. »Mein Liebster«, hörte er Marianne weinen, »Vater, Vater«, schluchzten die Kinder, und »Herr Doktor, verehrter Herr« mischten sich andere Stimmen ein. Da begann vor seinem Blick der Himmel zu verschwimmen, sein Herz krampfte sich in nie gefühltem Leid zusammen, und schwere Tränen tropften aus seinen Augen. Doch sie fielen nicht hinab. Wie eine Perlenkette reihten sie sich aneinander, und die legte sich schwerer und schwerer dem Mann um den Hals, bis sie ihn schließlich hinabzog in die Tiefe. Da stürzte er. Auf einmal aber war alles Klagen verstummt, und auch sein Herz entkrampfte sich. Erdmuth fürchtete den Fall nicht. Er bedeutete ihm keine Gefahr; er empfand nur, dass er ihnen dadurch näher kam, zu denen er sich sehnte. »Ich will euch Freund und Vater sein«, rief er ihnen zu. Dann schwanden ihm die Sinne.

Er fühlte sich weich gebettet. Wieder traten viele Wesen zu ihm heran, musterten ihn erstaunt, berührten ihn freundlich und strichen sanft über seinen Leib. Da lösten sich alle Verkrampfungen. Da wich die Eiseskälte aus seinen Knochen, und er wurde durchströmt von neuer Kraft. Er schlug die Augen auf und fand sich auf jener zweiten Höhe liegend, auf der der Ruf an sein Ohr gedrungen war: »Was willst du tun?« Verwundert stellte er fest, dass er die Antwort ganz sicher wusste: »Vater sein!«, dass sie aber gar nicht nur seine Kinder, sondern auch Marianne einschloss und viele andere.

Er richtete sich auf, um seinen Weg zu erkennen, und fand die Stadt wieder hoch über sich im ewigen Schnee liegen. Kräftig schritt er aus, um sein Ziel zu erreichen, und als hätte sich sein ganzer Körper längst ans Wandern gewöhnt, gewann er zusehends an Höhe. Doch ihn erwartete eine herbe Enttäuschung, als er die nächste Höhe erklommen hatte. So nah war er da der Stadt bereits gekommen, dass er in der Mauer das Stadttor gewahren konnte. Jetzt aber musste er feststellen, dass ihn ein tiefer Abgrund von jenem Berg trennte, auf dessen Gipfel die Stadt erbaut war, und selbst wenn er wieder hinunter in die Tiefe gestiegen wäre, die Hänge jenes Berges waren so steil, dass er sie gewiss nicht würde bezwingen können. Auf einmal vollkommen erschöpft und mutlos, setzte er sich nieder.

Und da hörte er zum dritten Mal einen Ruf an sein Ohr dringen, der ihn bis ins Innerste erzittern machte. »Wen hast du lieb?«, echote es von allen Seiten. Er versuchte an seine Frau zu denken und an die Kinder. Doch diese Gedanken wollten sich nicht halten lassen; sie lösten sich auf wie Nebelgebilde. Hilfesuchend blickte er auf. Da bemerkte er, dass sich das Tor der Stadt geöffnet hatte und Menschen hervortraten und ihm winkten. Da waren seine Eltern, die längst verstorben waren. Er hatte ihr Grab nie besucht. Da waren Verwandte und Kollegen, die vor kürzerer oder längerer Zeit der Tod ereilt hatte. Sie alle winkten ihm zu, und ein jeder Wink schien die Frage zu erneuern: »Wen hast du lieb?« Eine tiefe Sehnsucht erfüllte ihn, auf einen einzigen Winkenden deuten zu können, um so die Frage zu beantworten. Doch die Empfindungen der Zuneigung lösten sich stets wieder auf wie Nebel, und die Gestalten am Tor wandten sich ab und gingen wieder hinein in die Stadt. Eine nach der anderen verschwanden sie, und Erdmuth wusste mit fragloser Sicherheit, dass, wenn sie alle gegangen sein würden, ohne dass er die Frage beantwortet hatte, das Tor sich schließen würde und ihm der Zugang verwehrt wäre. Schon drängten sie sich nicht mehr hervor. Es warteten nur noch wenige. Nun waren es noch zwei, noch einer, und auch dieser wandte sich ab. Da schüttelte Verzweiflung den Wanderer. Gleich, gleich würde das Tor sich schließen; gleich, gleich würde er sich ausgeschlossen finden.

Aber das Tor schloss sich nicht, und als er versuchte, den Grund dafür herauszufinden, da drang das Lied einer Amsel an sein Ohr. Jetzt konnte er den kleinen Vogel auch sehen. Er saß im offenen Tor der Stadt und spreizte die Flügel, wie um ihm zuzuwinken. Dabei bemerkte Erdmuth, dass eine Schwinge gebrochen war. »Erich«, rief der Wanderer, und laut tönte es über die Schlucht, »Erich, bist du es? Und ist dein Flügel denn nicht verheilt?«

Er sah sich selbst als Knaben weinend zu seiner Mutter kommen, in der Hand jenes leichte Federbündel, das er auf der Straße aufgelesen hatte. »Er hat sich den Flügel gebrochen«, hatte er schluchzend verkündet. Die Mutter aber hatte ihn getröstet, indem sie ihm erlaubte, die Amsel zu behalten und zu pflegen. Das hatte der Bub auch gern getan, und es hatte sich zwischen den ungleichen Wesen eine innige Freundschaft entwickelt. Was hatte Erdmuth nicht alles unternommen, um genügend Regenwürmer zu besorgen! Bald hatte sich gezeigt, dass der Flügel, den er unter der kundigen Aufsicht seines Vaters geschient hatte, tatsächlich so weit verheilt war, dass Erich wieder fliegen konnte. Da mochte ihn der Junge aber gar nicht mehr fortlassen, und der Vogel schien sich wohlzufühlen bei ihm. Doch als im nächsten Frühling eine Amsel im Garten rief und Erich dem Ruf mit einem Gesang antwortete, aus dem Erdmuth lauter Sehnsucht nach Freiheit herauszuhören meinte, da hatte der Bub in raschem Entschluss das Fenster geöffnet und den schwarzen Kameraden hinausgelassen. Noch einmal hatte er sein Singen gehört; dann war der Vogel davongeflogen. Aber lange Zeit war er in die Träume des Knaben zurückgekehrt, der sich sehr um seinen Schützling sorgte, auch wenn die Mutter ihm erklärte, es sei richtig gewesen, den Vogel freizulassen, und er werde sich schon zurechtfinden.

Nun sang Erich wieder, und Erdmuth war ganz sicher, dass er es war und nicht irgendeine Amsel. »Ist dein Flügel denn nicht verheilt?«, echote es aus dem Abgrund. Da plötzlich erhob sich das Vögelein in die Luft, breitete die Schwingen aus und flog hinüber zu dem Wanderer. Und indem es flog, wuchs es zusehends, wurde adlergroß und immer mächtiger. Da wusste Erdmuth, dass er sich ihm anvertrauen konnte. Er schwang sich auf den Rücken des großen Vogels, und der trug ihn über den Abgrund hinüber zur Stadt. Als Erdmuth im Tor abgesetzt wurde, begann auf einmal das Mauerwerk rotgolden zu glänzen. Und als sich der Wanderer umwandte, um noch einmal auf seinen Weg zurückzublicken, da bemerkte er, dass die Sonne aufgegangen war und auch sein Gewand in ihrem Licht leuchtete. Er sah die Bergketten, dahinter die Ebene und fern, ganz fern und zugleich doch so deutlich, dass er die Schrift entziffern konnte, das Kreuz des Wegweisers. Es wuchsen Blumen darum herum wie in einem winzig kleinen Garten. Darauf aber stand: »Erdmuth Wagner«. Da wusste er, dass er am Ziel seiner Wanderung angelangt war.

# Großvaters letzte Geschichte

Mein Großvater erzählte uns Kindern viele Geschichten, und wir liebten ihn sehr deswegen und weil er unser Großvater war. Doch eines Tages – ich war damals noch recht klein, erinnere mich an den Augenblick aber noch genau – nahm meine Mutter uns Kinder beiseite und sagte zu uns: »Ihr müsst sehr leise sein, und ihr dürft nicht zu Großvater hineingehen, denn er ist sehr, sehr krank.« Weil sie »sehr, sehr krank« sagte, fühlte selbst ich, obwohl ich so klein war, dass diese Krankheit ernst war. So liefen wir nur noch auf Zehenspitzen herum und sprachen niemals laut und lachten nicht für eine Zeit, die mir wie eine Ewigkeit vorkam.

Aber eines Tages hatte unsere Mutter besondere Neuigkeiten für uns. »Wenn ihr euch alle wie Engel benehmen könnt«, sagte sie, »dürft ihr zu Großvater hereinkommen. Er möchte euch sehen.« Wir versuchten unser Bestes und folgten ihr. Großvater saß in seinem Bett mit vielen Kissen gestützt und sah immer noch recht schwach aus. Aber er lächelte uns aus seinen guten braunen Augen zu und winkte uns mit der Hand nahe zu sich heran. Als wir auf seiner Bettkante saßen, legte er seine zerbrechliche Hand auf meine Schulter, und nachdem er eine Weile gesonnen hatte, begann er, sehr leise und ruhig zu sprechen. Und das ist die Geschichte, die er uns erzählte:

»Als ich so im Bett lag, so schwach, dass ich meinte, ich könne nicht mehr leben, da erinnerte ich mich plötzlich an den Tag in meiner Kindheit, an dem meine eigene Großmutter starb. Das ist viele, viele Jahre her; mir war es aber, als ob ich den Tag noch einmal als der kleine Bub erlebte, der ich damals war. Ich sah mich in Großmutters Zimmer sitzen zusammen mit Mutter und Vater, die Tränen in den Augen hatten. Ich erinnere mich, dass ich sie fragte: ›Warum weint ihr denn?‹ und dass sie antworteten: ›Wegen Großmutter. Der Tod kommt bestimmt.‹ Ich schaute Großmutter an und sah, dass sie schlief, und ich überlegte, wer das wohl sei, ›der Tod‹, der kommen sollte und der Vater und Mutter so traurig stimmte. Das muss ein schrecklicher Mann sein, entschied ich schließlich, vielleicht ein alter Räuber – und auch ich hatte auf einmal Angst vor ihm.

Wir müssen wohl eine ganze Weile so schweigend zusammengesessen haben, als auf einmal die Tür aufging und ein junger Mann eintrat, den ich niemals vorher gesehen hatte. Er hatte goldenes Haar und leuchtende Augen und trug auf dem Haupt einen Blumenkranz. Er schaute sich ganz fröhlich um und fragte dann: ›Gibt es hier jemanden, der gerne mit mir zu meinem Garten kommen würde? Ich liebe Gesellschaft.‹ Ich wäre schon gerne gekommen, aber ich traute mich nicht, weil Großmutter so krank war und Vater und Mutter so traurig waren und auch wegen Räuber Tod, der kommen sollte. Doch zu meinem Erstaunen sah ich, dass Großmutter sich aufsetzte, als wäre sie im Leben nie krank gewesen, und ich hörte, wie sie sagte: ›Ja, ich würde gerne mitkommen zu deinem Garten. Und ich bin sicher, dass Benjamin uns ein Stückchen begleiten wird.‹ Dann stand sie behände auf, schaute mich mit einem besonderen Lächeln an und fragte: ›Du würdest doch gerne den Garten meines Freundes sehen, Ben, oder etwa nicht?‹

Da vergaß ich alle Zweifel, und ohne auch nur nach Mutter und Vater zu schauen, folgte ich Großmutter und dem jungen Mann. Als wir herauskamen, sah ich, dass die Obstbäume blühten und die Rosenbüsche voller Knospen standen; Bienen summten eifrig hin und her, und Vogelsang füllte die Luft. Die Sonne schien warm, und ich erinnere mich, dass ich mir sagte: ›Es ist gut, dass es so warm ist. Sonst würde Großmutter sich noch erkälten in ihren Bettkleidern.‹ Als ich sie aber wieder anschaute, bemerkte ich überrascht, dass sie gar nicht ihren Morgenmantel trug, sondern vielmehr ein schönes weißes Kleid anhatte, und sie hatte ebenfalls Blumen in den Haaren; die musste ihr der junge Mann hineingesteckt haben, als ich gerade nicht hinschaute.

Sie waren etwas vorausgegangen und warteten nun auf mich. Als Großmutter sich aber zu mir umwandte, da rief ich erstaunt: ›Aber Großmutter, du siehst ja so jung aus! Du siehst ganz so aus wie eine junge Dame! Ach, Großmutter, wie schön du bist!‹ Und ich lief, um sie fest zu umarmen. Sie ergriffen meine Hände, der junge Mann und Großmutter, und dann tanzten wir alle drei, tanzten aus dem Garten hinaus und über die Felder, lange, lange - bis wir an eine Wildrosenhecke kamen. Dort war ein Tor, und der junge Mann ging und öffnete es weit. Wir standen und schauten durch das offene Tor in den Garten des jungen Mannes, und wir waren ganz still, denn – oh – jener Garten war schön, so schön, dass ich kaum zu atmen wagte; ich weiß selbst nicht warum.

Endlich sagte der junge Mann zu Großmutter: ›Komm jetzt mit mir! Ich möchte dir die Blumen zeigen, die aus den Samen hervorgekommen sind, welche du gepflanzt hast.‹ Und an mich gewandt fuhr er fort: ›Du musst hier warten, Benjamin. Aber du darfst schauen, wie wir hineingehen.‹ Großmutter gab mir einen Kuss auf die Stirn. Dann folgte sie dem jungen Mann. Während sie aber in den Garten hineingingen, wandte sie sich oft um, um mir zuzuwinken oder zuzulächeln, und ich war ganz zufrieden, so dazustehen und zurückzuwinken.

Dann sah ich, wie sie stillstanden und der junge Mann Großmutter ein paar besondere Pflanzen zeigte. Ich sah Großmutter sich niederbücken und eine Blume pflücken, die hatte eine große, goldene Blüte. Mit der Blume in der Hand kam sie zu mir zurück. ›Schau, Ben‹, sagte sie, ›schau, was für eine schöne Blume in meinem Blumenbeet gewachsen ist! Magst du sie?‹ Ich hielt meine Nase dicht an die Blüte und sog den Duft ein, und ich meinte, dass ich nie etwas so Wunderbares gerochen hätte. ›Du darfst die Blume mitnehmen‹, sagte Großmutter jetzt und steckte den Stiel durch ein Knopfloch über meinem Herzen. ›Bring sie heim zu deiner Mutter und deinem Vater mit Grüßen von mir.‹ – ›Bleibst du denn hier, Großmutter?‹, fragte ich überrascht. ›Ja, Ben‹, erwiderte sie schlicht, ›ja natürlich. Ich muss doch die Blumen versorgen, die aus den Samen hervorgekommen sind, welche ich gepflanzt habe. Aber du musst mich ab und zu hier besuchen kommen. Komm zum Tor; ich werde dich dort treffen und dir mehr Blumen geben.‹ Ich versprach es ihr. Dann verabschiedeten wir uns voneinander. Ich winkte auch dem jungen Mann zu, und er winkte mir zurück.

Ich muss sehr müde gewesen sein, als ich wieder nach Hause kam und mich leise in das Zimmer zurückschlich, in dem Großmutter gelegen hatte; denn ich muss wohl sofort eingeschlafen sein. Wie dem auch sei; ich erinnere mich jedenfalls, dass ich davon aufwachte, dass jemand seine Hand auf meine Schulter legte.

Als ich aufschaute, blickte ich in das Gesicht meiner Mutter. Sie sah sehr traurig aus und seufzte tief, bevor sie sagte: ›Benjamin, es ist geschehen. Großmutter ist gestorben.‹ Sie führte mich zum Bett. Großmutter lag dort ganz still und so alt, wie ich sie immer gekannt hatte. Aber auf ihrem Gesicht lag das Lächeln der jungen Dame, mit der ich getanzt hatte, als wir zu dem Garten des jungen Mannes gingen, in dem Großmutter ihr eigenes Blumenbeet zu versorgen hatte. Ich hatte selbst ja eine Blume von ihrem Beet. Als ich aber auf mein Hemd hinabblickte, da war die Blume verschwunden; und doch fühlte es sich so an, als ob sie immer noch da wäre. Ja, ich konnte noch den lieblichen Duft spüren.

Ich erzählte Mutter und Vater, wo wir gewesen waren und wie jung Großmutter geworden war. Sie hörten mir ruhig zu, doch hinterher sahen ihre Augen nicht mehr so traurig aus. Für eine Weile sprachen wir nicht; dann sagte Vater: ›Benjamin, wenn du wieder zu dem Garten gehst, musst du Großmutter lieb von uns grüßen und auch den jungen Mann.‹ Und Mutter nickte und sagte: ›Ja, du musst sie lieb von uns grüßen.‹«

Großvaters Hand lag immer noch auf meiner Schulter. Wir saßen auf der Bettkante und wagten nicht, uns zu rühren. Schließlich aber musste ich ihn doch fragen: »Und bist du wieder dorthin gegangen, Großvater?« Er lächelte mich an und erwiderte bedächtig: »Ja, ich bin wieder dorthin gegangen. Ich ging oft ans Tor, um Großmutter zu treffen und ihr Mutters und Vaters liebe Grüße zu bringen. Als Kind war ich regelmäßig dort. Ich hatte es beinahe vergessen, doch nun erinnere ich mich wieder.« Ich fand, dass es nicht recht war, dass Großvater den Garten und seine Großmutter vergessen hatte, und so erkundigte ich mich: »Aber Großvater, jetzt, da du dich wieder erinnerst, jetzt wirst du doch wieder dorthin gehen, oder?« Da war eine große Stille in dem Zimmer nach meiner Frage; nur Großvaters Hand streichelte sanft meinen Arm. Dann sagte Großvater: »Jetzt, da ich mich wieder an den Garten erinnere, werde ich bestimmt wieder hingehen.« Und nach einer Weile fügte er hinzu: »Und ich hoffe, dass ich diesmal vielleicht sogar hineingehen darf. Denn wisst ihr, ich habe auch ein Blumenbeet dort und wüsste zu gerne, ob meine Samen schöne Pflanzen hervorgebracht haben.« Die Vorstellung, dass Großvater sein ganz eigenes Blumenbeet in dem Garten des schönen jungen Mannes hatte, machte mich so froh, dass ich ihn einfach umarmen und küssen musste.

»Du darfst nicht so ruppig mit Großvater sein«, rief Mutter und zog mich fort. »Du weißt doch, dass Großvater nicht sehr kräftig ist.« Ich fühlte mich ganz schlecht. Aber um mich zu entschuldigen, sagte ich: »Er ist doch so ein guter Großvater.« Wir sagten ihm gute Nacht und gingen hinaus. Als ich mich noch einmal umwandte, um Großvater zuzuwinken, lächelte er mir zu, und ich meinte plötzlich, dass er ganz jung aussähe. »Du musst kommen, um mich am Gartentor zu besuchen«, flüsterte er, »du musst meine Blumen sehen.« Natürlich würde ich kommen.

Zwei Tage später standen wir wieder in seinem Zimmer. Großvater lag in seinen Kissen, als ob er schliefe. Aber Mutter sagte uns, dass er gestorben sei. »Jetzt ist er im Garten des jungen Mannes«, sagte sie, »und wenn ihr den Weg finden könnt, so müsst ihr gehen und ihn besuchen. Aber grüßt ihn lieb von uns!«. Wir waren traurig, dass Großvater uns verlassen hatte, und wir weinten alle. Aber nachts, als ich schlief, kam Großvater zu mir mit einer schönen roten Blume in der Hand. »Riech daran«, sagte er, »ist sie nicht wunderbar?«

Seitdem bin ich oft in meinen Träumen dorthin gewandert. Der Pfad ist wirklich ganz leicht zu finden. Wohl vergisst man ihn, wenn man älter wird. Aber ich weiß, dass ich mich eines Tages wieder erinnern werde, genau wie Großvater sich erinnert hat an dem Tag, an dem er uns seine letzte Geschichte erzählte.

# Das Kind, das die Engel weinen hörte

Nachts schlafen wir, weil wir uns ausruhen müssen. Es gibt kluge Leute, die können uns erzählen, dass wir diese Ruhe brauchen, weil unsere Beine müde geworden sind oder unsere Arme oder unsere Augen; einige sagen, es sei für die Muskeln, andere, es sei für die Nerven. Haben sie recht?

Ja und nein. Natürlich ermüden unsere Beine und unsere Arme und Augen. Aber ich fühle mich nicht schläfrig wegen meiner Beine, sondern wegen meiner selbst. Meine Seele möchte ausruhen. Warum? Weil sich die Seele nach einem Tag auf der Erde einsam fühlt und sich nach dem Himmel sehnt. Die Seele sehnt sich danach, bei ihrem Schutzengel zu sein; sie möchte sich wieder daran erinnern, was sie auf der Erde tun soll. Dies ist der wahre Grund, warum wir schlafen.

Unsere Seele verlässt den Körper und steigt auf zum Himmelshaus. Dort, im ersten Raum, treffen wir einen großen Engel, der in einem fort an einem Faden spinnt. Auf jeder Seite des Raumes befinden sich Fenster. Nachdem wir den großen Engel begrüßt haben, gehen wir mit unserem Schutzengel, um durch die Fenster auf der einen Seite zu schauen. Durch diese Fenster können wir zurückblicken auf den vergangenen Tag und erkennen, was wir getan haben, sowohl das Gute als auch das, was nicht so gut war. Dann gehen wir hinüber auf die andere Seite, und wenn wir dort durch die Fenster schauen, erblicken wir, was uns am folgenden Tag erwartet und wie wir es am besten bewältigen.

Danach werden wir im Himmelshaus herumgeführt; einige Türen sind offen, andere bleiben geschlossen, gerade so, wie es für die Seele gut und richtig ist. Dieses nächtliche Erlebnis im Himmelshaus ist ein beglückendes, selbst wenn ich erkennen muss, dass das, was ich während des Tages getan habe, falsch gewesen ist oder sogar Schaden angerichtet hat.

Denn ich erkenne auch, was ich tun kann, um es wiedergutzumachen, und weiß, dass mein Engel mir dabei helfen wird, wenn ich tagsüber nicht zu schläfrig bin für seine Gegenwart. Wir sehen aber nicht nur unsere eigenen Taten, sondern auch die anderer Seelen, und wir können uns entschließen, hier oder dort zu helfen. Insgesamt aber ist es so, dass jede Seele etwas anderes sieht. Jede Seele wird ihren eigenen Weg geführt, wie es für sie notwendig und möglich ist.

Nun war da einmal ein Kind, dessen Seele des Nachts zum Himmelshaus aufgestiegen war. Nachdem es mit seinem Engel zurückgeschaut hatte auf den vorangegangenen Tag, wurde es weitergeführt. Plötzlich blieb das Kind stehen. »Horch!« Deutlich konnten sie vernehmen, dass jemand weinte, ganz leise, und doch so traurig anzuhören, dass es dem Kind im Herzen wehtat.

»Wer weint da?«, fragte es den Engel. Der Engel aber schüttelte nur den Kopf und bedeutete, sie sollten weitergehen.

Während des folgenden Tages konnte sich das Kind nicht mehr an das erinnern, was es in der Nacht erlebt hatte. Als es aber das Himmelshaus wieder betrat und den Engel, der spann, begrüßt hatte, kam ihm die Erinnerung wieder. Nachdem es durch die Fenster geschaut hatte, gingen sie tiefer ins Himmelshaus hinein, und wieder hörten sie das Schluchzen.

»Horch!« Sie blieben ganz ruhig stehen, und in der Stille konnten sie wieder hören, dass jemand weinte, sanft und leise und doch so traurig, dass es dem Kind im Herzen wehtat.

»Wer weint da?«, fragte es den Engel. Wiederum schüttelte dieser den Kopf und bedeutete ihm, es solle weitergehen. Das Kind gewahrte aber einen kleinen Unterschied; es bemerkte nämlich, dass die Augen des Engels glücklicher leuchteten als am Tag zuvor.

Wiederum konnte sich das Kind am darauffolgenden Tag nicht daran erinnern, was es während der Nacht erlebt hatte; es fühlte nur, dass es auf etwas wartete, aber was dies sein könnte, wusste es nicht. So kam die dritte Nacht, und alles war wieder so wie in den Nächten zuvor. Als das Kind an dem Engel, der spann, vorbeigegangen war und mit seinem Schutzengel durch das Himmelshaus ging, hörte es wieder das Weinen.

»Horch!«, rief es und blieb stehen. Während es so lauschte, bemerkte das Kind, dass sich der Engel ihm zugewandt hatte und dass sein Gesicht vor Freude strahlte. Das Kind sah es voller Erstaunen, doch fühlte es, dass es seine Frage leichter stellen konnte. So sagte es: »Wer weint denn da?« Dieses Mal antwortete der Engel: »Wenn du willst, kann ich es dir zeigen. Doch musst du wissen, dass du danach niemals wieder das gleiche glückliche Kind sein kannst wie jetzt.«

»Ich kann sowieso nicht glücklich sein«, erwiderte das Kind, »da mir mit jeder Nacht weher ums Herz wird. Führe mich weiter!« So folgten sie dem Weinen, bis sie zu einem dunklen Vorhang kamen. Hier sagte der Engel: »Ich kann dich nun nicht weitergeleiten. Wenn du die sehen willst, die da weinen, musst du selbst den Vorhang aufheben und ohne Führung eintreten.«

Das Kind zögerte für einen Augenblick. Sollte es, konnte es wirklich weitergehen? Sein Herz aber drängte es vorwärts. So hob es den Vorhang und trat ein, und der Engel folgte ihm nach. Staunend schaute das Kind sich um und mochte kaum seinen Augen trauen: Der Raum war voller Engel – und die Engel weinten, sanft und leise zwar, aber so traurig, dass es ihm das Herz zerreißen wollte. Schließlich fasste das Kind Mut und redete einen der weinenden Engel an: »Ich habe nicht gewusst, dass Engel weinen können. Der Himmel ist doch ein glücklicher Ort. Bitte sag mir, warum du weinst.«

Der Engel antwortete: »Wir weinen, weil wir die Menschen verloren haben. Wir können sie nicht mehr erreichen, deshalb sind uns die Hände gebunden.«

»Und wie kommt das?«, fragte das Kind.

»Weil sie keine Liebe haben«, erwiderte der Engel. »Nur die Liebe kann Wesen zusammenbinden. Jeder, der das Himmelshaus betreten möchte, muss wenigstens ein klein bisschen Liebe für seinen Engel mitbringen, denn wenn gar keine Liebe da ist, können wir ihn nicht führen.«

Dann erzählte er dem Kind: »Ich bin der Engel eines wohlhabenden Kaufmanns, dessen Schiffe über alle Meere segeln und ihm großen Reichtum einbringen. Als ich ihn zur Erde hinunterführte, auf dass er geboren werde, hatte er die Seele eines Entdeckers; er wollte die Völker kennenlernen und sie miteinander vereinigen. Seit jedoch das Geld in seine Taschen fließt, ist seine Liebe erloschen, und nur Habgier ist zurückgeblieben. Viel Gutes könnte er mit seinem Überfluss tun, aber er weiß es nicht, weil ich ihn nicht erreichen kann.« Und um sich deutend fuhr der Engel fort: »Ähnliches erleben wir alle.«

»Und gibt es keine Hilfe?«, fragte das Kind leise.

Die Wirkung dieser Frage war erstaunlich. Das Weinen ließ plötzlich nach, die Engel schauten auf, und hier und da konnte das Kind sogar den Schimmer eines Lächelns wahrnehmen.

Der Engel betrachtete das Kind eine Weile prüfend, bevor er antwortete: »Ja, es gibt eine Hilfe. Wenn jemand bereit wäre, seine Liebe zu opfern, würde uns damit geholfen sein.«

»Ist es so einfach?«, rief das Kind erstaunt. Ungewollt war ihm die Frage über die Lippen gekommen. Wenn es sich nur darum handelte, Liebe zu geben, so könnte es ihnen damit helfen.

Der Blick des Engels aber verriet dem Kind, dass damit etwas Schwieriges verbunden war, und das wurde ihm deutlich, als der Engel sagte: »Für ein Erdenkind ist es nicht so leicht, die Liebe zu opfern, die uns ermöglicht zu helfen. Du darfst uns nämlich nichts von der Liebe geben, die du für andere empfindest – für deine Eltern, deine Brüder und Schwestern, für die Tiere und Pflanzen auf der Erde. Nur die Liebe, mit der du dein eigenes Leben liebst, kannst du opfern.«

Das Kind schaute den Engel an, und sein Gesicht war eine einzige große Frage. Wovon sprach er? Der Engel erklärte: »Die Liebe ermöglicht dir, auf der Erde zu leben. Du liebst es, herumzulaufen, zu spielen, Dinge zu sehen, zu sprechen und zu singen. Allein deine Liebe für alles dies kannst du als Opfer geben! Und nur Kinder können dies tun. Erwachsene können diese Liebe nicht mehr herschenken. Darum ist es so schwierig, Hilfe zu finden.«

Das Kind begriff jetzt den Ernst dessen, was der Engel gesagt hatte. Mühsam nur konnte es seine nächsten Worte herausbringen; aber obwohl es sehr leise sprach, verstanden alle Engel, was es sagte: »Wenn ich die Liebe, mit der ich mein Leben liebe, opfere, würde das genügen?«

Es war nicht mehr erstaunt, als der Engel wiederum seinen Kopf schüttelte, denn längst hatte es verstanden, dass alles nicht so einfach war.

»Es gibt viele Kinder, die bereit wären, dies zu tun«, sagte der Engel, »aber es ist noch etwas anderes erforderlich. Du musst auf Erden gute Freunde haben, die dich lieben und die dir helfen, deine alten und neuen Aufgaben zu erfüllen. Erinnerst du dich an deine alten Aufgaben?«

»Ja«, antwortete das Kind, »ich wollte ein Tischler werden.«

»Um den Menschen zu helfen, ihre Umgebung zu verschönern«, sagte der Engel, »und dafür würdest du dann die helfenden Hände deiner Freunde benötigen.«

»Würden sie mich verstehen?«

»Wenn sie dich lieben, werden sie dich verstehen.«

Das Kind fühlte nun die Hand des Schutzengels auf seiner Schulter. »Lass uns jetzt gehen«, sprach er. »Denke noch einmal darüber nach, bevor du Ja oder Nein sagst.«

Am nächsten Tag war das Kind hellwach. Es erinnerte sich zwar nicht mehr an die Ereignisse der vergangenen Nacht, aber es nahm wahr, was um es her geschah, und half, wo es konnte. Dabei versuchte es, so freundlich wie möglich zu sein. Es hatte viel Freude an diesem Tag, und die Menschen waren gut zu ihm.

Während der Nacht, als es durch den Raum mit dem Engel, der spann, gekommen war, traf das Kind ein zweites Mal die weinenden Engel und sagte zu ihnen: »Ich habe viele Freunde, die mich lieben, aber werden sie mich auch weiterhin lieben können, selbst wenn ich nicht mehr mit ihnen herumspringen, sie sehen und mit ihnen singen kann?«

»Wenn sie richtige Freunde sind, werden sie dich auch weiterhin lieben können«, war die Antwort, »und wir können ihnen vielleicht auch helfen.«

Am folgenden Tag mochte er nur mit zwei anderen Kindern spielen. Sie hatten es sehr schön zusammen. Das Kind war nur wenig erstaunt, als es die anderen beiden nachts im Himmelshaus bei den Engeln traf, die der Liebe bedurften. Jedes der Kinder trug ein leuchtendes Kreuz auf der Stirn.

»Seid ihr bereit?«, fragte der Engel.

»Wir sind es«, antworteten die Kinder wie mit einer Stimme. »Und würde einer von euch die Geduld aufbringen, seine Liebe zu opfern und dennoch drei weitere Tage auf Erden zu bleiben? Das würde euren

Freunden helfen, euch schneller zu finden und euch zu verstehen«, sagte der Engel weiter.

»Er müsste bereit sein, dort zu bleiben, ohne herumlaufen, sehen oder sprechen zu können.«

»Ich bin bereit, dies zu tun«, antworteten die Kinder wie mit einer Stimme.

Der Engel lächelte sie an. »Dann sollst du es sein«, sagte er, indem er auf eines der Kinder deutete, »und wir werden um dich sein und dir Gesellschaft leisten.« Daraufhin winkte er den Kindern, ihm zu folgen. Er führte sie in einen anderen Raum.

»Hier« erklärte der Engel, »könnt ihr euch treffen und zusammen sein – mit wem auch immer ihr euch vereint fühlen möchtet.«

Die Kinder schauten sich um, sahen aber nichts. Dann sagte der Engel: »Ihr müsst an jemanden oder an etwas denken, versucht es einmal!«

So dachten sie an ihr Zuhause. Da sahen sie ihre Familien, alle in tiefem Schlaf. Sie dachten an gute Freunde; alle erschienen. »Können wir mit ihnen sprechen?«, fragten die Kinder.

»Ihr könnt es«, erwiderte der Engel, »aber wahrscheinlich werden sie euch nicht verstehen – noch nicht.«

Als die Kinder am nächsten Tag das Himmelshaus wieder betraten, sahen sie traurig aus. Doch die Kreuze auf ihrer Stirn leuchteten wie Sterne. Dieses Mal kamen sie alle zusammen. Sie grüßten den großen Engel, der wie immer spann, und traten zu dem Fenster auf der einen Seite, um auf den vorangegangenen Tag zu schauen. Dann gingen sie zu dem anderen Fenster hinüber, um sich den kommenden Tag anzusehen. Sie konnten aber nichts erblicken.

Als sie sich umdrehten, hatte der große Engel aufgehört zu spinnen. Er hielt drei Ballen fein gesponnenen Garns in seinen Händen. Ein jedes der Kinder empfing einen davon, und sie bemerkten, dass in jedem der Ballen ein goldener Faden eingesponnen war. Dann gingen sie ins Himmelshaus hinein und in den Raum, wo sie die weinenden Engel getroffen hatten. Sie sagten zu ihnen: »Wir bringen euch die Liebe für unser Leben zum Opfer. Möge es euch und den armen lieblosen Menschen auf der Erde helfen.«

Das Weinen hatte aufgehört. Die Gesichter der Engel strahlten. Ihre Augen glänzten, und es herrschte große Freude unter ihnen. Das tröstete die Kinder.

»Kommt jetzt«, sagte der Engel, »wir wollen sehen, was auf der Erde geschieht.«

So gingen sie zusammen in den Raum, den sie in der vorangegangenen Nacht zum ersten Mal betreten hatten. Sie dachten alle an das Gleiche, und da konnten sie plötzlich erkennen, dass einer von ihnen nicht so frei war wie die anderen. Er war mit etwas, das aussah wie ein Lichtfaden, an einen Körper gebunden, der reglos auf einem Bett lag.

Die Eltern des Kindes standen an seiner Seite, und tiefe Sorge sprach aus ihren Augen.

»Ich bin hier, Mutter«, rief das Kind, »ich bin hier, Vater!« Aber die Eltern schauten nicht auf. Dann versuchte das Kind, sie zu streicheln, aber sie konnten es nicht fühlen.

»Oh Engel«, rief da das Kind aus, »ich glaube, ich muss zurückgehen. Sie hören nicht, und sie fühlen nicht. Lass sie mich nicht verlieren!«

»Du hast sie nicht verloren«, erwiderte der Engel, »gib ihnen noch einen weiteren Tag, um dich zu finden.«

Das Kind war froh, dass die beiden Gefährten auch da waren; so war es leichter, Geduld zu üben.

Der zweite Tag kam, und das Kind rief: »Ich bin hier, Mutter! Ich bin hier, Vater!« Doch die Eltern schauten nicht auf. Das Kind streichelte sie, und plötzlich sagte die Mutter: »Ich weiß nicht, aber ich habe das Gefühl, unser Kind ist gar nicht krank. Glaubst du, dass es uns sehen kann?«

»Haben sie das Streicheln gefühlt?«, fragte das Kind.

»Sie haben es gefühlt – in ihren Herzen«, sagte der Engel. »Bald werden sie dich verstehen.«

Das Kind blickte wieder zu seinen Eltern hinab und dachte: »Wenn sie nur aufhören wollten, meinetwegen zu weinen; wenn sie nur wüssten, dass es mir gut geht!«

Da schaute die Mutter auf und sagte: »Lass uns aufhören zu weinen. Unserem Kind geht es vielleicht gut, und unsere Tränen können es nur traurig machen.«

Das Kind jubelte: »Sie haben mich verstanden, oh, sie haben mich verstanden!« Und es fragte den Engel: »Wie konnten sie verstehen, was ich doch nur gedacht habe?«

Der Engel lächelte: »Weil sie dich lieben. Das Herz versteht die Gedanken von jemandem, den es liebt.«

Am dritten Tag rief das Kind nochmals: »Ich bin hier, Mutter! Ich bin hier, Vater!«

Die Eltern schauten nicht auf, der Vater aber sagte nachdenklich: »Unser Kind ist nicht krank, sondern gesünder als wir beide. Eines Tages werden wir es wiederfinden.«

Und als das Kind die Mutter streichelte, erwiderte sie: »Ich fühle es schon jetzt – mein Herz schmerzt nicht mehr. Unser Kind muss uns sehr nahe sein.«

Als das Kind das hörte, rief es erfreut: »Sie hören und sie verstehen mich!«

»Und werden dich immer besser verstehen. Komm nun«, sprach der Engel. Da wandte sich das Kind ihm zu, und das Lichtband erlosch.

Die Kinder blieben im Himmelshaus, verbunden mit allen, die ihnen im Leben nahe gewesen waren. Einige Menschen merkten nichts davon; aber es gab andere, die merkten es wohl, weil ihre Liebe zu den Kindern ihnen die Herzen geöffnet hatte. Und es gab noch etwas anderes, das die drei Kinder tun konnten. Jede Nacht, wenn die Seelen ihrer Freunde zum Himmelshaus emporstiegen, trafen sie mit ihnen zusammen und sprachen mit ihnen; und einige ihrer Freunde konnten sich beim Aufwachen am nächsten Morgen noch daran erinnern.

Fand die Seele des reichen Kaufmanns wieder ihren Weg zurück zum Himmelshaus? Ich bin ziemlich sicher, dass sie es tat – wie viele andere auch. In der nächsten Nacht werde ich meine Freunde danach fragen, und ich hoffe, dass ich ihre Antwort nicht vergessen werde.

# Maria und der Engel des Todes

## *Der Traum der Bettlerin*

Als der Engel Gabriel der Maria erschien und ihr verkündigte, dass sie die Mutter von Gottes eigenem Sohn werden sollte, da versammelte sich der ganze Chor der Engel hell und lichtstrahlend um sie. Das himmlische Licht strömte in Marias Herz und machte sie froh und glücklich. Und auch als die Engel sie wieder verlassen hatten, fühlte sie in ihrem Inneren die große Freude. Welche Ehre widerfuhr ihr, dass sie die Mutter des Gottessohnes werden würde!

Dann merkte Maria plötzlich, dass sie nicht allein war. Als alle anderen Engel sie verlassen hatten, war einer bei ihr geblieben. Maria erschrak heftig, als sie ihn betrachtete. Dieser Engel blickte ernst, und seine Gewänder und seine Flügel waren dunkel. Maria schaute ihn schweigend an, dann fasste sie sich ein Herz und sagte: »Bist du schon hier, ehe das Kind geboren ist, Engel des Todes?« Der Blick des Engels schien noch ernster zu werden. Fast unmerklich nickte er: »Ich führe die Seelen über die Schwellen des Lebens. Ich bin der treue Gefährte jedes Menschen, sei er gleich jung oder alt.« Als Maria diese Worte vernahm, war es ihr, als ginge ein Schwert durch ihr Herz. »Aber warum kommst du zu mir? Ich soll Gottes Sohn gebären«, erwiderte sie. Und sie fühlte wiederum das Schwert, als der Engel antwortete: »Selbst der Gottessohn muss den Erdentod erleiden. Er wird geboren werden, um zu sterben.«

»Aber was hat das für einen Sinn?«, rief Maria, von Trauer um ihr ungeborenes Kind erfüllt. »Gott wird sterben, damit die Menschen ewig leben können«, erwiderte der Engel. Da aber Maria den Sinn seiner Worte nicht fassen konnte, bedeutete er ihr, dass sie ihm folgen möge.

Sie liefen durch die Straßen von Nazareth. Die Häuser um sie her wurden immer ärmlicher, und Maria erkannte, dass der Engel sie in das Armenviertel führte. Maria kannte dieses Viertel recht gut, denn sie war selbst oft dorthin gekommen, um zu helfen, wo sie konnte. Warum führte der Engel sie gerade hierher? Was hatte das mit ihrem Sohn zu tun, mit dem Sohn Gottes, welcher der König von Israel sein würde?

Der Engel ging zu einer ärmlichen Hütte. »Hier wollen wir hineingehen«, sagte er zu Maria, »beobachte alles und lausche gut, aber sag selbst kein Wort. Die Menschen können uns nicht sehen.«

Erstaunt folgte Maria dem dunklen Engel in den Schuppen. Drinnen war es dunkel und ein schlechter Geruch hing in der Luft. Als ihre Augen sich an die Dunkelheit gewöhnt hatten, sah Maria, dass der Raum fast ganz leer war. Nur in einer Ecke lag ein wenig Stroh, und auf dem Boden lagen ein paar Lumpen. Auf dem Stroh lag eine alte Frau, die zu schlafen schien. Als aber der Engel und Maria eintraten, wurde sie unruhig und begann im Traum zu sprechen, doch konnte Maria die Worte nicht verstehen. Was wollte der Engel hier? Er stand dort in der Mitte des Raumes und schien auf etwas zu warten.

Sie waren noch nicht lange in der Hütte, als Maria Schritte vernahm, und dann trat ein Mann in den Raum, der noch älter war als die alte Frau auf dem Strohlager. Sein weißer Bart war lang und zerzaust, sein Gesicht runzelig und verschmutzt, doch seine Augen blickten sehr freundlich, wenn sie auch ermüdet schienen. Jedes Geräusch vermeidend, ging er zu der schlafenden Frau. Aber als er sie betrachtete, öffnete die Frau die Augen. Der Alte kniete an ihrer Seite nieder.

»Du siehst besser aus jetzt«, sagte er. »Der Schlaf hat dir gutgetan. Nun musst du etwas essen, und dann wird alles wieder gut werden.« Mit diesen Worten langte er nach einem Sack, den er mitgebracht hatte und der völlig leer zu sein schien. Ihn vor den Augen der Frau verbergend, nahm er ein kleines, altes Stück Brot heraus. »Hier, nimm das«, sagte er und bot es der Frau an.

»Und was wirst du essen?«, fragte sie. »Oh, ich habe etwas anderes, etwas …«, erwiderte er. Aber als sie ihn anschaute, schlug er die Augen nieder, und sie wusste, dass er die Unwahrheit sprach.

»Nein«, sagte die Frau, »ich brauche nichts mehr. Du musst essen, um stark zu werden.«

»Aber wenn du isst, wirst du wieder gesund werden«, versuchte der Mann sie zu überreden.

Seine Frau lächelte ihn an. Dann antwortete sie: »Ich brauche kein Brot, um gesund zu werden.« Und nach einer Weile fügte sie hinzu: »Ich habe ihn in meinem Traum wiedergesehen.«

»Du hast den dunklen Engel wiedergesehen?«, fragte der Mann, und seine Augen füllten sich mit Tränen.

»Ja«, erwiderte seine Frau einfach, »aber es hat mich nicht mehr erschreckt. Der Engel war nicht allein. Ein Kind begleitete ihn, das hatte leuchtende Augen und lächelte so süß. Es berührte die Flügel des dunklen Engels. Und da begannen sie plötzlich in allen Farben zu glänzen. Ich habe in meinem ganzen Leben nichts Schöneres gesehen.«

»Und jetzt bist du bereit, ihm zu folgen?«, fragte der Mann, während die Tränen ihm über die Wangen liefen.

»Seitdem ich das Kind gesehen habe, bin ich bereit, ihm zu folgen«, erwiderte seine Frau mit strahlenden Augen.

Der Engel winkte Maria, ihm zu folgen, und sie verließen die Hütte.

»Verstehst du?«, fragte der dunkle Engel, »verstehst du?«

Doch Maria schaute ihn an und sah nur seine dunklen Gewänder und Flügel.

»Er ist der treue Gefährte meines ungeborenen Sohnes«, dachte sie, »wie kann ich das verstehen!«

Wiederum traf sie der ernste Blick des Engels, dann war er plötzlich verschwunden. Maria stand allein auf der Straße. In Gedanken fand sie den Weg nach Hause, doch konnte sie sich nicht deuten, was ihr begegnet war.

## *Der treue Narr*

Immer wieder kehrten Marias Gedanken zurück zu jenem Kind, von welchem die Frau des Bettlers auf ihrem Totenlager gesprochen hatte. Das Kind hatte die Flügel des dunklen Engels berührt, und plötzlich hatten diese in allen Farben geglänzt, und die Frau hatte ihre Furcht vor dem Tod verloren. Maria konnte das Kind nicht vergessen. War das Gottes Sohn? War es das, was der Engel sie lehren wollte? Und Maria merkte, dass sie sich wünschte, der Engel möge wiederkommen zu ihr, damit sie noch einmal mit ihm sprechen könnte.

Doch Maria musste sich gedulden. Erst als sie bereits mit dem Zimmermann Josef verheiratet war und das Kind unter ihrem Herzen wachsen fühlte, erschien der dunkle Engel ihr aufs Neue. Dieses Mal erschreckten seine dunklen Gewänder und Flügel sowie sein ernster Blick Maria nicht so sehr wie beim ersten Mal, aber auch jetzt war seine Erscheinung so erhaben, dass es ihr die Sprache verschlug. Lange Zeit schwiegen sie. Dann fragte der Engel, wie er Maria gefragt hatte, als er sie verließ: »Verstehst du? Verstehst du?«

Plötzlich erinnerte sie sich der seltsamen Worte des dunklen Engels: Gott wird sterben, damit die Menschen ewig leben können. Sie hatte sie vergessen, weil sie versuchte, nicht an den Tod ihres ungeborenen Kindes zu denken. Jetzt aber erinnerte sie sich wieder an sie, und sie wusste, dass es außerordentlich wichtig für sie sein würde, ihre Bedeutung zu verstehen.

»Engel des Todes«, antwortete Maria, »noch immer verstehe ich deine Worte nicht, und ich begreife nicht, warum der Sohn Gottes sterben muss. Aber sage mir, war es mein Kind, das die Frau jenes armseligen Bettlers auf ihrem Totenlager gesehen hat und das sie so glücklich und zufrieden machte?«

»Es war dein Kind, Gottes Sohn«, erwiderte der dunkle Engel, und sein Blick schien etwas von seiner Strenge zu verlieren.

»Und wird es andere geben, denen geholfen werden wird und die durch ihn ihre Zuversicht erlangen?«

»Alle Verstorbenen werden durch ihn ihre Zuversicht gewinnen«, sagte der Engel, und seine Worte machten Maria glücklich. Doch dann fühlte sie, dass der Engel noch etwas Weiteres sagen wollte, und obwohl sie nicht wusste, was es war, erschrak sie.

»Maria, kennst du den Namen jener Schwelle, die zu den Verstorbenen führt?«, hörte sie nun den Engel mit leiser Stimme fragen.

Maria nickte schwer. Fast unhörbar erwiderte sie: »Der Name jener Schwelle heißt ›Tod‹.« Und Maria wusste, dass, weil sie es selbst gesagt hatte, sie nie mehr würde vergessen können, dass der Sohn Gottes, dass ihr eigenes Kind würde den Tod erleiden müssen. So begann Maria die Lehren des dunklen Engels zu begreifen. Doch ihr Herz war von Trauer erfüllt.

Und wiederum bedeutete ihr der Engel, dass sie ihm folgen solle. Diesmal führte er sie in einen Palast. Sie durchschritten viele Räume; Maria hatte noch niemals in ihrem Leben einen solchen Reichtum und Überfluss an Gold und Perlen, Juwelen und kostbaren Stoffen gesehen. Doch schienen ihr die Räume dennoch irgendwie leer zu sein. Dann erkannte sie, dass sie nicht einem einzigen Menschen begegnet waren. Der ganze Palast mit all seinem Reichtum schien vollkommen unbewohnt. Warum hatte der Engel sie hierhergeführt? Bestimmt war es nicht wegen des Überflusses, denn der Engel schritt von Saal zu Saal, ohne Notiz von dem Reichtum zu nehmen.

Schließlich gelangten sie in eine große Halle. Es gab dort einen künstlichen Brunnen, und Blumen wuchsen darum herum. Stufen führten zu einer Terrasse, und auf der Terrasse stand ein Bett mit kostbaren Schnitzereien verziert, doch mit einem dunkelblauen Vorhang verhangen. Auf den Stufen saß ein Mann, nicht jung und nicht alt, der in ein überaus farbiges Gewand gekleidet war. Als Maria und der dunkle Engel eintraten, sprach der Mann gerade zu jemandem, den Maria nicht sehen konnte.

»Jawohl, mein König, sie haben dich alle verlassen«, sagte der Mann, »alle, außer deinem Narren. Der sitzt immer noch auf deinen Stufen, um das Spiel zu Ende zu spielen. Er ist geblieben, doch seine Scherze sind nicht mehr lustig. Willst du ihm dennoch lauschen?«

»Sprich«, sagte eine schwache Stimme hinter dem Vorhang des Bettes.

»Gut also«, antwortete der Narr und stieg die Stufen hinauf, um sich direkt vor das Bett zu setzen. »Dann beantworte meine Fragen! Wenn ein Stein ins Meer geworfen wird, ist er dann verschwunden oder ist er immer noch vorhanden?«

»Er ist immer noch vorhanden«, antwortete die schwache Stimme.

»Und ein Schmetterling, wenn er die Puppe verlässt, ist er verschwunden oder ist er immer noch vorhanden?«

»Er ist immer noch vorhanden.«

»Und wenn eine Seele den Leib verlässt, ist nicht auch die Seele dann immer noch vorhanden?«, fragte der Narr lebhaft.

Für eine Weile herrschte Stille, dann sagte die schwache Stimme: »Betrüg mich nicht mit deinen Vergleichen.«

Der Narr, der sich mehr und mehr begeistert hatte, während er sprach, schien auf einmal sehr müde und schwach. Er saß, ohne sprechen zu können, doch dann streckte sich sein Körper wieder, und, sich zum Bett hinwendend, fragte er: »Was scheint dir mehr wert zu sein: ein Wassertropfen oder ein Mensch?« Und er lächelte zufrieden, als die schwache Stimme antwortete: »Ein Mensch natürlich.«

»Einverstanden«, rief er. »So höre die Geschichte vom Regentropfen. Bist du bereit?«

Und ohne eine Antwort abzuwarten, begann der Narr: »Es war einmal ein Regentropfen, der fiel vom Himmel auf die Erde. Auf dem Weg traf er andere Regentropfen, und man entschied sich, gemeinsam zu reisen. So taten sie es auch, und fort ging die Reise. Unterwegs schlossen sich ihnen weitere Regentropfen an, bis sie schließlich ein ganzes Heer von Regentropfen waren. Sie nannten sich einen Fluss. Aber je mehr sie wurden, umso mehr Arbeit mussten sie auch leisten. Erst beförderten sie nur Blätter und Zweige, dann rollten sie Steine, schließlich mussten sie sogar Schiffe tragen. Auf diese Weise erreichte unser Regentropfen das Meer. Stimmst du zu, dass es ihn immer noch gab?«

»Ich stimme zu«, sagte die schwache Stimme, »fahr fort!«

»Eines Tages wurde unser Regentropfen an den Strand gespült. Er lag da und war recht erstaunt darüber, so allein zu sein. Dann geschah etwas Merkwürdiges. Die Sonne schien hell an jenem Tag, und plötzlich fühlte sich unser Regentropfen hinaufgehoben. Er traf andere, die dasselbe erlebt hatten. Sie sammelten sich und flogen über Land und Meer und schauten auf die Erde hinab. Manchmal rief einer: ›Hallo, seht den Fluss da! Dort habe ich mein erstes Boot getragen.‹ Oder ein anderer: ›Könnt ihr jene Quelle dort sehen? Aus der bin ich einmal hervorgesprungen; es war sehr lustig.‹

So flogen sie über Land und Meer. Es war schön und warm, und alle hatten Freude an der Reise. Du weißt, dass ich von einer Wolke spreche. Aber meinst du, unser Regentropfen war noch vorhanden?«

»Natürlich«, erwiderte die schwache Stimme ungeduldig, »mach weiter!«

»Als sie eine längere Zeit so gereist waren, wurde es wieder kühler, und plötzlich hatte ihre Reise ein Ende. Sie fielen alle als Regentropfen auf die Erde, und auch unserem erging es so. Stimmst du zu, dass es immer noch derselbe Regentropfen war?«

»Ich stimme zu«, sagte die schwache Stimme, »aber fahre fort!«

»Es geht nicht weiter«, antwortete der Narr, »die Geschichte ist zu Ende, oder sie müsste aufs Neue beginnen. Der Regentropfen ist wieder ein Regentropfen geworden.«

»Warum hast du mir die Geschichte dann erzählt?«, fragte die schwache Stimme ärgerlich.

»Verstehst du nicht?«, antwortete der Narr. »Ich habe dir erzählt, was mit dem Regentropfen geschah. Alles, was ihm passierte, konnte ihn nicht völlig verschwinden lassen.«

»Und?«

»Sagtest du nicht, dass ein Mensch mehr wert sei als ein Wassertropfen? Wie kannst du dann meinen, dass dein Tod das Ende sein wird?«

Während Maria der Geschichte des Narren lauschte, hatte sie alles um sich her vergessen. Nun plötzlich fühlte sie die Berührung des dunklen Engels. Sie wandte sich ihm zu, und er flüsterte: »Schau dir seine Arme an!«

Da bemerkte Maria, dass die Arme des Narren vom Aussatz zerfressen waren. Der Engel machte ihr ein Zeichen, und sie verließen die Halle. Ohne ein Wort zu sagen, gingen sie durch all die reichen Säle des Palastes. Erst nachdem sie das Schloss wieder verlassen hatten, fragte der Engel: »Hast du die Arme des Narren gesehen?«

Maria nickte. »Es ist der Aussatz. Er wird nicht mehr lange zu leben haben.«

»Er hat die Krankheit seines Königs«, sagte der Engel, »er allein ist bei ihm geblieben; als alle anderen geflohen sind, ist er allein treu geblieben.« Bei diesen Worten schrak Maria zusammen, denn sie erinnerte sich daran, dass der dunkle Engel sich selbst ihr gegenüber der treue Gefährte jedes Menschen genannt hatte. Der Engel aber schien keine Notiz davon zu nehmen. Er fuhr fort: »Wenn ein Mensch so treu sein kann wie dieser Narr, treu bis in den Tod, muss Gott seinen Geschöpfen dann nicht noch treuer sein? Kann er allein bleiben, was er ist, wenn er alle Wesen in die Verwandlung schickt?«

Und Maria verstand, dass das wiederum hieß, dass ihr Kind würde sterben müssen. Doch sie fühlte auch, dass der Tod etwas anderes wäre, als sie bisher gedacht hatte. Als sie aufschaute, um den Engel zu fragen, was das Sterben wirklich sei, hatte er sie verlassen, und sie stand vor ihrem Haus in Nazareth.

## *In den Verliesen des Herodes*

Niemals zuvor hatte Maria jemanden so über den Tod sprechen hören, wie der Narr es getan hatte. Bedeutete das Sterben also nicht das Ende des Seins, nicht ein Hinabsinken in Dunkelheit und Bewusstlosigkeit? Wenn aber nicht das, was war er dann? Je länger Maria über diese Frage nachsann, umso sicherer fühlte sie, dass die Antwort darauf das Rätsel über das Leben des Sohnes Gottes ebenfalls lösen werde. Sie wagte nicht, darüber zu irgendjemandem zu sprechen, doch hoffte sie, dass der dunkle Engel noch einmal zu ihr kommen möge. Im Grunde war sie sich sogar recht sicher, dass sie ihn wiedersehen würde.

Und so war es auch. Der Winter stand schon bevor, da erschien der dunkle Engel Maria wiederum und bedeutete ihr, ihm zu folgen. Diesmal ging Maria gern mit ihm. Als sie aber erkannte, wohin er sie führte, erschrak sie, denn das war ein Ort, von dem sie bisher nur die schrecklichsten Geschichten gehört hatte: die Verliese des Königs Herodes. Diese waren in den Berg hineingebaut. Sechs Wächter bewachten das schwere Eisentor. Aber auf ein Zeichen des dunklen Engels hin öffnete sich das Tor, und sie konnten eintreten. Die Wächter schienen zu schlafen; sie bemerkten nichts.

Das schwere Tor schloss sich hinter ihnen. Doch nun konnte Maria nicht weitergehen, denn es herrschte schwarze Dunkelheit um sie her.

Als aber ihre Augen sich an die Dunkelheit gewöhnten, bemerkte sie, dass ein zarter Lichtschein von dem Engel ausging. Sie folgte diesem Licht mit klopfendem Herzen. Sie gingen durch lange Gänge, an eisernen Türen vorbei, und dann stiegen sie auf steilen Stufen tiefer und tiefer in die Verliese hinab. Der Fels war feucht, die Luft muffig. Was Maria aber vor allem Furcht einflößte, das war die Stille um sie her. Sie hörte keinen einzigen Laut als das Klopfen ihres Herzens. Lange Zeit wanderten sie durch diese Stille. Dann hielt der Engel plötzlich inne. Der Gang war hier zu Ende, und sie standen vor einer jener eisernen Türen, von denen es hier unten so viele gab. Wieder machte der Engel ein Zeichen, die Tür öffnete sich, und er ging in die Zelle hinein. Maria folgte ihm. Jetzt standen sie in einem Raum, der kaum vier Schritte in der Länge und noch weniger breit war. Die Decke war so niedrig, dass Maria sie leicht mit den Händen hätte berühren können, und die Wände waren rau.

Dann sah sie den Gefangenen auf der nackten Erde liegen. Er trug ein grobes Gewand, und sein weißes Haar war lang gewachsen. An einem Bein war er mit einer Eisenkette an den Fels geschmiedet. Er schlief nicht, sondern warf sich unruhig hin und her. Wer war dieser arme Mann, der in der Dunkelheit der Erde leben musste und nie die Sonne zu sehen bekam? Als hätte der dunkle Engel ihre Frage verstanden, flüsterte er: »Es ist Perez.«

Maria konnte seinen Worten kaum glauben. Perez? Das war ein junger Mann, der vor beinahe drei Jahren versucht hatte, König Herodes zu töten wegen der vielen Gewalttaten, die der König seinem Volk angetan hatte. Sein Dolch war am Kettenhemd des Königs, welches dieser Tag und Nacht trug, abgeglitten, und die Diener hatten Perez überwältigt. Eigentlich hatte er gekreuzigt werden sollen. Aber viele Menschen hatten um sein Leben gefleht, denn Perez hatte eine Frau und drei Kinder. Obwohl Herodes gewöhnlich nicht auf die Bitten der Menschen hörte, tat er es diesmal doch. Als er aber zustimmte, dass Perez am Leben bleiben sollte, hatte er einen bösen Glanz in den Augen. Dann war Perez in den Verliesen des Königs verschwunden, und niemand hatte wieder von ihm gehört. Schließlich meinte jeder, dass Perez gestorben sein müsse.

Und nun stand Maria vor ihm, doch als sie ihn betrachtete, konnte sie ihren Augen kaum trauen. Perez war ein junger Mann gewesen, dieser aber sah beinahe aus wie ein Greis. So sehr hatte er sich verändert in den Jahren in der Dunkelheit und der Einsamkeit. Auf einmal begann der Gefangene leise zu singen. Es war das Lied von Daniel in der Löwengrube. Maria lauschte dem Gesang, als hätte sie nie zuvor etwas Entsprechendes gehört.

Plötzlich hörte man ein Geräusch vor der Tür. Jemand kam den Gang entlang, die Schritte verhallten, und dann hörte Maria einen Schlüssel im Schloss. Der Riegel wurde beiseitegeschoben und die Tür öffnete sich. Ein Wärter, in der Hand eine Laterne, trat ein. Es war ein alter Mann, der freundlich und geduldig aussah. Er brachte einen Laib Brot und einen Krug mit Wasser und stellte beides neben dem Gefangenen auf die Erde. Perez lag steif und unbeweglich da, die Augen hatte er geschlossen. Dennoch hörte er, was vorging. Schließlich seufzte er tief und stöhnte: »Musst du immer wiederkommen? Dein Brot und Wasser sind die schlimmsten Ketten, denn sie fesseln mich ans Leben. Warum kannst du mich nicht allein lassen?«

»Weil ich für dein Leben verantwortlich bin«, erwiderte der alte Mann sanft, »das weißt du doch.«

Sie schwiegen eine Weile. Dann fragte Perez: »Hast du Nachricht von meiner Frau und den Kindern?«

Der Wärter bückte sich zu dem Gefangenen hinab und antwortete zögernd: »Ich habe noch nichts von ihnen gehört, da Herodes sie des Landes verwiesen hat. Doch will ich meine Nachforschungen fortsetzen. Du wirst bald von ihnen hören.« Und achselzuckend fuhr er fort: »Ich muss nun gehen. Halt aus, Perez. Die Lage kann sich jeden Tag ändern.«

Er nahm seine Laterne und ging. Die Tür wurde wieder geschlossen und verriegelt. Als Maria den Schlüssel im Schloss hörte, fühlte sie sich, als wäre sie selbst eingesperrt worden. Doch wiederum machte der dunkle Engel ein Zeichen, und sie konnten die Zelle verlassen. Als sie hinausgingen, hörte Maria, wie Perez murmelte: »Die Lage kann sich jeden Tag ändern. Kann sich ändern. Aber wird sie sich ändern? Wird sie sich ändern? Wann wird sie sich ändern?«

Wiederum stiegen sie die steilen Stufen hinauf und folgten den langen Gängen, und dann gingen sie an den Türhütern vorbei, ohne gesehen zu werden. Sobald sie die Verliese hinter sich gelassen hatten, sagte Maria bitter: »Und du nennst dich der treue Gefährte jedes Menschen. Warum hilfst du ihm nicht? Er wartet auf dich.«

»Die Zeitpunkte von Geburt und Tod sind festgelegt«, erwiderte der Engel. »Ich kann kein Leben verkürzen, wie ich auch keines verlängern kann. Und glaubst du denn wirklich, dass der Tod seine Lage sehr verändern würde?« Sein Blick wurde sehr ernst, als er fortfuhr: »Hast du gehört, was der Wärter sagte?«

»Er sagte, dass die Lage sich jeden Tag ändern könne«, erwiderte Maria. »Aber wird sie sich ändern? Wann wird sie sich ändern?«, wiederholte sie Perez' Frage.

»Die Lage wird sich ändern«, sagte der dunkle Engel, »die Toten werden die Ersten sein, die das Licht sehen. Sie werden denjenigen finden, der sie zu neuem Leben führt. Aber noch nicht, Maria, noch nicht.«

»Und wann wird dieser Wandel der Zeiten sich ereignen?« fragte sie, »wann werden die Verstorbenen nicht mehr in Dunkelheit sinken? Wann werden Licht und Leben nach dem Tod ihrer warten?«

»Erinnere dich an die alte Frau des Bettlers«, antwortete der Engel, und auf einmal leuchteten seine Augen. »Erinnere dich an ihren Traum. Wenn meine Flügel in allen Farben zu glänzen beginnen, dann werden sich die Zeiten wandeln.«

Mit diesen Worten entschwand der dunkle Engel Maria, und sie fand sich wieder allein vor ihrem Haus in Nazareth.

## *Auf dem Weg nach Bethlehem*

Maria und Josef waren auf dem Weg nach Bethlehem. Es war Winter; die Straßen waren von Eis und Schnee bedeckt, und sie mussten gegen einen kalten Wind ankämpfen. Jahrelang hatte es keinen solch bitteren Winter mehr gegeben.

Josef schützte seine junge Frau so gut er konnte gegen Wind und Schnee, doch konnte er sie nicht vor der beißenden Kälte schützen, und er fürchtete um ihr Leben und um das Leben ihres Kindes. Doch Maria merkte, während sie wanderten, dass sie überhaupt nicht ängstlich war. Nicht nur Josef beschützte sie. O nein, sie wusste von einem anderen treuen Gefährten, von einem Gefährten, den sie nicht einmal im Tode verlieren würde. Sie hatte den dunklen Engel nicht mehr gesehen, seit sie in den Verliesen des Herodes gewesen waren, doch fühlte sie ganz sicher, dass er ihr immer noch zur Seite war, sie behütete und führte, und sie hatte gelernt, sein treues Geleit zu schätzen.

Plötzlich hielt Josef inne. Mit seinem Stab wies er in die Ferne, und Maria sah, dass dort jemand neben der Straße im Schnee saß.

»Der ist verloren, wenn er sich nicht mehr erheben kann«, sagte Josef, und sie gingen schneller. Als sie näherkamen, konnten sie einen alten Mann erkennen. Sein Bart war weiß und zerzaust, seine Augen geschlossen. Er zitterte vor Kälte und Fieber. Als sich Maria zu ihm hinabbeugte, sah sie, dass es der alte Bettler war, den sie in seiner ärmlichen Hütte besucht hatte.

»Guter alter Mann«, rief sie, »steht auf, sonst wird die Kälte Euch töten.«

Der Alte öffnete nicht einmal seine Augen, schüttelte nur den Kopf. War er zu schwach, um sich zu erheben?

»Kommt, lasst es uns versuchen. Ich stütze Euch«, bot Josef nun an. Doch wieder schüttelte der Alte den Kopf.

»Aber Ihr könnt hier im Schnee doch nicht sitzen bleiben«, sagte Maria, »wir können Euch nicht in Eis und Schnee lassen.«

Langsam öffnete der Bettler seine Augen und schaute sie voller Verzweiflung an. »Achtet nicht auf mich«, murmelte er. »Niemand hat sich jemals um mich gekümmert. Geht Eures Weges, und lasst mich sterben.«

»Aber Ihr hattet doch eine Frau?«, sagte Maria.

»Ja«, erwiderte er und nickte bedächtig. Dann fuhr er fort: »Sie ist fort. Sie war gut zu mir, sie war treu. Aber nun? Nichts. Fort.«

»Und jetzt wollt Ihr ihr folgen?«, fragte Maria.

»Ihr folgen? Ich will sterben«, antwortete der Bettler, »ich will vergessen können, sie, mein armes Leben, alles. Ich will ganz einfach nichts sein. Versteht ihr: nichts.«

»Aber Ihr werdet niemals nichts sein«, rief Maria, indem sie bedachte, was sie von dem Narren gelernt hatte. »Ihr seid Gottes Geschöpf, und deshalb werdet Ihr immer sein.« Dann ergriff sie den Arm des Alten und befahl: »Steht jetzt auf. Für Euch ist die Zeit zu sterben noch nicht gekommen.«

Das sagte sie so bestimmt, dass der alte Bettler ihr gehorchte. Mit Josefs und Marias Hilfe erhob er sich. Er schaute recht erstaunt drein, als er sich wieder auf seinen Füßen fand. Doch dann schüttelte er den Schnee von seinem Umhang und begann, langsam mit ihnen zu gehen. Er war aber so schwach, dass Josef ihn stützen musste. Sie wanderten schweigend miteinander.

Der Wind war stärker geworden und verschlug ihnen jedes Wort. Bald erreichten sie ein Dorf, schauten sich nach einem Gasthof um und klopften an. Die Tür wurde von einer Frau mit einem freundlichen roten Gesicht geöffnet.

»Kommt herein, ihr Leute«, rief sie, als sie die halb erfrorenen Gestalten sah, und führte sie in einen Raum, in dem ein Ofen Wärme spendete.

»Wir wollen uns nur für einen Augenblick ausruhen«, sagte Josef. Doch die Frau schüttelte den Kopf: »Nein, ihr müsst hierbleiben«, erklärte sie. »Der Wind ist viel zu kalt. Er wird euch töten, euch und euer ungeborenes Kind. Morgen ist Zeit genug zu reisen.«

Sie hatte recht. Alle waren sie erschöpft, und der Bettler konnte gewiss keinen Schritt mehr weitergehen. Er wurde sofort zu Bett gebracht und schlief auf der Stelle ein.

Doch nach einer Weile wurde er unruhig, und als Maria seine Stirn berührte, fühlte sie sich heiß an. Er war offensichtlich sehr krank und würde eine längere Zeit der Ruhe brauchen.

Am Morgen hatte der Bettler immer noch Fieber. Doch war er wach. Er erzählte Maria und Josef, dass er einen Traum gehabt hätte, in dem ihm seine Frau wieder erschienen wäre. Alles sei so deutlich gewesen, dass er sich sogar an ihre Worte erinnern könne.

»Sie sagte zu mir: Du wirst das Kind treffen, das die Flügel des dunklen Engels berührt und mir die Furcht vor dem Sterben genommen hat. Dank ihm in meinem Namen, und gib ihm das goldene Büchslein.«

Als der Mann von seinem Traum erzählte, begannen seine Augen zu strahlen.

»Sie sah ganz lebendig aus«, sagte er, »und es war ein Engel bei ihr.« Eine Weile sann er still nach, dann fügte er bedächtig hinzu: »Sie hatte selber Flügel, große, leuchtende Flügel.«

Darauf zog er vorsichtig das Büchslein aus seinem Umhang hervor, von dem er gesprochen hatte. Es war ein schmutziges kleines Kästchen, das überhaupt nicht golden aussah. Er betrachtete es schweigend, dann streckte er die Hand aus und gab es Maria.

»Nimm es. Ich bin krank und werde vielleicht nie wieder aufstehen können. Findet das Kind für mich, das Kind, welches die Sterbenden tröstet, und gebt ihm das Büchslein. Wollt ihr das für mich tun?«

»Ja, das wollen wir«, erwiderte Maria bewegt und nahm die erste Opfergabe für ihr Kind in Empfang. Da war der Bettler zufrieden, schloss die Augen und schlief wieder ein. Maria und Josef verließen ihn leise. Sie wollten der Frau, welche sie aufgenommen hatte, Dank sagen. Doch als sie nach ihr schauten, fanden sie in der Küche einen grimmig dreinblickenden Mann.

»Ihr müsst zahlen«, sagte der, »dies ist ein Gasthof, kein Armenhaus.«

»Wir werden zahlen«, antwortete Josef ruhig, »was sind wir Euch schuldig?« Und er bezahlte, was der Wirt von ihnen verlangte, sowohl für sie selbst als auch für den Bettler. Dann sagte er: »Der Alte, der mit uns gekommen ist, ist sehr krank. Er kann die Reise mit uns nicht fortsetzen. Könnt Ihr euch um ihn kümmern?«

»Aber ihr müsst zahlen«, war die Antwort, »sonst werfe ich ihn hinaus.«

Wieder öffnete Josef seine Börse und bezahlte die Summe.

»Wir werden kommen und nach ihm schauen, wenn wir auf dem Heimweg sind«, sagte er. Dann verließen sie den Gasthof. Am Dorfrand stand die Frau des Wirtes und wartete auf sie.

»Sorgt euch nicht«, sagte sie. »Mein Mann ist ein roher Mensch. Aber ich will mich um euren alten Freund kümmern, bis ihr zurückkehrt.«

An diesem Abend erreichten sie Bethlehem. Doch sie konnten keine Herberge finden. Es gab kaum noch Zimmer um Bezahlung. Da aber Josef all ihre Ersparnisse für den alten Bettler ausgegeben hatte, mussten sie sich damit zufriedengeben, in einem Stall unterzukommen, wo sie zumindest vor dem kalten Wind geschützt waren. So war es ein Stall, in dem Maria ihren Sohn gebar.

Als das Kind geboren wurde, versammelte sich der ganze Chor der Engel hell und lichtstrahlend um die Krippe. Unter ihnen aber war einer, dessen Flügel in allen Farben glänzten. Als Maria ihn sah, wurde ihr Herz von Freude erfüllt. Die Zeiten hatten sich gewandelt. Nicht länger würde mehr Finsternis nach dem Tode walten. Von nun an sollten Licht und Leben für immer herrschen.

# Weitere Kinderbücher von Georg Dreißig im Verlag Urachhaus

## Das Licht in der Laterne

Ein Adventskalender in Geschichten

80 Seiten, gb.

## Als Weihnachten beinahe ausgefallen wäre

Advents- und Weihnachtsgeschichten

181 Seiten, gb.

## Wenn ich König wär'

Geschichten für jeden Sonntag

110 Seiten, gb.

## Das Lied der Nachtigall

Märchen und Erzählungen

237 Seiten, gb.